David Keys · Als die Sonne erlosch

David Keys

Als die Sonne erlosch

535 n. Chr.: Eine Naturkatastrophe verändert die Welt

Aus dem Englischen von
Ulrike Wasel und Klaus Timmermann

Karl Blessing Verlag

Titel der Originalausgabe: Catastrophe
Originalverlag: Century, London

Umwelthinweis:
Dieses Buch und sein Schutzumschlag wurden auf
chlorfrei gebleichtem Papier gedruckt.
Die Einschrumpffolie (zum Schutz vor Verschmutzung)
ist aus umweltschonender recyclingfähiger
PE-Folie.

Der Karl Blessing Verlag ist ein Unternehmen
der Verlagsgruppe Bertelsmann.

1. Auflage

Umschlaggestaltung: Design Team München
Satz: Dr. Ulrich Mihr GmbH, Tübingen
Druck und Bindung: Wiener Verlag
Printed in Austria
ISBN 3-89667-035-2

Für Graça, Michael und Camile

Inhalt

Teil IV: Das Schwert des Islam

Teil V: Die Türkische Dimension

Teil VI: Westeuropa

Teil VII: Katastrophe in Asien

Teil VIII: Wandel in Amerika

Teil IX: Die Ursachen

Teil X: Die Zukunft

Anhang

Ziele und Einschränkungen

Mit diesem Buch möchte ich dazu beitragen, den Blick zu verändern, mit dem die Menschen die Vergangenheit betrachten – und die Zukunft. Menschliche Erfindungen, Errungenschaften und Handlungen sind gewiß wichtige Faktoren, die den Lauf der Geschichte bestimmen, aber die Kräfte der Natur und andere Mechanismen, die sich dem Einfluß einzelner Personen und auch dem Einfluß von Staaten entziehen, spielen eine noch größere Rolle, sowohl direkt wie indirekt, denn sie schaffen die Umstände, die individuelles und kollektives menschliches Handeln anregen, auslösen und ermöglichen.

Eine deterministische Sicht der Geschichte ist seit mehreren Jahrzehnten nicht mehr in Mode, und das vorliegende Buch soll ein Versuch sein, den Respekt vor dem grundlegenden Konzept des Determinismus wiederherzustellen, wenngleich nicht vor der oft allzu simplifizierenden Form des deterministischen Denkens.

In dem Buch versuche ich einen Prozeß zu beschreiben, der vielleicht als »entwickelter Determinismus« bezeichnet werden könnte. Meine Untersuchungen legen den Schluß nahe, daß die Veränderungen, welche die Welt im 6. und 7. Jahrhundert erlebte, zu einem großen Teil von einer Naturkraft verursacht wurden. Aber sie zeigen auch, daß die wesentlichen Elemente der Veränderungen, obwohl von einer Naturkraft in Gang gesetzt, letztlich als eine Fülle von ökologischen, politischen, epidemiologischen, ökonomischen, religiösen, demographischen und anderen Erscheinungen ihren Niederschlag fanden, die über einen Zeitraum von 100 ereignisreichen Jahren zusammenwirkten, an deren Ende dann die endgültige, unumkehrbare Veränderung stand.

In den letzten Kapiteln dieses Buches werde ich darlegen, welches Ereignis meines Erachtens für die Klimakatastrophe im 6. Jahrhundert verantwortlich war. Ich habe gute Gründe anzunehmen, daß der von mir vermutete Typus von Ereignis die beschriebene klimatische und historische Kettenreaktion auslöste. Doch wie Sie sehen werden, habe ich mich nicht nur hinsichtlich der Art des Ereignisses festgelegt, sondern auch hinsichtlich der geographischen Zuordnung. Dies war sehr viel schwieriger – und erst weitere geologische Untersuchungen und Eiskernbohrungen werden zeigen, ob die Indizien, die ich zusammengetragen habe, tatsächlich auf den von mir identifizierten Schuldigen hindeuten.

Im Untertitel des Buches ist zwar mit Blick auf den Auslösemechanismus, der letztlich den Gang der Geschichte so nachhaltig veränderte, von einer Katastrophe die Rede. Doch ich will in keiner Weise die Bedeutung so vieler anderer Faktoren herunterspielen, die im Verlaufe von Jahrhunderten zum Zusammenbruch der Alten Welt beigetragen haben. Allerdings glaube ich, daß der letztlich entscheidende Faktor für das Ende der Alten Welt die in diesem Buch beschriebene Naturkatastrophe im 6. Jahrhundert war. Und ich glaube weiter, daß dieses Ereignis der einzige die gesamte Welt betreffende Faktor beim Niedergang war. Aus diesem Grund meine ich, daß man sogar schon im 6. und 7. Jahrhundert von einer halbintegrierten Weltgeschichte sprechen kann. Die politischen Auswirkungen von Ereignissen in so weit voneinander entfernten Gebieten wie der Mongolei und Ostafrika, die aber durch dieselbe Ursache ausgelöst wurden, wirkten zusammen und gestalteten die Geschichte: Kulturen in der Alten Welt und in der Neuen Welt wurden durch ein und dieselbe Katastrophe für immer verändert.

In vielen Bereichen legten die Veränderungen das geopolitische Fundament unserer modernen Welt. Deshalb spreche ich im geopolitischen Zusammenhang (nicht im ökonomischen oder gar kulturellen) vom 6. und 7. Jahrhundert lieber von der protomodernen Welt als von der frühmittelalterlichen. Darüber hinaus glaube ich, daß die Belege in dem Buch und die darin eingenommene Perspektive das Fazit rechtfertigen, daß im 6. und 7. Jahrhundert die protomoderne geopolitische Genesis in vielen verschiedenen Teilen der Welt stattfand – nicht nur in Europa und dem Nahen Osten.

Um möglichst viele Menschen anzusprechen, habe ich mich um größtmögliche Verständlichkeit bemüht. Ich habe sehr viel Wert darauf gelegt sicherzustellen, daß meine Daten und sonstigen Informationen zuverlässig und auf dem neuesten Stand sind. Dazu habe ich den Rat und die Hilfe von mehr als 50 Wissenschaftlern und Experten aus mehr als 20 Fachgebieten in einem Dutzend Ländern der Welt in Anspruch genommen.

Ich glaube, daß das Beweismaterial für eine weltweite Klimakatastrophe Mitte des 6. Jahrhunderts erdrückend ist. Und ich denke, daß diese Katastrophe der entscheidende, weltweit wirksame Faktor war, der das Ende der antiken Welt brachte und die geopolitischen Fundamente unserer modernen Welt legte. Die Mechanismen sind in Europa, dem Nahen Osten, Afrika und Asien besonders deutlich zu verfolgen. In Mittelamerika ist die Beweislage etwas schwieriger, weil von dort nahezu nur archäologische Erkenntnisse vorliegen und keine historischen Aufzeichnungen. In Südamerika gibt es für das 6. und 7. Jahrhundert überhaupt keine schriftlichen Zeugnisse, und die Forschung muß sich auf die relativ ungenaue und oft heftig umstrittene Datierung von ausschließlich archäologischem Material stützen. Dennoch glaube ich, daß selbst für Südamerika die Belege für eine Klimakatastrophe eindeutig sind und daß sehr viel dafür spricht, daß sich die Ereignisse so zugetragen haben, wie sie in dem Buch geschildert werden.

Schließlich hoffe ich, daß mein Buch nicht nur die Vergangenheit und ihren Einfluß auf die Zukunft beleuchtet, sondern auch dazu beiträgt, grundsätzlich den Einfluß der natürlichen Umgebung auf die menschliche Geschichte zu erhellen. Dies ist heute besonders wichtig, da die globale Erwärmung unser Klima in einem Ausmaß zu destabilisieren droht, wie es das seit der weltweiten Klimastörung im 6. Jahrhundert nicht mehr gegeben hat. Drei Viertel dieses Buches handeln von den Folgewirkungen jener Katastrophe im Dunkel der Vergangenheit – sie sollten uns warnend vor Augen führen, wie ungeheuer folgenreich eine Klimakatastophe auf geopolitischer und anderer Ebene sein kann. Die Geschichte gilt gemeinhin als eine geisteswissenschaftliche Disziplin. Mit diesem Buch will ich zeigen, daß auch die Naturwissenschaften wesentliche Erkenntnisse beizusteuern haben.

EINFÜHRUNG

Ein Ereignis vor fünfzehn Jahrhunderten

Um 535/536 unserer Zeitrechnung ereilte die Menschheit eine der größten Naturkatastrophen aller Zeiten. Diese Katastrophe – höchstwahrscheinlich ein gewaltiger Vulkanausbruch, möglicherweise sogar ein Asteorideneinschlag auf der Erde – war der eigentliche Beginn unserer modernen Welt.

Sonnenlicht und Sonnenwärme waren achtzehn Monate lang wie ausgelöscht, was auf praktisch jedem Kontinent zu chaotischen Klimaschwankungen führte, zu Hungersnot, Völkerwanderung, Krieg und gewaltigen politischen Umwälzungen.

Das Desaster löste ungeheure intraregionale Veränderungen in vier großen Teilen der Welt aus – Afroeurasien (von der Mongolei bis Großbritannien, von Skandinavien bis Südafrika), dem Fernen Osten (China, Korea, Japan), Mesoamerika (Mexiko, Mittelamerika) und Südamerika – und veränderte die Weltgeschichte dramatisch.

Die hundert Jahre nach dem Ereignis sind das Herz des sogenannten finsteren Mittelalters, die schmerzvolle und häufig gewalttätige Nahtstelle zwischen den alten und den protomodernen Welten. Dieser Zeitraum erlebte den endgültigen Untergang der Stadtstaaten der alten Welt, das Ende des alten Persien, die Umwandlung des Oströmischen in das Byzantinische Reich, das Ende der alten südarabischen Kultur, das Ende des größten Feindes des Katholizismus, der arianischen Christenheit, den Zusammenbruch der größten alten Kultur in der Neuen Welt, des Stadtstaates Teotihuacán, den Niedergang der großen Maya-Stadt Tikal und den Untergang der Nasca, der rätselhaften Indianerkultur in Südamerika.

Doch in diese hundertjährige Phase fällt auch die Geburt – oder in manchen Fällen eher die Zeugung – des Islam, Frankreichs, Spaniens, Englands, Irlands, Japans, Koreas, Indonesiens, Kambodschas und der türkischen Machtentfaltung. Sie brachte ein vereinigtes China hervor und die ersten großen südamerikanischen Reiche – die Vorläufer der Inkas.

Bislang wurden diese geographisch weit auseinanderliegenden Tragödien und Neuanfänge – die sich ereigneten, lange bevor die alte und die neue Welt voneinander wußten – von Historikern als überwiegend autonome Ereignisse gesehen. Nun können – als Folgerung aus den in diesem Buch vorgelegten Forschungsergebnissen – die Ursprünge unserer modernen Welt erstmals als ein zusammenhängendes Ganzes betrachtet werden, das durch einen gemeinsamen zufälligen Faktor verbunden ist.

Das Klima des gesamten Planeten Erde geriet nämlich in der Mitte des vierten Jahrzehnts des 6. Jahrhunderts buchstäblich außer Kontrolle.

Ich möchte aufzeigen, wie die Klimakatastrophe das Oströmische Reich zur Hälfte zerstörte, indem sie Horden von zentralasiatischen Barbaren veranlaßte, gegen seine nördlichen Grenzen zu ziehen, indem sie geopolitische Prozesse in Gang setzte, aufgrund derer die Araber begannen, Druck auf die Südflanke des Imperiums auszuüben, und indem sie eine Serie von Killerepidemien auslöste, die zu einer drastischen Verringerung der Bevölkerungszahlen führten.

Ich werde darlegen, wie die klimatisch bedingten geopolitischen Veränderungen in Arabien und eine letztlich klimatisch bedingte apokalyptische Atmosphäre in der mediterranen Welt den Islam hervorgebracht haben.

Ich werde erläutern, wie die Klimakatastrophe und ihre epidemiologischen Nachwirkungen in Westeuropa den demographischen und politischen Status quo destabilisierten und zur Entstehung von mindestens vier großen Nationen führten.

Ich werde aufzeigen, daß die Katastrophe in Westasien die Macht der Türken erhöhte – ein Prozeß, der eine Ausdehnung des türkischen Einflusses von Indien bis Osteuropa und letztlich die Gründung des Osmanischen Reiches nach sich zog.

Ich werde zu beweisen versuchen, daß dieselbe weltweite Klimakatastrophe auch die Wirtschaft und das politische System in vielen Teilen des Fernen Ostens schwächte und somit den Weg freimachte für die Wiedervereinigung von China, für die Entstehung eines vereinten Korea und für das Aufkeimen Japans als Nationalstaat.

Zudem möchte ich den Beweis antreten, daß die Klimakatastrophe in der Neuen Welt einen Volksaufstand entfachte, der die größte aller alten amerikanischen Kulturen zerstörte, das mexikanische Reich von Teotihuacán, daß dieser Zusammenbruch die mesoamerikanische Welt befreite und die rasche Ausdehnung sowie den anschließenden Zerfall eines Großteils der Maya-Kultur zur Folge hatte. Ich werde zeigen, daß sich in Peru aufgrund des klimatischen Chaos die Macht vom dürren Tiefland in die feuchteren Anden verlagerte – und damit letztlich der Weg für das Jahrhunderte später entstandene größte Reich des präkolumbianischen Amerikas geebnet wurde.

In gewisser Weise hat die mysteriöse Klimakatastrophe von 535–536 den Lauf der Weltgeschichte in neue Bahnen gelenkt.

Der zeitgenössische oströmische Geschichtsschreiber Prokop beschrieb sie als »schreckliches Omen«. Er hätte es nicht treffender ausdrücken können, denn, obwohl er das nicht wissen konnte, war das Ereignis, das er schilderte, tatsächlich Teil eines globalen klimatischen Phänomens, das ein Jahrhundert des Entsetzens einleitete und eine Kette von Geschehnissen in Gang setzte, die die Geschichte der Menschheit für immer verändern sollten.

Prokop schrieb, daß die Sonne das ganze Jahr hindurch nicht mehr strahlte, sondern matt wie der Mond schien. Anderen Zeugnissen zufolge war die Sonne bis zu achtzehn Monate lang »trübe« oder »dunkel«. Sie leuchtete nur »wie ein schwacher Schatten«, und die Menschen hatten schreckliche Angst, daß sie womöglich nie wieder richtig scheinen würde. In einigen Teilen des Reiches kam es zu Mißernten und Hungersnöten.

Britannien erlebte in der Zeit von 535 bis 555 das schlimmste Wetter des Jahrhunderts. In Mesopotamien gab es heftige Schneefälle und »Verzweiflung unter den Menschen«. In Arabien brach eine Hungersnot aus, darauf folgte eine Überschwemmung.

In China kam es 536 zu einer Dürre und Hungersnot, und »gelber Staub regnete herab wie Schnee«. Im Jahr darauf wurde die Ernte erneut vernichtet – diesmal, weil es mitten im August schneite! In Japan gab der »Kaiser« einen beispiellosen Erlaß heraus, in dem es hieß, daß »gelbes Gold und zehntausend Schnüre Käsch [Geld] den Hunger nicht stillen können« und daß Reichtum nichts nützt, wenn ein Mensch »erfriert«. Für Korea waren die Jahre 535 und 536 in klimatischer Hinsicht die schlimmsten des Jahrhunderts, denn das Land erlebte nach gewaltigen Unwettern und Überschwemmungen eine verheerende Dürre.

Auf dem amerikanischen Kontinent spielte sich Ähnliches ab. In den dreißiger Jahren des 6. Jahrhunderts begann eine schreckliche Dürre, die zweiunddreißig Jahre währte und Teile Südamerikas in eine Wüste verwandelte. In Nordamerika, genauer gesagt, im Westen der heutigen USA, hat unlängst die Analyse von alten Baumringen erwiesen, daß dort manche Bäume in den Jahren 536 und 542–543 praktisch aufhörten zu wachsen. Erst dreiundzwanzig Jahre später, 559, normalisierte sich das Wachstum wieder. Ähnliche Baumringuntersuchungen in Skandinavien und Westeuropa haben ergeben, daß der Baumwuchs in der Zeit von 536 bis 542 erheblich vermindert war und sich erst in den 550er Jahren wieder vollständig erholte.

Zwar war es bereits Mitte der 520er oder Anfang der 530er Jahre in manchen Gebieten wiederholt zu einem verminderten Baumwachstum gekommen, doch die Baumringuntersuchungen lassen keinen Zweifel daran, daß es in den letzten zweitausend Jahren global nie wieder eine so drastische Baumwuchsverminderung gegeben hat wie in den 530er Jahren.

Aber was hat dazu geführt, daß sich das Klima etwa fünf Jahre lang (von 535/536 an) so vehement verschlechterte, daß Jahrzehnte vergingen, bis es sich wieder normalisierte?

Die Verdunkelung der Sonne (zweifellos verursacht durch eine Verschmutzung der Atmosphäre) und die plötzliche weltweite Klimaverschlechterung sprechen eindeutig dafür, daß es eine gewaltige, rätselhafte Explosion gegeben hat, bei der Millionen Tonnen Staub und natürlich vorkommende Chemikalien in die Atmosphäre geschleudert wurden.

Um was für eine Explosion handelte es sich dabei?

Ich glaube herausgefunden zu haben, was vor so vielen Jahrhunderten geschehen ist – und ich werde gegen Ende des Buches stichhaltig belegen, was es mit dieser gigantischen Katastrophe auf sich hatte. Zuvor jedoch werde ich detailliert erläutern, wie sich dieses Ereignis auf die damalige Welt auswirkte – und wie eine so weit zurückliegende Tragödie die Welt prägte, in der wir heute leben.

Bei der Arbeit an diesem Buch ist meine Achtung vor den Naturgewalten und vor ihrer Kraft, die Geschichte zu verändern, ungemein gestiegen. Diese Achtung und eine neue, daraus erwachsene Sichtweise haben mich zu der Erkenntnis gebracht, daß Geschichte ganzheitlich verstanden werden muß und daß sie im Grunde als ein zusammenhängendes, den gesamten Planeten umfassendes Phänomen wirksam ist.

Falls ich meine Arbeit gut gemacht habe, werden Sie das, was Sie im folgenden lesen, nicht nur als Analyse der Mechanismen und Auswirkungen einer Katastrophe begreifen, sondern auch als eine bis dato unbekannte Interpretation unserer Geschichte und als eine eindringliche Warnung für die Zukunft.

TEIL I

Die Pest

KAPITEL 1

Die Weinpresse von Gottes Zorn

»Bei einigen begann es im Kopf, die Augen wurden blutig, und das Gesicht schwoll an, dann stieg es ihnen in den Rachen, bevor sie der Menschheit entrissen wurden. Bei anderen floß das Gedärm über. Manche bekamen Bubos [Eiterbeulen] und anschließend hohes Fieber, und sie starben nach zwei, drei Tagen, bei genauso wachem Geist wie diejenigen, die nicht erkrankt und deren Körper noch robust war. Andere verloren den Verstand, bevor sie starben. Böse Pusteln brachen auf und rafften sie dahin. Manche erkrankten ein- oder zweimal und wurden wieder gesund, bevor sie ein drittes Mal heimgesucht wurden und schließlich starben.«[1]

So beschrieb der Kirchenhistoriker Evagrius im 6. Jahrhundert die grauenhaften Symptome der Beulenpest, die das Oströmische Reich und große Teile der übrigen Welt Mitte und Ende des sechsten und siebten Jahrhunderts heimsuchte.

Das erste von der Pest befallene Gebiet des Reiches war Ägypten, und zwar die Mittelmeerhafenstadt Pelusium, von der aus traditionellerweise die Feinde Ägyptens – Perser, Syrer, Römer, Griechen, sogar Alexander der Große – über tausend Jahre lang ins Land eingefallen waren. Doch diesmal war der Feind nicht stolz mit einer Rüstung bewehrt. Unsichtbar wurde er auf dem Rücken huschender Ratten von den Schiffen an Land getragen. Er war von Süden über das Rote Meer und das antike Äquivalent zum Suezkanal – einen Wasserweg, den der Kaiser Trajan über vier Jahrhunderte zuvor hatte anlegen lassen, um den Indischen Ozean mit dem Mittelmeer zu verbinden – nach Pelusium gelangt.

Nachdem die Krankheit die Bevölkerung von Pelusium dahingerafft hatte, griff sie rasch auf Alexandria über, dann auf Konstantinopel und schließlich auf das ganze Imperium. Fast ein Drittel der Bevölkerung des Reiches starb während der ersten massiven Welle nach dem Ausbruch, und man geht davon aus, daß in der Hauptstadt über fünfzig Prozent der Einwohner umkamen.[2]

»Gottes Zorn verwandelte sich gleichsam in eine Weinpresse und zertrampelte und zerquetschte die Einwohner [vieler großer Städte] wie erlesene Trauben«, schrieb ein anderer Augenzeuge der Katastrophe, der Hagiograph und Geschichtsschreiber Johannes von Ephesus. In einem anschaulichen, ergreifenden Bericht schildert er das unvorstellbare Leiden der Menschen, die von der grauenvollen Epidemie heimgesucht wurden.

Er sah »Häuser, große und kleine, schöne und beneidenswerte, die sich für ihre Bewohner plötzlich in Gräber verwandelten und in denen Diener und Eigentümer gleichermaßen auf der Stelle [tot] umfielen und gemeinsam in den Schlafzimmern verwesten.«[3]

Es gab »Leichen, die auf den Straßen aufplatzten und verwesten, und es war niemand da, der sie beerdigen konnte.« Die Menschen, »die auf den Straßen zusammengebrochen waren, boten ein Bild des Schreckens für jene, die sie sahen. Ihre Bäuche waren geschwollen und ihre Münder weit geöffnet, sie erbrachen Eiter in Strömen, ihre Augen waren entzündet und ihre Hände nach oben gereckt, und überall in den Ecken und auf den Straßen, vor den Häusern und in den Kirchen lagen verwesende Leichen.« Es gab »Schiffe, deren Matrosen mitten auf dem Meer plötzlich von [Gottes] Zorn befallen wurden, und [die Schiffe] wurden zu Gräbern, die auf den Wellen trieben«.

Johannes versuchte, vor der Pest zu fliehen, doch die Epidemie holte ihn überall ein. Schließlich wußte er nicht mehr wohin. Auf seiner vergeblichen Suche nach einem sicheren Hafen mußte er erleben, daß die Pest auf dem Lande genauso wild wütete wie in den Städten.

»Tag für Tag klopften auch wir – wie alle anderen – an das Tor des Grabes [wörtlich: ›an die Tür des Todes‹. Am Abend dachten wir, der Tod würde in der Nacht über uns kommen, und vom nächsten Morgen an blickten wir erneut den ganzen Tag dem Grab entgegen [›dachten wir an den Tod‹].«

Unterwegs »sahen wir trostlose und stöhnende Dörfer und Leichen auf der Erde; Raststätten, dunkel und verlassen, die jedem Furcht einflößten, der sie betrat und gleich darauf wieder verließ«. Und »verlassene Rinder, die verstreut über die Berge streiften, ohne daß jemand sie hütete«.

Er sah Getreidefelder »in voller Reife, doch es war niemand da, der sie aberntete«. Und er sah »Herden von Schafen, Ziegen, Ochsen und Herden von Schweinen, die zu wilden Tieren geworden waren, weil sie das Leben auf einem Hof und die menschliche Stimme vergessen hatten, der sie früher gefolgt waren.«

Detailliert schildert Johannes das ganze Ausmaß der Katastrophe in Konstantinopel. »Als die Geißel diese Stadt befiel, machte sie sich zuerst über die Armen her, die auf den Straßen lagen. Es kam vor, daß an einem einzigen Tag 5000 und 7000, ja sogar 12000 bis zu 16000 von ihnen starben. Da das erst der Anfang war, standen Männer [d.h. Beamte] an den Häfen, an Straßenkreuzungen und an den Stadttoren und zählten die Toten.

Bald war die Bevölkerung von Konstantinopel stark geschrumpft, und nur noch wenige blieben übrig, während von denen, die auf der Straße gestorben waren – falls einer ihre Zahl nennen will, denn man hat sie gezählt – über 300000 eingesammelt wurden. Als diejenigen [Beamten], die die Zählung vornahmen, bei 230000 angelangt waren und sahen, daß die Toten unzählig waren, gaben sie es auf, und die Leichen wurden fortan ungezählt weggebracht.«

Die Behörden hatten schon bald keinen Platz mehr, um die Toten zu begraben. »Die Stadt stank von Leichen, denn es gab keine Träger und Totengräber mehr, so daß die Leichen auf den Straßen aufgehäuft wurden.« Manche Opfer starben erst nach Tagen, andere binnen Minuten nach Ausbruch der Erkrankung.

»Es konnte vorkommen, daß Menschen, während sie sich zu Hause oder auf der Straße mit anderen unterhielten, plötzlich ins Schwanken gerieten und umfielen. Oder ein Handwerker bei der Arbeit sank mit den Werkzeugen in der Hand zur Seite, bevor ihm die Seele entwich.

Es geschah, daß auf dem Markt ein Käufer und Verkäufer, während sie dastanden und sprachen oder ihr Geld zählten, vom Tode ereilt wurden, und die Ware mit der Bezahlung zwischen ihnen liegenblieb.

Und auf jede Weise wurde alles zunichte, zerstört, und was blieb, waren Trauer und bittere Tränen am Grab. Die ganze Stadt kam zum Stillstand, als wäre sie zugrunde gegangen, und die Nahrungsversorgung brach ab.«

Als es keinen Platz mehr für Gräber gab, wurden die Toten zunächst auf dem Meer bestattet. Zahllose Leichen wurden zur Küste geschafft. »Dort lud man sie auf Boote und fuhr hinaus aufs Meer, wo sie über Bord geworfen wurden, und sogleich kehrten die Schiffe zurück, um weitere [Leichen] aufzunehmen.

Am Ufer drängten sich die Träger, die unaufhörlich immer zwei oder drei [Leichen] brachten und auf die Erde warfen und sich gleich wieder auf den Weg machten, um [neue Leichen] zu holen. Andere schafften [die Leichen] auch auf Brettern und Tragestangen heran und stapelten [sie] übereinander. Leichen, die bereits faulten und stanken, wurden in Säcke genäht und auf Tragestangen [zum Ufer] gebracht, wo sie auf den Boden geworfen wurden und Eiter aus ihnen herauslief.«

Am ganzen Ufer türmten sich Tausende von Leichen, »wie Strandgut an großen Flüssen, und der Eiter rann ins Meer«. Obwohl die Schiffe ohne Unterlaß ihre schauerliche Fracht ins Meer warfen, erwies es sich als unmöglich, die Totenberge abzutragen.

Kaiser Justinian I. beschloß daher eine neue Form der Leichenbeseitigung – riesige Massengräber für je 70 000 Tote. Mit der grausigen Aufgabe, den Plan in die Tat umzusetzen, wurde einer der *referendarii* (höchste Beamte) betraut – ein Mann namens Theodor. Der Kaiser stellte ihm dafür so viel Gold zur Verfügung, wie erforderlich war.

Theodor entschied, die Massengräber auf einem Hügel nördlich der Stadt, auf der anderen Seite der Meeresbucht Goldenes Horn, ausheben zu lassen. »Er nahm viele Leute mit, gab ihnen viel Geld«, damit sie die Gruben aushoben und die Toten beerdigten. »Er stellte [einige] Männer ab, die die Leichen hinunterbrachten, übereinanderstapelten und die einzelnen Schichten zusammenpreßten, so, wie man Heuballen stapelt.«

Außerdem postierte er an den Gruben Männer, die die Arbeiter und gewöhnlichen Leute mit Gold zum Leichentragen ermunterten und ihnen für jede Ladung fünf, sechs, ja sogar sieben und zehn Dinare gaben. Unten in den Gruben, die tief wie Schluchten waren, standen Männer und welche oben, die die Leichen heranschafften und hinabwarfen, wie Steine mit einer Schleuder, und die Männer unten nahmen sie und stapelten sie so übereinander, daß die Reihen versetzt angeordnet waren.

Wegen des Mangels [an Raum] trat man auf die Männer und Frauen, junge Leute und Kinder wurden zusammengepreßt und mit den Füßen wie verdorbene Trauben festgetrampelt. Dann wurden [neue Leichen] mit dem Kopf voran herabgeworfen, und sie fielen herab und zerbarsten unten, edle Männer und Frauen, alte Männer und Frauen, Jünglinge und Jungfrauen, junge Mädchen und Säuglinge.

Ganze Völker und Königreiche, Gebiete und Regionen und mächtige Städte wurden [von der Pest] befallen. Als ich [Johannes von Ephesus], ein Wrack, diese Ereignisse für die Nachwelt niederschreiben wollte, war ich oftmals wie erstarrt, und aus vielen Gründen wollte ich von meinem Vorhaben ablassen, zum einen, weil kein Mund und keine Zunge wiedergeben kann, was ich sah, und zum anderen, weil ich mich fragte, was es, selbst wenn ich die Worte fände, für einen Sinn hätte, da doch die ganze Welt ins Wanken geraten war und vor ihrer Vernichtung stand und ganze Generationen dahingerafft wurden. Für wen würde der, der schrieb, schreiben?

Doch dann dachte ich, daß es recht wäre, daß wir durch unsere Schriften unsere Nachfahren unterrichten und daß wir ihnen [zumindest] ein wenig davon mitteilen sollten, auf welch mannigfache Weise [Gott uns] straft. Vielleicht werden sie in der noch verbleibenden Zeit der Welt [-geschichte], die nach uns kommt, bangen und zittern angesichts der schrecklichen Geißel, mit der wir unserer Verfehlungen wegen geschlagen wurden, und klüger werden durch die Bestrafung von uns Elenden und verschont bleiben von [Gottes] Zorn hier [in dieser Welt] und von zukünftigen Qualen.«

Johannes beschrieb die Epidemie von 541–543 – die erste Heimsuchung durch die Pest. Die gesellschaftlichen und politischen Folgen der Krankheit waren jedoch vor allem deshalb so schwerwiegend, weil sie erbarmungslos immer wieder ausbrach und das Leben derjenigen forderte, die sie zuvor verschont hatte.

Der Kirchenhistoriker Evagrius erlebte vier große Pestepidemien und verlor fast seine gesamte Familie. Im Jahre 593, mit 58 Jahren, schrieb er seine Erinnerungen, eine sehr persönliche Klage.

»Ich glaube, kein Teil des Menschengeschlechts ist nicht von der Krankheit heimgesucht worden«, denn sie wütete in einigen Städten »mit solcher Heftigkeit, daß sie fast die ganze Einwohnerschaft auslöschte«. Evagrius hielt es für seine Pflicht, diese Ereignisse zu schildern, schließlich erlebte er den Ausbruch der Beulenpest und wurde von ihr befallen, als er noch zur Schule ging.

»Und im Verlauf der verschiedenen Heimsuchungen verlor ich viele meiner Kinder und meine Frau und zahlreiche meiner übrigen Angehörigen an die Krankheit... Jetzt, da ich dies schreibe, bin ich 58 Jahre alt, und es sind noch nicht ganz zwei Jahre vergangen, seit der vierte Ausbruch der Seuche Antiochia heimsuchte, und ich habe außer denen, die ich bereits verlor, nun auch noch meine Tochter und ihren Sohn verloren.

Die Menschen steckten sich auf unterschiedliche und rätselhafte Weise an. Einige starben, nur weil sie mit anderen Umgang pflegten und zusammenlebten, andere durch körperliche Berührung oder weil sie in demselben Haus mit anderen waren oder auf dem Marktplatz mit Menschen in Berührung kamen. Manche waren aus den von Krankheit befallenen Städten entkommen und gesund geblieben, gaben die Krankheit aber an andere weiter, die noch nicht krank waren. Dann gab es welche, die sich nicht ansteckten, obwohl sie mit Kranken zusammenlebten, ja nicht nur mit vielen Leidenden, sondern auch mit den Toten in Berührung kamen. Wieder andere wollten sterben, nachdem sie ihre ganze Familie verloren hatten, und gingen deshalb ganz nah zu den Kranken, wurden aber dennoch nicht angesteckt, als ob die Krankheit sich ihrem Willen widersetzte.«

Viele Historiker neigen zu der Ansicht, daß die Pestpandemie, die im 6. und 7. Jahrhundert große Teile der Welt entvölkerte, aus einer Serie von einzelnen Ausbrüchen bestand. Einige Kirchenhistoriker und Geschichtsschreiber der damaligen Zeit waren ebenfalls der Meinung – doch sie betrachteten die Katastrophe aus dem Blickwinkel der großen Städte, in denen sie lebten, wie beispielsweise Konstantinopel, Antiochia und Alexandria.

Natürlich gab es größere Pestepidemien und weniger große Ausbrüche, doch in Wirklichkeit sollten sie alle als ein Gesamtereignis betrachtet werden, das sich freilich über einen sehr langen Zeitraum erstreckte, nämlich von 180 bis 210 Jahren. Statt sich lediglich auf die Aufzeichnungen der produktivsten zeitgenössischen Geschichtsschreiber zu stützen, muß ein größeres Spektrum an Quellen herangezogen werden, um auch noch den kleinsten Hinweis auf die Pest aufzuspüren.

Historiker[4] haben festgestellt, daß es im Laufe dieser circa 200 Jahre *Dutzende* von Ausbrüchen gegeben hat. Und dabei handelt es sich nur um die aufgezeichneten Epidemien und Ausbrüche. Der vermeintliche Rückgang der Pest im Oströmischen Reich von circa 600 an könnte ganz einfach auf die geringe Zahl von Quellen aus dem 7. Jahrhundert zurückzuführen sein. Tatsächlich ist davon auszugehen, daß die Ausbrüche nur zu einem geringen Prozentsatz verzeichnet wurden und ein noch geringerer Prozentsatz der Aufzeichnungen erhalten geblieben ist.

Demnach ist die Pest an verschiedenen Orten im östlichen Mittelmeerraum ausgebrochen (häufig mehr als einmal in einem betreffenden Jahr), und zwar 541–543, 555, 558, 560/561, 567/568, 572/573, 580/581, 585/586, 592, 598/599, 607, 615, 639, 673/674, 687/688, 697, 716/717 und möglicherweise um 725, um 735 und um 745.

Außerdem weiß man, daß die Krankheit verschiedene Regionen in Westeuropa befiel, und zwar in den Jahren 543–547, 551, 571, 582, 584, 588, 590, 591, 640 und 664. Die Pandemie suchte zudem China und Persien heim, wenn auch nicht gleich zu Anfang. Der Jemen war mit an Sicherheit grenzender Wahrscheinlichkeit in den 540er Jahren erfaßt worden (sogar noch vor Ägypten). Und dann gibt es riesige Gebiete – wie beispielsweise Afrika oder Mitteleuropa –, die zweifellos Opfer der Pest wurden, für die aber praktisch keinerlei schriftliche Aufzeichnungen vorliegen.

Es wird also deutlich, wie die Pest von Ort zu Ort wanderte, von Ratten auf Menschen übergriff, manchmal von Mensch zu Mensch, und auf ihrer unberechenbaren Wanderung kaum einmal Halt machte. Wo sie wütete, dezimierte sie die Bevölkerung stark, und viel Ackerland blieb künftig unbebaut.[5] Mitunter breitete sie sich in einem einzigen Jahr in unzähligen Städten und Dörfern

DAS DUNKLE ZEITALTER DER PEST: EINE CHRONOLOGIE

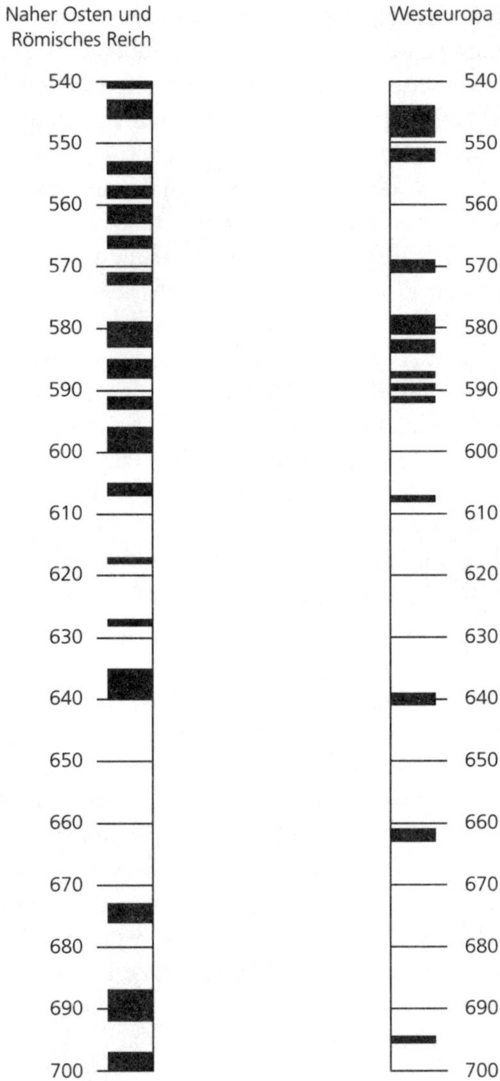

Die horizontalen schwarzen Markierungen bezeichnen die Jahre oder Zeiträume von mehreren Jahren, für die Pestausbrüche im Römischen Reich, im Nahen Osten und in Westeuropa überliefert sind.

aus[6], dann wiederum ließ sie sich Zeit und lauerte in friedlichen, abgelegenen Landstrichen, bis sie einige Jahre später aus diesen namenlosen Häfen des Todes hervorbrach. Wahrscheinlich gab es zwischen 541 und circa 750 im Mittelmeerraum und seinen verschiedenen Hinterlandregionen keine absolut pestfreie Periode. Die Pandemie ebbte in den circa 200 Jahren lediglich rhythmisch ab und stieg wieder an, sie erlosch jedoch nie wirklich.

Im Oströmischen Reich war sie im Jahre 541 ausgebrochen – nur sechs Jahre nach der weltweiten Klimakatastrophe Mitte des 6. Jahrhunderts. Gab es da einen Zusammenhang?

KAPITEL 2

Die Ursachen der Pest

»Nach fünfundzwanzig Tagen mit dem Schiff an der Ostküste Afrikas entlang erreicht man eine große Stadt namens Rhapta.«[1] Dieser Satz in den Aufzeichnungen des Geographen Ptolemäus[2] aus dem 2. Jahrhundert ist die letzte bekannte zeitgenössische Erwähnung einer inzwischen längst verschollenen Stadt, die einst irgendwo an der heutigen Küste von Kenia und Tansania blühte.

In einem Lotsenhandbuch aus dem 1. Jahrhundert mit dem Titel *Periplus Maris Erythraei*[3], einer Beschreibung von Meeresküsten, Erdteilen, Ländern und Inseln, wird Rhapta nochmals erwähnt. Es soll »gewaltige Mengen Elfenbein und Schildkrötenpanzer« geliefert haben und von »Menschen mit großer Gestalt« bewohnt gewesen sein.

Die »große Stadt« lag an einem Fluß »nicht weit vom Meer«[4], und abgesehen davon, daß sie Elfenbein und Schildkrötenpanzer lieferte, exportierte sie »Rhinozeroshörner und Gehäuse eines kleinen Nautilus« und importierte Glasperlen und Eisenwaren, vor allem »Äxte, Messer und kleine Ahlen«.[5]

Laut *Periplus Maris Erythraei*, das um das Jahr 40 herum geschrieben wurde, stand die Stadt zumindest theoretisch unter der Kontrolle arabischer Händler aus dem Jemen. Offenbar heirateten sie Frauen aus der Stadt, schenkten den Stadtoberen Wein und Getreide und trieben mit Erlaubnis des jemenitischen Königs in der Gegend Abgaben ein.

Aus dem *Periplus* und dem Werk von Ptolemäus geht eindeutig hervor, daß Rhapta lediglich der entlegenste – und der größte – von vier alten ostafrikanischen Handelshäfen von Norden nach Süden war: Opone (das heutige Ras Hafun in Somalia), Essina und Toniki (beide in der Nähe des heutigen Baraawe in Somalia) und Rhapta selbst.

Opone – imposant auf einer Insel gelegen, die über eine fast fünfzig Kilometer lange Sandbank mit der Küste verbunden war – hatte vermutlich mehrere hundert Einwohner, war etwa zwei Hektar groß und scheint irgendwann in der Mitte des 6. Jahrhunderts seine Bedeutung als Handelsstadt verloren zu haben. Die letzten bei archäologischen Ausgrabungen gefundenen Tonwaren stammen aus dem 5. oder frühen 6. Jahrhundert. Bis zu der Zeit war der Ort offenbar ein Umschlaghafen für Handelsgüter aus dem Mittelmeerraum, Afrika und Indien.

Die anderen drei Häfen, Essina, Toniki und Rhapta, sind archäologisch nicht erforscht worden – vermutlich weil sie nicht bis ins Mittelalter Bestand hatten. Zwar ist belegt, daß von den 22 archäologisch untersuchten Siedlungen und Handelsorten aus der Zeit vor dem 11. Jahrhundert an der ostafrikanischen Küste 19 erst im 7. bis 9. Jahrhundert anfingen, Handel zu treiben, doch bei zwei lagen die Anfänge wahrscheinlich schon vor dem 6. Jahrhundert, und nur einer bestand definitiv schon im 6. Jahrhundert.

In Opone, in einem in der Nähe gelegenen Ort namens Daamo und vermutlich in Essina, Toniki und in der verschollenen »großen Stadt« Rhapta kam der Handel im 6. Jahrhundert zum Erliegen, wohingegen etwa 90 Prozent der bekannten mittelalterlichen archäologischen Stätten an der Küste keine nachweisbare Geschichte vor dem 7. Jahrhundert haben. Das legt den Schluß nahe, daß sich kurz vor dem 7. Jahrhundert ein starker Einbruch der Besiedelung ereignete. Außerdem veränderte sich just zu dieser Zeit in ganz Ostafrika abrupt der Typus der Töpferwaren. Vor dem 6. Jahrhundert sind es ausschließlich Kwale-Waren aus der frühen Eisenzeit, nach dem 6. Jahrhundert ausschließlich sogenannte Tana-Waren aus der jüngeren Eisenzeit. Zur selben Zeit fand in manchen Gegenden außerdem eine Umstellung vom Ackerbau auf die Viehzucht statt.[6]

Das 6. Jahrhundert war also ohne Zweifel ein bedeutender Wendepunkt in der ostafrikanischen Geschichte – eine von äußerst raschem Wandel und vermutlichem Niedergang gekennzeichnete Periode, in der die wichtigen Häfen einfach von der Bildfläche verschwanden und die landwirtschaftliche Produktion zurückging.

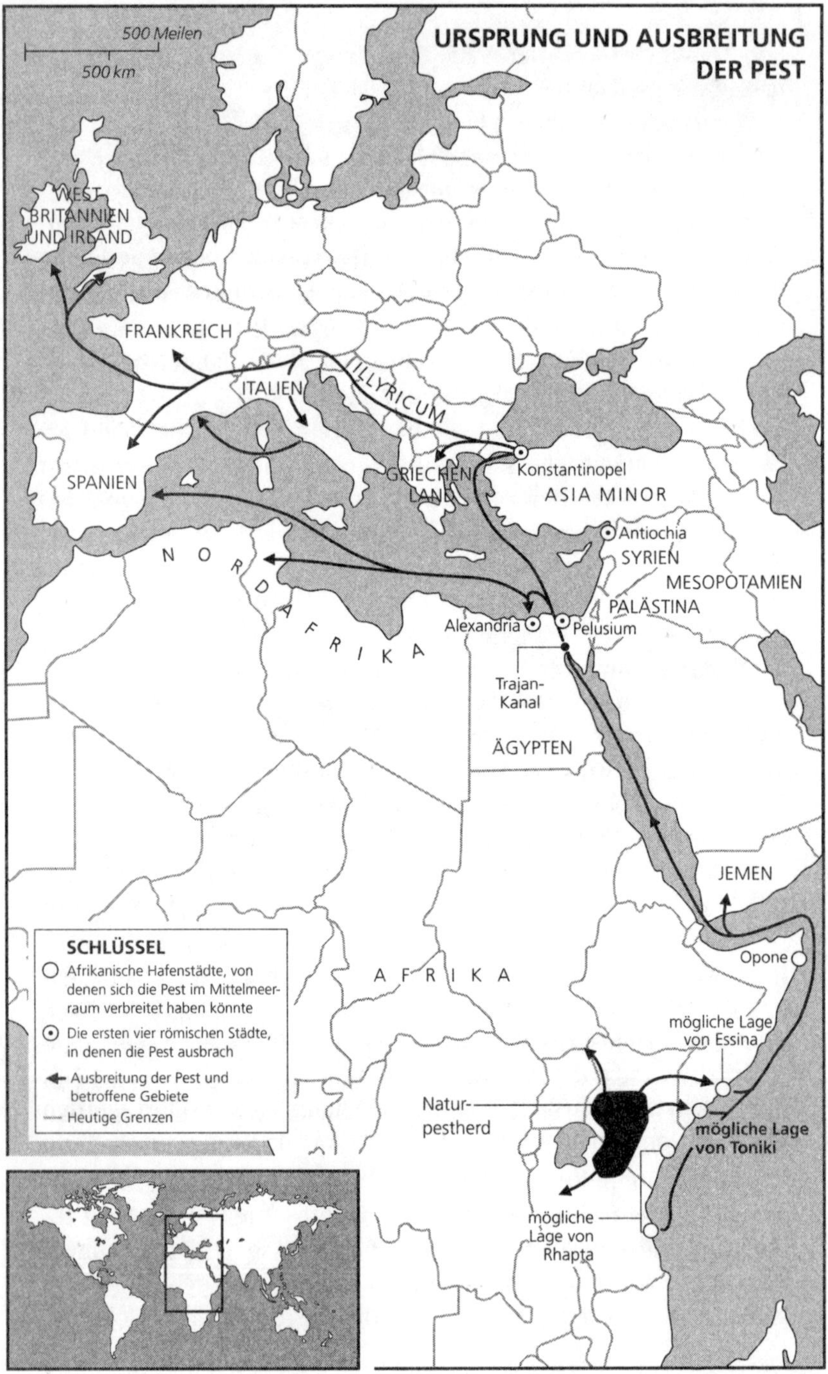
URSPRUNG UND AUSBREITUNG DER PEST
500 Meilen
500 km
WEST-BRITANNIEN UND IRLAND
FRANKREICH
ITALIEN
ILLYRICUM
SPANIEN
GRIECHENLAND
Konstantinopel
ASIA MINOR
Antiochia
SYRIEN
MESOPOTAMIEN
PALÄSTINA
NORDAFRIKA
Alexandria
Pelusium
Trajan-Kanal
ÄGYPTEN
JEMEN
Opone
AFRIKA
mögliche Lage von Essina
Naturpestherd
mögliche Lage von Toniki
mögliche Lage von Rhapta
SCHLÜSSEL
Afrikanische Hafenstädte, von denen sich die Pest im Mittelmeerraum verbreitet haben könnte
Die ersten vier römischen Städte, in denen die Pest ausbrach
Ausbreitung der Pest und betroffene Gebiete
Heutige Grenzen

Doch was steckte hinter dem Verfall? Was war die Ursache für den Einschnitt, den Ostafrika im 6. Jahrhundert erlebte?

Schuld war mit an Sicherheit grenzender Wahrscheinlichkeit die Pest[7] – die gleiche Epidemie, die Europa und den Nahen Osten im selben schicksalhaften Jahrhundert heimsuchte. Sehr wahrscheinlich war die Krankheit nämlich aus einem alten ostafrikanischen Naturpest-Herd wildlebender Tiere ausgebrochen und hatte sich von dort aus auf einen Großteil der spätantiken Welt ausgedehnt.

In der Geschichte gab es zwei große antike Naturpest-Herde (und einen im Mittelalter), wo die Krankheit unter bestimmten immunen wildlebenden Tieren zirkulierte, ohne Schaden anzurichten. Diese Gebiete – der Himalaya und Zentral-/Ostafrika (im Mittelalter die zentralasiatischen Steppen) – waren letztlich die Ausgangsbasen, von wo aus die Epidemien Europa und andere Teile der Erde im Laufe der Jahrhunderte befielen.[8]

Aber warum soll die Pandemie im 6. Jahrhundert ausgerechnet von Afrika und nicht von Asien ausgegangen sein? Die Antwort liegt auf der Hand.[9] Erstens wurde China, das asiatische Land mit der höchsten Bevölkerungszahl, erst ein halbes Jahrhundert nach dem Mittelmeerraum von der Pest heimgesucht. Offensichtlich wanderte die Krankheit vom Mittelmeerraum über den Mittleren Osten nach China. Persien, die bedeutende Macht im Mittleren Osten, wurde erst angesteckt, nachdem die Krankheit das Oströmische (Byzantinische) Reich erreicht hatte. Die Perser steckten sich offenbar bei byzantinischen Soldaten an. Zweitens gibt es keinen Beleg dafür, daß die Pest vor dem späteren Mittelalter in den zentralasiatischen Steppen endemisch war. Drittens schrieb der aus Syrien stammende Historiker Evagrius, eine wichtige zeitgenössische Quelle, daß die Epidemie aus Afrika (»Äthiopien«) kam.

Wie bereits erwähnt, wurde als erste Stadt im Mittelmeerraum die Hafenstadt Pelusium von der Pest heimgesucht. Dort wurden Frachten vom Roten Meer und aus Afrika zur Weiterverschiffung ins übrige Imperium entladen.

Überdies scheint der Jemen – auf halbem Wege zwischen Ostafrika und Mittelmeer – ein frühes Opfer der Pest gewesen zu sein; er wurde vermutlich irgendwann in den 540er Jahren von der Krankheit befallen.[10]

Aber wenn Ostafrika ein antiker Naturpest-Herd war, wieso brach die Epidemie plötzlich im zweiten Viertel des 6. Jahrhunderts aus? Nachdem sie jahrhundertelang – vielleicht 1000 Jahre oder mehr – im Ruhezustand verharrt hatte, wieso überflutete sie auf einmal die Welt?[11]

Des Rätsels Lösung ist höchst prosaisch: das Wetter.

Wie bei so vielen anderen Veränderungen zum damaligen Zeitpunkt der Weltgeschichte setzte sehr wahrscheinlich die Klimakatastrophe in der Mitte der 530er Jahre den epidemiologischen Prozeß in Gang, der große Teile der Welt mit der Pest und damit mit dem Tod überrollte und dazu beitrug, den weiteren Lauf der Geschichte nachhaltig zu verändern.

Das klimatische Chaos Mitte und Ende der 530er Jahre traf, wie historische Forschungen, Eiskern- und Baumringuntersuchungen[12] in aller Welt belegen, bekanntermaßen den Jemen[13] (unmittelbar nordöstlich von Ostafrika).

Moderne Forschungen über bestehende Naturpest-Herde – unter der Leitung der Seuchenabteilung des Centers for Disease Control in den USA – sind zu dem eindeutigen Schluß gelangt, daß Seuchenausbrüche von plötzlichen und gravierenden Klimaveränderungen verursacht werden. Exzessive Regenfälle sind der wahrscheinlichste Grund für die Verbreitung von Seuchen, vor allem nach einer Dürreperiode, obgleich eine heftige Dürre, gefolgt von normalem Wetter, theoretisch auch zu einem Ausbruch führen könnte.

Bei dem Szenario »exzessiver Regenfälle« kommt es zu einem verstärkten Wachstum der Vegetation. Das hat zur Folge, daß mehr Nahrung (Samen und so weiter) zur Verfügung steht und wildlebende Nagetiere, die gegen die Pest immun, aber Wirtstiere des Erregers sind, sich stärker vermehren. Ihr größerer Bestand erhöht die Überlebensrate gegenüber Raubtieren – die sich von den Nagetieren ernähren –, es gibt eine regelrechte Vermehrungsexplosion. Um genügend Futter zu finden, müssen die Nager ihr Territorium erweitern, und die pestinfizierten Tiere breiten sich über einen Zeitraum von Monaten sintflutartig aus. Bald kommen die Tiere mit anderen normalerweise pestfreien Nagern in Berührung, die dann die Krankheit auf den Menschen übertragen.

In dem etwas weniger wahrscheinlichen, obwohl theoretisch

möglichen »Dürre-Szenario« sterben bei mangelnden Regenfällen und unzureichender Nahrung große Mengen der pestimmunen, aber pestinfizierten wildlebenden Nager sowie die größeren Raubtiere, die sich normalerweise von ihnen ernähren. Sobald die Dürre vorüber ist, erholen sich die Nager, die sich schnell und zahlreicher vermehren und eine geringere Trächtigkeitsdauer haben, rascher als die sich langsamer vermehrenden Raubtiere. Über einige Jahre hinweg herrscht dann ein erhebliches Ungleichgewicht zwischen Jägern und Gejagten zugunsten der Gejagten. Die Folge ist ebenfalls eine Vermehrungsexplosion, und die pestinfizierten Nager breiten sich unaufhaltsam aus.

Das dramatischste Szenario sieht jedoch so aus, daß auf eine große Dürreperiode gewaltige Regenfälle folgen. Genau das oder etwas in der Art fand sehr wahrscheinlich in Ostafrika während der weltweiten Klimakatastrophe in den 530er Jahren statt. Man weiß, daß die Pest aus Ostafrika kam und Ägypten im Jahre 541 erreichte. Man weiß, daß ein klimatischer Auslöser vonnöten war, damit sie sich von ihrem Naturpest-Herd »befreien« konnte. Und man weiß, daß eine massive globale Klimastörung genau zum passenden Zeitpunkt erfolgte – Mitte bis Ende der 530er Jahre.

Es paßt alles zusammen. Aber welche Rolle spielten die pestinfizierten Nager und andere Tiere dabei?

Das Wetter war zweifellos der Motor der Ausbreitung der Pest in Ostafrika, der Hauptüberträger war der gemeine Floh. Die wildlebenden Nager waren nämlich gegen die Seuche immun, aber die Flöhe, die von den Nagern lebten, waren es nicht. Flöhe sterben an der Pest – doch die Art, wie sie sterben, hilft, die Krankheit weiter zu verbreiten.

Wenn ein Floh erkrankt, wird ein Teil seiner Verdauungsorgane durch eine Mischung aus sich vermehrenden Pestbazillen und geronnenem Blut verstopft.[14] Als Folge ist der Floh irgendwann so ausgehungert, daß er praktisch auf alles springt, was sich bewegt, ganz gleich ob es sich um eine normale Wirtsspezies handelt oder nicht. Doch auf welches Tier er (auf der Suche nach Blut) auch immer springt, er kann natürlich seinen Hunger nicht stillen, weil sein Darm blockiert ist und er demzufolge weiter Hunger leidet. Und in dem vergeblichen Versuch, satt zu werden[15], springt er rasch von einem Wirt zum nächsten und verbreitet die Krankheit.

Bei den pestimmunen wildlebenden Nagern, die in Ostafrika den Naturpest-Herd bildeten, handelte es sich sehr wahrscheinlich um die Wüstenmaus und die Vielzitzenmaus.

Die Wüstenmaus – ein sandfarbener Nager – bekommt normalerweise zweimal im Jahr Nachwuchs (insgesamt zehn Junge). Wüstenmäuse sind ausgesprochene Reviertiere, und eine einzelne Maus legt pro Saison drei bis fünf Kilometer zurück, um sich ein eigenes Revier zu suchen. Wenn sich die Wüstenmauszahlen unter optimalen Nahrungsbedingungen erhöhen, hat das Bedürfnis jeder einzelnen Maus nach einem eigenen Revier zur Folge, daß sich eine Flut von pesttragenden Mäusen mit enormer Geschwindigkeit ausbreitet.

Die Vielzitzenmaus – ein dunkelbrauner Nager von der Größe eines Goldhamsters – lebt in Kolonien von bis zu 50 Tieren. Ihre Tragezeit beträgt 23 Tage, und sie werfen zweimal im Jahr. Normalerweise gebären sie pro Wurf fünf Junge, doch unter optimalen Nahrungsbedingungen kann sich die Zahl auf fünfzehn erhöhen. Ein Paar kann in einem Jahr über 1000 Nachkommen produzieren. Noch heute sind sie einer der größten wildlebenden Seuchenüberträger in Afrika.

Wahrscheinlich übertrugen die Wüstenmäuse und Vielzitzenmäuse die Krankheit auf andere Vielzitzenarten und auf eine rattenartige Gattung namens *Arvicanthis*. Letztere »Rattenart« war vermutlich nicht immun gegen die Seuche, doch unter entsprechenden Klimabedingungen könnte sie sich noch stärker als die Vielzitzenmaus vermehrt haben.

Bei feuchtem Wetter kann sie eine Bevölkerungsdichte bis zu 250 Tieren pro Hektar erreichen und pro Jahr Tausende von »Kindern« und Enkeln und so weiter produzieren. Weder die Vielzitzenmäuse noch die *Arvicanthis*-»Ratten« sind abgeneigt, in menschliche Siedlungen einzudringen, wodurch sie wahrscheinlich in direkten Kontakt mit *Rattus rattus* – der Hausratte – kommen, einer Spezies, die darauf spezialisiert ist, menschliche Umgebungen zu befallen, so beispielsweise Bauernhöfe, Lagerhäuser, Wohnhäuser, Dörfer, Städte, Märkte, Häfen und Schiffe.

Unter guten klimatischen Bedingungen kann ein Hausratten-

NAGETIERE ALS TODESBOTEN

Wie die Pest nach Europa kam

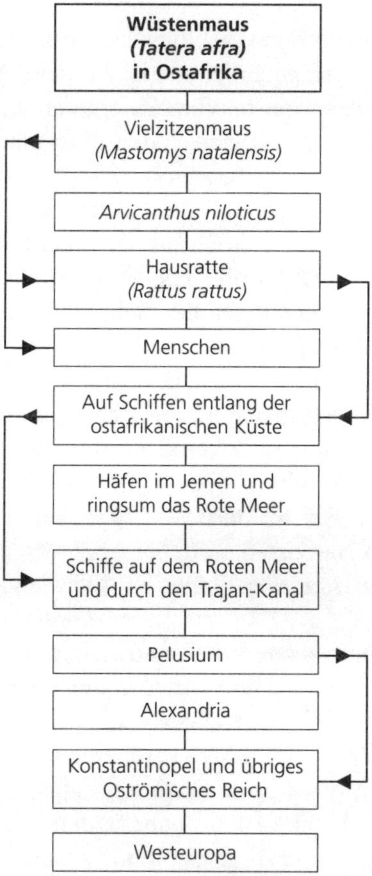

paar im Jahr Tausende von Nachkommen produzieren, vor allem wenn ihre natürlichen Feinde sich einmal nicht so stark vermehren wie im Normalfall (zum Beispiel aufgrund einer Dürre). Die Hausratte ist aggressiv, äußerst anpassungsfähig und frißt praktisch alles – Insekten, Samen, Fleisch, Knochen, Obst, ja sogar ihre Artgenossen!

Sobald die ausgehungerten Flöhe milliardenfach von der Wüstenmaus und der Vielzitzenmaus auf die *Arvicanthis* und weiter auf die Hausratte gesprungen waren, war es nur eine Frage von Tagen, ja Stunden, bis sich die ersten Menschen mit der Pest infizierten.[16]

Rattus rattus eroberte dann die Schiffe und Hafen für Hafen, Schritt für Schritt, weitere Orte und noch mehr Schiffe, und noch mehr Ratten wurden Opfer und Träger des Pesterregers.

Archäologische Funde legen den Schluß nahe, daß im Zuge der Ausbreitung der Krankheit über das Rote Meer nach Ägypten eine ganze Lebensart in Ostafrika und vermutlich auch in Südafrika zusammenbrach. Die »große Stadt« Rhapta und die anderen Hafenstädte Opone, Essina und Toniki wurden von den jungsteinzeitlichen Kuschiten bewohnt[17] – oder möglicherweise vom Bantu-Volk des älteren Eisenzeitalters.[18] Wie bereits erläutert, verschwanden diese Hafenstädte zur Zeit der Pest förmlich von der Bildfläche. Abgesehen von Opone ist nicht einmal bekannt, wo genau sie lagen.

Im Landesinneren scheint die Landwirtschaft der Bantu massiv zurückgegangen zu sein, und offenbar übernahmen sie von den Kuschiten sowohl die Viehzucht als auch deren besonderen Stil von Töpfereien. Im 7. Jahrhundert (das heißt nach Ausbruch der Pest) breitete sich diese Hirtentradition langsam nach Süden aus und verdrängte den Ackerbau in ganz Südafrika.

Es bleiben jedoch zwei Fragen offen. Wieso zog man wegen der Pest die Viehzucht dem Ackerbau vor? Die Antwort liegt in der Zahl von Ratten und anderen pestinfizierten Nagern, die von den beiden Landwirtschaftsformen angelockt werden. Getreide – ob auf den Feldern oder auf Lager – lockt Ratten an, Nahrungsquellen auf vier Beinen – in diesem Fall Rinder – tun das nicht. Aufgrund dieses Unterschiedes scheint man in jener schwierigen Zeit Viehzucht statt Ackerbau betrieben zu haben.

Und warum war der Schiffshandel zwischen Ostafrika und dem Oströmischen Reich überhaupt so bedeutend? Auch hier fällt die Antwort relativ simpel aus. Elfenbein zählte zu den wertvollsten Luxusartikeln, die das Reich benötigte. Lange vor dem 6. Jahrhundert waren die Elefanten in Eritrea am Roten Meer völlig ausgerottet, weil sie in der Antike als Kriegstiere benutzt wurden. Damit wurde Ostafrika – das heutige Kenia und Tansania – praktisch die einzige Bezugsquelle für die riesigen Mengen Elfenbein, die das Byzantinische Reich brauchte.

Bis zum Ausbruch der Pest und der Vernichtung der ostafrikanischen Häfen durch die Seuche importierte das Imperium jedes Jahr bis zu 50 000 Kilo Elfenbein aus Ostafrika, wozu bis zu 5000 Elefanten pro Jahr erlegt werden mußten. In Geldwährung ausgedrückt, war die Ware den arabischen und griechischen Händlern, die den Markt kontrollierten, rund 220 000 *Solidi* (Goldmünzen) wert (heute in etwa 250 Millionen britische Pfund).[19]

In Ostafrika hielt der Handel nicht nur eine Reihe von Häfen am Leben, sondern er kam etlichen Küstenhäuptlingen zugute, deren Macht unverhältnismäßig groß gewesen sein muß, da sie über Handelsgüter und importierte Waffen verfügten. Nachdem die Pest die Bevölkerung massiv dezimiert und die Häfen zerstört hatte, kam der Elfenbeinhandel praktisch zum Erliegen.

Aus der Zeit von 400 bis kurz vor dem Ausbruch der Pest (um 540) sind von den schätzungsweise 400 000 bedeutenderen kunsthandwerklichen Gegenständen aus Elfenbein etwa 120 erhalten, aus der Zeit von 540 bis 700 nur noch sechs. Dieser zahlenmäßig eklatante Unterschied zeigt deutlich, daß nach der Mitte des 6. Jahrhunderts nur sehr wenig Elfenbein ins Oströmische Reich gelangt ist. Die Pest hatte das goldene Zeitalter der Elfenbeinkunst beendet.

Die Nachfrage nach prachtvollen Elfenbeinstühlen, erlesenem Elfenbeinkinderspielzeug, Elfenbeinschreibtafeln, Reliquienkästen und zahllosen anderen Kunstgegenständen aus Elfenbein hatte ein Handelssystem entstehen lassen, das bis ins tiefste Afrika reichte.

Doch ebendiese Liebe zur schönen Kunst lockte im Jahre 541 auf dem Rücken ausgehungerter Flöhe die Seuche an, die das Oströmische Reich schwächen und die Geschichte verändern sollte.

TEIL II

Die Barbarenflut

KAPITEL 3

Katastrophe in den Steppen

Im Jahre 557 oder 558 drangen die Awaren, ein wildes asiatisches Nomadenvolk, aus der Mongolei bis an den äußersten Rand Europas vor. Zwanzig Jahre später hatten sie beachtliche Teile der östlichen Hälfte des europäischen Kontinents erobert und das Oströmische Reich gedemütigt, indem sie direkt oder stellvertretend durch ihre Vasallen in den Balkan, so auch in Griechenland, einfielen. Sie wurden ein wichtiges Element in dem langwierigen Prozeß, in dem das Reich nach und nach einen Großteil seines Territoriums und seiner Macht verlor und durch den Europa und die Geschichte des Mittleren Ostens nachhaltig verändert wurden. Was die Awaren jedoch zu der Wanderung bewegte, ist bis heute ein Rätsel geblieben.

Historisch belegt ist lediglich, daß die Awaren im Jahre 545, nachdem sie 150 Jahre lang die vorherrschende Volksgruppe in der Mongolei gewesen waren, in ihrer Macht von einem anderen mongolischen Volk – den ersten Türken – bedroht wurden. Schriftlichen Quellen[1] zufolge waren die Awaren[2] aus unerfindlichen Gründen gegenüber ihren Vasallen, den Türken, schwächer geworden, und bereits 522 hatten die Türken ihre awarischen Herrscher entmachtet und die Mongolei an sich gerissen. Die überlebenden Awaren waren ins Exil gezogen – in Richtung Europa. Was hatte diese Stammesrevolte in der Mongolei ermöglicht?

Um denkbaren Ursachen auf den Grund zu gehen, ist es erforderlich, einen Blick auf andere ähnlich geartete Veränderungen in der mongolischen Steppe sowie auf bestimmte Umweltaspekte der Steppe zu werfen. Dürre und Hungersnot hatten Mitte des 2. Jahrhunderts in der Steppe den Untergang des Hunnen-Reiches beschleunigt, der durch die Vorfahren der Awaren herbeigeführt wurde. Letztere hatten zuvor das halb gebirgige Gebiet der östlichen Mongolei und der westlichen Mandschurei bewohnt. Und Dürre und Hungersnot verursachten um das Jahr 840 herum offenbar ebenfalls den Zusammenbruch des heute kaum noch bekannten Uiguren-Reiches.[3] Die Hungersnot schwächte die einst mächtigen Uiguren und führte darüber hinaus zu internen Kämpfen, so daß es für den wilden Stamm der Kirgisen[4], die in den Wäldern der benachbarten, bergigen Regionen lebten, ein leichtes war, sie zu bezwingen.

Baumring- und Eiskernuntersuchungen wie auch historische und archäologische Forschungen in aller Welt belegen, daß es in den 530er Jahren größere klimatische Probleme gab. Historische Aufzeichnungen aus der nächstgelegenen Hochkultur – Nordchina – offenbaren, daß tatsächlich in den Jahren 537 und 538 eine große Dürre viele Chinesen tötete. Dürre und Hungersnot machten wohl kaum an der Chinesischen Mauer halt; mit an Sicherheit grenzender Wahrscheinlichkeit ist davon auszugehen, daß auch die Mongolei von der Katastrophe heimgesucht wurde. Baumringuntersuchungen in Sibirien – auf der anderen Seite der Mongolei – beweisen, daß die Region in der Zeit von 535–545 die schlechtesten klimatischen Bedingungen der vergangenen 1900 Jahre erlebte.[5]

Die Katastrophe muß sowohl die Awaren als auch die türksprachigen Bewohner der Mongolei – also die Herrschenden und die Vasallen – betroffen haben, doch die Türken sehr wahrscheinlich weniger als ihre awarischen Herren. Zwar lebten einige türksprachigen Stämme auf der flachen Steppe, aber viele bewohnten die teils bewaldeten Hügel und Berge nach Norden hin. Die grasbedeckte Steppe war (und ist noch immer) durch Dürreperioden weitaus verwundbarer als das bewaldete Hochland. Gras kann mit seinen kurzen Wurzeln unter vorübergehend wasserlosen Bedingungen nicht gedeihen, Bäume und Unterholz im Wald haben dagegen sehr viel tiefere Wurzeln und können die feuchteren Schichten tief unter der Erdoberfläche anzapfen. Außerdem dürften gelegentliche Wolkenfronten an den Bergen ihre Regenlast abgeladen haben. Selbst in Dürreperioden erhalten gebirgige Gebiete normalerweise mehr Niederschlag als angrenzende Ebenen.

Zudem waren die Türkstämme in wirtschaftlicher Hinsicht vielseitiger als die Awaren. Die Türken waren beispielsweise Jäger und Sammler, Bergleute und Metallarbeiter, und sehr wahrscheinlich züchteten sie Yaks, Ziegen, Schafe und vor allem vermutlich Rinder.[6] Bei den Awaren drehte sich dagegen fast alles um ihre Raubzüge und um ihre Schaf- und vor allem Pferdezucht. Für die Awaren war das Pferd Lieferant für alles – Fleisch, Milch, Käse, Joghurt und sogar Alkohol (die süße vergorene Stutenmilch namens Kumys). Darüber hinaus war das Pferd der entscheidende Faktor der awarischen Militärmacht, und ihm verdankten die Awaren ihre hundertfünfzigjährige militärische Vormacht in der mongolischen Region.

Doch durch die einseitige Ausrichtung auf das Pferd waren die Awaren sehr verwundbar. Pferde haben aufgrund der Gegebenheiten in ihrem Verdauungssystem häufig größere Schwierigkeiten, eine Dürre zu überstehen, als Rinder. Pferde verwerten bis zu 75 Prozent des Proteins nicht, das sie mit der Nahrung aufnehmen. Sie scheiden es einfach wieder aus. Rinder hingegen scheiden nur 25 Prozent des aufgenommenen Proteins aus. Wenn es also lediglich dürres Gras (das heißt Gras mit geringem Proteingehalt) zu fressen gibt, haben Rinder einen deutlichen Vorteil gegenüber Pferden.

Die hohe Proteinverschwendung der Pferde ist auf den Aufbau ihres Verdauungssystems zurückzuführen. Sowohl Kühe als auch Pferde haben »Gärungsfässer« in ihrem Körper, in denen sie Pflanzenprotein in bakterielles Protein umwandeln. Doch das »Gärungsfaß« des Pferdes ist erheblich weniger effizient, da es an einer Stelle liegt, wo die Nahrung bereits verdaut ist, also zwischen dem Hauptteil des Darms und dem Anus. Das »Gärungsfaß« der Kuh liegt an einer Stelle, wo die Nahrung noch nicht verdaut ist, und deshalb haben Kühe bei Dürre einen gewaltigen Vorteil gegenüber Pferden.

Bei der Kuh wird fast das ganze Pflanzenprotein im Pansen, wo die Gärung stattfindet, durch Bakterien in bakterielles Protein aufgelöst. Nur so kann der Großteil des Pflanzenproteins entzogen werden, denn das meiste davon befindet sich in den Pflanzenzellwänden, die sich anders nicht verdauen lassen. Das so entstandene bakterielle Protein wandert dann in den Zwölffingerdarm der Kuh, wo es in Aminosäuren umgewandelt wird. Die Aminosäuren wiederum wandern in den Dünndarm, wo sie vom Blut aufgenommen und zur Herstellung von Muskelprotein, Milchprotein, Protein zur Wiederherstellung von beschädigtem Gewebe und Protein zur Ernährung von Föten verwendet werden. Das Pferd dagegen hat sein »Gärungsfaß« im hinteren Darmbereich – also nachdem die Nahrung den Zwölffingerdarm und den Dünndarm längst passiert hat. Es produziert daher keine großen Mengen Aminosäuren und nimmt auch keine großen Mengen Protein durch die Darmwände auf. Die Umwandlung von Pflanzenprotein in bakterielles Protein geschieht beim Pferd an einer fast völlig nutzlosen Stelle und führt lediglich zur Ausscheidung von extrem stickstoffhaltigen Exkrementen (also Exkrementen, die reich an aufgelöstem Protein sind). Das ist zwar gut für den Boden, bringt dem Pferd aber wenig Nutzen.

Unter normalen Wetterbedingungen, wenn keine Dürre herrscht, ist Pflanzenprotein in so reichen Mengen vorhanden, daß weder Pferde noch Kühe all das Protein verwerten, das sie aufnehmen. Wenn aber während einer Dürreperiode das Pflanzenprotein knapp wird – grünes Gras enthält etwa 15 Prozent Protein, verdorrtes Gras nur noch 4 Prozent –, ist eine hohe Proteinverwertung lebenswichtig. Wie bereits gesagt, kann das Pferd nur etwa 25 Prozent des Proteins verwerten, das es über die Nahrung zu sich nimmt, es scheidet also 75 Prozent aus. Die Kuh dagegen nimmt 75 Prozent auf und scheidet 25 Prozent aus. Die Kuh verfügt somit über dreimal soviel Protein wie das Pferd.

Pferde sind zwar militärisch nützlicher als Rinder, doch aufgrund ihrer im Vergleich zu Rindern geringen Überlebensfähigkeit bei längeren Dürreperioden und in strengen Wintern waren ihre awarischen Besitzer gegenüber den Türken erheblich im Nachteil. Ein einziger harter Winter, gefolgt von einem extrem trockenen Sommer genügte, um eine große Zahl von awarischen Pferden zu töten.[7] Zwei oder drei schlechte Jahre hintereinander konnten schreckliche Not verursachen. In der Dürre Ende der 530er Jahre waren die Stuten vermutlich nicht mehr in der Lage, ihre Jungen zu säugen, was zur Folge hatte, daß der Nachwuchs starb. Einige Monate später müssen die ersten inzwischen ausgehungerten erwachsenen Tiere verendet sein. Die awarischen Männer, Frauen und Kinder, die nun weder Milch noch Käse, noch Joghurt bekamen, waren gezwungen, ihre toten Pferde zu essen.

Als die harten Winter und trockenen Sommer das zweite und dritte Jahr anhielten, verhungerten die ersten Familien. Da die Awaren ohne gesunde Pferde selbständig keine Nahrung mehr herstellen, keine Nahrung mehr tauschen (Pferde waren ihr ganzer Reichtum), keine Raubzüge mehr durchführen und sich auch nicht mehr richtig verteidigen konnten, ahnten sie wohl, daß ihre Herrschaftszeit allmählich zu Ende ging. Obwohl die schlimmste Phase der Dürre wahrscheinlich gegen Mitte oder schon zu Beginn der 540er Jahre vorüber war, blieb der wirtschaftliche und geopolitische Schaden irreversibel.

Im Jahre 545 brüskierten die Türken die inzwischen stark geschwächten Awaren zunächst dadurch, daß sie mit der kaiserlichen Regierung von Nordchina diplomatische Beziehungen aufnahmen. Dann, im Jahre 551, bewahrten sie die mittlerweile völlig hilflosen Awaren vor der Vernichtung durch rebellische Stämme. Und im Jahr darauf drängten die Türken auf politische Gleichberechtigung und forderten, daß der awarische Herrscher dem türkischen *Khan* (König) eine seiner Töchter zur Frau gab. Der stolze Awarenführer lehnte ab, und die Türken nahmen dessen Weigerung zum Vorwand, die awarische Herrschaft zu stürzen.

Tausende von Awaren wurden ermordet oder versklavt. Ihr Führer A'nagui[8] beging Selbstmord, vermutlich um der Demütigung einer rituellen Exekution zu entgehen, die ihn erwartet hätte, wäre er den Türken in die Hände gefallen. Nach türkischem Brauch wäre er mit einem Seidenfaden erdrosselt worden, da die Türken glaubten, daß das Blut von Königen als von Gott Berufenen nicht mit der Erde in Berührung kommen durfte.

Niedrigere Mitglieder der königlichen Sippe wurden sehr wahrscheinlich gefangengenommen. Einige Gefangene, so ist bekannt, wurden zu Sklaven der Türken gemacht oder als Sklaven verkauft.[9] Vor allem höherstehende Angehörige des Herrscherhauses wurden mit der für Steppenvölker traditionellen Methode hingerichtet: Man bog zwei junge Bäume zusammen, band ihre Körper daran fest, und wenn die Bäume auseinanderschnellten, wurden sie in Stücke gerissen. Die überlebenden Awaren flohen ins Exil und machten sich auf die fast 5000 Kilometer lange Reise nach Westen in Richtung Europa.[10]

Von diesem gewaltigen Zug gen Westen sind zwar keine Augenzeugenberichte erhalten, aber anhand archäologischer und historischer Erkenntnisse über spätere Steppenwanderungen können wir uns ein ungefähres Bild davon machen. Tausende Männer, Frauen und Kinder waren unterwegs – überwiegend zu Pferde. Die gesamte Karawane muß über anderthalb Kilometer lang gewesen sein. Die Familien transportierten ihr Habseligkeiten – darunter ihre runden Filzzelte (die Jurten) – auf großen Planwagen, die von Ochsen gezogen wurden.

Die Karawane führte vermutlich auch zahlreiche Ersatzpferde[11] und Schafherden mit. Sehr wahrscheinlich zogen die Awaren ziemlich weit nördlich von der Mongolei nach Europa und umgingen die Dsungarei und andere Wüsten in Zentralasien. Etwa 1 000 Kilometer weit folgten sie dem Lauf des Irtysch, durchquerten dann das heutige Kasachstan und zogen am nördlichen Ufer des Kaspischen Meeres entlang, bis sie in das fruchtbare Grasland nördlich des Kaukasus kamen. Hier stießen sie auf die Kutriguren[12], einen einheimischen Stamm, den sie unterwarfen. Die Awarenkarawane war inzwischen auch beträchtlich größer geworden, weil sich ihnen ein verwandtes Volk angeschlossen hatte – eine teils urmongolische, teils hunnische Gruppe, genannt Hephthaliten oder Weiße Hunnen.

Die awarische Horde, nun verstärkt durch zahlreiche kutrigurisch-hunnische Vasallen und hephthalitische Verbündete, zog dann weiter in nordwestlicher Richtung in die Ukraine, wo sie die ukrainischen Slawen (die Anten) besiegten. Als nächstes bewegte sich die immer größer werdende awarische Völkerwanderung zur Donaugrenze des Reiches, wo sie haltmachte und von der byzantinischen Obrigkeit (erfolglos) Land forderte. Da ihnen die Aufnahme ins Reich verwehrt wurde, zogen sie am Nordufer der Donau nach Westen, durch das sogenannte Eiserne Tor und nach Norden ins heutige Ungarn, wo sie die einheimische Bevölkerung vernichteten – die Gepiden (siehe Kapitel 4).

Im Jahre 568 hatten die Awaren bereits ein neues Reich geschaffen, das in jeder Hinsicht so eindrucksvoll war wie dasjenige, das sie 16 Jahre zuvor und fast 5000 Kilometer entfernt in der

Mongolei beherrscht hatten. Es bestand aus Ostungarn, Westrumänien, Slowenien, Mähren, Böhmen, Ostdeutschland und der westlichen Ukraine. Das Gebiet war circa 2,6 Millionen Quadratkilometer groß – etwa 2500 Kilometer vom heutigen Deutschland im Westen bis an die Wolga im Osten und etwa 1300 Kilometer von der Ostsee im Norden bis an die Balkangrenze des Oströmischen Reiches im Süden.

Von den awarischen Vasallen kommt den Slawen vielleicht die größte historische Bedeutung zu, waren sie doch selbst in weiten Teilen Osteuropas relative Neulinge. Gemeinsam veränderten die beiden Barbarenvölker die Welt.

KAPITEL 4

Die awarische Wanderung

»Sie sind verräterisch, verschlagen, nicht vertrauenswürdig und besessen von einem unstillbaren Verlangen nach Reichtümern.«

Diese »Schurken« sind »äußerst erfahren in militärischen Dingen« und »behaupten sich gegen ihre Feinde nicht durch Stärke, sondern durch List, Überraschungsangriffe und das Abschneiden von Nachschublinien«.

So beschrieb der byzantinische Kaiser Maurikios Ende des 6. Jahrhunderts in einem ausführlichen Armeehandbuch präzise und alles andere als schmeichelhaft die Horden der mongolischen Awaren, die quer durch Asien gezogen waren und seinem Reich sehr zusetzten.[1]

Die gleichen klimatischen Probleme, die für die Kette von Ereignissen verantwortlich gewesen waren, aufgrund derer die Awaren plötzlich an den Reichsgrenzen auftauchten, hatten offenbar auch bewirkt, daß die Slawen verstärkt Druck auf das Oströmische Reich ausübten. Wie bereits erläutert, hatte es seit den Jahren 541 bis 543 einige größere Ausbrüche der Beulenpest gegeben, wodurch die Bevölkerung des Imperiums erheblich dezimiert worden war.

Maurikios war in vielerlei Hinsicht ein äußerst fähiger Herrscher. Doch die Kombination von Awaren, Slawen und klimatischen Problemen führte schließlich zu einer Revolution, die die Geschichte der Byzantiner und der ganzen Welt für immer veränderte. Maurikios und seine ganze Familie verloren im wahrsten Sinne des Wortes den Kopf – aber was genau waren die Mechanismen, die zu der Revolte und in die Katastrophe führten?

In den Jahren 536 und 537 scheinen die klimatischen Probleme auch die Slawen betroffen zu haben, ein Agrarvolk, das in Polen und in der westlichen Hälfte der Ukraine lebte und seit den 520er Jahren auch in Teilen Rumäniens siedelte.

Aus kaiserlichen Edikten geht hervor, daß die Ernährungslage in den römischen Nachbarprovinzen Moesia Secunda (im Nordosten von Bulgarien) und Scythia (im Südosten von Rumänien) heikel war, und dies betraf zweifelsohne auch slawisches Gebiet.

Die Lage muß so schlecht gewesen sein, daß die Slawen genau zu der Zeit, 536 oder 537, über die Donau-Grenze strömten und, wie der römische Geschichtsschreiber Prokop festhielt, »das angrenzende Land plünderten und sehr viele Römer zu Sklaven machten«.

Man kann vermuten, daß die landwirtschaftlichen Krisen und daraus folgenden Hungersnöte in Osteuropa beträchtliche Unruhe, Bevölkerungsverschiebungen und Instabilität verursacht haben.

Es ist unwahrscheinlich, daß die Slawen nur in Richtung des oströmischen Territoriums abwanderten. Hunger und die Suche nach Nahrung trieben sie sicherlich in alle benachbarten Gebiete, wo sie nur wenig Widerstand von den Einheimischen zu befürchten hatten. Daher dürften die Slawen sich in dieser Krise auch nach Westen donauaufwärts ausgedehnt haben und durch das strategisch wichtige Eiserne Tor ins heutige Slowenien vorgedrungen sein.

Aus Sicht des Byzantinischen Reiches markierten die Jahre 536 und 537 den eigentlichen Anfang größerer slawischer Invasionen. Das Geschehen scheint bei den Slawen die politische Instabilität und Aggression noch verstärkt zu haben. Um 545 – als sich das Reich allmählich vom ersten Ausbruch der Pest erholte – begannen die Slawen eine weitere Invasion.

»Um diese Zeit«, so schreibt Prokop, »überquerte eine Heerschar von Slawen die Donau [die Grenze] und richtete in ganz Illyrien [das heutige ›ehemalige‹ Jugoslawien] bis Epidamnos [Durazzo in Albanien] Elend und Verwüstung an, denn sie tötete und versklavte alle, die ihr in den Weg kamen, Junge und Alte gleichermaßen, und plünderte ihren Besitz.«

Dann, im Jahre 550, strömten die Slawen erneut über die Grenze, nahmen diesmal einen römischen Befehlshaber gefangen und eroberten eine größere Stadt. Der gefangengenommene Befehlshaber – ein Mann namens Asbadus, der zu den persönlichen Leibwächtern des Kaisers gehörte – wurde zunächst gefoltert (man riß ihm Hautstreifen vom Rücken) und dann bei lebendigem Leibe verbrannt.[2] Die Slawen wüteten in Illyrien und Thrakien so verheerend, »daß das ganze Land schließlich mit unbestatteten Leichen übersät war«.

Prokop schildert in grausigen Einzelheiten, wie barbarisch die Invasoren vorgingen: »Jetzt töteten sie ihre Opfer, nicht mit Schwert oder Speer und auch nicht auf andere übliche Weise, sondern indem sie Pfähle, die sie oben äußerst scharf angespitzt hatten, fest in die Erde steckten und die Unglückseligen mit großer Wucht auf die Spitzen setzten, die ihnen durch das Gesäß in die Eingeweide drangen.

Außerdem rammten die Barbaren dicke Pfähle ganz tief in die Erde, fesselten die Gefangenen mit Füßen und Händen an die Pfähle und schlugen ihnen dann mit Knüppeln auf den Kopf, wie man Hunde oder Schlangen oder andere Tiere tötet.«[3]

Dann beschreibt Prokop, wie einige Gefangene – zusammen mit Rindern und Schafen – in Hütten gesperrt wurden, die man daraufhin in Brand setzte, wie bei einem Opferritus.

Schließlich griffen die Slawen die Stadt Topirus (das heutige Çorlu in der Türkei) an und metzelten die gesamte männliche Bevölkerung nieder. Prokop schildert, daß die Barbaren die Verteidiger der Stadt »mit einem Hagel von Wurfgeschossen von den Zinnen trieben, Leitern an die Festungen stellten und die Stadt im Sturm einnahmen. Dann töteten sie auf der Stelle alle Männer, 15 000 an der Zahl, raubten alle Kostbarkeiten und führten die Kinder und Frauen in die Sklaverei.«

In den Jahren 558 und 559 kam es zu einer neuen Slaweninvasion. Doch diesmal waren die Ursachen sowie Art und Umfang des Angriffs anders. Zum erstenmal wirkte sich nun die Abwanderung der Awaren aus der Mongolei – wenn auch indirekt – auf das Oströmische Reich aus.

Wie in Kapitel 3 ausgeführt, war ein Barbarenvolk, die kutrigurischen Hunnen, die im Südosten der Ukraine gelebt hatten, Mitte der 550er Jahre von den Awarenhorden angegriffen und nach Westen gedrängt worden. Die kutrigurischen Hunnen kamen daraufhin in Kontakt mit den Slawen, und gemeinsam unternahmen sie, angeführt und kontrolliert von den Kutriguren, einen gewaltigen Eroberungszug in das Oströmische Reich.

Die kutrigurischen/slawischen Horden teilten sich in drei Gruppen auf. Eine Gruppe marschierte in Griechenland ein und brach bis zum berühmten Thermopylen-Paß durch – jenem militärisch wichtigen Nadelöhr, an dem die Perser 1000 Jahre zuvor aufgehalten worden waren. Eine zweite Gruppe zog zu einem weiteren strategisch wichtigen Engpaß – der Meeresenge der Dardanellen, dem am wenigsten bewachten Einfallstor nach Kleinasien. Und die dritte Gruppe marschierte Richtung Konstantinopel, der Hauptstadt des Imperiums. Trotz enormer Verwüstungen auf dem Lande hielten die kleineren und größeren Städte – darunter Konstantinopel – dem Ansturm der Barbaren stand.

Nun sammelten sich allmählich die Awaren, die indirekte Ursache des Chaos in den Jahren 558 und 559, an der Schwelle des Reiches. Anfang der 560er Jahre stellten sie Landforderungen an Ostrom, wurden abgewiesen und zogen nach Ungarn.

Die Ankunft der Awaren in der Ukraine einige Jahre zuvor hatte die Kutriguren vertrieben, mit erschreckenden Folgen für das Reich. Jetzt, da die Awaren in Mitteleuropa waren, destabilisierten sie den Kontinent und stürzten das Reich in die Katastrophe.

Zunächst verbündeten sich die Awaren mit den Langobarden, einem germanischen Stamm, der im Gebiet der heutigen tschechischen und slowakischen Republik angesiedelt war. Für die Langobarden griffen sie das Königreich der Gepiden (das heutige Ostungarn) an, das die Langobarden schon immer haben wollten, und zerstörten es vollkommen. Die Awaren – die ja in der Mongolei vor ihrer Vertreibung ein eigenes Reich gehabt hatten – hegten allerdings nicht die Absicht, den etwas naiven Langobarden das frisch erworbene Territorium zu überlassen. Sie rissen es kurzerhand an sich und drohten, sich gegen ihre einstigen Verbündeten zu wenden.

Da die Langobarden gesehen hatten, was den Gepiden widerfahren war, hielten sie es für klüger, sich zu fügen. Sie flohen nach Westen und drangen in das von den Römern beherrschte Italien ein. Es folgte ein langwieriger Krieg, der sich etwa 25 Jahre hinzog und an dessen Ende die langobardischen Flüchtlinge den hohen Norden Italiens, den größten Teil der Toskana und 75 Prozent Süditaliens eroberten. Das neue langobardische Element veränderte die italienische Geschichte grundlegend.

Ebenso bedeutsam für den weiteren Verlauf der europäischen Geschichte waren die Nachwirkungen der tragischen Vernichtung der Gepiden. Die Awaren unterschieden sich in wirtschaftlicher und gesellschaftlicher Hinsicht von den Slawen und anderen europäischen Barbarenstämmen, in deren Gebiete sie einfielen. Sie waren nomadische Krieger und Viehzüchter und hatten Erfahrung und Geschick im Errichten eines Reiches. Sie wurden zu einer unbarmherzigen Herrscherkaste – und überall, wo sie sich mit dem Schwert den Weg bahnten, strömten die Stämme nach, die ihnen untertan waren, in erster Linie die Slawen.

Ein Teil des frei gewordenen Landes der Gepiden wurde von den Slawen besiedelt. Da die Langobarden fort waren, übernahmen slawische Bauern die verlassenen Ländereien in dem Gebiet, das heute zu Tschechien und der slowakischen Republik gehört. In dieser Zeit, Ende der 560er und 570er Jahre, zogen die Slawen sowohl mit Unterstützung und Schutz der Awaren als auch von ihnen unter Druck gesetzt nach Mähren, Böhmen und Deutschland, wo sie bis an die Elbe vordrangen.

Zwar sind die Awaren selbst im Nebel der Geschichte verschwunden, doch die ethnische und politische Geographie des heutigen Osteuropas wurde nachhaltig von ihnen geprägt. Sie waren ein vehementer Katalysator, zwangen sie doch häufig diejenigen, die vor ihnen da waren, weiterzuziehen (zu Peinigern anderer zu werden), während sie diejenigen, die nach ihnen kamen, zu untergebenen Verbündeten machten und sie in neuen Gebieten ansiedelten.

Das neue Awarenreich erstreckte sich nun mit seinen über anderthalb Millionen Quadratkilometern Fläche von den westlichen Ausläufern des Baltikums bis in die Ukraine und zur Wolga, also 2500 Kilometer nach Osten. Ziel der Awaren war es, gewaltige Schutzgelder zu erpressen. Das Oströmische Reich sollte ihre Milchkuh werden, und (von circa 580 an) sollten die Slawen ihre wichtigsten Handlanger sein.

Diese Ausbeutung im großen Stil dauerte etwa 50 Jahre lang

und brachte den Awaren mindestens 70 000 Pfund Gold ein (heute etwa 7 Milliarden britische Pfund). Die Erpressung begann im Jahre 572, als die Awaren die Römer zur Zahlung von 80 000 Gold-*Solidi* Schutzgeld pro Jahr zwangen – sogenannte Friedenszahlungen. Drei Jahre zuvor hatten die Awaren einen erfolglosen Angriff auf die römische Stadt Sirmium (Sremska Mitrovica im heutigen Serbien) unternommen, doch 571 war der spätere Kaiser Tiberius in einer bedeutenden Schlacht im heutigen Norden Serbiens geschlagen worden, und die Awaren verlangten im Folgejahr eine jährliche »Friedenszahlung« für die Zusicherung, nicht in das Reich einzufallen.

578 gingen die Awaren jedoch erneut zum Angriff über. Wieder war Sirmium ihr Ziel. Wenn sie aus den Byzantinern noch mehr Gold herausholen wollten, mußten sie ihnen die Herrschaft über die strategisch wichtige Stadt entreißen. Wer Sirmium beherrschte, beherrschte auch die Route zwischen den westlichen und östlichen Teilen des Reiches. Solange die Oströmer Sirmium kontrollierten, konnten sie die Awaren daran hindern, den strategisch wichtigen Fluß Savus militärisch zu nutzen, oder zumindest dessen militärische Nutzung flußabwärts einschränken; außerdem konnten sie in der Stadt Truppen stationieren und von dort aus flußaufwärts in awarisches Territorium nördlich des Flusses eindringen.

So kam es, daß die Awaren 578 unter ihrem Herrscher, dem allmächtigen Khan Baianus, eine der größten Belagerungen der europäischen Geschichte begannen. Mit Hilfe gefangengenommener römischer Pioniere bauten sie zunächst zwei Pontonbrükken über den Fluß – eine von Sirmium aus gesehen flußaufwärts, die andere flußabwärts –, wodurch sie die Stadt vom Rest der Welt abschnitten. Da der Fluß fest in awarischer Hand war, scheiterte der Versuch oströmischer Truppen, zur Stadt durchzustoßen. Nach zweijähriger Belagerung war die Stadt halb verhungert und wurde gewiß auch von Krankheiten heimgesucht. Die verzweifelte Lage der Einwohner macht ein Graffito deutlich, das Archäologen 1300 Jahre später entdeckten. Ein unbekannter Bürger der Stadt hatte in falschem Griechisch eine Botschaft an Gott und die Nachwelt auf eine Mauer der gepeinigten Stadt gekritzelt. »Christus, unser Herr, hilf der Stadt«, schrieb er, »und schlage die

Awaren und wache über das Land der Römer und den Schreiber. Amen.«

Von dem Tag an hatte das »Land der Römer« in der Tat dringend Hilfe nötig. Sirmium ergab sich den barbarischen Belagerern – und als Teil der Kapitulationsbedingungen wurde der oströmischen Obrigkeit gestattet, die überlebenden Einwohner der Stadt zu evakuieren.

Als neue Herren der strategisch wichtigen Stadt forderten die Awaren eine fünfundzwanzigprozentige Erhöhung der Friedenszahlungen – von 80 000 auf 100 000 *Solidi* pro Jahr. Der oströmische Kaiser Maurikios – ein Mann des Militärs – versuchte, den Khan mit einem zahmen Elefanten und einem Bett aus massivem Gold zufriedenzustellen. Der Khan fiel aber nicht darauf herein und ließ dem Kaiser bestellen, daß er Bares haben wollte – und zwar regelmäßig.

Maurikios – der selbst unter den eigenen Truppen dafür bekannt war, sparsam mit Geld umzugehen – lehnte ab. Der awarische Khan wurde wütend und begann prompt eine neue Invasion. Nachdem die Awaren die Nachbarstadt von Sirmium, Singidunum (Belgrad), an der Einmündung des Savus in die Donau erobert hatten, stießen sie am Südufer der Donau Richtung Osten vor und verbrachten den Winter 583/584 auf oströmischem Gebiet an der Schwarzmeerküste.

Wenige Monate später hatte Maurikios den Forderungen des Khan nachgegeben. Die verlangte Erhöhung wurde gezahlt, und die Awarenkrieger zogen sich wieder auf awarisches Gebiet in Serbien und Ungarn zurück.

Doch der Khan hatte noch weitere militärische Trümpfe in der Hand. Nur wenige Monate später drangen die Slawen, die auf awarischem Gebiet lebten, in oströmisches Territorium ein – zweifellos auf Drängen der Awaren – und griffen die große Stadt Hadrianopolis (das heutige Edirne) knapp 150 Kilometer westlich von Konstantinopel an.

Nachdem der Khan den Druck erhöht hatte, meinte er wohl, noch höhere finanzielle Forderungen an den Kaiser stellen zu können, doch er handelte sich erneut eine Abfuhr ein. In dem in unveröffentlichter englischer Übersetzung vorliegenden Buch aus dem 7. Jahrhundert, *The Miracles of St. Demetrius*, schildert der Verfasser – Erzbischof Johannes von Thessalonike –, daß der Führer der Awaren, nachdem seine Gesandtschaft von Kaiser Maurikios brüsk zurückgewiesen worden war, nach Möglichkeiten suchte, ihm den größtmöglichen Schaden zuzufügen.[4]

Den Schaden richtete eine gewaltige Armee von Awaren und Slawen an, die der Khan nach Griechenland schickte. Teile von Korinth und die Unterstadt von Athen wurden geplündert. In Korinth wurde das Vordach der Kirche geraubt und in Athen, wie archäologische Funde belegen, der große Marktplatz zerstört.[5]

Die Barbarentruppen versuchten sogar, Thessalonike zu erobern. Am 22. September 586 näherte sich eine riesige Horde der Stadt. Der Verfasser von *The Miracles of St. Demetrius* beschreibt die Armee als die wohl größte der damaligen Zeit und spricht von über 100 000 Mann, die die Flüsse und Brunnen leer tranken und das Land in eine Wüste verwandelten.

»Großes Entsetzen«, so schreibt er weiter, »herrschte in der Stadt, die für ihre Sünden zum erstenmal und auch noch aus so großer Nähe eine Armee von Barbaren sah, etwas, das für jeden, der noch nie in der Ferne Militärdienst geleistet hatte, ein völlig neuer Anblick war. Aller Mienen waren bedrückt und niedergeschlagen.«

Die Stadt war bereits von der Pest geschwächt, die im Jahre 585 und in der ersten Hälfte des Jahres 586 dort und in einigen anderen Teilen des Reiches gewütet und die Bevölkerung dezimiert hatte. Dennoch scheiterte der Angriff der Awaren. Die Rettung von Thessalonike wurde darauf zurückgeführt, daß der Schutzpatron der Stadt, der heilige Demetrius, sich mit seinen übernatürlichen Kräften für sie eingesetzt hatte.

Weitere Angriffe durch die Awaren erfolgten 587 (als Thrakien verwüstet und geplündert wurde) und 588, als sie das Marmarameer erreichten, etwa 80 Kilometer westlich von Konstantinopel. Und wieder zogen sich die Awaren zurück, nachdem sie Friedenszahlungen erhalten hatten.

Da die Awarengefahr nach wie vor drohte und mit Persien ein Friedensvertrag unterzeichnet worden war (591)[6], schickte Kaiser Maurikios große Truppenkontingente an die awarische Front. Auf Druck der Awaren und erneut mit deren Unterstützung begannen slawische Stämme um das Jahr 600 herum, sich vom heutigen Serbien aus auf die Halbinsel Istrien und die dalmatinische Küste der Adria hinunter auszudehnen. Die gesamte 1100 Kilometer lange Balkangrenze wurde mittlerweile von Awaren und Slawen bedroht.

TEIL III

Zerrüttung des Reiches

KAPITEL 5

Revolution

»In dieser schrecklichen Tragödie bewies der Kaiser seinen Mut. Eine Amme wollte ihr Kind gegen eines von seinen austauschen, doch er ließ es nicht zu und zeigte auf sein eigenes Kind.[1] Und, so berichten einige, Milch floß mit dem Blut, als der Junge getötet wurde, so daß alle, die es sahen, bitterlich weinten. Und so tauschte der Kaiser, nachdem er sich über das Gesetz der Natur gestellt hatte, schließlich Leben gegen Tod. Von da an wurde das Römische Reich von ungeheuren Katastrophen und großer Drangsal heimgesucht.«[2]

So schildert der im 8. und 9. Jahrhundert wirkende griechische Geschichtsschreiber Theophanes eine besonders ergreifende Episode aus der tragischen Hinrichtung fast der gesamten kaiserlichen Familie während eines blutigen Volksaufstandes in Konstantinopel im November 602. Dieses Ereignis war nicht nur für die Geschichte des Oströmischen Reiches, sondern auch für die Weltgeschichte insgesamt von entscheidender Bedeutung.

In gewisser Weise sind die Folgen des Aufstandes noch heute spürbar, denn er schwächte das Imperium in einer kritischen Phase und führte unmittelbar zur Deromanisierung fast des gesamten Balkans, zum Verlust von 70 Prozent des Reiches und, was vielleicht am bedeutsamsten ist, zum Aufstieg des Islam.

Wie bereits erläutert, hatten die Awaren mit ihren Schutzgeldforderungen seit etwa 30 Jahren gewaltige Mengen Gold aus dem Reich herausgepreßt. Zusätzlich hatte eine Reihe von Pestausbrüchen und Kriegen die Bevölkerung stark dezimiert und damit das Steueraufkommen geschmälert. In den vorangegangenen drei Jahrzehnten war den Awaren etwa 30 000 Pfund Gold gezahlt worden, während aufgrund der Landnahme durch Awaren und Slawen und aufgrund der Pest das Steueraufkommen in den vorangegangenen 60 Jahren um bis zu zwei Drittel gesunken war.

Um das Problem zu lösen, versuchte Kaiser Maurikios die Armee auf der einen Seite leistungsfähiger zu machen, ihr aber auf der anderen Seite weniger Sold zu zahlen. Es gab weniger Geld, aber dafür Sachwerte – in der Regel militärische Ausrüstung, worüber die Armee nicht gerade begeistert war. Dann änderte er das System der Aufteilung der Kriegsbeute dahingehend, daß die Obrigkeit einen sehr viel größeren Anteil erhielt als die Soldaten, die darüber ebenfalls nicht begeistert waren. Ihnen gefiel außerdem nicht, daß der Kaiser sich weigerte, Lösegeld für ihre gefangengenommenen Kameraden zu zahlen.

Die Folge war, daß Maurikios bei ihnen als niederträchtig und geizig galt, und seine angeschlagene Beliebtheit schwand noch weiter, als er neue harte Steuern einführte, um die Finanzprobleme des Imperiums zu lösen.

Ein Offizier sagte, des Kaisers »Geiz bringt nichts Gutes und Rechtschaffenes hervor, sondern ist die Mutter allen Übels.«[3] Darüber hinaus hieß es, daß Maurikios den Geistlichen im ganzen Reich Geld schickte, »so daß sie für ihn beteten, damit er in dieser Welt Buße tun könne und nicht erst in der nächsten«.[4]

Endgültig verspielt hatte der Kaiser, als er der Armee befahl, die Donau zu überqueren und den Winter in Barbarengebiet zu verbringen. Die Armee weigerte sich, und Mitte November 602 meuterte sie und wählte einen Zenturio namens Phokas zum Führer – einen skrupellosen Soldaten, der kein Blatt vor den Mund nahm und der knapp vierzehn Tage später Kaiser wurde.

Nachdem Maurikios – vollkommen richtig – den Schluß gezogen hatte, daß Phokas »ein blutrünstiger Mann war, der über Leichen ging« (Theophanes), brachte er vorsichtshalber die »Stadtgarde« von Konstantinopel in Verteidigungsbereitschaft. Außerdem veranstaltete er in einem Akt der Verzweiflung einen Tag mit Wagenrennen und anderen Zirkusspielen, damit die Bevölkerung nicht von der Meuterei angesteckt wurde – doch er hatte sich verrechnet. Bei den Spielen rief eine der politischen Splittergruppen in der Hauptstadt – die sogenannten »Grünen«[5] – dem Kaiser zu, er solle seinen Finanzminister[6] entlassen, wenn er ein Blutbad verhindern wolle.

Bei Theophanes heißt es, daß die Menschen zu diesem kritischen Zeitpunkt »Maurikios als Herrscher nicht mehr ertragen konnten« und den ältesten Sohn der Kaisers, Theodosius, aufforderten, Kaiser zu werden, und falls der nicht bereit war, seinen Schwiegervater Germanus. Maurikios versuchte daraufhin, seinen Sohn Theodosius auspeitschen und Germanus ins Gefängnis werfen zu lassen. Doch die Menschen beschützten sie und revoltierten und riefen: »Möge jeder, der dich, Maurikios, liebt, bei lebendigem Leibe gehäutet werden.«

Der Kaiser verlor zusehends an Macht. Als die Grünen und andere in den Straßen demonstrierten und die Villa eines hohen Beamten in Flammen aufging, verließ die Stadtgarde ihre Posten auf den Stadtmauern.

»Die ganze Nacht hindurch schwärmten die Menschen umher, schrien zotige Kampfrufe und unflätige Beleidigungen gegen den Kaiser und machten sich über den Patriarchen lustig«, schreibt Theophanes. Um Mitternacht erkannte Maurikios schließlich, daß seine Position unhaltbar geworden war. Nachdem er »seine Insignien und sein kaiserliches Gewand« abgelegt hatte, »kleidete er sich wie ein einfacher Bürger und bestieg um Mitternacht mit seiner Frau, seinen Kindern und [seinem treuesten Beamten] Konstantin [Lardys] ein Kriegsschiff, um sich durch Flucht in Sicherheit zu bringen«.[7]

Germanus versuchte, die Grünen zu bestechen, damit sie ihn zum Kaiser machten, doch sie ließen sich nicht darauf ein. Stattdessen verließen sie die Stadt und schlugen sich auf die Seite des Führers der Meuterer, Phokas. Phokas berief augenblicklich eine Versammlung ein, um darüber zu befinden, wer Kaiser werden sollte, und wurde selbst von den Grünen und anderen nominiert. Dann wurde er von dem Patriarchen von Konstantinopel in der berühmten Kirche des heiligen Johannes des Täufers am Rande der Metropole gekrönt und zog zwei Tage später im kaiserlichen Triumphwagen in die Hauptstadt ein.

In der Woche darauf begann eine Schreckensherrschaft. Phokas beschloß, die ehemalige kaiserliche Familie vollständig zu beseitigen, und sandte »Soldaten aus, Maurikios und seine Familie zu töten«.

»Seine fünf Söhne«,[8] schreibt Theophanes, »wurden zuerst ermordet, und zwar vor den Augen des Kaisers, um den Kaiser zunächst durch die Ermordung seiner Kinder zu bestrafen. Maurikios ertrug die Tragödie mit Festigkeit des Geistes und rief unentwegt Gott an, den Herrscher aller Dinge, und sagte ruhig immer und immer wieder: ›Gerecht bist du, o Herr, und gerecht sind deine Urteile.‹« Dann wurde der ehemalige Kaiser selbst hingerichtet.

Phokas befahl, die Köpfe von Maurikios und seinen Söhnen öffentlich zur Schau zu stellen. Theophanes sagt dazu: »Die Bürger zogen alle aus der Stadt, um sich die Köpfe anzusehen, die bereits verwesten.«

Maurikios' Frau und Töchter[9] wurden zunächst nicht umgebracht, sondern in ein Kloster gesteckt. Andere Anhänger des früheren Herrschers wurden systematisch aufgespürt und ermordet. Der ehemalige *Praefectus praetorio*[10], Konstantin Lardys, und Maurikios' ältester Sohn Theodorius wurden im Diadromos (vermutlich ein Stadion) hingerichtet, während der Oberbefehlshaber der Armee, der Patrizier Comentiolus »wurde auf der anderen Seite des Goldenen Horns, unweit der Kirche St. Conon, an der Küste erschlagen und sein Leichnam den Hunden zum Fraß vorgeworfen«.[11]

Im folgenden Jahr bekam das Reich die Folgen der Revolution zu spüren. Innen- und außenpolitisch hatten die Meuterei und der Sturz des Maurikios Unsicherheit ausgelöst. In Konstantinopel kam es zu Aufständen. Die neuen Machthaber verloren, so brutal sie auch vorgingen, die Kontrolle, und ein großer Teil der Stadt wurde von unzufriedenen Bürgern niedergebrannt. Der Führer der Grünen, der mitgeholfen hatte, Phokas an die Macht zu bringen, wurde während der Unruhen ermordet.

Außenpolitisch war die Beziehung zwischen dem Oströmischen Imperium und seinem Erzrivalen, dem persischen Reich, zerrüttet. Der persische Herrscher Chosrau II. hatte ein äußerst herzliches Verhältnis zu Maurikios gehabt (dem er sowohl sein Leben als auch den Thron verdankte).[12] Er war außer sich vor Zorn[13], als er von der Ermordung seines Freundes hörte, und weigerte sich sogar, Gesandte der neuen byzantinischen Machthaber zu empfangen.

Die Meuterei und die Revolution führten nicht nur zu Unruhen unter den Bürgern, sondern teilweise auch zu Spaltungen innerhalb der Armee. Im Osten rebellierte ein erfahrener römischer General namens Narses – den die Perser in der Vergangenheit sehr gefürchtet hatten – gegen Phokas, brachte die Stadt Edessa (heute Urfa im Südosten der Türkei) unter seine Kontrolle und »schrieb an König Chosrau mit der Bitte, seine Armee zu versammeln und in römisches Gebiet einzumarschieren«.[14]

Die unmittelbare Reaktion auf die Destabilisierung des Oströmischen Imperiums war, daß die Perser Ende 603 wie die Geier über das am Boden liegende Reich herfielen. Bei der ersten feindlichen Begegnung wurde der oströmische Befehlshaber Germanus tödlich verwundet, und Phokas zog Truppen von der awarischen an die neue persische Front ab. In der ersten größeren Schlacht – Anfang 604 am Fluß Arzamon (in der Nähe der Stadt Mardin im Südosten der Türkei) – wurden die kaiserlichen Truppen vernichtend geschlagen.

Theophanes schreibt, daß der persische König »seine Elefanten wie ein Lager aufstellen ließ und in den Kampf zog, einen großen Sieg errang und viele Römer gefangennahm, die er enthaupten ließ«. Der General Leontius entging den Persern, wurde aber auf Phokas' Befehl hin verhaftet und in Ketten nach Konstantinopel gebracht. Der Rebell Narses wurde schließlich ebenfalls ergriffen und in der Hauptstadt öffentlich verbrannt.

Auch in Antiochia, in Palästina und Ägypten – von wo das Reich mindestens ein Drittel seiner Steuern bezog – kam es zu Aufständen. In Antiochia wurden die Menschen, als sie sich in der größten Kirche der Stadt versammelten, von Truppen niedergemacht, und das Gemetzel, so der Geschichtsschreiber Johannes3 von Nikiu, hielt an, bis die Soldaten »jedes Gebäude mit Blut getränkt hatten«. Der Aufstand in Antiochia wurde schließlich von einem oströmischen Feldherrn niedergeschlagen, der die Rebellen erwürgen, verbrennen, ertränken oder »den wilden Tieren zum Fraß vorwerfen« ließ.

In Ägypten griffen Rebellen gegen Phokas den oströmischen Statthalter an und »richteten ihn und seine Gefolgsmänner hin«.[15]

Außerdem fielen ihnen fünf ägyptische Städte in die Hände. Und obwohl Phokas bis Ende 603 oder 604 schon ein Vermögen an »Friedenszahlungen« an die Awaren entrichtet hatte, konnten deren Vasallen, die Slawen, nicht widerstehen, in das Reich einzufallen, sobald die römischen Truppen zum Kampf gegen die Perser abgezogen worden waren. Ein häufiges Ziel der Slawen war offenbar Thessalonike; man weiß, daß es im Oktober 604 von einer Armee von circa 5000 Slawen erfolglos angegriffen wurde, deren Kriegsgeschrei für »die Einwohner ein vertrauter Klang« war.[16]

Für das »Ewige Reich« war wahrlich ein finsteres Zeitalter angebrochen. Das folgende Jahr, 605, war auch nicht besser als das vorangegangene. In Konstantinopel floß noch mehr Blut, und die Perser überrannten ganz Mesopotamien. Der neue *Praefectus praetorio*, ein Mann namens Theodosius, der in das Amt berufen wurde, nachdem sein Vorgänger enthauptet worden war, wurde nun selbst hingerichtet ebenso wie sechs andere führende Beamte. Alle wurden enthauptet bis auf einen, dem »die Zunge herausgeschnitten wurde, bevor man ihn auf eine Trage band und zur Demonstration [durch die Stadt] schleifte«, bis man ihn schließlich »zum Ufer brachte, ihm die Augen ausstach, um ihn dann in ein kleines Boot zu werfen und zu verbrennen«.[17]

Ob Phokas' Verhalten auf Trunksucht oder Wahnsinn zurückzuführen war oder lediglich darauf, daß ihn die absolute Macht berauschte, ist nicht bekannt. Wahrscheinlich war es eine Mischung aus allen drei Faktoren. Im Jahre 606 beispielsweise, bei der Hochzeit seiner Tochter, wurde er vor Eifersucht auf Braut und Bräutigam wie von Sinnen und ließ Vorbereitungen für die Hinrichtung seiner eigenen Anhänger treffen, weil sie die Frischvermählten zu enthusiastisch feierten. 607 und 608 befahl er wegen angeblicher Unehrlichkeit die Ermordung von Dutzenden führender Persönlichkeiten in Politik und Verwaltung – darunter die Frau des toten Kaisers Maurikios, Konstantina, und ihre drei Töchter, die er vor den Toren der Stadt in demselben Graben hinrichten ließ wie bereits Maurikios.

Die anderen Opfer in jenem Jahr wurden entweder bei lebendigem Leibe verbrannt, nachdem man ihnen Hände und Füße abgehackt hatte, erwürgt oder – wenn sie Glück hatten – einfach enthauptet. Ganze Familien wurden ausgelöscht, vor allem sämtliche

Verwandten des Maurikios und des ehemaligen Generals Comentiolus, den Phokas bereits vor der Meuterei schon nicht ausstehen konnte.

Während Konstantinopel von Angst und dem Geruch von Patrizierblut erfüllt war, eroberten die Perser die armenischen und ostanatolischen Provinzen des Oströmischen Reiches und schickten sich an, das byzantinische Kernland selbst zu bedrohen. Doch endlich begann Phokas' Macht zu schwinden. Im ganzen Reich brachen Revolten aus. Es kam zu Unruhen in Konstantinopel, viele Einwohner wurden getötet oder ins Gefängnis geworfen. Gleichzeitig beschuldigten ihn die Grünen, seine ehemaligen Anhänger, der Unzurechnungsfähigkeit wegen Trunksucht. »Du hast wieder getrunken, du verlierst wieder den Verstand«[18], riefen sie. Doch der zunehmend paranoide Kaiser ließ daraufhin »vielen von ihnen die Gliedmaßen abhacken und sie mitten im Stadion (wo die Wagenrennen der Stadt veranstaltet wurden) aufhängen«. Andere ließ er köpfen oder »in Säcke stecken und ins offene Meer werfen«.

Da brach der Bürgerkrieg richtig los. In der Hauptstadt gingen die Grünen auf die Barrikaden, steckten die Verwaltungsgebäude in Brand und öffneten die Gefängnisse. In Antiochia revoltierten auch die jüdischen Einwohner und ergriffen den christlichen Patriarchen der Stadt, stopften ihm seine Hoden in den Mund und schleiften ihn, noch lebend, durch die Stadt, bevor sie ihn töteten. Dann wurden die Häuser der Reichen niedergebrannt. In der großen nordafrikanischen Stadt Karthago stach der Sohn eines führenden Politikers der Region – ein junger Mann namens Herakleios – mit einer Schiffsflotte in See und nahm Kurs auf Konstantinopel. Sein Ziel war es, Phokas zu beseitigen und selbst Kaiser zu werden.

In der Zwischenzeit wurden weitere Verschwörungen gegen den Kaiser angezettelt und noch mehr Menschen verhaftet und hingerichtet. Phokas langweilten offenbar die herkömmlichen Enthauptungen, und so befahl er, daß ein führender Beamter bei Bogenschießübungen im Stadion als Zielscheibe verwendet werden sollte. Anschließend ließ er ihn lebendig an einer Fahnenstange vor seiner Lieblingskaserne aufhängen.

Schließlich erreichte Herakleios' Flotte Konstantinopel, und Phokas' Herrschaft kam zu einem jähen, angemessenen Ende.

Die Grünen und andere ergriffen ihn und verbrannten ihn bei lebendigem Leibe. Innerhalb des Reiches war der Alptraum vorüber. Außenpolitisch fingen die Probleme allerdings erst an.

KAPITEL 6

»Der bittere Kelch«

Obwohl das Blutvergießen im Innern des Reiches mit Herakleios' Machtergreifung ein Ende fand, war der Prozeß, durch den es innerhalb von dreißig Jahren rund siebzig Prozent seines Territoriums verlieren sollte, nicht mehr aufzuhalten. Die als Folge des Aufstandes von 602 eingetretene Destabilisierung der Beziehungen zu den Persern und den Barbaren hatte irreversiblen Schaden angerichtet. Die Büchse der Pandora war geöffnet worden, und selbst die größten Anstrengungen eines so entschlossenen und willensstarken Herrschers wie Herakleios konnten sie nicht wieder verschließen.

Theophanes schreibt in seiner Schilderung der chaotischen Verhältnisse, die das Imperium erfaßt hatten, daß Herakleios den gesamten oströmischen Staat in einem desolaten Zustand vorfand, als er Kaiser wurde.

»Denn die Barbaren [Awaren und Slawen] hatten Europa in eine Wüste verwandelt, während die Perser ganz Asien geplündert, ganze Städte in Gefangenschaft geführt und ganze römische Armeen verschlungen hatten.

Angesichts dessen war der Kaiser unschlüssig, was es zu tun galt. Die Armee war nämlich gänzlich aufgelöst. So mußte er feststellen, daß sich von allen Heerführern, die mit Phokas gegen Maurikios rebelliert hatten und die noch am Leben waren, nur noch zwei bei ihren Legionen befanden.«

Im Nordwesten des Imperiums durchbrachen die Slawen die oströmischen Verteidigungslinien auf der Halbinsel Istrien und griffen alle größeren Städte an der adriatischen Küste an. Innerhalb von drei Jahren lagen die meisten dieser Städte, von denen einige zu den blühendsten Europas gezählt hatten, in Trümmern. Die Mehrzahl der Bürger floh, Salona, Skardona, Narona, Risinium, Doklea und Epidaurum blieben als rauchende Ruinen zurück.

Die Flüchtlinge suchten ihr Heil in Italien oder drängten in die wenigen noch wehrhaften Schlüsselstellungen an der Küste. Die Bewohner von Epidaurum beispielsweise gründeten dort eine neue Stadt, Ragusium (das heutige Dubrovnik). Die Flüchtlinge waren fest entschlossen, sich nicht erneut vertreiben zu lassen, errichteten einen massiven Verteidigungsring – und überlebten. Nicht weit entfernt gründete die vertriebene Bevölkerung von Risinium vermutlich Cattaro (das heutige Kotor in Montenegro). Und circa 220 Kilometer weiter nördlich flüchteten sich die Einwohner von Salona in den nahegelegenen Küstenort Split[1], wo sie das Mausoleum des Kaisers Diokletian zu einem Dom umbauten. Die andächtig verehrten Reliquien der Märtyrer von Salona wurden vor den anrückenden Slawen nach Rom in Sicherheit gebracht. Split, das im 5. und 6. Jahrhundert einen Niedergang erlebt hatte, wurde von den Flüchtlingen neu aufgebaut und gedieh zu einer bedeutenden Stadt (500 Jahre später sollte es eine entscheidende Rolle bei der Entstehung des mittelalterlichen kroatischen Staates spielen).

Alle drei Fluchtpunkte hatten eines gemeinsam: Anders als die Städte im Binnenland, deren Einwohner geflohen waren, lagen Dubrovnik und Split direkt am Meer, Kotor lag an einem fjordartigen Meeresarm. Im Notfall konnten alle drei mit Nachschub vom Meer aus versorgt werden, so daß Belagerungen von Land aus zwar lästig und beschwerlich gewesen wären, aber keineswegs verhängnisvoll.

Währenddessen stießen andere slawische Stämme – »eine gewaltige Schar aus Drogubiten, Sagudaten, Belegesiten, Bajuneten und Berseten«[2] – nach Griechenland vor und griffen sogar die griechischen Inseln und Teile von Anatolien an. Während dieser Zeit – circa 610 bis 620 – durchlief Griechenland einen tiefgreifenden Wandel. Die überwiegend mediterrane Bevölkerung des klassischen und römischen Griechenlands wurde von den zigtausend slawischen Kriegern und ihren Familien durchdrungen, die sich im gesamten Land niederließen.

Eine Analyse der erhaltenen Ortsnamen in Griechenland macht

deutlich, daß ab dieser Zeit praktisch jede Region bedeutende slawische Gemeinden hatte und daß es in manchen Gebieten sogar eine slawische Bevölkerungsmehrheit gegeben haben muß. Eine von dem Deutschen Vasmer[3] in den dreißiger Jahren durchgeführte Untersuchung von Ortsnamen zeigt, daß bis in unser Jahrhundert hinein rund 2000 slawische Ortsnamen in ganz Griechenland erhalten blieben. Davon finden sich siebenhundertdreißig in Nordgriechenland, vor allem in den Gebieten um Florina (165), Thessaloniki (152), Kozani (116), Nigrita (111), Pella (94) und Drama (92).

Weitere 509 wurden in Zentralgriechenland festgestellt, besonders in den Bezirken Ioannina (304), Trikala (122), Larisa (38) und Magnesia (15). Im Süden – auf dem Peloponnes – sind 429 slawische Ortsnamen erhalten, hier vor allem in den Gebieten um Achaia (95), Arkadia (94), Lakonia (81), Triphylien (42), Messenien (41), Elos (34), Korinth (24) und Argolis (18). Und im übrigen Südgriechenland gibt es noch weitere 382 slawische Ortsnamen in den Gebieten Etolia (98), Fthiotis (55), Eurytanen (48), Phokis (45), Arta (44), Preveza (33), Boeotia (22), Euböa (19) und Attika (18).[4]

Anscheinend begannen die Slawen in dieser Epoche, bei ihren militärischen Operationen seetüchtige Boote einzusetzen. »Sie verlegten sich auf die Kriegsführung zur See«, überfielen die Kykladen und die Inseln vor Thessalien, heißt es bei dem Verfasser von *Die Wunder des heiligen Demetrius*.[5]

Ein Großteil dieser maritimen Expansion scheint durch den geschickten Einsatz von so primitiven Booten wie großen ausgehöhlten Kanus bewerkstelligt worden zu sein. »Sie hatten gelernt, wie man Boote aus einem einzigen Baumstamm fertigt«, schreibt der Autor der *Wunder*.

Eine erneute Analyse der Ortsnamenbelege[6] bestätigt, daß die Slawen bis zu den Inseln vordrangen, doch um diese zu erreichen, müssen sie über größere Boote, möglicherweise erbeutete, verfügt haben.

Slawische Ortsnamen finden sich auf den Kykladeninseln Andros und Tinos, die beide durch äußerst gefährliche Strömungen voneinander und vom griechischen Festland getrennt sind. Des weiteren kommen sie auf der Insel Syros (reich an Honig, Trauben und Süßwasser) vor, auf den Inseln Ägina und Hydra, südlich von Athen, auf der berühmten Insel Ithaka (der legendären Heimat des Odysseus) und selbst auf dem entlegenen Kreta, 110 Kilometer von der Südspitze des Peloponnes entfernt. Tatsächlich weist Kreta – eine gewaltige, fast 250 Kilometer lange Insel – nicht weniger als 17 noch erhaltene slawische Ortsnamen auf.

Wie wir gesehehen haben, drangen die Slawen aus dem Awarenreich nach Griechenland vor, so daß ihre Expansion von den Awaren wahrscheinlich nicht nur mit Wohlwollen betrachtet wurde, sondern vermutlich auch deren Unterstützung genoß, ja eventuell sogar durch ihre Beteiligung verstärkt wurde. Im Jahre 615 hatten die Slawen einen Teil ihrer Beute an den Khan abgegeben, was vermuten läßt, daß sie als Stellvertreter der Awaren agierten. Außerdem teilten sie dem Khan mit, wenn er mehr Kriegsbeute wolle, solle er Awarenkrieger für den nächsten Angriff zur Verfügung stellen.[7] Vom Ende des Jahres 617 an oder ab Beginn des Jahres 618 drangen eindeutig awarische Krieger (und nicht Stellvertreter der Awaren) in oströmisches Territorium ein und kamen bis auf wenige Kilometer an Konstantinopel heran. Anscheinend plante der Khan zunächst die Plünderung der Stadt und dann die Erpressung von Schutzgeld. Im Jahre 623 brachen die Awaren einen vorläufigen Waffenstillstand und »griffen Herakleios überraschend an«.

Theophanes schreibt: »Der Kaiser wurde durch dieses unvorhergesehene Ereignis von Panik erfaßt und floh zurück in die Stadt. Die Barbaren raubten die kaiserliche Ausrüstung sowie alles andere, was ihnen in die Hände fiel, und zogen sich dann zurück.« Die Städte Thrakiens wurden allesamt geplündert.

Im Jahre 626 wurden die awarischen Schutzgeldforderungen immer drückender. Sie bedrohten Konstantinopel selbst, und nach einem erneuten Überraschungsangriff standen die Awaren vor den Mauern der Hauptstadt.

»Seine [des Khans] Truppen erreichten das goldene Tor und nahmen alles, was sie außerhalb der Mauern in den Vorstädten fanden, Menschen und Tiere, als Kriegsbeute mit«, schreibt der anonyme Autor des *Chronicon Paschale*.

»Sie drangen mit Gewalt in die geweihte Kirche der Heiligen Kosmas und Damianus in Blachernae und in die Kirche des heiligen Erzengels auf der anderen Seite der Stadt im Vorort Promotus ein. Sie raubten die Abendmahlskelche und andere geweihte Gerätschaften und zerstörten noch dazu die Altäre der Kirchen. Dann nahmen sie alles, auch die Gefangenen, mit über die Donau, und es gab keine Gegenwehr.«

Unterdessen wurde das Imperium in Asien durch den persischen Krieg – der nach der Revolution des Phokas begonnen hatte – weiter gedemütigt. Im Jahre 611 besetzten die Perser Kappadokien und Antiochia, und 613 hatten sie bereits Damaskus erobert. Im Jahr darauf mußte das kaiserlich-römische System einen schweren Doppelschlag hinnehmen, der eine territoriale und eine religiöse Dimension hatte: Die persische Armee besetzte die heiligste Stadt der Christenheit – Jerusalem.

Mit dem Verlust Jerusalems wurde die Moral des Imperiums endgültig geschwächt. Psychologisch betrachtet war dies vielleicht der schwerste Schlag während des gesamten persischen Krieges. Die persischen Soldaten metzelten Tausende Jerusalemer Christen nieder und (nach dem Bericht des Klerikers Antiochus Strategus) verschleppten Tausende als Gefangene nach Mesopotamien, wo sie an den Wassern Babylons saßen und weinten.[8]

Noch mehr Christen kamen durch Hitze und Enge in dem improvisierten Gefängnis um, das die Perser eingerichtet hatten. Zudem entbrannte zwischen Juden und Christen ein Jahrhunderte alter ethnischer und kultureller Konflikt, der weitere Tote unter den Christen forderte. Damit nicht genug, erbeuteten die »bösen Perser«[9] die heiligste Reliquie der Christenheit, nämlich Stücke eines Holzkreuzes, von dem die Gottesfürchtigen glaubten, daß es das Kreuz war, an dem Christus gestorben war, und brachten sie nach Mesopotamien.

Von diesem Punkt an scheint eine gefährlich defätistische Geisteshaltung im Oströmischen Reich um sich gegriffen zu haben. Ganz gewiß wurden nicht die »bösen Perser«, die »von Gott gehaßt wurden«, für den Fall Jerusalems verantwortlich gemacht, sondern Gott selbst, der die persische Armee »als strafende Rute und als Mittel zur Läuterung«[10] gegen die Byzantiner eingesetzt hatte.

Die Menschen fingen an, das, was mit dem Imperium geschah,

als Gottes heiligen Willen zu betrachten. Bei der Beschreibung der Szene, wie die todbringende persische Armee in die Stadt eindringt, macht Antiochus die Tiefe des oströmischen Fatalismus deutlich, der nahezu apokalyptische Ausmaße angenommen hat.

»Und da wir Gott nicht kannten und Seine Gebote nicht befolgten, gab Gott uns in die Hände unserer Feinde. Der Herr hat diese Heilige Stadt dem Feind ausgeliefert«, schreibt er.

»Die Perser begriffen, daß Gott sich von den Christen abgewendet hatte und daß sie keinen Helfer mehr hatten«, also begannen sie mit »gesteigerter Wut« um die Stadt einen Ring aus großen hölzernen Türmen zu errichten, »auf denen sie Katapulte aufstellten.

Der Kampf dauerte 20 Tage, und sie schossen ihre Katapulte mit solcher Wucht ab, daß diese am 21. Tag die Stadtmauern zum Einsturz brachten. Daraufhin drang der böse Feind mit großem Zorn in die Stadt ein, wie grimmige Bestien und erzürnte Schlangen.

Die Männer, die die Mauern verteidigt hatten, flohen, um sich in Höhlen, Kanälen und Zisternen zu verstecken und ihr Leben zu retten, und die Menschen flüchteten sich in die Kirchen und scharten sich um die Altäre, und dort wurden sie erschlagen.

Denn die Feinde drangen mit blindem Zorn ein, zähneknirschend und schäumend vor Wut; wie grausame Bestien fauchten sie, wie Löwen brüllten sie, wie wilde Schlangen zischten sie, und sie erschlugen alle, die sie fanden.

Wie tolle Hunde schlugen sie ihre Zähne in das Fleisch der Gläubigen, ungeachtet ob Mann oder Frau, jung oder alt, Kind oder Säugling, Priester oder Mönch, Jungfrau oder Witwe.

Sie töteten Menschen allen Alters, schlachteten sie wie Tiere, hackten sie in Stücke, mähten viele nieder wie Kohlköpfe, so daß ein jeder den bitteren Kelch bis zur Neige leeren mußte.«

Im Anschluß an den Fall der Stadt beschreibt Antiochus Strategus, was eine Gruppe fliehender Jerusalemer sah, als sie sich nach ihrer Stadt umwandten: »Noch einmal erhoben sie ihre Augen und sahen Jerusalem und seine heiligen Kirchen. Eine Flamme wie aus einem Schmelzofen loderte bis zu den Wolken empor.

Da fielen sie alle nieder und klagten und jammerten laut. Manche schlugen sich ins Gesicht, andere rieben ihr Antlitz im Staub, andere streuten sich Asche aufs Haupt, wieder andere rauften sich die Haare, als sie [die Kirche] der Heiligen Wiederauferstehung in

Flammen sahen. [Die Kirche von] Zion in Feuer und Rauch gehüllt, und Jerusalem zerstört.«

Bald waren Ägypten, Libyen und die gesamte Levante in persischer Hand, und im Jahre 616 stand eine persische Armee am Ostufer des Bosporus, nur noch durch knapp anderthalb Kilometer Wasser von Konstantinopel getrennt.

Würde die Hauptstadt das gleiche Schicksal erleiden wie Jerusalem? Erneut betrachteten die Römer das, was sie für ihr unabwendbares Schicksal hielten, als den Willen Gottes – eine allerhöchste Strafe für die Führung ihres Imperiums, besonders für die Sünden der Revolution des Phokas. Eine Gruppe einflußreicher Bürger schickte dem persischen König über den Bosporus einen Brief. Sie bebten förmlich vor Schuld und Angst.

»Von Euch angegriffen als gerechte Strafe für unsere Sünden, befinden wir uns nun in dieser bedauernswert schwachen Lage«, schrieben sie.[11]

Die bedeutendsten Köpfe der kaiserlichen Hauptstadt bettelten kleinlaut darum, daß »Eure allergrößte Majestät, Eure überaus friedliebende Majestät« – in weniger bedrängten Zeiten von den Oströmern als »der von Gott Gehaßte« bezeichnet – »durch die Gnade Gottes« sobald als möglich Frieden schließen möge. »Wir flehen Eure Vornehmheit zudem an, daß Ihr unseren frommen Kaiser Herakleios als Euren treuen Sohn betrachtet, denn er ist in allen Dingen bereit, Eurer Erhabenheit die gebührende Ehre zu erweisen und seine Schuldigkeit zu tun.

Denn wenn Ihr unsere Bitte erhört, werdet Ihr zweifachen Ruhm ernten, einmal für Eure Stärke im Krieg und dann dafür, daß Ihr Frieden gewährt habt.

Wir selbst würden uns Eures unvergeßlichen Geschenkes der Ruhe und des Friedens erfreuen, und wir würden jeden Tag für Euer Leben beten. Solange das Römische Imperium Bestand hat, würde Eure Güte bei jenen, denen sie zuteil wurde, niemals in Vergessenheit geraten.« Die Magnaten der Stadt krochen also regelrecht zu Kreuze.

Das Reich war in seiner Not tatsächlich demütig geworden. Die Währung stand kurz vor dem Zusammenbruch, und aufgrund der territorialen Verluste wurde die Lebensmittelversorgung Konstantinopels allmählich knapp. Im Jahre 618 wurde die öffentliche Brotverteilung eingestellt. Drei Viertel des Reiches waren verloren: die Levante, Syrien, Ägypten, Libyen und der größte Teil Anatoliens waren an die Perser gefallen, Thrakien, Griechenland und Italien waren von awarischen, slawischen und (in Italien) langobardischen Barbaren überrannt worden. Die Awaren und die persischen Armeen holten zum tödlichen Schlag aus, doch die praktisch bankrotte oströmische Staatsführung verkroch sich derweil in Konstantinopel und appellierte im Jahre 622 an die Kirche, ihre Gold- und Silberschätze und ihre liturgischen Geräte abzugeben, um das Geld für den Erhalt des Imperiums zusammenzubekommen. Wahrscheinlich wurden ungefähr 180000 Pfund Gold (nach heutigem Wert etwa 20 Milliarden englische Pfund) gesammelt, vorgeblich um eine neue Armee gegen die Perser aufzustellen.

Innerhalb weniger Monate jedoch zwangen die Awaren, die zweifellos von dem neuen »Reichtum« des Kaisers gehört hatten, die Byzantiner, ihre Schutzgeldzahlungen auf 200000 *Solidi* im Jahr zu verdoppeln.

Im Jahre 626 war Konstantinopel schließlich eingekesselt. Die Lage schien hoffnungslos. Die Awaren und ihre slawischen Vasallen waren im Westen der Stadt aufmarschiert, im Osten auf der anderen Seite des Bosporus lauerte die persische Armee. Die Belagerer standen untereinander in Kontakt und stimmten ihre Aktionen ab.

Der Awarenkhan – nach Meinung der Oströmer gleichfalls ein »von Gott Gehaßter« – machte den Menschen der Hauptstadt sogar ein Angebot: Wenn sie auf all ihren weltlichen Besitz verzichteten, könnten sie ihr Leben retten.

»Falls welche von euch die Stadt verlassen wollen, nur mit Schuhen und Hemd bekleidet, dann laßt uns einen Pakt und einen Vertrag schließen mit meinem Freund Shahmbaraz (dem persischen General)«, erklärte der Khan einer Bürgergesandtschaft.[12]

»Wenn ihr zu ihm übersetzt, wird er euch kein Leid antun. Überlaßt eure Stadt und eure Besitztümer mir, denn es gibt für euch keinen anderen Weg in die Sicherheit, es sei denn, ihr verwandelt euch in Fische und flüchtet durchs Meer oder in Vögel und fliegt durch die Luft«.

Doch das Jahr 626 sollte die Geschicke des Reiches vorläufig zum Guten wenden, denn schließlich scheiterte die Belagerung der Awaren, und die Perser wurden zurückgeschlagen.

Im Verlauf der folgenden vier Jahre konnte Kaiser Herakleios die verlorenen Gebiete im Vorderen Orient und in Nordafrika zurückerobern. Doch die finanziellen und menschlichen Verluste während dieses 25jährigen Krieges hatten sowohl das Oströmische Reich als auch Persien sehr geschwächt. Für ersteres war es ein Pyrrhussieg, für letzteres sogar das Vorspiel zur finalen Katastrophe. Am Ende des Krieges im Jahre 630 waren beide Seiten sowohl militärisch als auch finanziell am Ende ihrer Kräfte.

KAPITEL 7

Das Imperium im Wandel: die Gesamtwirkung von Pest und Awaren

Obwohl Millionen Menschen an der Pest starben, wäre es zu vereinfachend, wenn man sich mit der Feststellung begnügte, daß die Krankheit das Oströmische Imperium regelrecht ausbluten ließ. Ihre Rolle war weitaus komplexer.

Wie wir gesehen haben, reduzierte die Krankheit zunächst einmal die Anzahl der Steuerzahlenden und senkte das Nettosteueraufkommen, während sie zugleich die steuerlichen Belastungen pro Steuerzahler erhöhte. Zusammen mit den »Schutzgeld«-Forderungen der Awaren trug die Seuche somit schleichend, aber dennoch entscheidend dazu bei, die schwierigen finanziellen Bedingungen zu schaffen, die die Armee, das Imperium und den gesamten geopolitischen Status quo in den revolutionären Ereignissen des Jahres 602 destabilisierten.

In der Zeit von 541 bis 602 hatte es Dutzende von Pestausbrüchen gegeben, darunter vier große Epidemien. Die Bevölkerung des Reiches war um etwa ein Drittel geschrumpft, und sein »Bruttosozialprodukt« war um mindestens zehn Prozent, möglicherweise sogar um 15 Prozent[1] zurückgegangen. Im Jahre 602 hatte das Reich demnach von seinem Vermögen insgesamt mindestens 30 Millionen *Solidi* in Gold verloren. Hinzu kamen einige Millionen *Solidi*, die als Schutzgeld an die Awaren gezahlt worden waren, und über fünf Millionen *Solidi* Gesamtvermögensverlust aufgrund der Landbesetzungen von Awaren und Slawen auf dem Balkan.

Somit führten Pest und Awaren gemeinsam zu der Revolution von 602 und zum Krieg mit Persien. Der persische Krieg, der unmittelbar auf die Destabilisierung folgte, kostete das Imperium sogar noch mehr an Vermögen, als es die Pest indirekt getan hatte.

Im Verlauf der rund zwanzig Jahre währenden Kriegshandlungen erlitt das Reich einen geschätzten Gesamtvermögensverlust von 40 Millionen *Solidi* in Gold (ungefähr 50 Milliarden englische Pfund). Und das Vorrücken der Awaren im Westen, das die persischen Landnahmen im Osten begleitete, kostete das Imperium insgesamt wohl weitere 8 Millionen *Solidi*. Anhaltende Vermögensverluste durch vergangene Pestepidemien in Gebieten, die nicht von Persern oder Awaren eingenommen worden waren, dürften sich auf rund 5 Millionen *Solidi* belaufen haben.

Während der letzten 14 Jahre des persischen Krieges (616–630) nahm der finanzielle Aderlaß des Reiches wahrhaft katastrophale Formen an. Im Jahresdurchschnitt belief er sich auf rund 3,5 Millionen *Solidi* (hauptsächlich aufgrund persischer Landnahmen) – ein Verlust in Höhe von 70 Prozent der jährlichen kaiserlichen Einnahmen.

Auf lange Sicht betrachtet, hatte das Reich in der neunzigjährigen Zeitspanne zwischen 541 und 631 Gesamtverluste von rund 90 Millionen *Solidi* zu verkraften. Verluste, die direkt mit der Pest zu tun hatten, summierten sich schätzungsweise auf 35 Millionen, Verluste an Vermögensquellen durch den persischen Krieg auf schätzungsweise 40 Millionen. Hinzu kamen die Militärausgaben im persischen Krieg in Höhe von zig Millionen *Solidi*. Und die Schutzgeldzahlungen an die Awaren beliefen sich auf rund 5 Millionen, während die Vermögensverluste aufgrund der Landnahmen durch Awaren und Slawen wohl 13 Millionen ausmachten.

Die Pest hatte außerdem einen Niedergang der städtischen Märkte verursacht und somit die ländliche Produktion zusätzlich untergraben. Die Infrastrukturen auf dem Land und in der Stadt waren schwer geschädigt. Ein Großteil des staatlichen Postbeförderungsdienstes und des Postensystems auf den Überlandstraßen war geschlossen worden – besonders in Asien.[2] Die strategische Rolle der Städte für die Verteidigung war durch den pestbedingten Bevölkerungsschwund gefährdet.[3] Und die geschwächten Städte hatten im Hinblick auf ihr Umland ganz sicher weniger politisches Gewicht.

Mit dem Verlust des Balkans an die Awaren oder deren Vasallen[4] ging dem Imperium eines seiner besten Rekrutierungsgebiete für seine Armeen verloren – und man kann annehmen, daß die Pest unter den Soldaten, die in beengten Unterkünften lebten, häufig noch schlimmer wütete als unter der Gesamtbevölkerung.

Nach Aufbau und Organisation unterschied sich die Armee der 630er Jahre stark von jener, die beispielsweise im frühen 6. Jahrhundert bestanden hatte. Damals war das Imperium imstande, große bewegliche Armeen von bis zu 100 000 Mann aufzubieten, die größtenteils aus regulären Truppen bestanden. Angesichts von finanziellen Engpässen, verminderter Kriegsstärke (teilweise aufgrund der Pest) und dem Verlust wichtiger Rekrutierungsgebiete war das Reich gegen Ende des persischen Krieges im Jahre 630 nur noch in der Lage, eine Armee von 30 000 bis 40 000 Mann aufzustellen, die noch dazu unter verschiedenen Kommandos stand.

Binnen fünf Jahren nach Ende des persischen Krieges sollte sich eine neue und starke Militärmacht mit fast vulkanischer Gewalt aus den Sandwüsten Arabiens erheben. Die neue, völlig unerwartete geopolitische Kraft, die außerordentlich erfolgreich war, nannte sich »Islam«.[5] Innerhalb eines Menschenalters vernichtete sie das persische Reich total, sie verringerte das Oströmische Imperium auf die Hälfte, und sie sicherte sich ein eigenes Machtgebiet, das schon bald vom Atlantik bis zu den Grenzen Indiens reichte.

Einige frühe arabische Historiker betrachteten Mohammed, den Begründer des Islam, sogar als eine Art neuen Alexander den Großen. Und natürlich spielt der Islam noch heute, 1400 Jahre später, eine bedeutende politische und religiöse Rolle in der Welt.

Mohammed selbst war durch und durch Sohn Arabiens, doch einige Faktoren, die zur Begründung des neuen Glaubens beitrugen, und die meisten Gründe für dessen phänomenale Ausbreitung kamen von außerhalb Arabiens – aus der römischen Welt und noch entlegeneren Welten.

TEIL IV

Das Schwert des Islam

KAPITEL 8

Die Ursprünge des Islam

> Sie [die Menschen] aber wendeten sich ab, und da sandten Wir über sie die Flut des Dammbruchs und vertauschten ihnen ihre beiden Gärten mit zwei Gärten von bitterer Speise … Solches gaben Wir ihnen zum Lohn für ihren Unglauben … Und sie sündigten wider sich selber, drum … zerrissen [Wir] sie kurz und klein.[1]

So sprach dem Wortlaut des Koran zufolge Gott zu seinem letzten und größten Propheten Mohammed, irgendwann in der zweiten Dekade des 7. Jahrhunderts.

Die Flut und das nachfolgende Strafgericht über die Sünder bezieht sich mit an Sicherheit grenzender Wahrscheinlichkeit auf ein historisch belegtes Ereignis – den Bruch des Staudamms Mar'ib, des größten der alten Welt im trockenen Hochland des Jemen.

Bis zur Mitte des 6. Jahrhunderts war der Jemen die stärkste einheimische politische Macht auf der arabischen Halbinsel. Doch mit Beginn der Destabilisierung des Weltklimas in der zweiten Hälfte der 530er und 540er Jahre wurde der Jemen von zwei Katastrophen heimgesucht.

Zunächst verwüstete die Beulenpest das Land – wahrscheinlich ab 539 oder 540, ganz sicher jedoch hatte die Epidemie irgendwann in den 540er Jahren das Land erreicht. Dann wurde die Agrarwirtschaft eines wichtigen Teiles des Landes durch den Bruch des Mar'ib-Dammes fast völlig vernichtet.

Der Damm war eine der größten und eindrucksvollsten baulichen Leistungen des Altertums. Der Hauptdamm war 16 Meter hoch, 620 Meter lang und an der Basis mindestens 60 Meter breit.

Er sollte Flutwasser sammeln, bis es eine bestimmte Höhe erreicht hatte und dann durch zwei Hauptschleusen in einen 1120 Meter langen Kanal geleitet werden konnte. Von dort floß es durch 15 Sekundärschleusen und 121 Tertiärschleusen in ein gewaltiges Bewässerungssystem, dessen Kanäle eine Gesamtlänge von mehreren Hundert Kilometern hatten. Insgesamt bewässerte das System eine Fläche von fast 10000 Hektar und versorgte zwischen 30000 und 50000 Menschen.

Die Stadt Mar'ib war bis zum ausgehenden 3. Jahrhundert n. Chr. die Hauptstadt des mächtigen Königreichs Saba (von dem man annimmt, es handele sich um das biblische Scheba) und wurde nach der Unterwerfung des alten Saba durch die Himjariten zum wichtigen Zentrum eines vereinten Königreiches Saba und Himjar.

Die weltweite klimatische Störung, die 535 begann und rund 30 Jahre andauerte, war mit größter Wahrscheinlichkeit für eine Serie von Überschwemmungen und Dammbrüchen verantwortlich, die in letzter Konsequenz zum Verfall und zur Aufgabe des Mar'ib-Dammes führten. In der Folge brach die landwirtschaftliche Produktion vollkommen zusammen.

Der Zerfall des Mar'ib-Staudamms und letztlich dessen endgültige Aufgabe im Jahre 590 muß wohl als Prozeß gesehen werden, der sich über 50 bis 60 Jahre hinzog – eher eine Verkettung von Geschehnissen als eine einzige Katastrophe. Ausgelöst wurde dieser Prozeß durch das weltweite klimatische Chaos ab Mitte der dreißiger Jahre des 6. Jahrhunderts. In seinem Gefolge gab es offenbar nicht nur eine Dürreperiode, sondern auch immer wieder äußerst heftige Regenfälle. Bei einem dieser unberechenbaren Wolkenbrüche gingen derart gewaltige Regenmassen nieder, daß der große Mar'ib-Damm irgendwann in den 540er Jahren[2] zum erstenmal seit 100 Jahren nachgab.

Das Ereignis wurde von königlichen Schreibern aufgezeichnet, und die Schäden waren so schlimm, daß man aus dem ganzen Land Arbeitskräfte herbeischaffen mußte, um den Damm zu reparieren. Archäologische Ausgrabungen vor Ort lassen darauf schließen, daß die Gewalt der Fluten unbeschreiblich war. Jedenfalls unternahm man beispiellose Anstrengungen, um zu verhindern, daß dergleichen erneut geschehen konnte. Zum erstenmal überhaupt wurden große Steinquader zur Verstärkung des Dammes eingesetzt.

Die Überschwemmungen schadeten dem Bewässerungskomplex auf zweierlei Weise. Erstens beschädigten oder durchbrachen sie den eigentlichen Damm, und zweitens spülten sie Tausende Tonnen Schlamm in das Becken hinter dem Damm. Je mehr sich das Becken mit Sedimentablagerungen füllte, desto mehr verringerte sich der Abstand zwischen Beckenboden und Dammkrone und um so weniger Wasser konnte gespeichert werden.

Geomorphologische Forschungen haben ergeben, daß die Schlammablagerungen in den zehn Jahren nach dem großen Dammbruch in den 540er Jahren erheblich angestiegen sein müssen. In einem Teil des Beckens war innerhalb von zehn Jahren ein Zuwachs um neun Meter zu verzeichnen. Die verschiedenen Teile des Beckens sind zwar recht unterschiedlich und daher nicht unbedingt miteinander vergleichbar, aber dennoch ist auffällig, daß sich in den knapp hundert Jahren seit dem Dammbruch um das Jahre 450 herum und dem erneuten Bruch in den 540er Jahren nur fünf Meter Schlamm ablagerten.

In den 550er Jahren scheint der Damm erneut gebrochen zu sein. Diesmal jedoch war die Verschlammung des Beckens so stark, daß die gesamte Anlage des Dammkomplexes neu durchdacht werden mußte. Den Damm erheblich höher zu bauen wäre zwar eine Möglichkeit gewesen, das Problem der Ablagerungen zu lösen, aber es war zu teuer. Statt dessen entschied man sich dafür, das große Schleusensystem und damit auch den größten Teil des dadurch bewässerten Ackerlandes aufzugeben und tiefer gelegene, zuvor unbebaute Landflächen im Norden zu bewässern. Mit einem Schlag wurde damit der nutzbare Boden und folglich auch die Nahrungsproduktion um circa 50 Prozent verringert.

Somit war Mar'ib wahrscheinlich nicht mehr in der Lage, seine Bevölkerung zu ernähren, so daß viele Sippen in der Oase ebenso wie die Nomadengruppen, die mit ihnen Handel trieben, gezwungen waren, fortzuziehen oder ihr jährliches Wanderverhalten entsprechend zu verändern.

Der kleinere Mar'ib-Dammkomplex blieb erhalten und bewässerte fortan nur noch das Land nördlich des Staubeckens.

Die Dürre und die immer wieder auftretenden Unwetter um

die Mitte des 6. Jahrhunderts hatten jedoch nicht nur Damm und Staubecken beschädigt, sondern auch das ökologische Gleichgewicht des Hochlandgebietes, aus dem das Wasser herabfloß. Durch die Dürre war ein Großteil der dortigen Vegetation abgestorben, und der Boden war weniger aufnahmefähig. Das Wasser floß also erheblich schneller ab, die Erosion nahm dramatisch zu, und immer mehr Schlamm wurde in das Mar'ib-Becken gespült.

Nachdem sich das Klima wieder normalisiert hatte, dauerte es etliche Jahrzehnte, bis sich die Pflanzenwelt erholt hatte und Erosion und Sedimentablagerung nachließen. Geomorphologische Untersuchungen belegen, daß von circa 560 bis 590 noch überdurchschnittlich große Schlammengen in das Becken gespült wurden. In diesen drei Jahrzehnten wurde eine sechs Meter hohe Sedimentschicht abgelagert.

So kam es, daß der gesamte Bau beim nächsten Dammbruch um 590 komplett aufgegeben wurde und die landwirtschaftliche Produktion darniederlag. Die schon verringerte Bevölkerung von Mar'ib und die von der Pest dezimierte Bevölkerung des Jemen waren einfach nicht mehr in der Lage, die steigenden Kosten für die Dammreparaturen zu tragen. Als Folge ging eine der größten baulichen Leistungen der Antike unter. Die Bevölkerungzahlen in Mar'ib sanken vermutlich von zwischen 30000 und 50000 auf 5000 bis 10000.

Dem Koran (wie oben zitiert) und arabischen Quellen[3] zufolge zwang der Zerfall des Mar'ib-Dammes tatsächlich sehr viele Menschen, das Gebiet zu verlassen und sich auf die Suche nach einer neuen Heimat zu begeben. So kam es, daß zwei Stämme – die Banu Ghassan und die Azd – vermutlich nach Norden in die Oase Medina in Zentralarabien zogen.

Noch auf zwei weitere Arten bestimmten die klimatischen Probleme, die in den 530er Jahren begonnen hatten, das Tempo des Wandels auf der arabischen Halbinsel. Zunächst verursachten sie in Zentral- und Nordarabien – diesmal vermutlich durch Dürre – Mißernten und Hungersnöte.

In Mekka – der Stadt, in der 40 Jahre später Mohammed geboren werden sollte – scheint es in den späten zwanziger Jahren des 6. Jahrhunderts eine schwere Hungersnot gegeben zu haben; etliche arabische Historiker des 8. und 9. Jahrhunderts berichten davon. Diesen Quellen zufolge fiel sie in die Lebenszeit von Mohammeds Urgroßvater Amr.

Der früheste der großen islamischen Historiker, Ibn-Ishaq, schrieb zwar erst 150 Jahre nach Amr; die Hungersnot war aber wohl ein reales historisches Ereignis, denn sie ereignete sich offenbar zu einer Zeit, als in verschiedenen Teilen der Welt ebenfalls Hungersnöte ausbrachen.

Aus dem erhaltenen Textmaterial geht hervor, daß die Hungersnot so schlimm war, daß Amr als einer der Führer seines Volkes Weizen aus dem fernen Syrien heranschaffen lassen mußte und daß er die Menschen mit einer Art Suppe speiste, die aus zerbröckelten Brotlaiben zubereitet wurde.

»Amr, der Brot-und-Suppe für sein Volk bereitete – eine Sippe in Mekka, die magere Jahre durchlitt«, schreibt im 6. oder 7. Jahrhundert ein Dichter aus Mekka, der von Ibn-Ishaq zitiert wird.

Ein anderer Dichter aus dem Mekka des 6. Jahrhunderts, Wahb Ibn 'Abd Qusayy – zitiert von al-Tabari, einem Historiker des 9. Jahrhunderts –, schildert, wie Amr seine Familie vor dem Hungertod errettete.

> [Amr] nahm die Aufgabe auf sich, deren Bürde kein anderer Sterblicher tragen konnte.
> Er brachte ihnen Säcke aus Syrien, voller gedroschenem Weizen,
> Und gab den Menschen von Mekka gebrochenes Brot zur Genüge.
> Sie mischten das Brot mit frischem Fleisch, und die Menschen waren umgeben von sich türmenden hölzernen Schüsseln, die bis zum Überfließen gefüllt waren.[4]

Ein weiterer Schreiber aus Mekka wird bei al-Tabari mit folgenden Worten zitiert:

> Amr, der das Brot brach, um für sein Volk *tharid* (Suppe) zu machen, als die Menschen von Mekka unter Dürre litten und hungrig waren.[5]

Amr scheint sich mit seiner Leistung während der Hungerkatastrophe im wahrsten Sinne des Wortes einen Namen gemacht zu haben. Von da an war er fast nur noch bekannt als Hashim (wohl nach dem Wort *hashama* [zerbröckeln], in Erinnerung daran, daß er das aus dem syrischen Weizen gebackene Brot gebrochen oder zerbröckelt hatte).

Amrs Rolle bei der Errettung seines Volkes brachte seiner Familie hohes Ansehen. Er selbst wurde von dem Dichter Matrud als »der Überlegene« bezeichnet und von anderen als einer von »denen, die Macht haben«.

Man kann davon ausgehen, daß Amrs (Hashims) hohes Ansehen, das er sich in den Hungerjahren der 530er Jahre erwarb, mit dazu beitrug, den gesellschaftlichen Rang seiner Nachfahren zu sichern – auch seines Urenkels Mohammed.

Ein weiterer vom Klima ausgelöster Destabilisierungsfaktor im Arabien des 6. Jahrhunderts war die aus Ostafrika stammende Pest. Hinweise bei Ibn-Ishaq, im Koran und in einer Inschrift lassen darauf schließen, daß der Jemen und möglicherweise auch andere Gebiete der arabischen Halbinsel von der Beulenpest heimgesucht wurden. Daß es sich bei der Krankheit um die Pest handelt, wird erneut durch den Zeitpunkt des Ausbruchs nahegelegt. Die vierziger Jahre des 6. Jahrhunderts sind nämlich genau der Zeitraum, für den man das Auftreten der Pest im Jemen vermuten darf, da die Epidemie sich von Ostafrika Richtung Mittelmeer bewegte.

Ein früher Verweis auf die Pest im Jemen findet sich im Koran selbst. Hier wird die Krankheit als ein vom Himmel gesandtes Leiden beschrieben, die dunklen Beulen auf der Haut werden als »gebrannter Ton« gesehen, den Gott von Vögeln herabschleudern läßt. Hinter dieser Umschreibung verbirgt sich ein Schicksal, das um das Jahr 550 eine jemenitische Armee ereilte, als sie Mekka bedrohte.

In der 105. Sure fragt der Koran:

Sahst du nicht, wie dein Herr mit den *Elefanten*gefährten
[i. e. den Feinden] verfuhr?
Führte Er nicht ihre List irre
Und schickte über sie Vögel in Scharen,

> Die sie bewarfen mit Steinen aus gebranntem Ton?
> Und Er machte sie wie abgefressene Saat.

Ibn-Ishaq geht noch weiter und berichtet, daß die feindlichen Soldaten beim Rückzug »am Wegrand umfielen, an jedem Wasserloch elend dahinschieden«.

> [Der Anführer der Feinde] war an seinem Körper befallen, und als sie ihn wegbrachten, fielen seine Finger nacheinander ab.
> Wo die Finger gewesen waren, öffnete sich eine üble Wunde, aus der Eiter und Blut quollen.
> Sie sagen, als er starb, barst ihm das Herz aus dem Körper.[6]

Und schließlich berichtet eine Inschrift, die von Archäologen bei Mar'ib entdeckt wurde, daß die Instandsetzungsarbeiten an dem Damm nach 540 aufgeschoben werden mußten, weil die Arbeiterschaft durch die Pest dezimiert worden war.

Der Bruch des Mar'ib-Dammes und vermutlich die Vernichtung zahlloser kleinerer Bewässerungssysteme zählen ebenso wie die Pest zu den maßgeblichen Faktoren, die allem Anschein nach ab der Mitte des 6. Jahrhunderts zu einem Niedergang der jemenitischen Macht geführt haben.

Der Jemen war mindestens ein Jahrtausend lang die führende einheimische Macht Arabiens gewesen. Seine Einwohnerschaft machte die Hälfte der Gesamtbevölkerung der arabischen Halbinsel aus, und durch seinen Niedergang muß dort ein enormes Machtvakuum entstanden sein. Jedenfalls hatte sich das Zentrum der geopolitischen Macht Arabiens innerhalb von zwei Generationen und mit Mohammeds Hilfe auf die Oase Medina verlagert, eine zentralarabische Stadt, die bis dahin von arabisch-jüdischen Stämmen beherrscht worden war.

Doch nicht nur das Machtvakuum eröffnete Mohammed die Möglichkeit, sich durchzusetzen. Auch andere Faktoren wirkten daran mit, das Umfeld zu bereiten, in dem der Islam entstand.

Der entscheidende Faktor bei der Ausbreitung des Islam war mit an Sicherheit grenzender Wahrscheinlichkeit die einzigartige politische und theologische Situation zu der Zeit, als Mohammed seine religiösen Ideen entwickelte.

Die frühesten Teile seines religiösen Denkens, nämlich die Suren der ersten Periode des Koran, wurden zwischen 610 und 620 formuliert, memoriert und schließlich niedergeschrieben – also in einer Dekade, in der alle Welt damit rechnete, den endgültigen Untergang des Herrschaftssystems zu erleben, das den Mittelmeerraum 800 Jahre lang dominiert hatte – des Römischen Imperiums.

Es war, als stünde das gesamte weltpolitische System kurz vor dem Zusammenbruch – und für viele, wahrscheinlich für die meisten Menschen hatte diese bevorstehende Katastrophe nicht bloß rein politische und militärische Aspekte, sondern auch religiöse und kosmische Dimensionen.

Christliche und jüdische Glaubensgemeinden – innerhalb wie außerhalb des Oströmischen Reiches – hatten eine lange apokalyptische Tradition. Sie betrachtet den Verlauf der menschlichen Geschichte als göttlich vorherbestimmte chronologische Struktur, die eines Tages mit der Wiederauferstehung der Toten, dem Tag des Jüngsten Gerichts, und der Auflösung der sterblichen Welt enden würde, an deren Stelle dann das Königreich Gottes und das ewige Leben für die Gerechten treten sollten. Die jüdische und die christliche Prophetie sahen für das nahende Ende der Welt drei deutlich abgegrenzte Phasen voraus: die Herrschaft des Teufels und die Barbareneinfälle, die Ankunft des Messias und die Niederlage des Teufels, schließlich die Auferstehung der Toten und das Jüngste Gericht. Die gesamte Abfolge galt als Gottes Plan für das Ende der menschlichen Geschichte.

Für Juden und Christen gleichermaßen hatte der persische Krieg von 605–630 deutlichere kosmische Bezüge als alle vorangegangenen Auseinandersetzungen. Und man kann davon ausgehen, daß zum damaligen Zeitpunkt viele den, wie man glaubte, unmittelbar bevorstehenden Zusammenbruch des Imperiums in den Jahren 610–620 (genau die Zeitspanne, in der Mohammed die Weltbühne betrat) als Zeichen für die nahende Ankunft des Messias und das Ende der Welt betrachteten. So sagte man, als die Perser 614 Jerusalem eroberten, daß »die versammelten Engelsscharen«, die sich »dem Willen Gottes« nicht widersetzen wollten, die Heilige Stadt verließen, weil der Allmächtige sie in die Hand ihrer Feinde gegeben habe, da die Sünden der Christenheit »Gottes Gnade überstiegen«. Eine christliche Weissagung, die angeblich *vor* dem persischen Krieg (in Wahrheit jedoch kurz *danach*) verfaßt wurde, besagte, daß bald »für die Menschheit der Tag ohne Abend anbricht und alle irdische Macht ihr Ende findet«.[7]

Die Prophezeiung präzisierte die apokalyptischen Visionen des Johannes von Ephesos in einem relativ frühen Stadium der Awarenangriffe, die das Reich zwischen 570 und 626 erschütterten. Um das Jahr 580 herum hatte er von »Verwüstungen und Metzeleien« geschrieben, »die zu unserer Zeit geschehen sind«, so daß »wir zum Wissen und Frommen zukünftiger Generationen, falls die Welt tatsächlich noch länger bestehen sollte, bekannt machen und erklären wollen, was Christus uns lehrt, wovor er uns warnt und was er uns über die Zeit des Weltenendes offenbart«.

Auch die jüdische Welt sah die Ereignisse der Zeit in kosmischen Zusammenhängen, vermutlich in einem Maße, wie es seit den jüdischen Rebellionen gegen Rom im 1. und 2. Jahrhundert, also um die Zeit von Jesus Christus, nicht mehr dagewesen war.

Das sogenannte *Buch Zer'babel*, das im ersten Viertel des 7. Jahrhunderts von einem Rabbi dieses Namens im persisch regierten Babylon geschrieben wurde, weissagte, daß der jüdische Messias (und seine Mutter!)[8] kommen und das römische Ungeheuer niederwerfen würden – einen Kaiser/Papst namens Armilus, der Sohn Satans. Außerdem beschrieb ein aus Palästina stammender Jude namens Jakob, der in Karthago zwangsweise getauft worden war, das Imperium in typisch apokalyptischer Sprache als das »vierte Tier«, das von den Völkern »in Stücke gerissen wurde, so daß die zehn Hörner obsiegen und Hermolaus Satan [der Teufel], das Kleine Horn, kommen mag«.[9]

Die Juden betrachteten den anscheinend unmittelbar bevorstehenden Zusammenbruch des Oströmischen Reiches im ersten

Viertel des 7. Jahrhunderts als Beweis dafür, daß das »Tier« (das ehemals heidnische, doch inzwischen christliche Reich) dem Untergang geweiht war und daß der Teufel in Gestalt des letzten römischen Kaisers oder christlichen Papstes von ihrem (in naher Zukunft erwarteten) Messias vernichtet werden würde. Für sie waren die Perser (und einige Jahre später die Araber) Stellvertreter, die dabei helfen würden, das »römische Tier« zu Fall zu bringen. Gewalttätige und häufig messianische jüdisch-revolutionäre Gruppen hatten in der zweiten Hälfte des 6. Jahrhunderts immer mehr Anhänger gefunden, und als das Imperium zu Beginn des 7. Jahrhunderts ins Straucheln geriet, erhielten sie zusätzlich Auftrieb. Im Jahre 608 lösten in Antiochia, das von den Persern bedroht wurde, christliche Versuche der Zwangsbekehrung eine Rebellion im jüdischen Viertel aus. Zunächst waren die jüdischen Rebellen erfolgreich, und der Erzfeind ihrer Gemeinde, der mächtige christliche Patriarch der Stadt, Anastasius, wurde gefangengenommen, getötet und verstümmelt. Schon bald jedoch wurde die Rebellion niedergeschlagen, und die 800 Jahre alte jüdische Gemeinde Antiochias wurde fast völlig ausgerottet.

Beim Fall Jerusalems und bei der Belagerung von Edessa (dem heutigen Urfa in der Türkei) war die antirömische, antichristliche, jüdische Beteiligung gleichermaßen radikal und erbittert. Und nach der Entstehung des Islam, als die ersten Muslime anfingen, das Oströmische Imperium zu demütigen, waren die bis dahin unterdrückten jüdischen Gemeinden, die auf die messianische Befreiung warteten, außer sich vor Freude. Manche Juden glaubten, daß Mohammed als Prophet gekommen war, um dem Messias den Weg zu bereiten.

»Der *Candidatus* [ein byzantinischer Beamter] wurde [von den Arabern] getötet, und wir Juden hatten große Freude. Und sie sagen, daß ein Prophet [Mohammed] unter den Arabern erschienen ist und das Kommen des Messias verkündet«, berichteten die Juden von Sycaminum in Palästina im Jahre 634.[10]

Zweifellos war der Islam der ideale Glaube in seiner Entstehungszeit: eine neue Religion, die unmittelbar aus der apokalyptischen Atmosphäre der Epoche erwuchs. Die frühen Suren des Koran[11] haben einen überwältigenden apokalyptischen Unterton. Mohammed, als Sendbote Gottes beschrieben, ist angeblich gekommen, um der Menschheit mahnend kundzutun, was vor und nach dem Tag des Gerichts geschehen wird. Der Ausdruck *yaum al-qiyama* (Tag der Auferstehung) findet sich nicht weniger als siebzigmal, und ein anderer Ausdruck für dasselbe Ereignis, nämlich *al-sa'a* (die Stunde), wird immerhin noch vierzigmal verwendet. Der Jüngste Tag wird fünfundvierzigmal erwähnt, der Tag des Gerichts zweiundzwanzigmal. Andere Formulierungen wie beispielsweise *yaum al-hisab* (Tag der Abrechnung) tauchen ebenfalls häufig auf.

In einer historisch überaus wichtigen Sure, die ein oder zwei Jahre nach der persischen Eroberung Jerusalems entstand, während die Perser allmählich auf Konstantinopel selbst vorrückten, läßt Gott Mohammed wissen: »Besiegt sind die *Griechen*« [gemeint sind die Byzantiner], und »Sie kennen das Äußere des irdischen Lebens, aber des Jenseits sind sie achtlos«.[12]

»Alsdann war der Ausgang der, die Übel taten, Übel, dieweil sie Allahs Zeichen der Lüge ziehen und sie verspotteten«, stellt der Koran mit Bezug auf Römer und Perser weiter fest.[13]

»Und an dem Tage, da sich die ›Stunde‹ erhebt, werden die Sünder stumm vor Verzweiflung werden.«

Das Schicksal der Ungläubigen und Missetäter ist im Koran klar bestimmt: Am Tag der Auferstehung »wird in die Posaune gestoßen, und versammeln werden Wir an jenem Tage die Missetäter mit blauen Augen.«[14]

»Wer sich aber von Meiner [Gottes] Ermahnung abkehrt, siehe, dem sei ein Leben in Drangsal, und erwecken wollen wir ihn am Tag der Auferstehung blind.«[15]

»Und also lohnen wir dem Übertreter, der nicht glaubt an die Zeichen seines Herrn, und wahrlich, die Strafe des Jenseits wird hart sein und nachhaltig.«[16]

In Sure 7, Vers 188, erhält Mohammed den Auftrag, der Menschheit mitzuteilen: »Ich bin nur ein Warner und ein Freudenverkünder für ein gläubig Volk.«

An keiner Stelle sagt der Koran, wann genau das Ende der Welt kommen wird, aber daß es unmittelbar bevorsteht, wird ebenfalls in Sure 7 angedeutet.

»Schwer lastet sie [die ›Stunde‹ des Jüngsten Gerichts] auf die [sic] Himmel und die [sic] Erde«, ist in Vers 187 zu lesen. In diesem Bild klingen frühere vormuslimische apokalyptische Texte an, in denen der schwangere (schwere) Kosmos metaphorisch die Ereignisse des Jüngsten Tages gebiert.

Die immer intensivere Beschäftigung mit dem Ende der Welt und der Glaube an dessen baldiges Eintreten waren unabdingbare Voraussetzungen für die Entstehung und Verbreitung des Islam.

Der Islam paßte als Religion ideal zum damals herrschenden politischen und theologischen (also apokalyptischen) Zeitgeist. Doch auch wenn klar ist, warum der Islam entstand und sich so erfolgreich verbreiten konnte, bleibt eine wichtige Frage zu beantworten: Wie gelangten diese apokalyptischen und monotheistischen Vorstellungen – die traditionell mit jüdischen und christlichen Religionen verbunden waren – in die Wüstenlandschaften Arabiens?

Judentum und Christentum waren in Arabien stark präsent. Im äußersten Norden Arabiens gab es christliche Stämme und Kleinstaaten, und auch im Süden (Jemen) hatte es eine christliche Präsenz gegeben. Zudem war der jüdische Einfluß im Jemen verbreitet und noch stärker in Nordwestarabien, vor allem in Medina – der Stadt, in der Mohammed (neben Mekka) Verwandte hatte und die er nach Verhandlungen mit den Einwohnern Medinas im Jahre 621 zu seinem Hauptstützpunkt machte.

Wenngleich die apokalyptische Stimmung zu Beginn des 6. Jahrhunderts im Mittelmeerraum und im Nahen Osten den Nährboden bildete, aus dem der Islam erwuchs, gab es etliche andere Aspekte, die der Verbreitung der neuen Religion in ihrer Frühphase förderlich waren.

Der persische Krieg schwächte die Möglichkeiten der beiden Gegner, in Arabien politischen Einfluß auszuüben. Somit wurde das Machtvakuum deutlicher, das seit dem Niedergang des Jemen im Jahrhundert zuvor entstanden war. Außerdem verhinderte der Krieg die beiden Imperien, sich gegen andere Feinde zu verteidigen, was den Arabern für Beutezüge und territoriale Expansionen reichlich Gelegenheit bot.

Diese völlig neuen äußeren Möglichkeiten setzten den politischen Wandel innerhalb der arabischen Halbinsel in Gang und bestimmten dann dessen Tempo. Tatsächlich begann die Serie arabischer Raubzüge auf oströmisches Territorium (in kleinem Maßstab), noch bevor der Islam überhaupt eine Rolle spielte. Der erste größere arabische Angriff der Epoche fand 612 statt. »Die Araber plünderten Syrien, zerstörten Städte und viele Häuser und zogen sich dann zurück«, schrieb der oströmische (byzantinische) Historiker Theophanes, höchstwahrscheinlich unter Verwendung einer untergegangenen Quelle aus dem 7. Jahrhundert.

Der Islam als eine gleichermaßen politische und religiöse Entwicklung war organisatorisch und ideologisch eine Neuerung, und mit deren Hilfe paßte sich die arabische Gesellschaft an neue politische und militärische Realitäten und Möglichkeiten an. Durch den Islam konnte sich die arabische Welt die Schwäche des Oströmischen Reiches und Persiens besser zunutze machen. Mohammeds Lehren schufen nämlich eine Situation, in der es nicht nur zweckdienlich, sondern auch ideologisch wünschenswert war, die beiden angeschlagenen Supermächte zu attackieren.

Gott spricht: »Meine gerechten Diener werden die Erde erben; dies ist euer Erbe und das, was der Herr euch verheißen hat«, verkündeten muslimische Heerführer ihren Truppen am Vorabend des Eroberungszuges gegen das persische Reich. »Wenn ihr siegt, werden [der Feinde] Reichtümer, ihre Frauen, ihre Kinder und ihr Land euer sein.«

Der geschlagene persische General wurde von dem siegreichen arabischen Heerführer davon in Kenntnis gesetzt, daß Gott »einen Propheten [aus dem arabischen Volk] gesandt hat und eine seiner Weissagungen lautete, daß wir dieses Land erobern und niederzwingen werden.«[17]

Der muslimischen Überlieferung gemäß ließ Mohammed sowohl dem oströmischen als auch dem persischen Kaiserhof (vermutlich durch deren Grenzgouverneure) die Lehren des Islam übermitteln – aber man nahm keine Notiz davon. Mohammeds Gesandter an den oströmischen Hof wurde sogar gefangengenommen und hingerichtet. Für die frühen Muslime lehnten demzufolge beide Reiche das Wort Gottes ab und veranlaßten deshalb geradezu die Eroberung.

Eine Sure des Koran mit der Überschrift »Die Beute« macht nur allzu deutlich, in welcher Weise der Islam den Sieg förderte. In dieser Textpassage werden die Erfahrungen der Kinder Israels in ihrem Konflikt mit Ägypten zur Zeit des Exodus und vor der

Eroberung des Gelobten Landes als Lehrbeispiel verwendet. Die Ungläubigen gleichen da »dem Volke Pharaos und denen, die vor ihnen waren, die Allahs Zeichen verleugneten, und da erfaßte sie Allah in ihren Sünden; siehe, Allah ist stark und streng im Strafen«.[18]

Und weiter heißt es in Vers 54 von »Die Beute«, entstanden um die Zeit der ersten großen Schlacht des Islam, die im Jahre 624 bei Badr gegen die ungläubigen (also heidnischen) Bewohner von Mekka gewonnen wurde: »Sie [die Ungläubigen] gleichen dem Volke Pharaos und denen, die vor ihnen waren, welche die Zeichen ihres Herrn der Lüge ziehen. Und da vertilgten Wir sie in ihren Sünden und ertränkten das Volk Pharaos; und alle waren Ungerechte.«

»Siehe, schlimmer als das Vieh sind bei Allah die Ungläubigen, die nicht glauben.«[19]

»O du Prophet, feuere die Gläubigen zum Kampfe an; sind auch nur zwanzig Standhafte unter euch, sie überwinden zweihundert, und so unter euch hundert sind, so überwinden sie tausend der Ungläubigen, dieweil sie ein Volk ohne Einsicht sind.«[20]

Die Ideologie des Islam bot genau das, was die Mediner brauchten, um die arabische Halbinsel zu erobern, und was die Araber in ihrer Gesamtheit brauchten, um den Schwächezustand des byzantinischen und des persischen Reiches auszunutzen.

Die neue Ideologie hob die normale Gegnerschaft, die man einem Feind gegenüber empfand, auf eine sehr viel höhere Ebene. Der Islam ermöglichte es, Eroberungen und Siege nicht mehr bloß unter rein materiellen und politischen Gesichtspunkten zu betrachten, sondern sie als Schicksal und religiöse Pflicht zu sehen.

»Als dein Herr den Engeln offenbarte: ›Ich bin mit euch, festigt drum die Gläubigen. Wahrlich in die Herzen der Ungläubigen werfe ich Schrecken. So haut ein auf ihre Hälse und haut ihnen jeden Finger ab.‹

Solches, darum daß sie gegen Allah und seinen Gesandten [Mohammed] widerspenstig waren. Wer aber widerspenstig gegen Allah und seinen Gesandten ist – siehe, so ist Allah streng im Strafen.«[21]

»O ihr, die ihr glaubt, so ihr auf die schlachtbereiten Ungläubigen stoßet, so wendet ihnen nicht den Rücken«, lautet eine weitere

Passage in »Die Beute«[22], die Willensstärke und Mut als religiöse Notwendigkeit darstellt.

»Und wer ihnen an jenem Tage den Rücken kehrt, außer, er wende sich ab zum Kampf oder zum Anschluß zu einem Trupp, der hat sich Zorn von Allah zugezogen und seine Herberge ist Dschahannam [die Hölle], und schlimm ist die Fahrt [dorthin].«[23]

In gewisser Weise wurde die Tötung eines ungläubigen Feindes in der Schlacht als Werk Gottes gesehen.

»Und nicht erschlugt ihr sie, sondern Allah erschlug sie; und nicht warfst du, als du warfst, sondern Allah warf«, heißt es in Vers 17 der Sure 8.

Selbst die Gefangennahme von Feinden war unter Umständen nicht wünschenswert: »Noch vermochte kein Prophet Gefangene zu machen, ehe er nicht auf Erden gemetzelt.«[24]

Wieder gibt es Parallelen zu den Ereignissen, von denen das Alte Testament in Zusammenhang mit dem Exodus des Volkes Israel aus Ägypten berichtet. In Altisrael existierte das Konzept des Heiligen Krieges insofern, als der Kampf für Gott als heilige Handlung betrachtet wurde. Im Buch Josua (Kap. 6, Vers 18–24) findet sich ein erschreckendes Beispiel: Bei der Eroberung der Stadt Jericho mußten in einem Akt ritueller Zerstörung alle Lebewesen – Männer, Frauen, Kinder und Tiere – getötet und alles Hab und Gut verbrannt werden.

Im Arabien der zwanziger Jahre des 7. Jahrhunderts hing Mohammeds Überleben als radikaler politisch-religiöser Führer von militärischen Erfolgen ab. Um sich durchzusetzen, mußte er immer mehr erobern und seinen Anhängern – auch potentiellen Anhängern – einen Erfolg nach dem anderen liefern.

»Wenn wir dir getreu nachfolgen und Gott dir den Sieg über deine Feinde schenkt, werden wir dann nach dir Macht erlangen?« soll ein hoffnungsvoller Stammesführer Mohammed im Hinblick auf die Zukunft gefragt haben.[25]

Zudem war die arabische Stammesgesellschaft schon immer äußerst kriegerisch: »Wie viele Herren und mächtige Führer haben die Hufe unserer Pferde in den Staub getreten ... wir ziehen weiter in die Schlacht«, verherrlichte ein vorislamischer Dichter den Krieg.[26] »Wenn ich meinem Schwert vertraue, krümmt es sich fast zum Zerbrechen. Ich töte meinen Gegner mit einem scharfen

Mashrafi[27]-Schwert, und ich sehne mich nach dem Tod wie ein Kamel, dessen Milch überfließt«, schrieb einer seiner islamischen Nachfolger.[28]

Das Bezwingen der Ungläubigen wurde demnach unter dem Aspekt des politischen Überlebens, der Stammestradition und der religiösen Pflicht als etwas durch und durch Gutes betrachtet. Wie die renommierte Frühislamistin Patricia Crone es formulierte: »Mohammed mußte erobern, seine Nachfolger wollten erobern, und sein Gott befahl ihm zu erobern.«[29]

KAPITEL 9

Islamische Eroberungen

Der muslimische Vormarsch war einer der schnellsten in der Geschichte der Menschheit. Tatsächlich verglichen einige mittelalterliche arabische Historiker das rasche Vordringen des Islam mit den Eroberungen Alexanders des Großen tausend Jahre zuvor. In einem mit kunstvollen Initialien verzierten Manuskript sieht man Alexander als eine Art protoislamischen Vorläufer Mohammeds: Er wird tatsächlich dargestellt[1], wie er neben dem heiligsten Ort des Islam steht, der Ka'aba[2] in Mekka.

Der erste Zusammenstoß zwischen muslimischen und oströmischen Truppen ereignete sich 629 (Schlacht bei Mu'ta) im politischen und militärischen Vakuum, das unmittelbar nach dem Rückzug der Perser (628) und der Wiederherstellung der oströmischen Herrschaft bestand. Die Römer trugen zwar den Sieg davon, doch das hinderte vier arabische Städte unter römischer Kontrolle (Aqaba, Jarba, Adhruh und Ma'an) nicht, sich ein Jahr später der neu entstehenden muslimischen Macht zu unterwerfen. Fest entschlossen, solches Überläufertum zu unterbinden, ließ die oströmische Obrigkeit den Kommandanten oder Statthalter einer dieser Städte, Ma'an, verhaften und hinrichten.

Ein paar Jahre lang (einschließlich des Jahres 632, des Todesjahres von Mohammed) ließ sich der frühe Islam Zeit und baute seine Armee auf. Dann drangen muslimische Truppen 633 in das Persische und das Oströmische Reich ein und errangen beachtliche Erfolge – in der Schlacht am Blutfluß gegen die Perser und in den Schlachten von Dathin, Adschnadain und Fahl gegen die Römer. Islamische Kräfte nahmen sogar vorübergehend Damaskus und Homs ein.

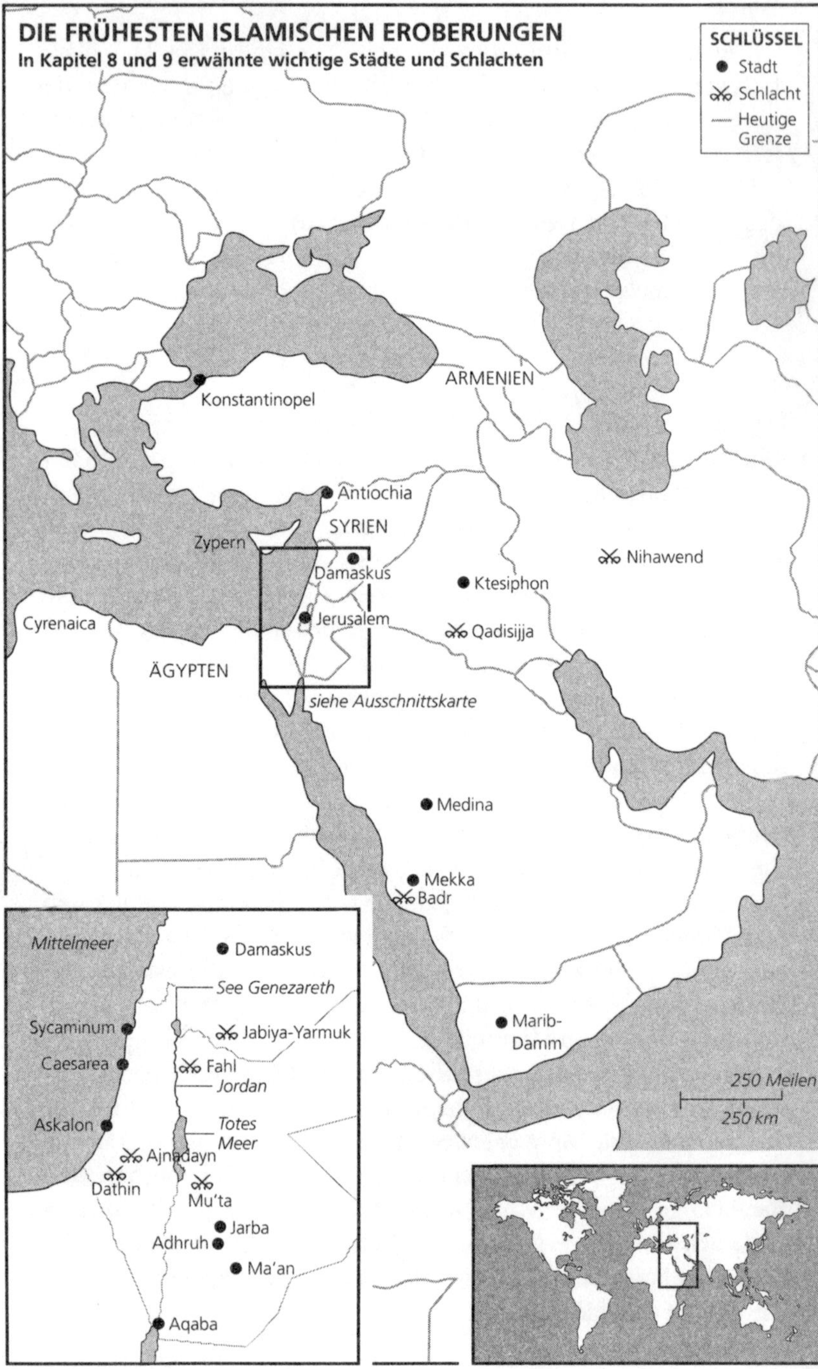
DIE FRÜHESTEN ISLAMISCHEN EROBERUNGEN
In Kapitel 8 und 9 erwähnte wichtige Städte und Schlachten
SCHLÜSSEL
Stadt
Schlacht
Heutige Grenze
ARMENIEN
Konstantinopel
Antiochia
SYRIEN
Zypern
Damaskus
Ktesiphon
Nihawend
Qadisijja
Jerusalem
Cyrenaica
ÄGYPTEN
siehe Ausschnittskarte
Medina
Mekka
Badr
Marib-Damm
250 Meilen
250 km
Mittelmeer
Damaskus
See Genezareth
Sycaminum
Jabiya-Yarmuk
Caesarea
Fahl
Jordan
Askalon
Totes Meer
Ajnadayn
Dathin
Mu'ta
Jarba
Adhruh
Ma'an
Aqaba

Der erbitterte Kaiser ordnete einen Gegenangriff an. Damaskus fiel wieder in römische Hände, doch der Statthalter Mansur, der arabischer Herkunft war, weigerte sich, mit dem oströmischen Militär zusammenzuarbeiten, und hielt wichtige Vorräte zurück.[3]

Die 15 000 bis 20 000 Mann starke römische Armee, die unter der Führung von miteinander zerstrittenen Generälen stand, traf im Jahre 536 bei Jabiya-Yarmuk 80 Meilen südlich von Damaskus auf das islamische Heer.

Die frühesten islamischen Eroberungen

Die Schlacht – oder besser eine Reihe von Zusammenstößen, die in einer großen Schlacht kulminierten – dauerte ungefähr anderthalb Monate. Ein Großteil der einheimischen Bevölkerung, darunter auch größere jüdische Gemeinden, stand der Sache Ostroms mit Sicherheit gleichgültig oder feindselig gegenüber. Und die römischen Truppen waren, wie bereits erwähnt, untereinander uneins.

Am Ende scheinen die Muslime in einer nächtlichen Attacke die schlechte Disziplin, Führung und Abstimmung der Römer ausgenutzt zu haben. Bei dem anschließenden Kampf in der Morgendämmerung wurden die Römer regelrecht aufgerieben. Tausende fielen in der Schlacht. Viele andere, deren Moral den absoluten Tiefpunkt erreicht hatte, setzten sich einfach hin und wollten sich ergeben, aber sie wurden abgeschlachtet, wo sie saßen, denn die Muslime machten keine Gefangenen. Denjenigen, die entkamen, setzte man erbarmungslos nach. So soll beispielsweise eine Gruppe flüchtender Soldaten über 800 Kilometer weit verfolgt worden sein!

Jabiya-Yarmuk zählt zu den bedeutendsten Schlachten der Weltgeschichte. Nach der Niederlage brach die oströmische Macht im Nahen Osten regelrecht zusammen, und der größte Teil Syriens und Palästinas fiel beinahe sofort an die Muslime. Jerusalem wurde eingenommen und blieb fast 90 Prozent der nachfolgenden dreizehneinhalb Jahrhunderte in muslimischer Hand. Gaza wurde erstürmt, die Männer seiner Garnison wurden vom Muslimenheer hingerichtet – und auf Drängen des Kaisers von der Kirche zu Märtyrern erklärt.[4]

Ein Erfolg führte zum nächsten. Das muslimische Selbstbewußtsein wuchs ins Unermeßliche. Mit Sicherheit gewannen die islamischen Armeen zahlreiche neue Rekruten, die von der Hoffnung auf Kriegsbeute angelockt wurden. Und tatsächlich, als sich die muslimische Armee ein Jahr nach der Schlacht von Jabiya-Yarmuk darauf vorbereitete, in das Persische Reich vorzustoßen, versprach man den Soldaten, daß sie im wahrsten Sinne des Wortes die Erde erben würden: »Gott spricht: ›Meine gerechten Diener werden die Erde erben‹; dies ist euer Erbe und das, was der Herr euch verheißen hat. Wenn ihr siegt, werden [der Feinde] Reichtümer, ihre Frauen, ihre Kinder und ihr Land euer sein.«[5]

Derlei Worte beflügelten die muslimischen Krieger, und so stürmten sie siegreich in die Schlacht von Qadisijja (nicht weit von der heutigen irakischen Stadt Al Hammam). Der Großteil des heutigen Irak (damals das westliche Gebiet des Persischen Reiches) fiel an den Islam. Die prächtige und prunkvolle persische Hauptstadt Ktesiphon (circa 30 Kilometer südlich des heutigen Bagdad) wurde geplündert und besetzt.

639 eroberten die islamischen Truppen weitere oströmische Städte (Caesarea und Askalon), und 640 fielen die inzwischen unaufhaltsamen Muslime in Ägypten und Armenien ein und rückten gegen das Kernland des Persischen Reiches vor, die Hochebenen des eigentlichen Persiens. Persien fiel in der Schlacht von Nihawend, die in der arabischen Überlieferung als »Sieg der Siege« bezeichnet wird.

Zwei Jahre darauf schlossen die islamischen Armeen die Eroberung Ägyptens ab, womit dem Imperium mindestens die Hälfte seiner noch verbliebenen Besitztümer und seine Kornkammer verlorengingen. Anschließend wandten sich die Eroberer gegen die Cyrenaica (das heutige Libyen) und besetzten sie.

Im Jahre 652 hatte das islamische Reich die Grenzen Indiens erreicht. 653 eroberte eine islamische Flotte das oströmische Zypern, und 670 wurde sogar die Hauptstadt Konstantinopel belagert, ohne daß den Muslimen jedoch der Durchbruch gelang. Der ehemalige Fahnenträger Mohammeds – mittlerweile ein greiser Krieger – starb während dieses erfolglosen Feldzuges und wurde vor den Stadtmauern beerdigt.

Im Westen rückten die islamischen Heere weiter vor und beendeten zwischen 698 und 705 die neunhundertjährige römische Vorherrschaft in Nordafrika mit einem sieben Jahre währenden Feldzug. Dann fielen sie in Südeuropa ein, eroberten einen Großteil Spaniens (711) und drangen zwischen 718 und 732 tief nach Frankreich vor (wenngleich nur vorübergehend).

In den nachfolgenden Jahrhunderten sollte sich der Islam über die Sahara hinweg nach Westafrika ausbreiten, die ostafrikanische Küste entlang bis nach Moçambique, in östlicher Richtung bis nach Westchina, Indien, Indonesien und sogar bis zu den Philippinen. Heute ist er eine der drei großen Weltreligionen, hat 500 Millionen Anhänger und spielt eine bedeutende Rolle auf der weltpolitischen Bühne.

KAPITEL 10

Hintergründe des Oströmischen Machtverlusts

Die Gründe für die teilweise Auflösung des Oströmischen Reiches im 7. Jahrhundert sind Legion, doch alle gehen auf ein oder mehrere von fünf historischen Problemen zurück, die teilweise miteinander verflochten waren: chronischer Geldmangel, die awarisch/slawischen Landnahmen auf dem Balkan, die persische Okkupation, die Pest, Glaubensstreitigkeiten. Letztlich waren diese fünf Probleme direkt oder indirekt, ganz oder zum Teil aus den klimatischen Turbulenzen der dreißiger Jahre des 6. Jahrhunderts erwachsen.

Im 7. Jahrhundert führte der Geldmangel das Reich an den Rand der militärischen Katastrophe. Das Fehlen finanzieller Mittel bestimmte Größe und Zusammensetzung der oströmischen Armee. Es war billiger und bequemer, einheimische arabische Stämme zu rekrutieren, die zumindest teilweise den Krieg gegen die muslimischen Aufständischen ausfechten sollten. Die reduzierte Truppenstärke hatte zur Folge, daß nur kleine Kontingente langfristig in die arabischen Grenzgebiete geschickt werden konnten. Damit jedoch war die militärische Führung gezwungen, sich überwiegend auf eine Defensivstrategie zu verlegen, bei der die meisten Einheiten innerhalb befestigter Orte stationiert waren – was die Kampfbereitschaft und -fähigkeit der Soldaten unterminierte und die oströmischen Kräfte in eine Vielzahl unkoordinierbarer Fragmente zersplitterte. Es dauerte nicht lange, und diese defensive, ortsgebundene Strategie konnte dem islamischen Gegner den Zugriff auf das offene Land nicht mehr verwehren. Das wiederum machte die Kommunikation und Koordination zwischen den einzelnen stationären Einheiten noch schwieriger.

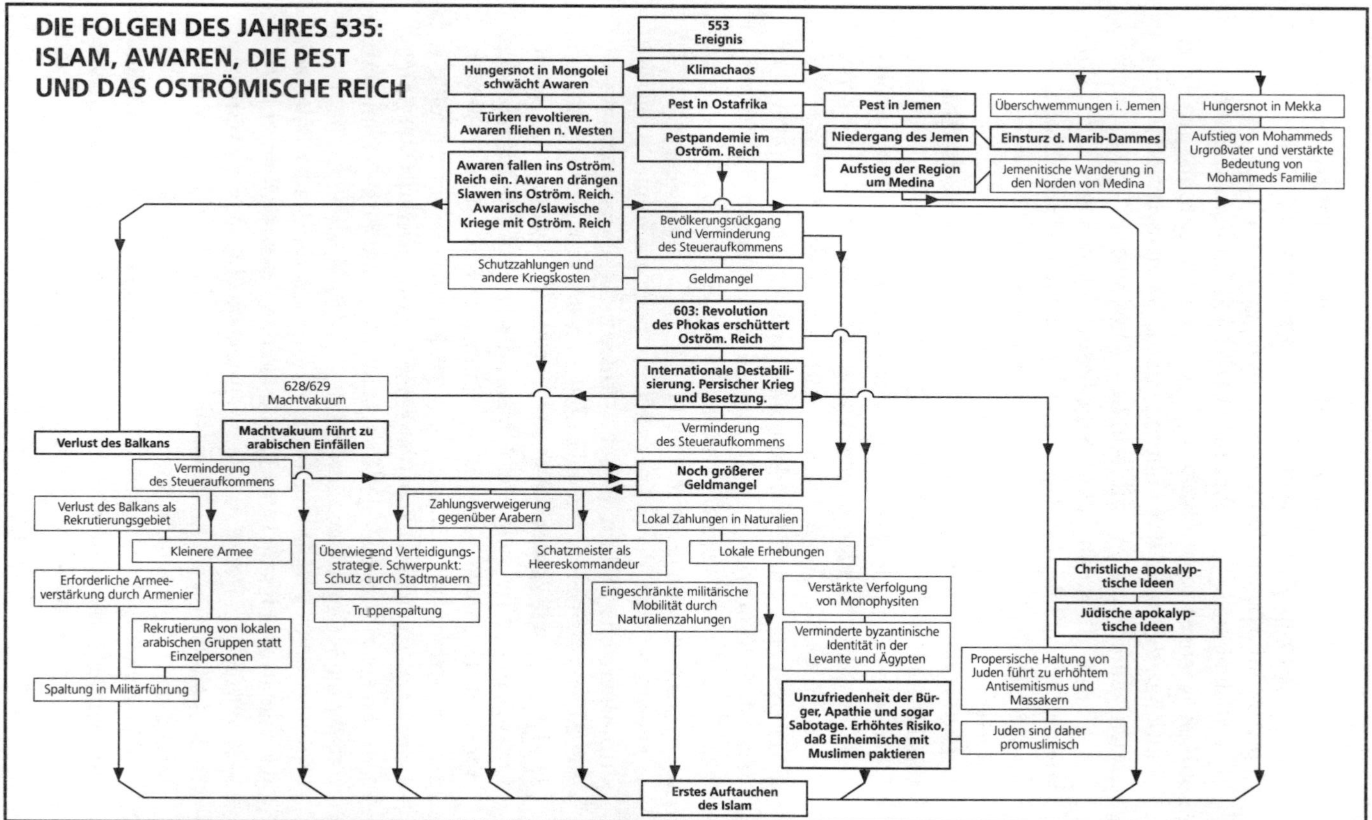

DIE FOLGEN DES JAHRES 535:
ISLAM, AWAREN, DIE PEST
UND DAS OSTRÖMISCHE REICH
553 Ereignis
Klimachaos
Hungersnot in Mongolei schwächt Awaren
Türken revoltieren. Awaren fliehen n. Westen
Awaren fallen ins Oström. Reich ein. Awaren drängen Slawen ins Oström. Reich. Awarische/slawische Kriege mit Oström. Reich
Pest in Ostafrika
Pestpandemie im Oström. Reich
Pest in Jemen
Niedergang des Jemen
Aufstieg der Region um Medina
Überschwemmungen i. Jemen
Einsturz d. Marib-Dammes
Jemenitische Wanderung in den Norden von Medina
Hungersnot in Mekka
Aufstieg von Mohammeds Urgroßvater und verstärkte Bedeutung von Mohammeds Familie
Bevölkerungsrückgang und Verminderung des Steueraufkommens
Schutzzahlungen und andere Kriegskosten
Geldmangel
603: Revolution des Phokas erschüttert Oström. Reich
628/629 Machtvakuum
Internationale Destabilisierung. Persischer Krieg und Besetzung.
Verminderung des Steueraufkommens
Verlust des Balkans
Machtvakuum führt zu arabischen Einfällen
Verminderung des Steueraufkommens
Noch größerer Geldmangel
Verlust des Balkans als Rekrutierungsgebiet
Zahlungsverweigerung gegenüber Arabern
Lokal Zahlungen in Naturalien
Kleinere Armee
Überwiegend Verteidigungsstrategie. Schwerpunkt: Schutz durch Stadtmauern
Schatzmeister als Heereskommandeur
Lokale Erhebungen
Christliche apokalyptische Ideen
Erforderliche Armeeverstärkung durch Armenier
Truppenspaltung
Eingeschränkte militärische Mobilität durch Naturalienzahlungen
Verstärkte Verfolgung von Monophysiten
Jüdische apokalyptische Ideen
Rekrutierung von lokalen arabischen Gruppen statt Einzelpersonen
Verminderte byzantinische Identität in der Levante und Ägypten
Propersische Haltung von Juden führt zu erhöhtem Antisemitismus und Massakern
Spaltung in Militärführung
Unzufriedenheit der Bürger, Apathie und sogar Sabotage. Erhöhtes Risiko, daß Einheimische mit Muslimen paktieren
Juden sind daher promuslimisch
Erstes Auftauchen des Islam

Die finanziellen Probleme führten darüber hinaus zu unglücklichen Entscheidungen bei der Führung des Heeres an der arabischen Front. Kaiser Herakleios, dem es vermutlich vor allem um Sparmaßnahmen ging, übertrug Theodoros Trithurios, einem peniblen Rechner (einem *sakkellarios*, mit dem griechischen Wort für Schatzmeister), die Führung dieser lebenswichtigen, wenngleich unterbesetzten militärischen Maschinerie. Diese Ernennung beruhigte wahrscheinlich die besorgten Soldaten, daß sie zumindest ihren Sold erhalten würden, doch sie bedeutete auch, daß finanzielle Erwägungen häufig die Oberhand über rein militärische behielten.

Die unzulängliche finanzielle Versorgung aus Konstantinopel brachte es mit sich, daß Nachschub – Proviant und andere Dinge – bei der einheimischen syrischen und palästinensischen Bevölkerung beschafft werden mußte. Diese Idee war an sich nicht neu, doch die Geldknappheit des Reiches und die Ernennung eines Schatzmeisters zum Oberkommandierenden führte vermutlich dazu, daß die »Kriegssteuer« mit nie dagewesener Härte aus einem Gebiet herausgepreßt wurde, das dergleichen seit über einer Generation nicht mehr erlebt hatte.

Dieses System der »Kriegssteuer« beeinträchtigte zusätzlich die militärische Mobilität, da die Armee nicht so ohne weiteres allzuweit von den »Kriegssteuer«-Quellen entfernt werden konnte. Und ganz gewiß gewann man so nicht das Wohlwollen der Bevölkerung. In der Tat weigerte sich unmittelbar vor der bedeutenden Schlacht bei Jabiya-Yarmuk der Statthalter von Damaskus, Mansur, die Armee mit Nachschub zu versorgen. Dann veranlaßte er einen vorgetäuschten Angriff auf eine Gruppe oströmischer Soldaten, um sie zu verjagen. Wahrscheinlich wollte er so verhindern, daß sie die Kriegssteuer eintrieben.

Ein weiteres Problem, das die Armee auf die Dauer belastete, war die awarisch/slawische Landnahme auf dem Balkan, traditionell eines der Hauptrekrutierungsgebiete für das oströmische Heer. Nun war diese Quelle versiegt, und die kaiserliche Obrigkeit mußte nach Alternativen suchen.

Als immer mehr Soldaten für das arabische Grenzgebiet benötigt wurden, fing man an, einheimische Araber und Tausende von Armeniern einzuziehen. Doch sowohl die arabischen als auch die armenischen Truppenteile wurden de facto von ihren Anführern kontrolliert – arabischen Stammeshäuptlingen und armenischen Kriegsherren. Bei der entscheidenden Niederlage von Jabiya-Yarmuk beispielsweise wurden die oströmischen Soldaten von drei verschiedenen – und zerstrittenen – Generälen kommandiert. Zwei – der armenische General Vahan und der eigentliche Oberkommandierende und Schatzmeister Trithurios – mißtrauten einander, und es ist durchaus denkbar, daß der dritte Militärführer, der einheimische König Jabala, seinen beiden Kollegen gegenüber Argwohn empfand.

Damit nicht genug gab es auch noch Konflikte innerhalb des großen armenischen Kontingents. Am Vorabend der Schlacht von Jabiya-Yarmuk weigerte sich ein hoher Offizier an der armenischen rechten Flanke, die Befehle seines Vorgesetzten auszuführen.[1] Außerdem behauptet eine wenngleich nicht unbedingt glaubwürdige arabische Quelle[2], daß hochrangige armenische Offiziere kurz vor der Schlacht zum Islam konvertierten. Außerdem ist ein weiterer, ebenso kurioser Bericht erhalten, demzufolge es eine versuchte Meuterei gegeben haben soll, die darauf abzielte, Kaiser Herakleios durch den Feldherrn Vahan abzulösen. Auch wenn diese Geschichten in den Einzelheiten vermutlich falsch sind, so lassen sie doch den Schluß zu, daß es mit großer Wahrscheinlichkeit innerhalb des oströmischen Heeres ernste Zerwürfnisse gab.

Nicht nur die Zusammensetzung – und damit die Schlagkraft – der Armee wurde in entscheidendem Maße von finanziellen Erwägungen bestimmt. Gewiß wurde dadurch auch die Kampfmoral einiger arabischer Kontingente in der oströmischen Militärmaschinerie in Mitleidenschaft gezogen. Zumindest einmal weigerte sich die oströmische Obrigkeit vor Ort kategorisch, alliierten arabischen Truppen ihren Sold auszuzahlen.

Das dritte Hintergrundproblem, das Auslöser für eine Vielzahl negativer Faktoren werden sollte, war die persische Besatzung. Persische Truppen zogen sich nach einer fünfzehn- bis zwanzigjährigen Besatzungszeit aus dem Territorium des Reiches zurück. Ostrom brauchte jedoch viele Monate, um die freigewordenen Gebiete einzunehmen, und selbst dann mußten sich die oströmischen Truppen erst noch mit der Landschaft und den örtlichen politischen Gegebenheiten vertraut machen.

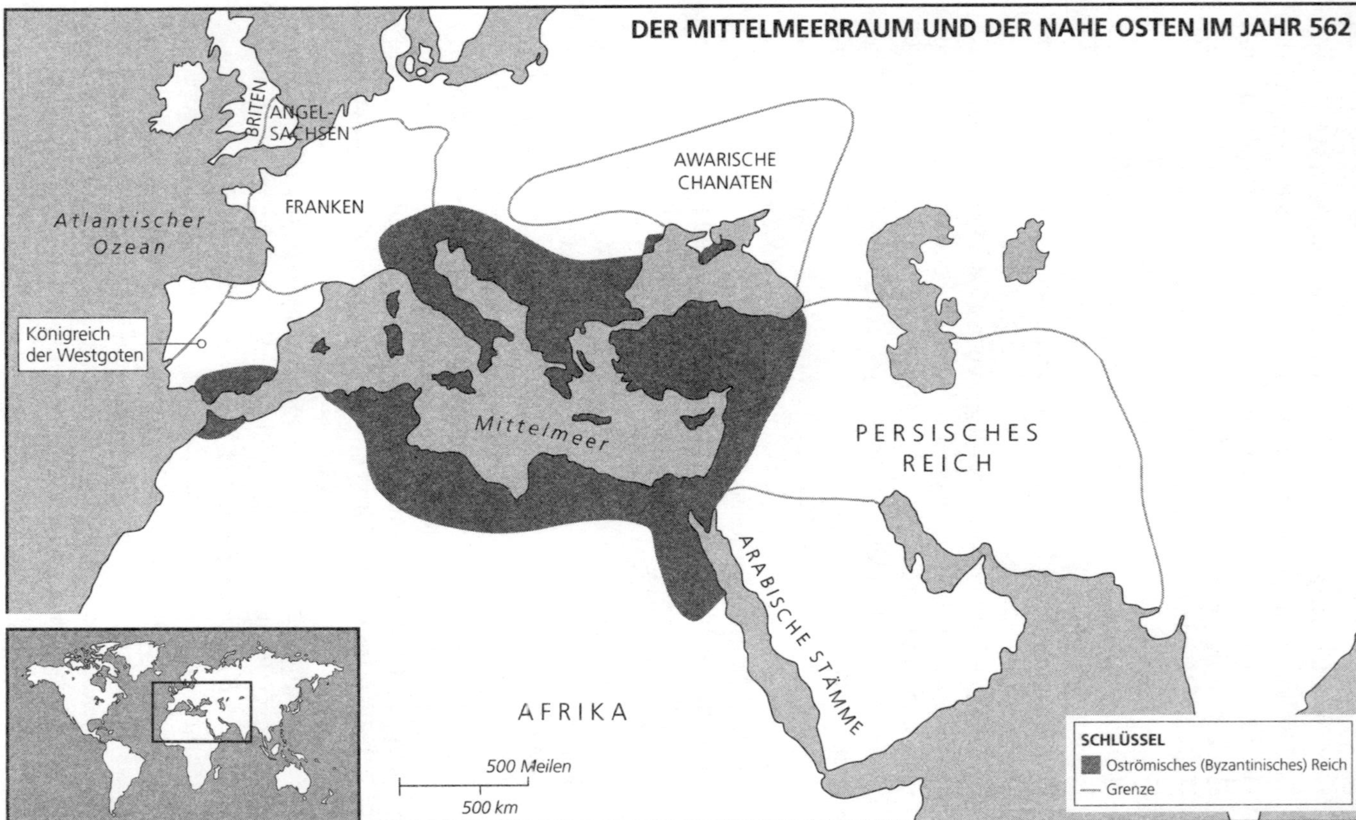
DER MITTELMEERRAUM UND DER NAHE OSTEN IM JAHR 562
BRITEN
ANGEL-
SACHSEN
FRANKEN
AWARISCHE
CHANATEN
Atlantischer
Ozean
Königreich
der Westgoten
Mittelmeer
PERSISCHES
REICH
ARABISCHE STÄMME
AFRIKA
500 Meilen
500 km
SCHLÜSSEL
Oströmisches (Byzantinisches) Reich
Grenze

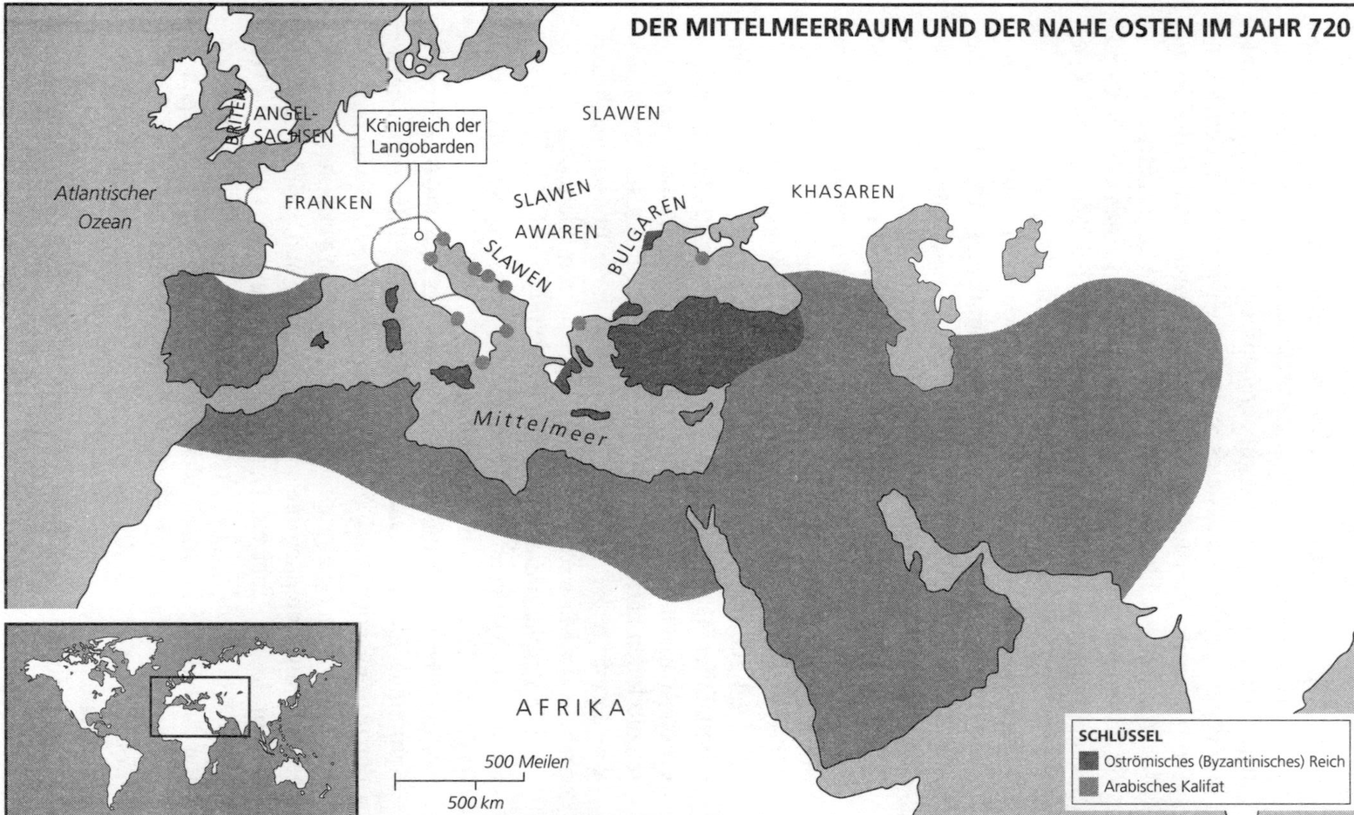
DER MITTELMEERRAUM UND DER NAHE OSTEN IM JAHR 720
BRITEN
ANGEL-SACHSEN
Königreich der Langobarden
SLAWEN
Atlantischer Ozean
FRANKEN
SLAWEN
AWAREN
SLAWEN
BULGAREN
KHASAREN
Mittelmeer
AFRIKA
500 Meilen
500 km
SCHLÜSSEL
Oströmisches (Byzantinisches) Reich
Arabisches Kalifat

Im Jahre 628 wurde das Abkommen über den persischen Rückzug unterschrieben, und Persien verlor daraufhin das Interesse an dem Gebiet. 629 gab es vorübergehend ein militärisches und administratives Vakuum. Gleichzeitig drang der Islam in den äußersten Osten des Reiches vor, also in das Gebiet östlich des Toten Meeres. 628 erschlugen Christen in dem Ort Umm al-Rasas (circa 50 Kilometer südlich des heutigen Amman) einen Muslim, und weitere 55 Kilometer südlich fand 629 bei Mu'ta die erste Schlacht zwischen dem Imperium und dem Islam statt.

Eine weitere Folge der persischen Okkupation war ein deutlicher Anstieg des oströmischen Antisemitismus. Die Juden, die von der christlich-kaiserlichen Obrigkeit lange unterdrückt worden waren, hatten gejubelt, als Persien im ersten Viertel des 7. Jahrhunderts große Teile des Oströmischen Reiches einnahm. Für sie waren die Perser Befreier, und die Oströmer brandmarkten die Juden daraufhin als antichristliche Verräter.

Der Konflikt zwischen Ostrom und Persien beendete die fünfunddreißigjährige Phase ruhiger, wenn auch zugegebenermaßen unterkühlter Beziehungen zwischen Christen und Juden im Nahen Osten. Als sich dann das Blatt zugunsten Ostroms wendete, mußten die Juden darunter leiden. Im Jahre 630 gab Kaiser Herakleios dem Druck einheimischer Christen und ihrer Priester nach und ordnete ein Massaker unter den Juden in Jerusalem und Galiläa an. Die Kirche ordnete eine festliche Messe und eine Fastenzeit an, um das Massaker zu sühnen.[3] Außerdem ließ der Kaiser eine Reihe von Zwangstaufen vornehmen.

Zugegeben, auch die Muslime hatten den Juden 626 in Medina Schlimmes angetan. Doch tieferen Groll hegten die Juden gegen den oströmischen Staat; die Massaker des Jahres 630 waren jüngeren Datums und geographisch näher. Deshalb verhielten sich die jüdischen Gemeinden meist promuslimisch und antirömisch. Als 634 in der Schlacht bei Dathin ein hochrangiger Offizier – vermutlich ein persönlicher Freund des Kaisers – getötet wurde, waren die Juden Palästinas außer sich vor Freude, wie eine zeitgenössische Quelle berichtet. Manche hielten Mohammed sogar für den Boten des Messias, der die Befreiung vom oströmischen Joch ankündigte.[4]

Angesichts dieser Ressentiments kann die jüdische Nachbarschaft bei der anderthalb Monate währenden entscheidenden Schlacht von Jabiya-Yarmuk der römischen Sache nicht gerade förderlich gewesen sein. Man darf annehmen, daß die nächstgelegenen überwiegend jüdischen Ortschaften Nawa und Adhri'at die Muslime heimlich unterstützten.

Die persische Besatzung hat sicherlich dazu beigetragen, die ohnehin schon brüchige oströmische Identität der Bewohner von Palästina, Syrien und Ägypten weiter zu untergraben. Die Besatzungszeit dauerte zwar nur 15 bis 20 Jahre, aber damit immerhin so lange, daß eine ganze neue Generation von Bürgern keine ausgeprägte Erinnerung mehr an die oströmische Herrschaft hatte.

Das Bewußtsein einer oströmischen Identität in dieser Region, das vom 2. bis 5. Jahrhundert sehr stark gewesen war, war im 6. Jahrhundert erstmals schwächer geworden, als das Imperium anfing, eine stark verbreitete lokale Variante des Christentums zu verfolgen. Dabei handelte es sich um die Monophysiten, die lehrten, daß Jesus nicht ganz Gott und ganz Mensch war (wie die Katholiken glauben), sondern ganz und ausschließlich göttlich. Diese Häresie wurde in den oströmisch beherrschten Gebieten Obermesopotamiens, Syriens und Ägyptens zur Religion der Mehrheit. Es kam immer wieder zu Verfolgungen, doch erst 603, als nach der Revolution des Phokas (vgl. Kap. 5) die politische Lage im Innern wie an den Grenzen erschüttert wurde, brach auch das religiöse Gleichgewicht des Reiches zusammen. Als fanatischer Katholik veranlaßte Phokas die brutale Verfolgung der Monophysiten in ihrer Hochburg, dem Nahen Osten.

Dieser Akt entfesselte eine Welle antirömischer Gefühle und förderte nationalistische Separatistenbewegungen, vor allem in Ägypten. Syrien und Obermesopotamien (oder zumindest die dortige monophysitische Majorität) müssen sich zunehmend eher arabisch denn römisch definiert haben, und in Ägypten wuchs neuer Stolz auf die Vergangenheit der Pharaonenzeit. So erzählte man beispielsweise von einem monophysitischen Bischof, der sich auf der Flucht vor den Persern in dem gewaltigen Grab eines toten und vermutlich mumifizierten Pharaos versteckt hatte, und der Geist des Pharaos fing an, dem Bischof zuzusetzen, bis der eifrige Kirchenmann den längst verstorbenen Herrscher kurzerhand taufte. Ob nun wahr oder erfunden, ob die Mumie nun tatsächlich mit geweihtem Wasser besprengt wurde oder nicht, die Geschichte illustriert jedenfalls das wachsende Gefühl nationaler Einheit mit der glorreichen ägyptischen Vergangenheit und im Umkehrschluß auch das Absterben des Identitätsgefühls mit der griechischen Seele des zeitgenössischen Oströmischen Reiches.

Somit bewirkten also die Verfolgung der Monophysiten zu Beginn des Jahrhunderts und die persische Besatzung, die sich fast unmittelbar daran anschloß, im Nahen Osten eine Schwächung der Loyalität zum Imperium. Und diese Faktoren brachten, gemeinsam mit der verhaßten »Kriegssteuer«, eine brisante Mischung aus zivilem Ungehorsam, Apathie, verschwörerischem Gedankengut und sogar antirömischen Sabotageakten hervor.

TEIL V

Die Türkische Dimension

KAPITEL 11

Die türkische Bedrohung

So wie die klimatisch bedingten politischen Veränderungen in der mongolischen Steppe dazu beigetragen hatten, die Geschichte Osteuropas und des Nahen Ostens – durch die besiegten Awaren – umzugestalten, führten ebendiese Veränderungen auch – durch die Hand der türkischen Sieger – zu gewaltigen Umwälzungen auf dem Balkan, in Nordafrika und im Nahen Osten und sogar in Indien und der jüdischen Welt.

Während jedoch der mit den Awaren verbundene Wandel nur 150 Jahre bis zur vollen Entfaltung brauchte (vgl. Kap. 3 und 4), nahmen die ebenso dramatischen Veränderungen in der türkischen Welt fast 1000 Jahre in Anspruch. Die Abfolge der Ereignisse war höchst komplex, doch ihr ursprünglicher Auslöser war mit an Sicherheit grenzender Wahrscheinlichkeit das Klimachaos der dreißiger Jahre des 6. Jahrhunderts. Wie bereits in Kapitel 3 erörtert, führte die Dürreperiode zum Untergang des mächtigen Awarenreiches, das von seinen türkischen Vasallen vernichtet wurde. Die Unterlegenen flohen nach Westen, die siegreichen Türken machten sich daran, ihr eigenes Steppenreich zu errichten. Innerhalb einer Dekade reichte es von den Grenzen Koreas bis zur Krim, und seinen Mittelpunkt bildeten eine königliche Sippe, ein Herrscher (der »Khan«), eine mysteriöse Legende und eine heilige Höhle.

Die Königssippe der Türken – die Ashina (wörtlich Familie des »Edlen Herrn«) – führten ihre Ahnenreihe im Stil der Totemlegenden zurück auf ein Tier. Ihr Ursprungsmythos erzählt die Geschichte eines kleinen Jungen, der als einziger ein Stammesmassaker überlebt hat. Seine Familie und Freunde sind allesamt erschlagen worden, er jedoch kann sich in einer nahen Höhle verbergen. Dort wird er (wie Romulus und Remus) von einer Wölfin angenommen und gesäugt. Die beiden werden unzertrennlich, und als das Kind zum Mann herangewachsen ist, haben sie Geschlechtsverkehr miteinander. Die Wölfin gebiert einen Sohn – den ersten Ashina, den ersten »Edlen Herrn«.

Die heilige Höhle, wo sich der Legende nach der Knabe versteckt hatte, wurde zum religiösen und rituellen Epizentrum des Reiches. Wenngleich die höchste Gottheit der Türken Tengri, der Himmelsgott, war, wurde der Wolfskult politisch wesentlich bedeutsamer. Die Höhle – deren genauer Ort längst in Vergessenheit geraten ist – lag irgendwo im heiligen Kerngebiet des Türkvolkes, gleichsam im türkischen »Heiligen Land«, nämlich in dem Gebiet der Mongolei, das heute als Outuken Yish (wörtlich »waldiger Berg des Outuken«) bekannt ist.

Alten chinesischen Quellen zufolge[1] war die Höhle des Wolfsahnen eine rituelle Opferstätte. Vermutlich fanden dort auch die bizarren »Krönungsrituale« des Khans statt. Man kann sich gut vorstellen, wie aus diesem Anlaß wahrscheinlich Tausende türkischer Edelmänner mit ihrem wehenden schwarzen Haar und den gewaltigen Schnauzbärten über die Steppe geritten kamen. Gemeinsam mit ihren Familien und Gefolgsleuten versammelten sie sich an dem heiligen Ort. Zahllose Pferdehufe und die großen Räder schwerbeladener Ochsenkarren wirbelten Staub auf, der sich allmählich auf das Meer aus kreisrunden Zelten legte, die überall um die heilige Höhle herum aufgeschlagen worden waren.

Wenn endlich alle da waren, wurde der neue Khan auf einem großen Teppich herausgetragen. Neunmal wirbelte man ihn herum und warf ihn in die Luft, dann setzte man ihn auf ein Pferd, das er im Kreise reiten mußte, ebenfalls neunmal. Dann wurde er – inzwischen war ihm wahrscheinlich leicht schwindelig – vom Pferd gehoben, auf die Erde gesetzt und mit einem seidenen Strick halb stranguliert. Während er nach Luft schnappte und schon fast das Bewußtsein verlor, mußte er eine rituelle königliche Frage beantworten. »Wie lange wirst du herrschen?« schrie sein Peiniger.[2]

Der Antwort, die der mittlerweile halluzinierende und halb ohnmächtige zum Khan Erwählte gab, wurde göttliche Autorität zugesprochen. Vielleicht glaubte die versammelte Menschenmenge, daß die Antwort aus dem Geist des ersten Ashina oder seiner Wolfsmutter drang und nicht bloß aus dem Munde ihres neuen Monarchen.

War die Antwort erteilt, das göttliche Schicksal festgelegt, sein Platz im Kosmos bestimmt, wurde die seidene Schlinge gelöst, und der neue Khan konnte wieder frei atmen und die ihm zugemessene Zeit herrschen.

Der Khan war zwar der uneingeschränkte Herrscher über das Türkenreich, aber er regierte gemeinschaftlich mit einem mächtigen, wenngleich ihm formal untergeordneten Partner, dem Yabghu. Dieser Mitherrscher war für die gesamte Westhälfte des Reiches zuständig. Der erste Yabghu war der außerordentlich begabte Ashina-General, dem es gelang, die 4000 Kilometer Steppenland zwischen der Mongolei und der Ukraine zu erobern. Er hieß Ishtemi, und als Bruder des ersten Khans Bumin hatte er in der Welt des Türkvolkes nahezu uneingeschränkte politische Macht.

Bewaffnet mit Pfeil und Bogen, Schwertern, Lanzen und sogar Wurfschlingen, mit denen sie ihre Feinde vom Pferde rissen, drangen die berittenen Horden der Türkkrieger in die entlegensten Steppengebiete. Das Reich der protomongolischen Weißen Hunnen brach unter ihrem Druck zusammen, und in den südlichen Steppenrandgebieten gaben sich die großen iranischen Stadtstaaten Buchara, Samarkand und Chwarezm in die Hand von Ishtemi und seinen Armeen.

Ishtemi herrschte 24 Jahre lang als Yabghu (552–576), und obwohl er nie Oberster Khan wurde, war er phasenweise die einzige wirklich dauerhafte Herrscherpersönlichkeit im Reich. Sein Bruder Bumin war nämlich 553 gestorben, und Bumins Nachfolger (alles Söhne von ihm) folgten ihm 553, 556 und 573 auf dem »Thron«.

Das Reich hielt sich (abgesehen von einem kurzen fünfundzwanzigjährigen Intermezzo) fast zwei Jahrhunderte lang – bis die Ashina in den späten vierziger Jahren des 8. Jahrhunderts durch eine Koalition von Uiguren (langjährige Rivalen der Ashina), Karluken (deren Anführer von den Ashina abstammten) und Ogusen von der Macht verdrängt wurden. Die mächtigste Volksgruppe, die Uiguren, riß die Herrschaft an sich, wandte sich dann gegen ihre Karluken-Verbündeten und versuchte, sie auszulöschen. Die Überlebenden flohen 745 nach Westen und konnten 766 die Macht im Westteil des Reiches gewinnen. Somit hatte der türkische Westen einen inneren Wandel erlebt: das türkische Ashina-Reich wurde jetzt von den Karluken-Türken regiert, die ihrerseits von den Ashina abstammten.

Bis dahin war die Expansion und Evolution des türkischen Einflusses, der durch die Klimakatastrophe der dreißiger Jahre des 6. Jahrhunderts wie der Geist aus der Flasche befreit worden war, relativ konventionell verlaufen. Aber in der ersten Hälfte des 10. Jahrhunderts wurden in immer wieder aufflammenden Konflikten zwischen dem arabischen Kalifat (das von Mohammed gegründete und von seinen Nachfolgern regierte Reich des Islam) und dem türkischen Karlukenstaat viele Karluken und andere Türken gefangengenommen. Die Strategie des Kalifats (die von den östlichen Statthaltern, den Samaniden[3], in die Tat umgesetzt wurde) zielte vor allem darauf ab, Sklaven zu bekommen und potentielle türkische Aggressoren abzuschrecken. Die türkischen Gefangenen wurden zu Soldatensklaven gemacht, und die meisten traten zum Islam über. Unter der Bedingung, daß sie dem Kalifat gegenüber loyal blieben, gab man ihnen daraufhin die Freiheit zurück.

Letztlich jedoch schlug diese Politik dramatisch fehl. Denn anstatt sich blindem Gehorsam zu ergeben, wie man es offenbar von guten Sklaven oder ehemaligen Sklaven erwartet hatte, versuchten die türkischen »Soldatensklaven« im Jahr 962, die Nachfolge der Samaniden zu »regeln«. Zwar scheiterten sie mit diesem Versuch, doch es gelang ihnen, im südlichen Afghanistan einen eigenen türkischen »Sklavensoldaten«-Staat zu gründen (das Reich der Ghasnawiden[4]).

Binnen 40 Jahren hatte der arabische Kalif dem Ghasnawidenherrscher den Titel eines Sultans verliehen. Gestützt auf seine Soldaten-Untertanen und ausgestattet mit der Sultanswürde, errichtete der Herrscher des Staates, Mahmud, ein bedeutendes Reich innerhalb und außerhalb des Kalifats. Sein Territorium erstreckte sich vom östlichen Iran bis zum heutigen Nordpakistan – und die türkische Präsenz in diesem Gebiet war in den nachfolgenden Jahrhunderten ausschlaggebend für den religiösen Wandel in einem Großteil des indischen Subkontinentes. Ab dem Jahr 1040 stand nämlich das Ghasnawiden-Reich unter feindlichem militärischen Druck und richtete nach und nach seine Energien auf das nordwestliche Indien. Bis dahin hatten die Ghasnawiden vorzugsweise nur reiche Hindutempel geplündert, doch von der Mitte des Jahrhunderts an bauten sie gezielt ihre politische Machtstellung in Kaschmir, Lahore, Nordsind und Belutschistan aus.

Damit drang der Islam erstmals nach Indien vor. Dieser Prozeß sollte sich in späteren Jahrhunderten noch beschleunigen, und 1947 führte er letztlich zur Spaltung Indiens und zum Entstehen Pakistans.

So wie die Karlukentürken[5] 745 vor ihren ehemaligen Verbündeten (den Uiguren) geflohen waren, mußten die Ogusentürken eine Generation später in den siebziger Jahren des 8. Jahrhunderts fliehen. Und so wie die Karluken auf Indien übergegriffen hatten, griffen die Ogusen mit ebenso großen, wenn nicht gar noch größeren Folgewirkungen auf Europa und den Mittleren Osten über. Die Ogusenflüchtlinge erreichten die Ufer des Aralsees und schufen im Norden, Osten und Westen dieses gewaltigen Binnengewässers ihren eigenen türkischen Staat. Dann machten sie sich daran, am Fluß Syrdarya eine eigene »Hauptstadt« zu errichten – Yangi Kent (wörtlich »Neue Stadt«).

Die Seldschuken, eine der Ogusensippen, gewannen innerhalb des Ogusenstaates zunehmend an Macht und konvertierten 985 zum Islam. Dieser Schachzug lieferte ihnen einen guten Vorwand, die noch immer heidnischen Ogusen anzugreifen.

Schon bald hatten die Seldschuken die Vormachtstellung inne, und dieser Status wurde noch untermauert, als sie die Ogusen 1040 gegen das Karlukenreich anführten und siegten. Die Folge war nicht nur, daß die Ghasnawiden zurückweichen und sich auf das ferne Indien konzentrieren mußten, sondern auch, daß die Seldschuken zur Supermacht innerhalb einer Supermacht wurden.

Als nämlich der offizielle Herrscher des arabischen Kalifats vom Erfolg der Seldschuken erfuhr, lud er sie in sein Land ein – sogar in seine Hauptstadt Bagdad –, wo sie mit seinen Feinden aufräumen sollten. So kam es, daß die Seldschuken und ihr Ogusenheer 1055 die iranischen Feldherren[6] niedermetzelten, die das Kalifat ohne Rücksicht auf die Wünsche des Kalifen in den vorangegangenen 110 Jahren geführt hatten.

Der Sieg machte die Seldschuken praktisch zu Herren der islamischen Welt. Zwei außergewöhnliche Brüder, Tughril Beg und Tschaghri Beg, wurden vom Kalifen zu Sultanen des Kalifats ernannt. Schon bald stießen die Ogusen an die Ostgrenzen des Byzantinischen (Oströmischen) Reiches, und im Jahre 1071 vernichtete Tschaghris Sohn und Erbe, Alp Arslan (wörtlich »Tapferer Löwe«), in der Schlacht von Manzikert in Ostanatolien[7] die byzantinische Armee.

In gewisser Weise war diese Schlacht der Anfang vom Ende für Byzanz – das Herrschaftssystem, das sich selbst zur damaligen Zeit noch immer als Oströmisches Reich bezeichnete.[8] Denn gegen Ende des 13. Jahrhunderts gewann in dem Grenzgebiet von Kalifat und Imperium eine weitere Volksgruppe der Ogusen an Bedeutung. Ihr Anführer war Osman, der eigentliche Begründer der osmanischen Dynastie, dem es bestimmt war, eines der größten Reiche der Geschichte zu schaffen.

Innerhalb von 50 Jahren – in der Mitte des 14. Jahrhunderts – hatten die Osmanen fast ganz Anatolien (die heutige Türkei) eingenommen, und sie waren förmlich eingeladen worden,[9] sich in die inneren Angelegenheiten des Reiches einzumischen. Kurz darauf waren sie in Europa, und in den achtziger Jahren des 14. Jahrhunderts standen sie an der Donau. Die 1750 Jahre währende Geschichte des Imperiums endete schließlich 1453 mit dem Fall Konstantinopels, als der osmanische Sultan Mohammed der Eroberer für seine Herrschaft den Anspruch erhob, sie vereine in sich die Herrschaftstraditionen der türkischen Steppe, des Kalifats und des Römischen Reiches.

Im Verlauf der folgenden Jahrhunderte nahmen die Osmanen ganz Südosteuropa ein, einen Großteil Nordafrikas (einschließlich Ägyptens) und des Mittleren Ostens. Im frühen 16. und späten 17. Jahrhundert standen ihre Heere sogar vor Wien. Heute legen die Türkei, die türkische Präsenz auf Zypern, die wiederholt umkämpften Enklaven Bosnien und Kosovo sowie Albanien lebendiges Zeugnis vom Vorstoß der Osmanen ab.

DIE FOLGEN DES JAHRES 535 FÜR DIE TÜRKISCHE WELT

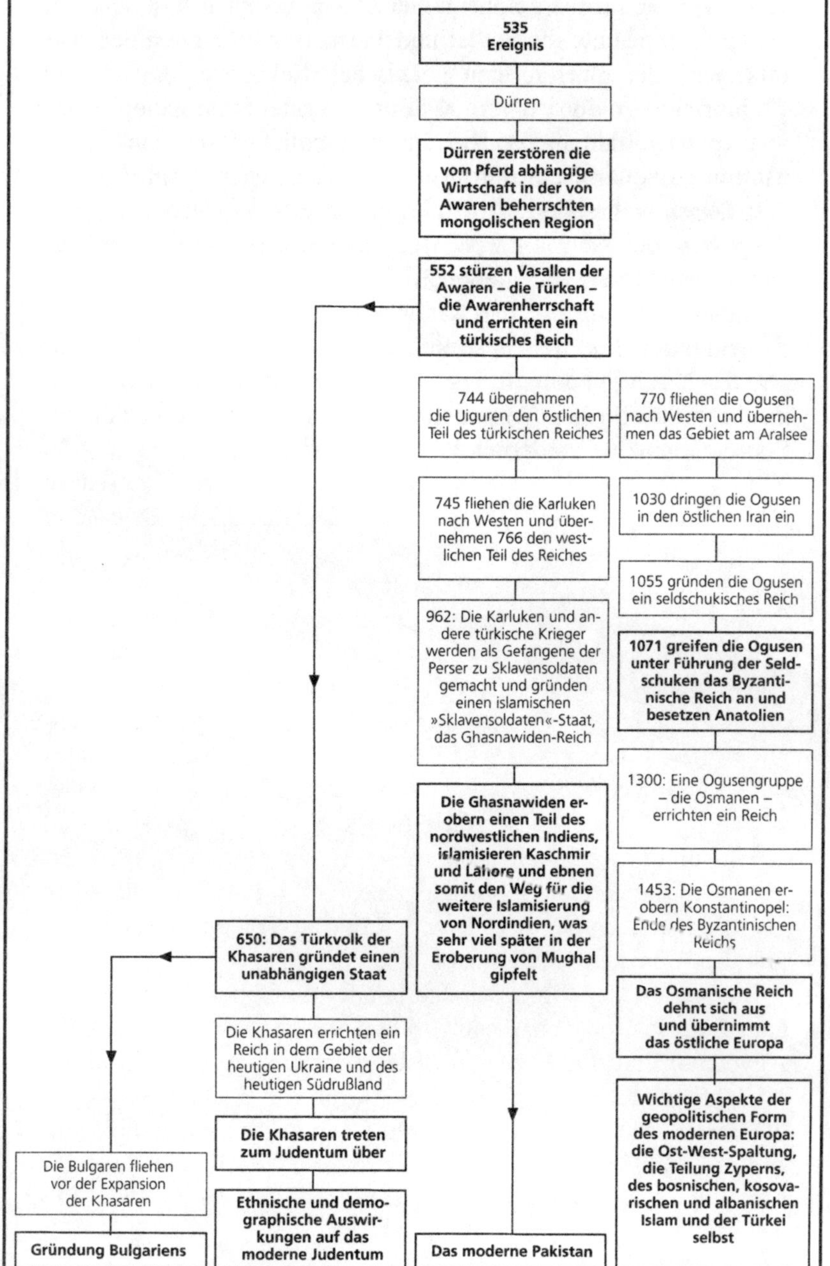

Doch vielleicht repräsentiert ein noch fundamentaleres geopolitisches Vermächtnis die Scheidelinie der politischen und sozialen Kultur Europas zwischen Ost und West. Das Osmanenreich war zwar eine der glorreichsten politischen Leistungen im 15. bis 17. Jahrhundert, doch um 1700 herum war der Staat zutiefst konservativ geworden und widersetzte sich jeglicher Neuerung. Politisch und ökonomisch trägt Osteuropa den Stempel einer bis zu 180 Jahren währenden erstickend konservativen Herrschaft, und das just zu der Zeit, in der Westeuropa Industrialisierung und Internationalisierung durchlebte.

Halten wir also fest, daß das türkische Genie für Reichsgründungen und kulturelle Anpassung in der Folge der Klimakatastrophe des 6. Jahrhunderts freigesetzt wurde und daraufhin eine türkische Flutwelle gen Westen (und Süden) rollte, die nachhaltig Spuren in unserer modernen Welt hinterlassen hat.

KAPITEL 12

Das jüdische Reich

»Entehrt und erniedrigt in unserer Zerstreuung müssen wir schweigend jenen zuhören, die sagen: ›Jede Nation hat ihr eigenes Land, und ihr allein besitzt nicht einmal den Schatten eines Landes auf der Erde.‹ Ich fühle den Drang, die Wahrheit zu wissen; ob es wirklich einen Platz auf dieser Erde gibt, wo das verfolgte Israel [das jüdische Volk] sich selbst regieren kann, wo es niemandes Untertan ist.«

Das schrieb der jüdische Oberminister im muslimischen Spanien des Mittelalters (dem Umajjaden-Kalifat mit Hauptsitz in Córdoba) an den König eines fernen Reiches, das nach den Berichten, die Spanien erreichten, ein jüdischer Staat war!

»Wüßte ich, daß dies wirklich der Fall ist, so würde ich nicht zögern, meine Familie zu verlassen und über Berge und Ebene über Land und Wasser zu reisen, bis ich an jenen Platz komme, wo mein Herr, der König [der jüdische König], regiert…«[1]

Seit die Römer 60 n. Chr. Judäa annektiert hatten, hatte es keinen jüdischen Staat mehr gegeben, und die Juden waren in der gesamten bekannten Welt verstreut. Als nun der jüdische Obergeistliche im muslimischen Spanien, Hasdai Ibn Schaprut,[2] um 955 von der Existenz eines jüdischen Königreichs erfuhr, das angeblich 2400 Kilometer östlich von Spanien und 1100 Kilometer nördlich von Jerusalem im Osten des Gebiets bestand, das heute die Ukraine einnimmt, konnte er kaum glauben, was er da hörte.[3]

Er konnte schließlich nicht wissen, daß dieses jüdische Reich schon seit über 200 Jahren existierte. (Im Mittelalter waren Nachrichtenübermittlung und länderübergreifendes politisches Wissen so rudimentär, daß die Ukraine für Hasdai ebensogut auf dem

DAS KHASARENREICH
AUF DEM HÖHEPUNKT SEINER MACHT
KHASARENREICH
Kiew
Dnjepr
Dnjestr
Don
Donez
Wolga
Sarkel
Mögliche Lage von Itil
SLAWEN
AWAREN
Asowsches Meer
KRIM
Schwarzes Meer
Kaspisches Meer
Aral-See
Kaukasus
UNTER BYZANTINISCHER KONTROLLE
UNTER ARABISCHER KONTROLLE
Mittelmeer
250 Meilen
250 km
SCHLÜSSEL
Stadt
Grenze

Mond hätte liegen können.) Jenes Reich hatte bereits einen entscheidenden Beitrag zur Weltgeschichte geleistet und sollte dies erneut tun. Wie aber konnte ein jüdischer Staat auf der eurasischen Steppe entstehen, und welche Auswirkungen hatte er auf der weltpolitischen Bühne?

Nach den klimatischen Turbulenzen der dreißiger Jahre des 6. Jahrhunderts hatten die Türken in der Mongolei die Awaren vertrieben und dort ihr eigenes Großreich gegründet.[4] Gut 100 Jahre später brach ein wichtiger Stützpfeiler jenes Türkischen Reiches – eine Volksgruppe, die vermutlich mit der Herrschersippe verwandt war – aus dem Verband aus, um selbst einen Staat zu schaffen. Diese Gruppe, die Khasaren, errichtete recht schnell ein Reich, das sich von Zentralasien bis zu den Grenzen Polens erstreckte. Der immer stärker werdende Khasarenstaat wurde bald zum Puffer zwischen dem christlichen Byzantinischen Reich und dem muslimischen Reich des arabischen Kalifats.[5]

Im Umgang mit den beiden Supermächten wurde politische Neutralität überlebenswichtig. Den heidnischen Khasaren war klar, daß der größte Teil der »zivilisierten« Welt einer der beiden monotheistischen Religionen anhing, dem Christentum oder dem Islam. Die Khasaren hielten es daher für ratsam, sich theologisch (und damit auch politisch) auf dieselbe monotheistische Ebene zu stellen wie die beiden Großmächte, wollten sich aber vernünftigerweise für keine der beiden Seiten entscheiden.

Die Neutralität machte es erforderlich, für einen religiösen »gemeinsamen Nenner« zu optieren, der weder in die christliche noch muslimische Richtung ging. Das Judentum entsprach diesem Wunsch perfekt. Obwohl es christliche Vorbehalte gegen das Judentum gab, betrachteten sowohl das Byzantinische Reich als auch das muslimische Kalifat das Judentum als legitime Glaubensform. Für die Christen gab es im jüdischen Glauben weniger Kontroverses als im Islam, und die Muslime fühlten sich durch das Judentum weniger provoziert als durch die »Mensch-Gott«-Vorstellungen des Christentums. Von den heiligen Schriften der drei Religionen wurde das Alte Testament – die Basis des Judentums – von Juden, Christen und Muslimen gleichermaßen anerkannt.

Überlieferte Quellen lassen vermuten, daß, zumindest um den Schein der Fairneß zu bewahren, Repräsentanten aller drei Religionen an den khasarischen Königshof eingeladen wurden[6], um ihre Argumente vorzutragen. Offenbar gab es dort bereits einen starken jüdischen Einfluß, denn die christlichen und muslimischen Vertreter mußten hergeholt werden, während der jüdische Vertreter bereits vor Ort war. Es ist möglich, daß die jüdische Präsenz sogar schon älter war als der Khasarenstaat selbst und auf Krimjuden zurückging, die um 630 vor antisemitischen Pogromen Ostroms geflohen waren.

Wie al-Bakri[7], ein arabischer Historiker aus dem 11. Jahrhundert, berichtet, erklärte ein hoher Khasarenbeamter dem König, daß »diejenigen im Besitz heiliger Schriften sich in drei Gruppen aufgliedern«. Er schlug vor, daß der König sie »rufen und auffordern solle, ihre Sache vorzutragen«, um dann »demjenigen zu folgen, der im Besitz der Wahrheit ist«.

In einer anderen Version (geschrieben von Joseph, einem Khasarenkönig aus dem 10. Jahrhundert) schickten Byzanz und das Kalifat Gesandte – diesmal uneingeladen – mit »kostbaren Gaben und Geld und gelehrte Männer, die ihn [den König] zu ihrem Glauben bekehren sollten«.[8]

»Aber«, so schrieb Joseph, »der König war weise und sandte nach einem Juden mit großem Wissen und Scharfsinn und ließ alle drei ihre Doktrinen erläutern.« Nach einer längeren Debatte vertagte der Khasarenmonarch, ein König namens Bulan, die Konferenz für drei Tage. Dann fragte er den Christen, welche der beiden anderen Glaubensformen ihm lieber sei. Der christliche Gesandte, vermutlich ein Bischof, entschied sich für das Judentum. Als der König dem Muslim die gleiche Frage stellte, erhielt er die gleiche Antwort.

Vermutlich hatte sich der Khasarenherrscher, dem es ja vor allem um Neutralität ging, schon vor der Konferenz für das Judentum entschieden, es aber für angebracht gehalten, die beiden Supermächte einzuladen, sozusagen mitzubieten. Im Grunde war es ihm auf diese Weise gelungen, seine Glaubenswahl so darzustellen, daß sie dem jeweiligen Wunsch seiner übermächtigen Nachbarn entsprach.

Der Glaubenswechsel scheint irgendwann im zweiten Viertel des 8. Jahrhunderts erfolgt zu sein. Doch die Form des Judentums, die der Khasarenkönig annahm, war allem Anschein nach sehr primitiv, vielleicht sogar rudimentär. Vermutlich gab es interne jüdische Glaubensgründe und wahrscheinlich externe geopolitische Gründe dafür, daß der neu bekehrte König Bulan und seine jüdischen Ratgeber sich nahezu ausschließlich an das Alte Testament hielten, ohne dem Talmud – dieser gewaltigen juristischen und kulturellen Textsammlung des Judentums, die 500 n. Chr. abgeschlossen wurde – viel Aufmerksamkeit zu widmen. Im 8. Jahrhundert gab es innerhalb des Judentums – besonders in geographischen Randgemeinden – erbitterten theologischen Widerstand gegen die Annahme der talmudischen (ursprünglich vor allem mesopotamischen) Rechtsauslegungen. In Mesopotamien selbst führte dieser Widerstand zu einem regelrechten Schisma. Die antitalmudischen Konservativen bildeten eine eigene Glaubensgemeinschaft, die noch heute als die Karaiten[9] bekannt ist.

Die Annahme des jüdischen Glaubens im Khasarenreich war ja gerade deshalb erfolgt, weil das Alte Testament von Juden, Christen und Muslimen gleichermaßen akzeptiert wurde – und es wäre sicherlich als »übereifrig« erschienen, wenn man dem Talmud großes Gewicht beigemessen hätte. Schließlich war die Entscheidung gegen den Koran und das Neue Testament gefallen, eben weil sie diesen Verträglichkeitstest nicht bestanden hatten. Die Erfordernisse der politischen Neutralität und ein deutlicher Mangel an Begeisterung für den Talmud gaben dem frühen khasarischen Judentum einen ziemlich konservativen Anstrich.

Es ist anzunehmen, daß in dieser Phase relativ wenige Bürger des Reiches konvertierten. Vermutlich traten nur der König und seine unmittelbare Entourage zu dem neuen Glauben über. Die Geschichte ist jedoch niemals statisch, und die neue religiöse Sachlage muß zur Emigration von mehr protalmudischen Juden geführt haben ebenso wie zu einer steten Flut von offiziellen und inoffiziellen Übertritten zum Judentum innerhalb der Khasarengemeinde und anderer ethnischer Gruppen (ebenfalls hauptsächlich Türkvölker).

Die Argumente, die um 730 gegen ein übereifriges religiöses Engagement gesprochen hatten, waren schon bald nicht mehr politisch relevant. So kam es, daß um 800 der Khasarenkönig Obadiah, »ein tapferer und hochgelehrter Mann, die Gebote reformierte und das Gesetz entsprechend der Tradition und dem Brauch zur Geltung brachte«. Er war ein Reformkönig, der »Synagogen und Schulen baute und eine große Anzahl von Weisen Israels versammelte, ihnen großzügige Geschenke in Gold und Silber gab und sie die vierundzwanzig [geheiligten] Bücher, die Mischna [Vorschriften] und den Talmud interpretieren sowie die Reihenfolge festlegen ließ, in der die geheiligten Texte gesprochen werden sollen«.[10]

Die Erwähnung von »großzügigen Geschenken in Gold und Silber« läßt den Schluß zu, daß es im Khasarenreich kein talmudisches Wissen gab, obwohl es schon seit circa 800 ein jüdischer Staat war. Anscheinend mußten Talmudgelehrte aus dem Ausland geholt werden und ließen sich dann im Lande nieder, da ihre theologische Auslegung der Heiligen Schrift und des Talmud eine langfristige und nachhaltige Aufgabe war.

Obadiahs Reform des khasarischen Judentums entsprang sicherlich zumindest teilweise der persönlichen religiösen Hingabe und Begeisterung des Königs. Wahrscheinlich konvertierten in dieser Phase mehr Menschen zum Judentum. Sicher ist, daß es irgendwann eine große Übertrittswelle gegeben haben muß. Dafür spricht schon allein die große Anzahl von ethnisch nichtjüdischen Volksgruppen im Khasarengebiet, die sich im Mittelalter zum Judentum oder jüdischen Sitten bekannten.

Da waren zunächst einmal die Khasaren selbst, die Führungsschicht des Reiches. Ethnisch und linguistisch den Türkvölkern zugehörig, zählten sie vermutlich 750 000 Menschen – rund 25 Prozent der Gesamtbevölkerung des Reiches von 1,5 bis 3 Millionen Menschen.[11]

Einige der Ogusentürken – besonders diejenigen, die im 9. und 10. Jahrhundert für die Khasaren arbeiteten – übernahmen mit an Sicherheit grenzender Wahrscheinlichkeit ganz oder teilweise das Judentum. So ist beispielsweise bekannt, daß der Begründer der berühmten Seldschukendynastie,[12] Seldschuk selbst, einen seiner Söhne Israel nannte und daß sein Enkelsohn Daud (David) hieß, beides eindeutig jüdische Namen, und es wäre durchaus möglich, daß es sich bei dem von einem arabischen Chronisten[13] erwähnten »Haus der Verehrung« um eine Synagoge handelte.[14]

Einige Angehörige eines anderen Türkvolkes, der Kumanen, die Mitte des 11. Jahrhunderts nach Westen vorstießen, scheinen gleichfalls judaisiert worden zu sein. So nannte beispielsweise ein kumanischer Fürst namens Kobiak seine Söhne Isaak und Daniel.[15] Ganz sicher waren einige Türknomaden im Süden Rußlands (dem Gebiet der heutigen Ukraine) ganz oder teilweise jüdisch. Der jüdische Reisende Petachia aus Regensburg berichtete im 12. Jahrhundert, daß er auf der Steppe Nomaden begegnet war – wahrscheinlich Kumanen oder Ogusen –, die eine unkonventionelle Form des Judentums praktizierten, den Sabbat in völliger Dunkelheit begingen (ohne künstliches Licht) und selbst das Schneiden des Brotes am Sabbat untersagten.

Außerdem gab es einen deutlichen Einfluß der Khasaren auf die Magyaren. Ursprünglich hatten die Magyarenstämme im Machtbereich der Khasaren auf der Steppe gelebt. Um 800 jedoch floh einer der Khasarenstämme, die Khabaren, nach einem Zwist mit dem König aus dem khasarischen Kernland. Dieser Stamm war, da er zur Khasarennation gehörte, mit hoher Wahrscheinlichkeit jüdisch, und er wurde zu einer führenden Kraft unter den frühen Magyaren.

Dann verlieh der khasarische Monarch rund 50 Jahre später den Magyaren das Recht, ihren eigenen König zu wählen. Um 900 hatten wieder andere Stämme, die Petschenegentürken[16], die Magyaren gezwungen, nach Westen in das heutige Ungarn zu ziehen. Doch die alte Verbindung zwischen Magyaren und Khasaren dauerte fort, und um 950 wurden Khasarengruppen (vermutlich Juden) nach Ungarn eingeladen. Noch bis ins 14. Jahrhundert hinein wurden viele ungarische Juden offiziell als Khasaren bezeichnet.[17]

Im 12. Jahrhundert entstand aufgrund des kumanischen Drucks auf die Khasaren eine neue wichtige jüdische Siedlung in ehemaligem Khasarengebiet, das inzwischen zum normannischen Großfürstentum Kiew gehörte. Diese neue Stadt, die um 1117 gegründet wurde und den Namen Bela Vezha trug, die größte Festung des Khasarenreiches am Nordrand des Kaspischen Meeres, lag bei Tschernigow. Es muß bereits eine bedeutende und fest etablierte jüdische Gemeinde in dem Gebiet um Kiew gegeben haben, denn es sind Briefe aus dem 10. Jahrhundert erhalten, in denen davon die Rede ist.[18] Tatsächlich wurde Kiew selbst im 9. Jahrhundert oder kurz davor wahrscheinlich von jüdischen Khasaren gegründet – lange bevor es 882 die Normannen eroberten.

Es wurden jedoch allem Anschein nach nicht nur einige kumanische und ogusische Stämme zumindest teilweise von ihren Khasarenherrschern oder Nachbarn judaisiert. Bis heute sind einige Nordiranisch sprechende Tat-Stämme des Kaukasus jüdisch, wenngleich die Forschung sich darüber uneins ist, ob deren jüdische Identität khasarischen oder iranisch-jüdischen Ursprungs ist oder kulturell und ethnisch aus beiden Quellen gespeist wurde. In einer russischen Chronik aus dem Jahre 1346 wird der östliche Kaukasus sogar als »das Land der Juden« bezeichnet.

Abschließend sei auf die alte jüdische Gemeinde auf der Krim hingewiesen (die Krimtschaken), die wahrscheinlich teilweise auf die Khasaren zurückgeht, obwohl die ursprüngliche jüdische Präsenz auf der Krim sicherlich in präkhasarischen Zeiten anzusiedeln ist. Nach dem Niedergang der Khasarenmacht andernorts hielten die Juden auf der Krim anscheinend politisch ihre Stellung aufrecht, denn einige Krimkhasaren versuchten noch 1079 einen Teil der Krim unter ihre Gewalt zu bekommen. Das Gebiet wurde bis in das 15. Jahrhundert hinein als »Gasarien« (»Khasarien«) bezeichnet und die jüdische Bevölkerung als »Gasaren« (»Khasaren«). Zudem überlebten etliche Khasarenfestungen auf der Krim als jüdische Zentren bis ins ausgehende Mittelalter und bis zum Beginn der Neuzeit.[19]

Damit ist hinreichend belegt, daß es eine umfangreiche Judaisierung von ethnisch nichtjüdischen Bevölkerungen in den Gebieten gegeben hat, die im Machtbereich des jüdischen Reiches der Khasaren lagen; die Khasaren selbst waren ein Türkvolk und damit ethnisch betrachtet nichtjüdisch. Zeitgenössische arabische Beobachter[20] beteuerten, daß alle Khasaren Juden seien.

Die Judaisierung des Khasarenreiches und einer erheblichen Anzahl anderer Türkvölker hatte – langfristig gesehen – zwei Auswirkungen.

Zunächst einmal verhinderte das Khasarenreich – und die Tatsache, daß es einer monotheistischen Religion anhing – die Ausbreitung des Islam nach Westen. Hätte es die militärische Macht der Khasaren und ihren monotheistischen (jüdischen) Glauben nicht gegeben[21], der Islam wäre höchstwahrscheinlich nach Westen in das heidnische Osteuropa vorgedrungen und möglicherweise sogar bis in das heidnische Skandinavien des 8. und 9. Jahrhunderts. Theoretisch hätten Polen, Ungarn, Rumänien, Ostösterreich, die tschechischen und slowakischen Gebiete, Deutschland, Dänemark, Schweden, Norwegen und das normannische Ostengland muslimisch werden können. Hätte das Khasarenreich die islamische Expansion nicht verhindert, wären die Normannen, die 1066 England eroberten, vielleicht schon seit 200 Jahren Muslime gewesen! Und wenn die Araber das Gebiet der heutigen Ukraine und Rußlands okkupiert und islamisiert hätten, wäre das Normannenvolk der Rus niemals in der Lage gewesen, sich vom Baltikum aus nach Süden und Osten auszudehnen und Rußland zu gründen.

Doch die Blockade des islamischen Vormarsches war nicht die einzige historische Rolle der Khasaren. Das andere Vermächtnis des jüdischen Reiches war die Entstehung eines großen Verbandes von Juden, die ethnisch gesehen nichtjüdischer Abstammung waren und die später eine bedeutende Rolle – vielleicht sogar zahlenmäßig die bedeutendste – im Judentum von Nordosteuropa und später der ganzen Welt spielen sollten.

Das Judentum war und ist in eine Vielzahl von historisch unterschiedlichen Traditionen aufgeteilt. Bedeutsam sind vor allem die Sephardim (Juden spanischer »Herkunft«) und die Aschkenasim (nordeuropäische Juden). Die weitaus meisten Aschkenasim stammen aus Osteuropa – vor allem aus Litauen, Polen und Rußland –, und mit an Sicherheit grenzender Wahrscheinlichkeit haben sie einen großen khasarischen oder khasarisch beeinflußten genetischen Anteil (ethnisch türkisch, slawisch oder magyarisch).

Ein potentieller Beweis dafür wurde erst kürzlich entdeckt, nicht von Historikern oder Archäologen, sondern von Genforschern. DNA-Tests bei sephardischen und aschkenasischen Juden haben ergeben, daß es um das Jahr 700 herum zumindest bei den aschkenasischen Juden eine Massenkonversion gegeben haben könnte, also zu der Zeit, als die Vorfahren der Sephardim und Aschkenasim anfingen, sich geographisch unterschiedlich zu entwickeln. Als historisch gesichert gilt erstens, daß es eine solche Massenkonversion in Westeuropa überhaupt nie gegeben hat, und zweitens, daß es in Osteuropa (einschließlich Rußland und der Ukraine) solche Konversionen nach 1200 nicht mehr gab.

Das läßt darauf schließen, daß eine solche Massenkonversion irgendwann zwischen 700 und 1200 in Osteuropa erfolgt sein muß, und die einzige in diesem Zeitraum und in diesem Gebiet bekannte ist die der Khasaren im 8. Jahrhundert. Interessanterweise ist der Teil der Aschkenasim, deren DNA auf eine Konversion hindeutet, auch der Teil, von dem bislang angenommen wurde, daß er von den Hilfspriestern des alten Israel, den Leviten, abstammt. Diese Gruppe umfaßt der Überlieferung nach die Mehrheit der Nachfahren des alten israelitischen Stammes Levi – Menschen, die heute noch den Namen Levi oder Levy tragen. Allerdings gehört eine Untergruppe der Leviten nicht dazu – die Kohen, die Priester selbst –, die häufig den Namen Cohen tragen. Der Name Levi, die Identität und selbst heute noch der Status des Hilfspriesters werden nur in der männlichen Linie vererbt ebenso wie das Y-Chromosom.

Genetische Codes am Y-Chromosom sind demnach von den männlichen Vorfahren eines Mannes vererbt. Bei der Analyse von Y-Chromosomen levitischer und nichtlevitischer Gruppen in sephardischen und aschkenasischen Gemeinden haben Genforscher nun folgendes festgestellt: Immerhin weisen erstaunliche 30 Prozent der aschkenasischen, nichtkohenischen Leviten an einem Teil ihres Y-Chromosoms eine besondere Kombination von DNA-Material auf, das sich so weder bei nichtlevitischen Aschkenasim findet noch bei der sephardischen Gemeinde in ihrer Gesamtheit.[22]

Diese genetische Markierung findet sich auch nicht bei den Cohens (Nachfahren der altisraelitischen Priestersippe), sondern nur bei den Nachfahren der Hilfspriester, und da nur bei den Aschkenasim, den nordeuropäischen Juden.

Anscheinend ist also nicht nur die Massenkonversion eines nichtjüdischen Volkes, höchstwahrscheinlich der Khasaren, zum Judentum erfolgt, sondern eine bedeutende Anzahl der khasarischen Konvertiten hat den Levitenstatus (Hilfspriesterstatus) angenommen. Diese Interpretation wird implizit durch eine Textquelle aus der Khasarenzeit gestützt, ein Empfehlungsschreiben der jüdischen Gemeinde in Kiew an jüdische Gemeinden außerhalb des Khasarenreichs. Dieses Schreiben wurde von Juden mit traditionell türkischen Namen unterzeichnet, deren höchstwahrscheinlich türkisch-khasarische Vorfahren levitische Zweitnamen angenommen hatten – in beiden Fällen den Namen Cohen –, um deutlich zu machen, daß sie sich als Nachfahren des Stammes Levi sahen oder sich eng mit ihm verbunden fühlten.[23]

Wenn also führende Khasaren den kohenschen-levitischen Status angenommen haben (den Status der Nachkommen der Priestersippe), so ist mehr als wahrscheinlich, daß eine noch größere Anzahl den herkömmlichen levitischen Status annahmen (den der Nachkommen der Hilfspriester). Nun ist aber beides nach rabbinischem Recht ausdrücklich untersagt, so daß die Khasaren sich eine mythische Nationalhistorie geben mußten, die ihnen das Recht auf levitischen Status zugestand. Sie behaupteten, daß sie die Nachfahren eines der verlorenen Stämme Israels seien und in Wahrheit gar nicht zum Judentum übergetreten, sondern lediglich zu ihm heimgekehrt seien. Zudem beanspruchten sie die Abstammung vom Stamme Simeons, des Bruders von Levi, Ahnvater des Stammes Levi. Tatsächlich geht aus der Bibel (Genesis 49) hervor, daß die Nachfahren Simeons und Levis das gleiche Schicksal teilten.

Vermutlich waren es die alten präjüdischen Khasarenpriester – die *Quams* –, die beim Glaubensübertritt massenhaft zu Leviten wurden, während der Rest der ethnisch khasarischen Bevölkerung zu gewöhnlichen nichtlevitischen Juden wurde.

Als das Khasarenreich im 10. und 11. Jahrhundert zerfiel und vor allem als im 11. und 12. Jahrhundert kumanische und mongolische Horden eine Flüchtlingswelle Richtung Westen vor sich hertrieben, zogen Khasarengruppen, die sich zum Judentum bekannten – darunter auch die frommen Leviten –, nach Osteuropa, wo sie sich mit anderen jüdischen Gruppen vermischten, die aus Deutschland nach Osten gezogen waren und aus Italien nach Norden. In der Folge mußten viele verschiedene Bevölkerungsgruppen mit unterschiedlichen Sprachen für sich eine *Lingua franca* entwickeln, das Jiddische. Es ist eine zusammengesetzte Sprache, die auf dem Deutsch des Mittelalters basiert und etliche deutsche Dialekte vereinnahmt hat, aber in Wortschatz und Syntax auch slawische, rumänische, hebräische, aramäische und möglicherweise türkische Elemente enthält.

Mit der Zeit wurden die Aschkenasim zur dominierenden Gruppe des Judentums, doch die zahlenmäßige Stärke, die ihnen diese

Vormachtstellung ermöglichte, geht höchstwahrscheinlich zumindest teilweise auf das jüdische Reich der Khasaren zurück, also auf einen Staat, der vor 1000 Jahren von der Weltbühne verschwand und der in den meisten Geschichtsbüchern unserer Zeit gar keine Erwähnung mehr findet.

Die klimatischen und in der Folge auch politischen Geschehnisse in der Mongolei des 6. Jahrhunderts führten zur türkischen Expansion und indirekt somit auch zum Entstehen des Khasarenreichs. Diese Entwicklung war entscheidend für die Herausbildung eines nichtislamischen Europas und die Größe, die ethnische Zusammensetzung und die vorherrschende kulturelle Orientierung des weltweiten Judentums.[24]

TEIL VI

Westeuropa

KAPITEL 13

Katastrophe in Britannien

Auch in Europa führten die klimatischen Probleme – sowohl direkt als auch mittelbar durch die Pest – zu einer grundsätzlichen Veränderung, die das Ende der alten westlichen Welt heraufbeschwor und ihren protomodernen Nachfolgern den Weg frei machte. Viele der heutigen westeuropäischen Staaten verdanken ihren Ursprung den klimatischen und epidemiologischen Turbulenzen im 6. Jahrhundert. So läßt sich beispielsweise mit Fug und Recht behaupten, daß dieses Jahrhundert die bedeutsamste Epoche in der britischen Geschichte war, fand doch in diesem Zeitraum die entscheidende Machtverschiebung zwischen den beiden vorherrschenden Volksgruppen der Insel statt.

Bis zum 5. Jahrhundert war Britannien überwiegend in keltischer Hand. Ab 440 überquerten germanische Stämme in großer Zahl die Nordsee und ließen sich in Teilen des heutigen Ost- und Südenglands nieder. In den folgenden Jahrzehnten entstanden Hunderte angelsächsischer Kleinkönigreiche, von denen einige zu etwas größeren verschmolzen: Sussex, Surrey, Kent, Essex, das frühe Wessex, East Anglia und das frühe Mercia. Anfang des 6. Jahrhunderts (vielleicht um 510/520) war die germanische (angelsächsische) Expansion angesichts des Widerstandes der Kelten (der britischen Ureinwohner) praktisch zum Erliegen gekommen. Diese Zeit wird normalerweise mit der legendären Gestalt von König Artus verbunden, dem erfolgreichen panbritischen Kriegsführer. Von da an entwickelten sich der germanische Osten und der keltische Westen unabhängig voneinander.

Historische Zeugnisse belegen, daß die Briten die Angelsachsen so vehement ablehnten, daß sie sich normalerweise weder mit ihnen vermischen, noch mit ihnen Handel treiben wollten[1], und archäologische Forschungen bestätigen, daß es zwischen den Kelten im Westen und den Germanen im Osten praktisch keinen Handel (und damit vermutlich nur wenige direkte Kontakte) gab. Außerdem wurden die beiden Völker durch riesige Wälder entlang einer Grenze getrennt, die (von 510/520 an) relativ stabil war. Trotz alledem hatten sich die germanischen Angelsachsen bereits in den ersten Jahren des folgenden Jahrhunderts weitere große Landstriche des keltischen Gebietes einverleibt, verhielten sich weiterhin aggressiv und expansiv und waren zur vorherrschenden geopolitischen Macht geworden.

Die Frage, wie es dazu kam, läßt sich damit beantworten, daß das weltweite Klimachaos, das in China zu Hungersnöten, in der Mongolei zur politischen Destabilisierung, in Ostafrika zu Pestausbrüchen und in Konstantinopel, wie Zeitzeugen berichten, zur Verdunkelung der Sonne führte, auch Britannien direkt und indirekt in Mitleidenschaft zog.

Baumringuntersuchungen in Britannien belegen, daß sich das Wachstum der Bäume in den Jahren 535 und 536 erheblich verlangsamte und sich erst 555 wieder normalisierte. Eine Analyse des Wetters im Zeitraum von 480 bis 650 bestätigt, daß die Periode von 535 bis 555 ungewöhnlich instabil war. Die Konzentration klimatischer Störungen war in der Zeit von 535 bis 555 siebenmal größer als in den übrigen 170 Jahren des Zeitraums.[2] Die achtzehnmonatige Verdunkelung der Sonne, die sich oströmischen Geschichtsschreibern zufolge, darunter auch Prokop, im Jahre 536[3] in Konstantinopel ereignete, wird nicht durch britische oder englische Quellen bestätigt; allerdings findet sich in der »Synopse« am Ende der im 8. Jahrhundert entstandenen *Kirchengeschichte des englischen Volkes* des Historikers Beda ein sonderbarer Hinweis auf zwei totale Sonnenfinsternisse in den Jahren 538 und 540.

Die beiden Verweise besagen, daß sich im Jahre 538 »am 16. Februar eine Sonnenfinsternis ereignete, die von der Prim [Morgengebet bei Tagesanbruch] bis zur Terz [zwei Stunden später] dauerte« und daß 540 »sich eine Sonnenfinsternis am 20. Juni ereignete und Sterne sich für ungefähr eine halbe Stunde nach der Stunde der Terz zeigten«.

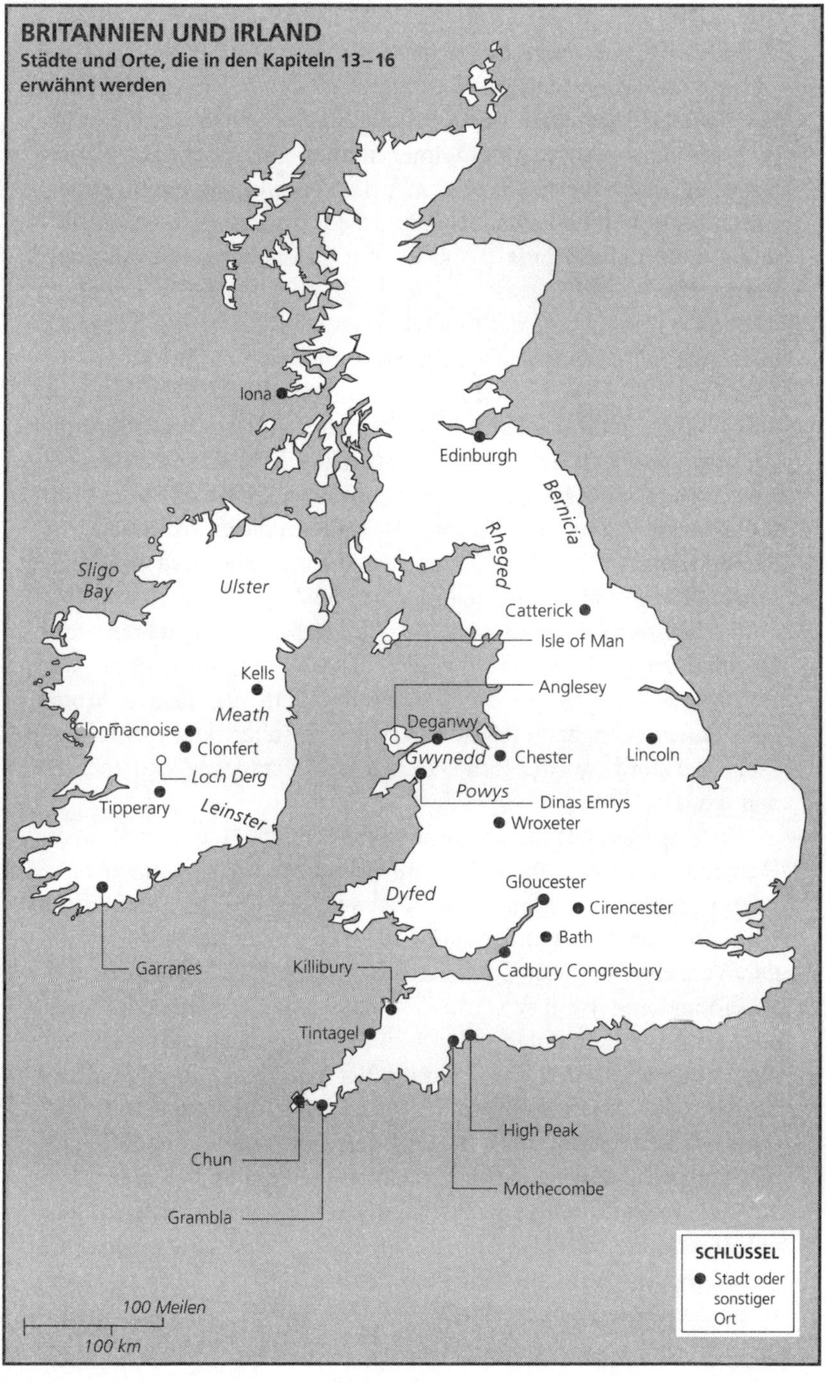

BRITANNIEN UND IRLAND
Städte und Orte, die in den Kapiteln 13–16 erwähnt werden
Iona
Edinburgh
Bernicia
Rheged
Sligo Bay
Ulster
Catterick
Isle of Man
Kells
Anglesey
Meath
Clonmacnoise
Clonfert
Deganwy
Gwynedd
Chester
Lincoln
Loch Derg
Powys
Dinas Emrys
Tipperary
Leinster
Wroxeter
Gloucester
Dyfed
Cirencester
Bath
Garranes
Killibury
Cadbury Congresbury
Tintagel
High Peak
Chun
Mothecombe
Grambla
SCHLÜSSEL
Stadt oder sonstiger Ort
100 Meilen
100 km

Bedas Chronik beginnt im Jahre 60 v. Chr. und endet im Jahre 731 n. Chr. Während dieses Zeitraumes waren in Britannien 13 totale Sonnenfinsternisse zu beobachten und bis zu 28 weitere in Italien und dem östlichen Mittelmeerraum – und doch verzeichnet Beda nur zwei, die sich vor seinen Lebzeiten ereigneten. Zudem waren diese beiden Sonnenfinsternisse – im Jahre 538 und 540 – in England nicht einmal so eindeutig erkennbar wie eine totale Sonnenfinsternis.

Beda erwähnt keine der totalen Sonnenfinsternisse, die England in Dunkelheit getaucht haben müssen und sich in den Jahren 19, 118, 129, 158, 183, 228, 319, 393, 413, 458, 594 und 639 ereigneten. Ebensowenig erwähnt er die weitaus größere Anzahl ähnlicher Ereignisse in Italien und im östlichen Mittelmeerraum – mit Ausnahme der beiden Sonnenfinsternisse von 538 und 540. Er läßt sogar sämtliche totalen Eklipsen in Italien und im östlichen Mittelmeerraum (603, 646, 655 und 693) unerwähnt, die ihm doch zeitlich näher waren als die des Jahres 540.

Die Eklipsen von 538 und 540 schildert er so, als wären sie in England zu beobachten gewesen, obwohl dies unmöglich war. Zweifellos kopierte er die Beschreibungen aus einer Chronik oder einem Almanach spätrömisch-italienischer oder ostmediterraner Herkunft, wo die Eklipsen aus mediterraner Sicht beschrieben wurden.

Wieso geht er auf die Eklipsen von 538 und 540 ein und läßt die Dutzende anderer totaler Sonnenfinsternisse im Mittelmeerraum oder England unerwähnt? Die Antwort liegt vermutlich in der chronologischen Nähe der Jahre 538/540 zu der achtzehnmonatigen Verdunkelung der Sonne in den Jahren 535/536. Bedas Entscheidung, die Eklipsen von 538 und 540 zu berücksichtigen, aber praktisch keine der anderen totalen Sonnenfinsternisse[4], legt die Vermutung nahe, daß er von einer gewaltigen Verdunkelung des Himmels irgendwann in den dreißiger Jahren des 6. Jahrhunderts wußte – vermutlich aus mittlerweile längst verschollenen und vielleicht ungenauen britischen Aufzeichnungen – und davon ausging, daß sie durch eine Art gigantischer Sonnenfinsternis ausgelöst wurde.

Da Beda ein wissenschaftlich arbeitender Historiker war, ist davon auszugehen, daß er sämtliche ihm zugänglichen Eklipsenaufzeichnungen römischen Ursprungs studierte und für den Zeitraum der dreißiger Jahre des 6. Jahrhunderts auf die völlig realen Sonnenfinsternisse von 538 und 540 stieß. Möglicherweise betrachtete er sie zusammen als ein Ereignis und folgerte fälschlicherweise, daß es sich dabei um das Phänomen der »verdunkelten Sonne« der dreißiger Jahre handeln mußte.

Wahrscheinlich jedoch war in den Aufzeichnungen nicht einfach nur von der verdunkelten Sonne die Rede. Der Schmutzschleier aus Staub und natürlichen Chemikalien, der höchstwahrscheinlich für das Phänomen verantwortlich war, ist offenbar auch in Britannien und/oder Frankreich aufgetreten. Im Jahr 535 und/oder 541 hatte es angeblich »echtes Blut« aus den Wolken geregnet. Rogerus de Winde, ein Historiker aus dem 13. Jahrhundert, schreibt, offenbar eine sehr viel frühere und wahrscheinlich ungenaue Quelle zitierend: »Es fiel echtes Blut aus den Wolken, und ein schreckliches Sterben folgte.« Eine jüngere (viktorianische) Quelle[5] datiert das Ereignis auf das Jahr 535.[6]

Wie bereits festgestellt, erfaßte die Klimakatastrophe zwischen 535 und 555 neben vielen anderen Teilen der Welt auch Britannien. Die Irischen Annalen[7] überliefern, daß es 538 in Irland eine Hungersnot (»Brotmangel«) gab, die sehr wahrscheinlich auf klimatische Probleme zurückzuführen war.

Die Statistiken des Meteorological Office zeigen, daß im Jahre 538 der Fluß »Tweed über die Ufer trat und viele Menschen ihr Leben verloren«; daß das Jahr 545 einen »ungemein kalten Winter« sah; daß im Jahre 548 bei einem »Unwetter in London« 250 Menschen getötet wurden und »viele Häuser einstürzten«; daß im Jahre 550 »in Schottland Hagelkörner so groß wie Hühnereier fielen«; daß es 552 »in Schottland fünf Monate lang heftig regnete«; daß das Jahr 554 einen »so strengen Winter mit Frost und Schnee erlebte, daß wilde Vögel und Tiere so zahm wurden, daß sie sich mit der Hand fangen ließen« und daß es im Jahre 555 »in ganz Britannien heftige Gewitter« gab.

Hier sind nicht die Einzelinformationen bedeutsam, sondern ihre statistische Häufung im Zeitraum von 535 bis 555. Trotz der offenbar harten klimatischen Bedingungen und trotz der Hungersnot im Jahre 538 oder möglicherweise 536 in Irland und sehr wahrscheinlich auch in Britannien hatten die genannten Ereignisse

DAS BRITISCHE KLIMA IM 6. JAHRHUNDERT

	Jahr		Jahr
	500		551
	501		552
	502		553
	503	K	554
	504	U	555
	505		556
	506		557
K	507		558
	508		559
	509		560
	510		561
	511		562
	512	u	563
	513	ü	564
	514		565
	515	u	566
	516		567
	517		568
	518		569
	519		570
	520		571
	521		572
	522		573
	523		574
K	524	ü	575
	525		576
	526		577
	527		578
	528	u	579
ü	529	ü	580
	530		581
	531		582
	532		583
	533		584
	534		585
verfärbter Regen	535		586
HUN(?),E,Ü	536		587
	537	K	588
HUN	538		589
	539	U,HUN	590
	540		591
	541	D	592
	542		593
	543		594
	544		595
K	545	u	596
	546		597
	547		598
U	548		599
	549		600
u	550		

k sehr kalt
ü Überschwemmung
u Unwetter
HUN Hunger
e Epidemie
d Dürre

Die Buchstaben geben an, welche klimatischen Probleme angeblich in dem jeweiligen Jahr auftraten, wobei vor allem Aussagen von Forschern aus dem 17.–19. Jahrhundert berücksichtigt wurden.
Großbuchstaben markieren sehr ausgeprägte oder ungewöhnliche klimatische oder klimabedingte Ereignisse.

Wichtigste Sekundärquelle: *A Meteorological Chronology to AD 1450* von C.E. Britton, HMSO, London, 1937.

jedoch wohl keine dauerhaften Auswirkungen, zumindest nicht unmittelbar. Interessant ist aber, daß man die Zeit der Hungersnot sehr viel später (möglicherweise erst Mitte des 10. Jahrhunderts) in dem Jahr ansiedelte, in dem König Artus starb – 537.[8] Eine indirekte Folgeerscheinung des Klimachaos der dreißiger Jahre des 6. Jahrhunderts sollte indes einschneidendere und dauerhaftere Veränderungen in Britannien herbeiführen: Um 549 erreichte die Beulenpest, die von Ostafrika kommend über den Mittleren Osten und Europa hinweggerollt war, schließlich auch die Küste der britischen Inseln.

Die *Annals of Ulster*[9] sprechen von »einer großen Epidemie« (einer *mortalitas magna*), die in Irland ausbrach. Mindestens sieben wichtige Persönlichkeiten der Aristokratie – Finnia, Moccu, Telduib, Colam, Mac Tail, Sinchell und Colum of Inis Celtra – sollen der Krankheit zum Opfer gefallen sein. Die *Annales Cambriae*[10] berichten, daß in Wales im Jahre 547 (von modernen Historikern auf 549 korrigiert) der König von Gwynedd, ein mächtiger Monarch namnes Maelgwn, an der Pest starb.

Die Pest (die, wie bereits erwähnt, ein Jahrzehnt zuvor in Ostafrika ihren Anfang genommen hatte) erreichte Britannien sehr wahrscheinlich an Bord von Schiffen, die entweder aus Südwestfrankreich oder, was wahrscheinlicher ist, aus dem Mittelmeerraum kamen. Wie anderswo waren die Träger der schrecklichen Krankheit Ratten, die sich als blinde Passagiere auf den Schiffen eingenistet hatten. Die Epidemie konnte leicht nach Britannien gelangen, da der Handel zwischen dem Mittelmeerraum und dem Westen der britischen Inseln in der ersten Hälfte des 6. Jahrhunderts – genau bis zur Zeit der Pest – florierte.

Ausgangspunkte für die Verbreitung der Seuche auf den Inseln waren sehr wahrscheinlich zwei Orte: Tintagel an der Nordküste von Cornwall und Cadbury Congresbury am Fluß Yeo (heute nur Congresbury am Yeo), etwa drei Kilometer vom Bristol-Kanal. Beide Orte wurden mit an Sicherheit grenzender Wahrscheinlichkeit von Schiffen aus dem Mittelmeer direkt angelaufen.

Tintagel – der mythische Ort, wo König Artus gezeugt wurde – war vermutlich im 5. Jahrhundert und in der ersten Hälfte des 6. Jahrhunderts eine königliche Zitadelle. Man hat dort sowohl eine beträchtliche Zahl von Steingebäuden aus der Zeit als auch erhebliche Mengen von aus dem Mittelmeerraum importierten Tonwaren gefunden. Ausgrabungen – in einem relativ kleinen Areal – haben bislang 3000 Fragmente zu Tage gefördert, und man kann davon ausgehen, daß noch weitere Zehntausende von Scherben ihrer Entdeckung harren. Eine Analyse des ausgegrabenen Materials hat ergeben, daß die königliche Führungsschicht in Tintagel erlesenes Tafelgeschirr aus Phocaea im heutigen Westen der Türkei importierte, weiteres Geschirr aus der Gegend von Karthago (heute Tunesien), Krüge aus Sardis im Westen der Türkei und Olivenöl- oder Weinamphoren sowohl aus Cilicia (Südtürkei) als auch vom Peloponnes im Süden Griechenlands.

Der mediterrane Einfluß in Tintagel hat sich wohl nicht nur auf die Befriedigung exotischer Vorlieben für kostbares Tafelgeschirr und Weine beschränkt. Es ist durchaus möglich, daß auch Händler – oder Diplomaten – aus der römischen Welt am königlichen Hof gelebt haben.

Bei Ausgrabungen[11] auf einem Friedhof in der Nähe von Tintagel wurden zwei Hinweise auf einen weitergehenden mediterranen Einfluß gefunden. Zum einen förderte man Gedenktafeln aus Schiefer mit stilisierten Kreuzen zutage, wie sie für gewöhnlich in der Mittelmeerregion zu finden waren, und zum anderen gab es erstaunliche Indizien für Bestattungsfeierlichkeiten, wie sie ebenfalls eher im Mittelmeerraum (besonders in Nordafrika) üblich waren.

Somit ist davon auszugehen, daß es recht gute Handelsbeziehungen und kulturelle Kontakte gab. Das Oströmische Reich, das sich wieder verstärkt gen Westen ausdehnte, betrachtete das westliche Britannien wahrscheinlich sogar einfach als einen halb-unabhängigen Teil des römischen Gebietes. Doch irgendwann nach 550 war Tintagel praktisch ausgestorben. Schuld daran war mit an Sicherheit grenzender Wahrscheinlichkeit die Pest. Der Zeitpunkt würde passen, und die Gelegenheiten, mit der aus dem Mittelmeerraum stammenden Krankheit in Berührung zu kommen, waren vermutlich in Britannien besonders zahlreich.

Der zweite Ort, von wo aus die Pest in Britannien eindrang, war die kleine Stadt Cadbury Congresbury am Yeo in Somerset, nur wenige Kilometer vom Bristol-Kanal entfernt. Wie in Tintagel hat man auch dort bei Ausgrabungen Hinweise gefunden, daß Handelskontakte zum Mittelmeerraum bestanden. Die dabei entdeckten Scherben von Weinamphoren aus Südgriechenland, von kostbaren Tellern aus dem Westen der Türkei und Nordafrika und von Olivenölamphoren aus der Südtürkei datieren alle aus der ersten Hälfte des 6. Jahrhunderts, und auch dieser Ort war irgendwann in der zweiten Hälfte des Jahrhunderts (vermutlich Anfang der zweiten Hälfte) menschenleer.

Möglicherweise gelangten die Pestratten auch über weitere Orte auf die Inseln, so beispielsweise von der nördlich Dublin gelegenen Küstensiedlung Lough Shinney aus, die Mitte des 6. Jahrhunderts oder unmittelbar danach aufhörte zu existieren; von der Festung Garranes unweit von Cork[12], die ebenfalls um diese Zeit ausgelöscht wurde; dem nordwalisischen Küstenort Deganwy – vermutlich im 5. und 6. Jahrhundert ein königliches Zentrum, das mit dem bekannten königlichen Pestopfer König Maelgwn in Verbindung gebracht wird; und, ebenfalls in Wales, von dem Gebiet um Port Madoc/Borth-y-gest am nordöstlichen Zipfel der Cardigan Bay.

Das Gebiet um Port Madoc ist für die Ausbreitung der Pest in Britannien insofern von besonderer Bedeutung, als die Seuche wahrscheinlich von dort aus die große königliche Zitadelle Dinas Emrys, knapp 15 Kilometer weiter nördlich, befiel. Es steht fest, daß Dinas Emrys zu der Zeit, als die Pest in Britannien wütete (Mitte des 6. Jahrhunderts), wie viele andere britische Orte aufgegeben wurde. Zwar haben wir im Vergleich zu den anderen Orten nur wenige Belege dafür, daß Dinas Emrys mit dem Mittelmeerraum Handelsverbindungen unterhielt, doch bei Ausgrabungen sind ein Fragment einer westtürkischen Amphore und eine Scherbe von einem in Frankreich hergestellten Teller (verziert mit dem christlichen Symbol *Chi Rho*) gefunden worden.

Von einem oder mehreren dieser Orte breitete sich die Seuche sehr wahrscheinlich in weite Teile des Südwestens und von Wales aus. Wie archäologische Forschungen nachgewiesen haben, wurden genau zu der Zeit, als die Pest wütete, viele Siedlungen völlig entvölkert, vermutlich eine direkte Folge der Epidemie.

Eine Siedlung in Cornwall, die heute unter dem Namen Chun bekannt ist und eine Meile von der Atlantikküste entfernt lag, wurde Mitte des 6. Jahrhunderts trotz ihrer über sechs Meter dicken und fast vier Meter hohen steinernen Verteidigungsanlagen zur Geisterstadt. Sehr wahrscheinlich lebte sie vom Zinnabbau und -export und unterhielt direkte Handelsbeziehungen mit Übersee. Killibury, eine andere kornische Siedlung mit noch stärkeren Befestigungsanlagen und möglicherweise 200 bis 300 Einwohnern, wurde zur selben Zeit entvölkert, ebenso ein Dorf, das an der Stelle des heutigen Grambla bei St. Ives lag.

High Peak, eine kleine befestigte Stadt in Devon, heute eine trostlose Reihe von Erdwällen auf einer windgepeitschten Klippe, starb nach einer mehr als siebenhundertjährigen Blüte aus. Eine weitere Küstensiedlung in Devon, Mothecombe, scheint im 6. Jahrhundert gleichfalls der Vergessenheit anheimgefallen zu sein. Es ist anzunehmen, daß noch Dutzende anderer Siedlungen das gleiche Schicksal erlitten. Sie sind allerdings noch nicht entdeckt worden, da die große Mehrheit möglicher mittelalterlicher Ausgrabungsstätten einfach noch nicht archäologisch untersucht werden konnte.

Zusätzlich zu den Siedlungen, die von der Pest ausgelöscht wurden, gibt es etliche andere sehr bedeutende Orte, die zu der betreffenden Zeit einen jähen Wandel oder einen drastischen Bevölkerungsrückgang erlebten. Die wohl wichtigste Ortschaft ist die antike römische Stadt Viroconium (Wroxeter)[13], die offenbar einen so großen Einwohnerschwund erlitt, daß die Grenzen der Stadt völlig neu festgelegt werden mußten.

Ausgrabungen belegen, daß der Hauptmarkt[14] der Stadt ab Mitte des 6. Jahrhunderts nicht mehr benutzt wurde (vermutlich weil der Handel nachließ und die Zahl der Kunden zurückging). Die Stadt schrumpfte. Binnen weniger Jahrzehnte wurden die Grundstücksgrenzen innerhalb des stark geschwundenen städtischen Bereichs gänzlich neu gezogen, und dort, wo sich der Markt befunden hatte, ließ ein einflußreicher Einwohner ein großes Privathaus bauen. Diese Mißachtung früherer Grundstücksgrenzen und ehemaligen öffentlichen Eigentums läßt vermuten, daß es etwa zur Zeit der Pest zu einem erheblichen demographischen Einbruch gekommen ist.

Kurz vor Ausbruch der Pest hatte die Stadt wahrscheinlich mehrere tausend Einwohner, erstreckte sich über 78 Hektar und wurde von hohen Erdwällen und zwei Meilen langen Holzpalisaden geschützt. Sie hatte wohl auch mehrere Kirchen – eine wurde kürzlich von Archäologen mit Hilfe eines speziellen Radargerätes entdeckt. Wenige Jahrzehnte nach Ausbruch der Pest hatte sich die Stadt völlig verändert.[15] Sie war auf eine Grundfläche von rund zehn Hektar geschrumpft, ihre Verteidigungsanlagen waren entsprechend verkleinert worden, und Dutzende von neuen Häusern standen auf Grundstücken verstorbener Einwohner. In einem Teil der alten römischen Stadtbäder (neben dem ehemaligen Markt) bauten die Bewohner des großen neuen Privathauses eine private Kapelle,[16] deren Grundmauern noch heute erhalten sind.

Es ist anzunehmen, daß die Pest noch etliche Male ausbrach und daß die Seuche (zusammen mit der vorangegangenen Hungersnot) die Bevölkerung im Südwesten Britanniens um bis zu 60 Prozent verringerte.

Über die Zahl der Menschen, die im 6. Jahrhundert der Pest zum Opfer fielen, sind keine Aufzeichnungen erhalten (falls überhaupt welche gemacht wurden). Die einzigen Anhaltspunkte für die wahrscheinliche Sterblichkeitsrate sind die sehr viel besser dokumentierten Erfahrungen mit der Pest im 14. Jahrhundert (dem Schwarzen Tod), Hinweise auf die Sterblichkeitsrate während der Pest im 6. Jahrhundert im östlichen Mittelmeerraum sowie die Erkenntnisse über die Siedlungsunterbrechung im 6. Jahrhundert im Südwesten Britanniens. Außerdem ist denkbar, daß die Seuche in Nordeuropa, einschließlich des Südwestens von Britannien, leichter und schneller übertragen wurde als im wärmeren, trockeneren Süden des europäischen Kontinents. Die Pesterreger überlebten im feuchten, kühlen Klima mehrere Stunden, in der trockeneren Mittelmeerregion dagegen nur einige Minuten. Die Infektion wurde zwar sowohl in trockenen als auch in feuchten Regionen durch Flohbiß verbreitet, doch die Übertragung von Mensch zu Mensch durch Tröpfcheninfektion, also ohne Flohbiß, erfolgte in Britannien sicherlich noch häufiger.

Bei bis zu 60 Prozent Todesopfer unter der Bevölkerung von Südwestbritannien (in einigen Teilen des Landes vielleicht bis zu 90 Prozent, falls die Pest mit der für sie typischen[17] Vehemenz wütete) mußte das normale Alltagsleben zwangsläufig fast zum Erliegen kommen. Wie archäologische Untersuchungen ergeben haben, lagen große Ackerlandflächen brach, und viele Städte und Dörfer wurden entvölkert und starben aus.

Wieso hat sich eine derart verheerende Katastrophe allem Anschein nach nicht tief ins kollektive Gedächtnis eingegraben?

KAPITEL 14

Das »wüste Land«

Entgegen der herkömmlichen Lehrmeinung blieb die Pestkatastrophe des 6. Jahrhunderts wahrscheinlich doch sowohl in mündlicher als auch in schriftlicher Überlieferung erhalten und wurde Jahrhunderte später in bestimmten Aspekten der mittelalterlichen Legenden um König Artus aufgenommen – vor allem in jene, die mit der Gralssuche verbunden sind.

Speziell ein Element könnte zumindest teilweise auf die Hungersnot und die Pestkatastrophe Mitte des 6. Jahrhunderts zurückgehen, und zwar die Vorstellung vom sogenannten »wüsten Land«.[1]

Sie findet sich in mindestens einem halben Dutzend Gestaltungen des Artus-Stoffes vom 12. bis zum 15. Jahrhundert sowie in den *Mabinogi*[2], einer aus dem 11. Jahrhundert stammenden Sammlung kymrischer Prosaerzählungen, die nicht von Artus handeln, und möglicherweise auch in der im 12. Jahrhundert entstandenen *Geschichte der Könige Britanniens (Historia regum Britanniae)* des Geoffrey of Monmouth. In mehreren Artus-Epen wird das Phänomen ausdrücklich als das »wüste Land« bezeichnet, in etlichen anderen dagegen – wie auch in den *Mabinogi* – ist das Konzept eindeutig nachweisbar, auch wenn ihm keine formale Bezeichnung verliehen wird.

Drei Hauptindizien legen den Schluß nahe, daß mit dem »wüsten Land« die reale Katastrophe im 6. Jahrhundert gemeint sein könnte.

Erstens die zeitliche Übereinstimmung: Bis auf zwei finden sich sämtliche Erzählungen, in denen von dem »wüsten Land« die Rede ist, in Werken, die mit dem halblegendären *Dux Bello-*

rum (Kriegsherrn) »König« Artus zu tun haben, der entweder 537 oder 542 gestorben sein soll. Die Mitte des 10. Jahrhunderts entstandenen *Annales Cambriae* nennen erstere Jahreszahl, die *Geschichte der Könige Britanniens* aus dem 12. Jahrhundert letztere. Die *Geschichte der Könige Britanniens* (und sehr wahrscheinlich auch andere, heute verschollene Texte) war den Verfassern der Artus-Geschichten sicherlich bekannt, und demnach wußten sie natürlich auch, daß Artus mutmaßlich im 6. Jahrhundert lebte.

Des weiteren finden sich Übereinstimmungen zwischen den fiktiven Katastrophen und den tatsächlich geschehenen. Die *Annales Cambriae* erwähnen die Hungersnot der dreißiger Jahre des 6. Jahrhunderts im selben Satz wie den Tod von Artus: Im Eintrag für das Jahr 537 ist die Rede von einer *»mortalitas«* (Massensterben) in Britannien und Irland. Mit dieser *mortalitas* ist mit an Sicherheit grenzender Wahrscheinlichkeit der »Brotmangel« (die Hungersnot) gemeint, die laut den *Annals of Ulster*[3] in den Jahren 536 und/oder 538 wütete.

Die *Geschichte der Könige Britanniens* dagegen führt das »wüste Land« auf einen Krieg zurück, der irgendwann nach dem Tode Artus' stattfand. Es ist vielleicht bezeichnend, daß genau in dem Jahr, in dem Artus' gestorben sein soll, nach Einschätzung kontinentaleuropäischer Historiker die Pestkatastrophe in Konstantinopel und Europa ihren Anfang nahm (542). Interessant ist auch, daß die Jahreszahlen, die für den Tod von Artus »ausgewählt« wurden, denjenigen entsprechen, in denen sich große überlieferte Naturkatastrophen ereigneten.

Die mittelalterlichen Artus-Geschichten werden mit Hungersnot und/oder Krankheit und/oder Krieg in Zusammenhang gebracht – eine möglicherweise bedeutsame Spiegelung der tatsächlichen Umstände Mitte bis Ende des 6. Jahrhunderts, als auf eine Hungersnot die Pest folgte, auf die wiederum Invasion und Krieg folgten. Es ist nicht verwunderlich, daß die entsprechende Chronologie in den Artus-Epen ein wenig durcheinandergerät, jedenfalls sind alle Elemente vorhanden – Hungersnot, Krankheit und Krieg.

Selbst die Art der Krankheit – die Pest – könnte in der geheimnisvollen Wunde anklingen, die den König des bald darauf wüsten Landes quält. Die königliche Wunde – die magischerweise dafür verantwortlich ist, daß das ganze Land in eine Wüstenei verwandelt wird und die somit als Symbol für das gesamte wüste Land zu verstehen ist – war eine Verletzung im Oberschenkelbereich, genauer gesagt des Leisten-/Genitalbereiches. Historisch gesehen war die Pest im 6. Jahrhundert Ursache für die Verwüstung des Landes, und das deutlichste Symptom für die Pest waren die Bubonen (dicke Beulen), die blutig aufplatzten und vor allem in der Leistengegend (und in den Achselhöhlen) auftraten.

Der Artusroman mit dem Thema Gralssuche – *La Queste de Saint Graal*[4] (Anfang des 13. Jahrhunderts) – erwähnt ausdrücklich »eine große Pestilenz« in der Beschreibung des »wüsten Landes«.[5] Und in der *Post-Vulgate* (ebenfalls aus dem 13. Jahrhundert) ist davon die Rede, daß die Hälfte der Menschen in den Dörfern tot waren und »die Arbeiter tot auf den Feldern« lagen – also genau das Ausmaß an Sterbefällen und genau die Situation, wie man sie bei einer Pest erwarten würde. Aus Konstantinopel und Anatolien gibt es sogar verblüffend ähnliche historische Berichte aus den vierziger Jahren des 6. Jahrhunderts.

Die erste kurze Erwähnung dessen, was sich als »Verwüstung« des Landes in Britannien deuten läßt, findet sich in *Annales Cambriae* im Eintrag für das Jahr 537. Dort heißt es: »Die Schlacht bei Camlann, in der Artus und Mordraut fielen, und es gab eine *›mortalitas‹* [Massensterben] in Britannien und Irland.«

Doch wie zu Beginn des Kapitels erwähnt, findet sich die früheste eindeutige Beschreibung des Phänomens »wüstes Land« (wenn auch ohne Verbindung zu Artus) in den *Mabinogi*[6], die im 11. Jahrhundert aufgeschrieben wurden. Die Geschichte erzählt, daß ein magischer Nebel niederschwebte und daß, als er sich schließlich lichtete, alles verschwunden war – »Tiere, Rauch, Feuer, Menschen, Häuser«. Die Häuser des Fürstenhofes waren »leer, verlassen, unbewohnt von Mensch und Tier«[7]. Später droht symbolisch die Gefahr einer Hungersnot, weil alle Weizenähren wie durch Zauberei von ihren Halmen gestohlen werden (von einem Heer von Mäusen). Es blieben »im Morgengrauen nur die nackten Halme« zurück. Am Ende kommt heraus, daß für diese Urform des »wüsten Landes« ein böser Zauberer, genannt »Der Graue«, verantwortlich war. Möglicherweise verkörpert der Zauberer den Tod.

Zwischen dem literarischen »wüsten Land« und dem realen des 6. Jahrhunderts gibt es auch geographische Ähnlichkeiten. Die meisten »wüsten Länder« in den Artus-Epen und anderen mittelalterlichen Quellen sollen entweder in Wales[8] oder genauer gesagt in Südwales[9] oder Logres/Loegria[10] gelegen haben.

Unbestimmter wird Britannien oder Listenois (vermutlich ein weiterer Name für Britannien oder einen Teil Britanniens) als Ort des »wüsten Landes« genannt. Die Artus-Epen – der literarische Hintergrund für das »wüste Land« – werden generell mit der Region Somerset/Südwales in Verbindung gebracht. Daher wird der Südwesten Britanniens häufig als die Region gesehen, die zum wüsten Land wurde – was vermutlich den tatsächlichen Ereignissen in der realen Welt des 6. Jahrhunderts entspricht.

Die nächste Beschreibung des Phänomens »wüstes Land« stammt von Geoffrey of Monmouth, dem Verfasser der *Geschichte der Könige Britanniens*, der Mitte des 12. Jahrhunderts lebte. Er schildert, wie einige Jahre nach Artus' Tod – möglicherweise in den sechziger oder siebziger Jahre des 6. Jahrhunderts – die Stadt Cirencester von Barbaren erobert und niedergebrannt wurde. Die Briten wurden über den Severn nach Wales verjagt. Der Führer der Barbaren »verwüstete die Felder, steckte alle Nachbarstädte in Brand und ließ seinem Zorn freien Lauf, bis er nahezu das gesamte Land auf der Insel, von einem Meer zum anderen, niedergebrannt hatte.

Alle Siedlungen wurden mit Sturmböcken dem Erdboden gleichgemacht. Alle Einwohner wurden mit blitzenden Schwertern und prasselnden Flammen vernichtet. Diejenigen, die verschont blieben, flohen, niedergeschmettert von den entsetzlichen Geschehnissen«, schrieb Geoffrey in einem Werk, das trotz ungenauer Namensnennungen und Jahreszahlen als Überblick über die Ereignisse aufschlußreich ist.[11]

Ende des 12. Jahrhunderts beschreibt der französische Autor Chrétien de Troyes in seiner *Geschichte vom Gral* (mitunter auch einfach *Perceval* genannt) das erste wahrhaft »wüste Land« im Umkreis von Artus. Es ist mit der Burg/Stadt verbunden, die der Held Perceval besucht, kurz bevor er die Stätte des Grals entdeckt, die sogenannte Gralsburg.

Als Folge von Krieg und Nahrungsmangel waren die Soldaten

der Burg »vom Hunger und vom langen Wachen so geschwächt, daß sie sich wundersam verändert hatten«. Und wenn Perceval »das Land außerhalb der Mauern [der Stadt] verwüstet und verarmt fand, so standen die Dinge im Innern nicht besser, denn wohin immer er seine Schritte lenkte, er sah die Straßen verödet und die Häuser zerfallen, denn es war keine Menschenseele zu sehen. So fand er die Stadt verlassen vor, ohne Brot oder Kuchen, ohne Wein, Cider oder Bier.«[12]

Der im 13. Jahrhundert anonym verfaßte Prosaroman *Perlesvaus* beschreibt ein »wüstes Land, ein Land, das sich weit und breit erstreckte, wo weder Tiere noch Vögel wohnten, da die Erde so trocken und so karg war, daß keine Weiden zu finden waren.

Die Stadt war so groß, daß sie ein ganzes Land zu füllen schien«. Doch ihre Mauern »zerfielen rundherum und ihre Tore neigten sich vom Alter«. Sie war »völlig menschenleer, ihre prächtigen Paläste herrenlos und verlassen, ihre Märkte und Läden leer, ihre großen Friedhöfe voller Gräber, ihre Kirchen in Trümmern«.[13]

In einer aus dem 13. Jahrhundert stammenden (als *The Elucidation* bekannten) Ergänzung zu einem der Manuskripte der *Geschichte vom Gral* findet sich eine weitere, auffällig keltisch anmutende Geschichte vom »wüsten Land«. Anders als bei Geoffrey of Monmouth oder Chrétien de Troyes ist dieses »wüste Land« Jahre vor Artus' Zeit angesiedelt – und die Ritter von König Artus' Tafelrunde haben angeblich geschworen, es wieder mit Leben zu erfüllen, indem sie die Gralsburg finden.

Die Geschichte beginnt mit einem bösen König und seinen Männern, die geheimnisvolle Jungfrauen aus einer fremden Stadt vergewaltigen. Die Jungfrauen bewachen einen heiligen Brunnen und reichen allen Reisenden Wasser in goldenen Kelchen, regelrechten Protograls. Die Vergewaltigung – und der Diebstahl der goldenen Kelche – vertreiben die Jungfrauen, die Brunnen versiegen und das Land wird wüst.

»Das Königreich [Logres] ging unter, das Land war tot und so wüst, daß es bloß noch eine Handvoll Haselnüsse wert war. Denn sie hatten die Stimme der Brunnen und der Jungfrauen darin verloren.«[14]

Eine weitere aus dem 13. Jahrhundert stammende Artus-Geschichte findet sich in *The Quest for the Holy Grail*, wo das wüste Land erstmals als geographischer Terminus – als Eigenname – verstanden und unmittelbar auf die Verletzung eines Königs (angeblich durch ein Schwert) zurückgeführt wird, die in einer Zeit vor Artus erfolgte und die eine große Epidemie ausgelöst haben soll.

»Es war der erste Schlag, der im Königreich Logres mit dem Schwert ausgeführt wurde. Und darauf erfolgte eine so große Pestilenz und eine so große Verfolgung in beiden Königreichen, daß die Erde, wenn sie bestellt wurde, keinen Ertrag mehr brachte. Von da an wuchs weder Weizen noch sonst ein Korn, kein Baum trug Früchte, und im Meer wurden nur sehr wenige Fische gefunden. Aus diesem Grund wurden die beiden Königtümer das Wüste Land genannt, denn sie waren durch diesen unglückseligen Schlag verwüstet worden.«[15]

Ein weiterer Schlag (angeblich mit einer Lanze) – der sogenannte *Dolorous Stroke* (schmerzlicher Hieb) – findet sich in der *Merlin Continuation* aus dem 13. Jahrhundert. Dieser »Angriff«, in der Erzählung als Ereignis zur Zeit Artus' gesehen, gilt als Ursache für das »Wüste Land«.

Balaain (Balain), der Ritter mit den beiden Schwertern, ergriff die heilige Lanze (die Waffe, mit der Christus am Kreuz verwundet wurde) mit beiden Händen. Er »schlug König Pellehan, der hinter ihm stand, so heftig, daß er ihm beide Oberschenkel durchbohrte. Der König fiel zu Boden, schwer verwundet«. Dann erzitterte und erbebte der Palast, eine gewaltige Stimme ertönte im ganzen Schloß, überall fielen die Menschen in Ohnmacht.

»Die wahre Geschichte besagt, daß sie zwei Nächte und zwei Tage bewußtlos waren, und vor großer Angst starben mehr als hundert im Palast«. Balaain verließ daraufhin das Schloß.

»Während er durch das Land ritt, sah er umgestürzte Bäume und vernichtetes Getreide, und alles war verwüstet, als hätte überall der Blitz eingeschlagen, und fraglos hatte er in vielen Orten eingeschlagen, gleichwohl nicht überall.

Er sah, daß die Hälfte der Bewohner in den Dörfern tot war, sowohl Bürger als auch Ritter, und er sah, daß Arbeiter tot auf den Feldern lagen. Er sah, daß das Königreich Listenois [Britannien] so gänzlich zerstört war, daß es später von jedermann das Königreich des Wüsten Landes und das Königreich des Fremden Landes genannt wurde, denn überall war das Land so fremd und wüst geworden.«[16]

Die Artus-Erzählungen[17] und andere mittelalterliche Texte, die das »wüste Land« thematisieren, sind natürlich ihrem Wesen nach unhistorisch. Doch bedenken wir die Zeit, in der sie handeln, die Orte, an denen die Handlung spielt, die Kombination von Hungersnot, Verletzung in der Leistengegend, Pestilenz, Entvölkerung und Krieg, so ist durchaus denkbar, daß die Vorstellung vom »wüsten Land« zumindest teilweise auf mündliche Überlieferungen und sogar auf inzwischen verlorene schriftliche Berichte zurückgeht, die das reale von Hungersnot heimgesuchte, von der Pest geschlagene, vom Krieg zerrissene, entvölkerte *wüste Land* beschrieben, das der Südwesten Britanniens von der Mitte bis zum Ende des 6. Jahrhunderts war.

KAPITEL 15

Die Geburt Englands

Cynddylans Halle ist dunkel heut' nacht,
Kein Feuer brennt, kein Bett ist bereitet.
Ich wein' eine Weile, und dann bin ich still.

Cynddylans Halle ist dunkel heut' nacht.
Kein Feuer entzündet, keine Kerze brennt,
Gott wird mich schützen.

Cynddylans Halle. Es zerreißt mir das Herz,
Sie ohne Dach, ohne Feuer zu sehen.
Tot ist mein Herr, und ich lebe noch.

Cynddylans Halle ist verlassen heut' nacht,
Wo einst ich in Ehren saß.
Verschwunden die Männer, die sie hielten,
Verschwunden die Frauen.

Cynddylans Halle. Dunkel ist ihr Dach
Seit die Engländer zerstörten
Cynddylan, und Elvan von Powys.[1]

Diese Strophen schrieb vermutlich im dritten Viertel des 7. Jahrhunderts ein walisischer Dichter, dessen Name im Nebel der Zeit untergegangen ist. Doch noch immer erzählen sie über die Jahrhunderte hinweg mit tragischer Inbrunst vom Ende der angelsächsischen Eroberung des Landes, das heute England ist. Cynddylan war Mitte des 7. Jahrhunderts Herrscher des Königtums Powys in

Mittelwalisien, seine Burg lag sehr wahrscheinlich in der Stadt Wroxeter, derselben Stadt, die ein Jahrhundert zuvor vermutlich von der Pest heimgesucht worden war.

Die Pestepidemie Mitte des 6. Jahrhunderts und der Untergang von Wroxeter Mitte des 7. Jahrhunderts erscheinen auf den ersten Blick wie zwei nicht zusammenhängende Ereignisse. Doch in Wahrheit war gerade die Pest für die geopolitische Destabilisierung Britanniens verantwortlich.

Im Gegensatz zu dem von den keltischen Briten beherrschten Westen wurde der angelsächsische Osten nicht verwüstet. Es ist davon auszugehen, daß die Pest den angelsächsischen Teil des Landes erst spät im 7. Jahrhundert erreichte.[2] Britannien war im 6. Jahrhundert ein im Grunde ethnisch geteiltes Land. Der zeitgenössische britische Mönch und Historiker Gildas schrieb, daß Pilger aufgrund »der unglücklichen Teilung Britanniens« nicht einmal heilige Märtyrerschreine im Osten besuchen konnten. Es liegen keine Aufzeichnungen darüber vor, daß im Laufe fast des gesamten 6. Jahrhunderts (bis in die neunziger Jahre) auch nur ein einziger britischer Mönch aus dem Westen des Landes jemals den Versuch unternahm, den heidnischen Angelsachsen im Osten das Evangelium zu predigen.

Tatsächlich haßten die Briten die Angelsachsen so sehr, daß sie so gut wie jeden Kontakt mit ihnen mieden. Selbst im Ausland waren einige kontinentaleuropäische Schriftsteller entsetzt über die hartnäckige Weigerung der Briten, gemeinsam mit Angelsachsen zu essen oder unter ein und demselben Dach mit ihnen zu schlafen, wenn sie einander im Ausland begegneten.

Gildas wollte noch nicht einmal das Wort »Sachse« in den Mund nehmen. Er sprach von »gottlosen Ostlern«, »Schurken« mit »gräßlichen Krallen« und beschrieb sie als »wilde Sachsen« (mit dem Namen, der nicht ausgesprochen werden soll), »verhaßt bei Mensch und Gott«.[3] Ja, er und zweifellos die meisten anderen Briten im Westen hätten es nur allzu gern gesehen, wenn sie ausgelöscht worden wären!

Zwischen den beiden »Hälften« des geteilten Britannien wurde nur sehr wenig Handel betrieben. Archäologische Ausgrabungen haben im Westen Britanniens praktisch keine angelsächsischen Gegenstände zutage gefördert, die vor circa 570 hergestellt wurden, und auch im angelsächsischen Osten wurden keinerlei Produkte der westlichen Briten aus diesem Zeitraum gefunden. Tonwaren, die im Westen Britanniens Anfang bis Mitte des 6. Jahrhunderts verwendet wurden, erreichten offenbar den Osten des Landes nicht. Zum nahegelegenen europäischen Festland unterhielten die Angelsachsen so gut wie keine Handelsbeziehungen. Archäologische Funde legen den Schluß nahe, daß selbst Kent (das Frankreich sehr nahe ist) erst Ende des 6. Jahrhunderts regelmäßige Handelskontakte mit dem europäischen Festland aufnahm. In Kent wurden nur sehr wenige Münzen gefunden, die vor circa 570 geprägt wurden.

Im Gegensatz dazu trieb der Westen Britanniens nicht nur mit dem europäischen Kontinent, sondern auch mit dem Mittelmeerraum regen Handel. Sehr wahrscheinlich gab es direkte Schiffsverbindungen mit dem Südwesten Frankreichs (Bordeaux etc.) und Spanien, und entweder direkte oder indirekte Verbindungen mit Nordafrika, Griechenland und Kleinasien. Die Belege für die Bestattungsrituale in Tintagel[4] lassen darauf schließen, daß aus dem Mittelmeerraum nicht nur Waren, sondern auch Menschen kamen. Das offene westliche Britannien war der Pestseuche schutzlos ausgeliefert – und wurde schwer davon getroffen. Der angelsächsische Osten Britanniens – der durch ethnischen Haß, Furcht und durch große Wälder vom Westen abgekapselt war – entging der Krankheit zumindest bis zum 7. Jahrhundert.

Die wichtigste geopolitische Auswirkung der Pest war demographischer Natur. Im Westen sank die Bevölkerung[5], im Osten nicht. Im Westen war die Pest im Jahre 547 ausgebrochen, und sie schlug, wenn man von einem normalen Verlauf der Seuche ausgeht, höchstwahrscheinlich nach 550 zu. Schon bald drängten angelsächsische Siedler gen Westen, um das demographische und politische Vakuum zu füllen, das in vielen Landstrichen entstanden sein mußte. Der angelsächsische Vorstoß, der rund 40 Jahre lang zum Stillstand gekommen war, setzte somit erneut ein.

In den sechziger Jahren des 6. Jahrhunderts war der erneute Vormarsch nach Westen sehr wahrscheinlich bereits im Gange. Der *Anglo Saxon Chronicle*[6] berichtet sogar von kriegerischen Zusammenstößen um 550. Im Jahre 571 scheint der Süden der Midlands an die Sachsen gefallen zu sein, und sechs Jahre später waren

Gloucester, Cirencester und Bath gefallen. Etwa zur gleichen Zeit drangen die Sachsen in Dorset ein.

Um 580 herum stießen im Südwesten der Midlands andere Angelsachsen – die Hwicce – nach Worcestershire und den Norden von Gloucestershire vor. Und um 600 drang eine weitere Gruppe, die Magonsæte, in Herefordshire und in den Süden von Shropshire ein.

Bevor das politische Vakuum gefüllt werden konnte, mußte häufig erst das demographische ausgefüllt werden. Somit wurden demographisch geschwächte Landstriche nach und nach kolonisiert, was wiederum die politische Macht der Briten schwächte. Über kurz oder lang entsprach in jeder Region die politische Realität der demographischen Realität, und die politische Macht der Angelsachsen ersetzte zunehmend die unbedeutende, geschwächte und isolierte politische Macht der Briten.

Im Süden von Shropshire vollzog sich um das Jahr 656 die letzte Phase dieses Prozesses, als König Cynddylan getötet wurde und Wroxeter fiel. Der Dichter von Wroxeter – derselbe walisische Barde, dessen Name im Nebel der Zeit verlorenging – schrieb nach der Eroberung seiner Stadt die erschütternden Zeilen:

> Hingegangen sind meine Brüder aus dem Land des Severn
> An den Ufern des Dwyryw.
> Traurig bin ich, Gott, daß ich noch lebe.[7]

Mitte des 6. Jahrhunderts hatte die Pest den geopolitischen Status quo im Süden Britanniens ausgehöhlt. Es ist nicht bekannt, ob der Nordwesten Britanniens ebenfalls von der Pest erfaßt wurde, doch selbst wenn nicht (was durchaus möglich ist), wirkten sich die geopolitischen Ausläufer der demographischen und politischen Katastrophe im britischen Südwesten indirekt auf die Situation im Norden aus. Nach welchen politischen und sonstigen Mechanismen dies geschah, ist nicht genau bekannt, doch praktisch um dieselbe Zeit, als der angelsächsische Vorstoß im Süden erneut einsetzte, zeichnete sich die gleiche Entwicklung im Norden ab.

Im Jahre 570 hatte sich eine angelsächsische Gruppe, die Bernicianer, mit Waffengewalt von der geschwächten britischen Obrigkeit unabhängig gemacht. Etwa zur selben Zeit dehnte sich eine weitere angelsächsische Gruppe, die Pecsæte, allmählich in den Peak District aus. Bereits 590 hatten andere Gruppen sowohl die Gegend um Lincoln im Osten an sich gerissen als auch die Region um das heutige Leeds und um Huddersfield im Norden. 595 hatte sich das geopolitische Gleichgewicht dermaßen verschoben, daß eines der größten britischen Königtümer – Rheged im Norden der Penninen – zusammenbrach.

Selbst die militärische Intervention des britischen Königtums Edinburgh hoch im Norden konnte die Machtübernahme nicht verhindern. Die von Edinburgh ausgehende Rettungsexpedition im Jahre 598 mündete in eine der historisch bedeutsamsten Schlachten der britischen Geschichte – der Schlacht von Catterick in Yorkshire.

Eine lyrische Klage verleiht den Helden der Schlacht Unsterblichkeit:

Männer zogen nach Catraeth [Catterick]
Mit Kriegsgeschrei
Eine Reiterschwadron.
Blau die Rüstungen und Schilde,
Die Lanzen erhoben und spitz,
Panzer und Schwerter funkelnd.
Obwohl sie getötet wurden, töteten sie.
Nicht einer kehrte nach Hause zurück.
Kurz war ihr Leben,
Lang war die Trauer
Unter ihren Lieben.
Sie töteten siebenmal
So viele Engländer wie sie.
Vielen Frauen nahmen sie den Mann,
Vielen Müttern den Sohn.
Sie tranken Wein und Met
Und zogen gewappnet von uns.
Ich weiß, wie traurig ihr Tod.
Sie wurden erschlagen, sie wurden nicht grau
Von dem Heer von Mynydawc, welch grenzenloser Kummer,
Von 300 Mann kehrte nur einer zurück.[8]

Die Intervention war gescheitert, das Königtum Rheged größtenteils verloren, und ebenso wie der Wroxeter-Barde an die traurige Verwüstung der Paläste seines Königs erinnert hatte, sollte bald darauf ein Poet aus dem Norden das Schicksal von Rhegeds einst warmem, königlichem Herd besingen.

Wilde Blumen bedecken diesen Herd.
Als Owain und Elphin lebten
Kochte Beute in seinem Kessel.
Hohe Dornensträucher bedecken diesen Herd.
Einst ließ er sich wohl sein.
Rheged war gewohnt zu geben.
Ampferblätter bedecken diesen Herd.
Einst floß hier der Met in Strömen,
und Männer berauschten sich an ihm.
Die Säule hier und die Säule dort.
Einst erklangen Siegesrufe um sie,
und Geschenke gab es im Überfluß.[9]

Innerhalb von zehn Jahren nach dem Zusammenbruch von Rheged fiel das alte Chester in die Hände der Bernicianer. Zum ersten Mal war Wales von den übrigen keltisch-britischen Gebieten abgeschnitten – der Halbinsel von Cornwall/Devon und dem Nordweten. In gewisser Weise war dies die Geburtsstunde von Wales als eigenständige kulturelle und geographische Einheit. Im Jahre 650 war die Machtübernahme praktisch abgeschlossen, und das gesamte heutige England – bis auf Cornwall und Devon – war unter angelsächsischer Kontrolle.

Zwar war das Land noch immer in über ein Dutzend verschiedene Königtümer gespalten, doch zunächst hatte eines (das größer gewordene Bernicia – Northumbria), dann ein anderes die Herrschaft inne. Der Herrscher des dominierenden Staates war nicht bloß König seines eigenen Staates, sondern er war auch Bretwalda (Overlord oder Oberkönig) von ganz England.[10] In gewisser Weise entstand England somit aus den demographischen und politischen Veränderungen, die in den hundert Jahren nach der Klimakatastrophe und der Pest Mitte des 6. Jahrhunderts stattfanden. Die Pest brachte sozusagen England – und das nicht nur in geopolitischer, sondern auch in sprachlicher und kultureller Hinsicht.

Das demographische Vakuum oder Teilvakuum erklärt bis zu einem gewissen Maße, warum das Keltische fast völlig von der sprachlichen Karte des Landes verschwand, das England werden sollte. Nur sage und schreibe zehn keltische Wörter sind aus der Sprache, die einst von »Englands« Bevölkerung gesprochen wurde, ins Englische eingeflossen. Auf dem Gebiet des Rechts, der Politik und sogar des Brauchtums verdankt England sein Erbe seiner germanischen, nicht seiner keltischen Vergangenheit.

In gewisser Weise hörte die angelsächsische Expansion nie wirklich auf. Im Jahre 840 hatte Cornwall seine Unabhängigkeit schon fast verloren, und 930 wurde es vollends eingenommen. Im Jahre 1200 befand sich nahezu das gesamte östliche Irland unter englischer (anglonormannischer) Kontrolle. 1300 wurde Wales besetzt. Erste Ansätze in Richtung interkontinentaler Expansion fanden Ende des 15. und im Laufe des 16. Jahrhundert statt. Im Jahre 1607 nahm die englische Besiedlung von Nordamerika konkrete Formen an (Virginia). 1624 und 1630 begann die Besiedlung der Karibik beziehungsweise von Mittelamerika. 1707 wurde Schottland mit England zum Königreich Großbritannien vereinigt. 1801 schloß sich Irland dem Königreich an. Im 18. Jahrhundert kamen Indien und Australien hinzu, und im 19. Jahrhundert nahm das *British Empire* Neuseeland, große Teile Afrikas und viele andere Gebiete auf der ganzen Welt in Besitz. Englisch ist heute (nach Chinesisch) die meistgesprochene Sprache der Welt, sie ist verbreiteter als jede andere. Die englische Kultur ist erfolgreich nach Nordamerika und Australasien verpflanzt worden und mit regionalen Kulturen in Indien, Afrika und anderswo zu dem weltweit einflußreichsten kulturellen/sprachlichen Komplex verschmolzen.

Die Auswirkungen der klimatischen und epidemiologischen Ereignisse des 6. Jahrhunderts in Britannien veränderten somit in den Jahrhunderten darauf das Antlitz der Welt.

DIE ANGELSÄCHSISCHE EXPANSION
SCHLÜSSEL
Von Germanenstämmen (später von Historikern als Angelsachsen bezeichnet) zwischen ca. 440 und ca. 510 eingenommen
Von den Angelsachsen zwischen ca. 550 und ca. 630 eingenommen
Von den Angelsachsen zwischen ca. 630 und ca. 680 eingenommen
100 Meilen
100 km

KAPITEL 16

Die Entstehung Irlands

Waffen drängen vorwärts, Männer drängen vorwärts
Im großen Sumpf Daire Lothair [in Derry]
Ein schlimmer Streit
Um den König von [Ulster] Cruithin [Dynastie],
Aed Brecc [Feurige Flecken!]
Die Schlacht aller Cruithin wird geschlagen
Sie brennen [das Königtum] Eilne nieder
Die Schlacht von Gabar Liphi wird geschlagen
Und die Schlacht von Cúil Dreimne.
Geiseln werden nach dem Krieg
nach Westen gebracht, wie menschliche Ernte
[gefangen von den Lords] Forgus, Domnall, Ainmire
und Nannid, Sohn des Daui.
Prachtvoll stürmt
[König] Baetáns Roß auf das Heer zu,
Sehr zufrieden ist Baetán mit dem gelben Haar.[1]

Mit diesen Zeilen beschreiben die *Annals of Ulster* eine Serie von Schlachten, die dazu beitrugen, daß große Teile Irlands unter einem Hochkönig vereinigt wurden.

Die Schlachten fanden in den sechziger Jahren des 6. Jahrhunderts statt und markierten den Anfang eines langen und blutigen Kampfes, in dessen Verlauf das Fundament für die Vereinigung der Insel Irland vier Jahrhunderte später gelegt wurde.

Die zweite Hälfte des 6. Jahrhunderts erlebte die Entstehung des protomodernen Irlands auch in anderer Hinsicht – vor allem in religiöser und sprachlicher. Und wie in England führten sehr wahrscheinlich die Naturkatastrophen in der Mitte des 6. Jahrhunderts zur Destabilisierung des geopolitischen und kulturellen Status quo, was den Weg für einen grundlegenden und raschen Wandel öffnete.

Die Zeit von 538 bis 553 war in Irland von Katastrophen geprägt. Das weltweite Klimachaos Mitte der dreißiger Jahre des 6. Jahrhunderts hatte auf der Insel Mißernten und Hungersnöte zur Folge. Wie in Kapitel 13 erwähnt, berichten die *Annals of Ulster* von einem »Brotmangel« im Jahre 538. Die Mißernte stand im Zusammenhang mit einer besonders gravierenden Störung des Pflanzenwachstums, die auch durch die Baumring-Chronologie für die Zeit von 536 bis 540 belegt wird. Die Chronologie wurde erstellt anhand der Analyse von quer durchgeschnittenen, mit Wasser vollgesogenen alten Eichenstämmen, die man in irischen Torfsümpfen entdeckt hat.[2]

Anfang oder Mitte der vierziger Jahre des 6. Jahrhunderts brach dann eine schreckliche Epidemie aus. Die irischen Annalen geben für diese Katastrophe zwei unterschiedliche Jahreszahlen an. Eine der Quellen, die mittelalterliche *Cronicum Scotorum*[3], nennt das Jahr 541 – was den Schluß nahelegt, daß die Epidemie (vielleicht Pocken oder eine ähnliche Krankheit) durch die Hungersnot von 538 ausgelöst wurde. Wahrscheinlicher ist die Jahreszahl in den *Annals of Ulsters* nämlich 545. In diesem Jahr wütete die Pest bereits sowohl in Frankreich als auch in Spanien, und es ist anzunehmen, daß sich die Seuche von einem dieser beiden Länder oder sogar direkt aus dem Mittelmeerraum nach Irland ausbreitete. Wie in Kapitel 13 erwähnt, hörten die unweit von Dublin gelegene Küstensiedlung Lough Shinney und die königliche Festung Garranes in der Nähe von Cork Mitte des 6. Jahrhunderts oder unmittelbar danach auf zu existieren. Sogar die Größten des Landes blieben von der Epidemie nicht verschont; die Annalen verzeichnen, daß einer der wichtigsten Geistlichen des Landes, Mo Bí Clárainech, daran starb.

Doch es sollte noch schlimmer kommen. Im Jahre 550 wurde Irland von einer zweiten Epidemie heimgesucht – diesmal mit an Sicherheit grenzender Wahrscheinlichkeit von der Pest. Die Krankheit, die in den Annalen als die *Mortalitas Magna* (das »Große Sterben«) bezeichnet wird, muß einen erheblichen Teil der Bevölkerung ausgelöscht haben, darunter nicht wenige Angehörige der relativ kleinen Elite der Gebildeten und Herrschenden.

Die *Annals of Ulster* verzeichnen den Tod von fünf prominenten Opfern – höhere Geistliche aus Bangor im Nordosten, Tipperary im Süden, der Gegend um Dublin im Osten und Leinster und Lough Derg in Mittel- und Westirland. Allein bei diesem Ausbruch kamen vermutlich 20 bis 30 Prozent der obersten Ränge der Geistlichen ums Leben.

Die Überlebenden der Epidemie von 550 hatten sich noch kaum erholt, da kam es 553 zu einem erneuten Seuchenausbruch, sehr wahrscheinlich war es wieder die Pest.

Geopolitisch betrachtet, war der Zeitraum während und sogar vor der Pest relativ friedlich gewesen. Für die 45 Jahre vor 555 sind in den irischen Annalen nur elf Schlachten verzeichnet.[4] Doch unmittelbar nach den von Hungersnot und Pest geprägten Jahren, in denen die Bevölkerung erheblich schrumpfte, scheint regelrecht die Hölle losgebrochen zu sein. In den 45 Jahren nach 555 fanden laut den Annalen 27 Schlachten statt – zweieinhalbmal so viele wie in dem entsprechenden Zeitraum vor 555. Für die zehn Jahre von 556 bis 565 sind nicht weniger als acht Schlachten überliefert – fast dreieinhalbmal so viel, wie dem Durchschnitt in den vorangegangenen 45 Jahren entspricht.

Wie in anderen Teilen Europas befiel die Pest sehr wahrscheinlich bestimmte Teile Irlands mehr als andere. Bei herkömmlichem Verlauf der Seuche wurden dichter bevölkerte und deshalb häufig reichere Landstriche verhältnismäßig stärker verwüstet als spärlich bevölkerte. Die Pandemie hatte somit zur Folge, daß sie die Unterschiede in der Bevölkerungsdichte zwischen fruchtbaren und weniger fruchtbaren Regionen nivellierte, was weniger reichen Kriegsherren die willkommene Gelegenheit bot, sich nach der Pest in weniger fruchtbare und weniger dicht besiedelte Bereiche auszudehnen – vor allem in Gegenden, die am wenigsten Kontakt mit dem europäischen Festland hatten.

Genau das scheint geschehen zu sein. Die Schlachten in Irland nach der Pandemie waren dadurch gekennzeichnet, daß eine bis dahin eher unbedeutende Familie aus dem relativ unfruchtbaren Nordwesten zu Macht und Bedeutung gelangte – die Uí Néill (ausgesprochen Ee-Nail). Vor der Pest waren die Uí Néill lokale

Kriegsherren gewesen, die außerhalb der Gegend um die Sligo Bay in der Region Ulster Connacht kaum bekannt waren. Doch schon zehn Jahre nach der Pandemie hatten sie große Teile von Mittel- und Westulster sowie erhebliche Gebiete von Meath an sich gerissen. Das zu Anfang des Kapitels zitierte Gedicht handelt von ihren Siegen in Ulster und Mittelirland in den fünfziger Jahren des 6. Jahrhunderts.

Die Kriege in der zweiten Hälfte des 6. Jahrhunderts waren überwiegend Konflikte mit den Uí Néill oder die Folge solcher Konflikte – häufig Schlachten, in denen Männer von Leinster oder Meath oder Ulster versuchten, das Joch der Uí Néill abzuwehren oder abzuschütteln. Die Ära vom 7. bis zum 9. Jahrhundert war davon geprägt, daß die Uí Néill, die ursprünglich aus dem entlegenen Nordwesten stammten, allmählich fast ganz Irland unter ihre direkte oder indirekte Kontrolle brachten.

Diese lockere hegemoniale Vereinigung ebnete den Weg für die allmähliche Herausbildung eines einzigen vereinigten irischen Königreichs in der Zeit vom 9. bis zum 11. Jahrhundert. Das Irland der Uí Néill war somit der eigentliche politische Vorfahr des modernen irischen Nationalstaates. Wie in England hatte die Pest die Geburt einer Nation befördert.

Doch nicht allein in politischer Hinsicht formten die große Hungersnot und die große Pest Irland. Auch in religiöser Hinsicht scheinen sich beide Katastrophen ausgewirkt zu haben, denn während und unmittelbar nach der Pest entstanden die ersten wirklich wichtigen Kirchen und Klöster in Irland. Die verschiedenen irischen Annalen erwähnen besonders vier Klöster: in Derry (546), Clonmacnoise (irgendwann zwischen 543 und 548), Bangor (557) und Clonfert (562). Irlands Aristokratie war offiziell zwar schon seit zwei oder drei Generationen christlich, und es muß bereits viele kleine Kirchen gegeben haben, doch die Kirchengründungen während und unmittelbar nach der Pest waren die ersten, die in den Annalen festgehalten wurden.

Es ist naheliegend, daß die Menschen durch die Erfahrung mit der Hungersnot und den drei Epidemien ein verstärktes Bedürfnis nach göttlicher Hilfe verspürten. Die traditionellen quasi-druidischen, heidnischen Götter und Geister hatten sie weder vor Hungersnot noch vor Krankheit und Tod bewahren können, und das dürfte den intensiven Wunsch nach einem wirkungsvolleren Zugang zu göttlichem Schutz und nach einer größeren Chance auf ein Leben nach dem Tod geweckt haben.

Große neue Kirchen und Klöster waren, da sie von Angehörigen der herrschenden Führungsschicht geleitet wurden, auch in politischer Hinsicht bedeutsam. Wenn Herrscher – häufig aus der Familie der Uí Néill – durch die Kirche sowohl Gott als auch das Volk auf ihrer Seite hatten, dann ließen sich wichtige politische und religiöse Ziele erreichen. Die kirchliche Expansion vollzog sich zunehmend Hand in Hand mit der politischen. Geistliche der Uí Néill eigneten sich (vermutlich nicht ganz legal) rivalisierende Kirchen und Klöster an, und Krieger der Uí Néill eroberten rivalisierende Gebiete und Königtümer. Doch auf lange Sicht hatten die Pest und die damit verbundenen Klostergründungen eine bis dahin beispiellose Massenchristianisierung der Bevölkerung zur Folge. Schließlich schwanden die Restbestände des druidischen Einflusses auch noch, da das Christentum nicht nur den Geplagten Rettung verhieß, sondern auch den herrschenden Uí Néill zu mehr Macht verhalf.

Die Katastrophe Mitte des 6. Jahrhunderts veränderte zwangsläufig auch die allgemeine Lebensart. Von der Mitte des 6. Jahrhunderts an errichteten selbst die kleinsten Bauern Verteidigungsanlagen um ihre relativ bescheidenen Gehöfte, in der Regel niedrige Schutzwälle aus Stein oder Erdwälle. In diesen kriegerischen Zeiten trieben auch immer mehr Banditen und Viehdiebe ihr Unwesen – Räuberbanden und kleine Heerscharen, die sich so am Leben hielten. Zwischen der Mitte des 6. Jahrhunderts und dem 9. Jahrhundert wurden schätzungsweise 70 000 Verteidigungsanlagen um Gehöfte herum gebaut (heute bei Archäologen als Ringfestungen bekannt) – und 45 000 sind noch heute als Ruinen erhalten.[5]

Die chaotischen und unruhigen Zeiten, die auf die pestbedingte geopolitische Destabilisierung folgten, erzeugten bei den Menschen nicht nur ein verstärktes Bedürfnis nach Sicherheit, sie schlugen sich auch in der irischen Sprache und Literatur nieder.

Das heutige Irisch ist im wesentlichen die weiterentwickelte Version einer Form des Keltischen, die Ende des 6. Jahrhunderts entstand. Vor der großen Hungersnot und den Pestepidemien in der Mitte des Jahrhunderts sprachen die Iren eine Variante des gewöhnlichen Keltisch (Vorläuferin aller überlieferten keltischen Sprachen auf den britischen Inseln). Mitte bis Ende des 6. Jahrhunderts kam es dann zu einem regelrechten linguistischen »Erdrutsch«. Viele Wortendungen entfielen im Zuge einer Apokope, wie es in der Linguistik heißt, und gleichzeitig verloren viele Wörter ihre Mittelsilben durch die sogenannte Synkope. Zahlreiche Wörter wurden somit um bis zu einem Drittel verkürzt. Obendrein änderte sich auch die Aussprache von Wörtern. Ein neuer Akzent entwickelte sich; nunmehr wurde der Wortanfang sehr stark betont, während lange Vokale, die nicht am Wortanfang standen, verkürzt wurden. Diese Erkenntnisse hat die Sprachwissenschaft anhand erhaltener Inschriften und Texte aus dem vierten bis 7. Jahrhundert erarbeitet, die auf der Grundlage der bekannten Mechanismen sprachlichen Wandels untersucht wurden.

Die gesamte Sprache erlebte eine regelrechte Revolution, Folge der Pest, die das demographische Gleichgewicht verändert hatte. Die alte, etablierte Herrscherschicht in den dichter besiedelten Gebieten im Süden und Osten Irlands war sehr wahrscheinlich dezimiert worden. Aus den Randgebieten flossen neue Akzente in das linguistische Vakuum ein, als sich Kriegsherren aus den betreffenden Regionen das demographische Vakuum zunutze machten. Überdies war die kleine, traditionell gebildete Schicht wohl erheblich geschrumpft, so daß möglicherweise zunächst weniger geschrieben wurde und neue Schreiber danach offener für neue sprachliche Einflüsse waren. Sogar die irische Lyrik veränderte sich. Die traditionellen Metren mit langen Zeilen wurden ersetzt durch Metren, die auf lateinischen christlichen Kirchenliedern basierten.

KAPITEL 17

Französische Genesis

»Als die Pest schließlich anfing zu wüten, wurden in der ganzen Region so viele Menschen getötet, und die Toten waren so zahlreich, daß sie nicht einmal gezählt werden konnten. An Särgen und Grabsteinen herrschte ein so großer Mangel, daß zehn oder mehr Leichname in ein und demselben Grab bestattet wurden. Allein in einer Kirche, an einem einzigen Sonntag, wurden 300 Tote gezählt. Der Tod kam sehr rasch. In der Leiste oder in der Achselhöhle entstand eine offene Wunde wie ein Schlangenbiß, und der betroffene Mann starb bald darauf an dem Gift, tat am zweiten oder dritten Tag seinen letzten Atemzug.«[1]

So beschreibt der große gallorömische Bischof und Geschichtsschreiber Gregor von Tours im 6. Jahrhundert in seiner »Frankengeschichte« die verheerenden Folgen der Beulenpest in der Stadt Clermont in der Auvergne. In Gregors Jahrhundert suchte die Krankheit mindestens viermal Teile des heutigen Frankreichs heim – 543/544, 571/572, 581–584 und 588–590. Und ebenso, wie die Pandemie Britanniens Zukunft prägte, so scheint sie sich auch stark auf die weitere Entwicklung der französischen Geschichte ausgewirkt zu haben.

In den ersten beiden vorchristlichen Jahrhunderten wurde Gallien von den Römern erobert. Im Laufe der Zeit etablierte sich die römische Kultur und Sprache. Im 3. Jahrhundert nach Christus fielen germanische Stämme – darunter auch die Franken – tief in Gallien ein. Einige Jahrzehnte später wurden sie zwar zurückgetrieben, doch ein Jahrhundert darauf fanden erneute Einfälle statt, und diesmal ließen sich die fränkischen Invasoren nicht wieder verjagen. Sie durften als römische Bundesgenossen auf gallorömischem Gebiet im heutigen Belgien bleiben. Als das römische Imperium im Westen dann im 5. Jahrhundert unter dem Druck einer Übermacht an germanischen Invasoren allmählich zerfiel, rissen die Franken Teile Nordgalliens an sich, und im Jahre 507 beherrschten sie bereits das gesamte Gebiet des heutigen Frankreichs mit Ausnahme der Bretagne, von Burgund und des tiefen Südens (einschließlich der Provence). Doch im Jahre 537 waren auch Burgund und die Provence erobert, und die Franken machten sich nicht nur daran, ein eigenes Reich aufzubauen, sondern sahen sich auch zunehmend als die Erben Roms im Westen.

Sie übernahmen von den Römern das Gesetz und die Sprache, die Regierungsform und das Hofprotokoll, die römisch-katholische Religion und sogar römische Titel. Doch in einem wichtigen Aspekt folgten sie dem römischen Vorbild erstaunlicherweise nicht: Sie ließen sich nicht in den ehemaligen politischen Machtzentren in der Südhälfte Frankreichs nieder. Die großen römischen Paläste in Arles und Lyon wurden nicht benutzt – zumindest nicht von fränkischen Monarchen.

In dieser Hinsicht verhielten sie sich anders als die mächtigen germanischen Stämme – die Westgoten in Spanien, die Ostgoten in Italien und die Wandalen in Nordafrika, die sich nämlich tatsächlich in den alten Machtzentren ihrer jeweiligen Territorien niederließen. Der Grund ist folgender: Als sich den Franken die Gelegenheit bot, eine im Süden gelegene Machtbasis zu übernehmen (Mitte des 6. Jahrhunderts), erlebten die wichtigen Städte dort gerade einen besonders verheerenden Niedergang – durch die Pest. Bis auf eine lagen alle großen Städte, die von der Pest heimgesucht wurden, in Zentral- und Südgallien.

Die Pandemie traf nicht ganz Gallien mit gleicher Härte. Der urbanere Süden war offenbar viel schlimmer betroffen als der weniger urbane Norden. Die Folge war (wie in Britannien) eine völlig neue politische und wirtschaftliche Ausrichtung, und der einst wunderbar prächtige, wohlhabende Süden verlor in jeder Hinsicht seinen Reiz: finanziell, bevölkerungsmäßig, handelsmäßig und natürlich gesundheitsmäßig.

Es ist durchaus möglich, daß die Franken, hätten sie den Süden ein halbes Jahrhundert früher unter ihre Kontrolle gebracht, dort ihren Machtsitz errichtet hätten, so wie die Westgoten in Spanien das römische Toledo, die Ostgoten in Italien Ravenna (493) und die Wandalen in dem Gebiet, das heute Tunesien ist, Karthago (442) zu ihrer Hauptstadt gemacht hatten. Doch die Franken begannen mit der Ausbreitung ihrer Macht erst etwa sechs Jahre bevor die Pest in den vierziger Jahren des 6. Jahrhunderts das Leben und die Wirtschaft in den Städten im Süden vernichtete. Innerhalb weniger Jahre hörten die südlichen Juwelen in der gallorömischen Krone auf zu funkeln.

Im Jahre 543 verlor Arles (wie sicher viele andere Städte im Süden) einen Großteil seiner Bevölkerung. Möglicherweise suchte die Pest in den fünfziger und sechziger Jahren des 6. Jahrhunderts den Süden erneut heim (wie sie auch in anderen Teilen des Mittelmeerraums ausbrach), doch darüber liegen heute keinerlei Aufzeichnungen mehr vor. Im Jahre 571 kehrte sie zurück und wütete in Clermont und der ganzen Auvergne, in Lyon, Bourges, Dijon und Chalon-sur-Saône. Von 581 bis 584 fiel sie über Narbonne, Albi, Nantes und andere ungenannte Regionen her, von 588 bis 590 dezimierte sie in Marseilles, Avignon und dem Rhône-Tal bis nach Norden in der Gegend von Lyon die Bevölkerung stark.

Die Pest hatte nicht nur für Gallien, sondern auch für die meisten anderen Mittelmeergebiete verheerende Folgen. Der Handel erlitt in der ganzen Region schwere Einbußen, und gegen Ende des Jahrhunderts hatten die Steuern und Zölle, die sich in den südlichen Hafenstädten erheben ließen, einen Tiefstand erreicht, der für die fränkischen Machthaber nicht mehr attraktiv war. Da der Handel am Boden lag, die Bevölkerung stark dezimiert und der einstige Wohlstand dahin war, verpuffte die Macht der ehemaligen gallorömischen Herrschaftssitze. Da die Pest so unterschiedlich zugeschlagen hatte, war der Süden politisch und wirtschaftlich weniger wichtig geworden, hingegen hatte der Norden an Macht gewonnen.

Die Entscheidung der fränkischen Könige, in Nordgallien zu bleiben, hatte aus heutiger Sicht weitreichende Folgen. Dadurch wurde das Pariser Becken zum politischen Epizentrum des entstehenden französischen Staates. Sie bewirkte wohl auch die Entwicklung des modernen Frankreich. Ein Staat mit Hauptsitz in Arles oder gar Lyon hätte am Ende weniger Interesse daran gehabt, die Kontrolle über den Norden zu behalten mit den so potentiell aggressiven Nachbarn England, Skandinavien und Deutschland. Für den Norden war es vermutlich leichter, den Süden (der zum Teil vom Mittelmeer und nicht auf allen Seiten von gegnerischen Mächten flankiert wurde) zu halten, als umgekehrt. Außerdem spielte der erstarkende Norden – das Pariser Becken – eine Schlüsselrolle bei der Förderung des Handels im Raum Nordsee/Ärmelkanal, was wiederum dazu beitrug, daß Holland, England und sogar Frankreich schließlich zu atlantischen Mächten aufstiegen und der Mittelmeerraum für sie an Bedeutung verlor. Diese Länder waren in der Lage, ihre Wirtschaftsinteressen global auszurichten anstatt nur auf den Mittelmeerraum und Europa.

Doch die Pest hatte auch andere, nicht primär geopolitisch relevante Folgen. Sie zerstörte nicht nur zahllose Menschenleben, sie veränderte auch wichtige Aspekte der Religion von Grund auf. Angesichts des Massensterbens entstand eine neue öffentliche Massenreaktion. Die Menschen beteten und pilgerten nicht mehr vorwiegend allein, sondern die Bevölkerung ganzer Städte ging auf eine Massenpilgerfahrt. Pilgern wurde zu einem Kollektiverlebnis, einer gemeinsamen Übung in Andacht und Gebet.

Solche Ereignisse, bei denen Tausende verzweifelter Bürger meilenweit marschierten, waren die sogenannten Bittprozessionen. »Erfunden« wurden sie Ende des 5. Jahrhunderts in Vienne im südlichen Gallien, um göttliche Hilfe bei einem Erdbeben zu erflehen. Die Methode wurde dann verfeinert und verbreitete sich Mitte und Ende des 6. Jahrhunderts, als ganze Stadtgemeinden versuchten, Pestepidemien zum Stillstand zu bringen. (Tatsächlich erwähnt Gregor von Tours eine sehr große Bittprozession in der Nähe von Clermont, als die Pest im Jahre 543 erstmals nach Frankreich kam.) Schließlich dehnte sich die Tradition über die Grenzen des Fränkischen Reiches aus und wurde nach und nach praktisch in ganz Westeuropa populär.

In der niedergedrückten Atmosphäre im pestgeplagten Frankreich des 6. Jahrhunderts griffen noch zwei andere religiöse Phänomene um sich. So flackerte mindestens seit der Epidemie von 581 bis 584 offenbar verstärkt der Antisemitismus auf. 582 befahl der fränkische König, daß eine große Zahl von Juden zwangsgetauft werden sollte. Und in den Jahren 587 und 590, berichtet Gregor von Tours in seiner »Frankengeschichte«, tauchten falsche

Propheten und Heilige und sogar ein falscher Christus auf. Gregor schreibt, daß während des Pestausbruchs in Marseilles ein Mann, der aus der Mitte Frankreichs kam und in Tierhäute gehüllt war, bei seiner Ankunft in Arles behauptete, er sei Jesus Christus.

»Die Menschen kamen in Scharen zu ihm und brachten ihre Kranken mit.

Er legte ihnen die Hände auf, um sie wieder gesund zu machen. Die Menschen, die sich um ihn scharten, brachten ihm Kleidung und Geschenke aus Gold und Silber. All das gab er den Armen. Er legte sich auf die Erde und sprach ein Gebet nach dem anderen. Dann stand er auf und sagte zu den Umstehenden, sie sollten ihm wieder huldigen.

Er sagte die Zukunft voraus, prophezeite einigen, sie würden krank werden, und anderen, sie würden großen Kummer erleiden, wieder anderen aber verhieß er Glück. Sehr viele Menschen ließen sich von ihm täuschen, nicht nur die Ungebildeten, sondern sogar Priester und andere. Über 3000 Menschen folgten ihm überall hin. Dann begann er, diejenigen auszurauben, denen er unterwegs begegnete, und was er ihnen abnahm, gab er den Armen und Bedürftigen.

Er stellte eine Art Schlachtlinie auf und schickte sich an, Aurelius anzugreifen, der zu der Zeit Bischof der Diözese war. Er sandte Boten voraus, um sein Kommen anzukündigen, Männer, die nackt tanzten und umhersprangen.

Der Bischof war verärgert. Er wählte einige von seinen wackersten Dienern aus und wies sie an, der Sache auf den Grund zu gehen. Einer von ihnen, der Mann, der ihnen vorstand, beugte sich so tief herab, als wollte er ihm die Knie küssen, und hielt ihn ganz fest. Er ließ ihn ergreifen und ausziehen. Dann zog er höchstselbst sein Schwert und erschlug ihn auf der Stelle. So fiel und starb dieser Christus, der es eher verdiente, Antichrist genannt zu werden.«

Die Beulenpestpandemie im 6. Jahrhundert, die so furchtbare Folgen für Frankreich hatte, war natürlich ursprünglich um 530 in Ostafrika ausgebrochen, wo der Lebensraum der wildlebenden Nagetiere eine gravierende Störung erfahren hatte.[2] Doch die weltweiten klimatischen Turbulenzen der Zeit wirkten sich auch unmittelbarer auf die französische Geschichte aus. Denn im Jahre

536, als die ganze Welt von dem Klimachaos betroffen war, verhinderten die bizarren Launen des Wetters einen Krieg und veränderten sehr wahrscheinlich den Lauf der französischen Geschichte.

In jener Zeit war die fränkische Welt in drei Königtümer unterteilt, deren Herrscher – zwei Brüder und ein Neffe – sich im wahrsten Sinne des Wortes an die Gurgel gehen wollten. Childebert, der König von Paris, und Theudebert, der König von Metz, rüsteten sich zum Angriff auf Lothar, den König von Soissons. Lothar ist es zu verdanken, daß die fränkische (merowingische) Dynastie nach 550 weiter erblühte, und sein Tod auf dem Schlachtfeld hätte der fränkischen und damit der anschließenden französischen Geschichte einen völlig anderen Lauf gegeben.

Der Angriff wurde zwar geplant, fand aber nie statt. Regen oder vielmehr riesige Hagelkörner vereitelten ihn. Gregor von Tours schreibt dazu:

> Childebert und Theudebert stellten ein Heer auf, um gegen Lothar zu marschieren. Als Lothar davon erfuhr, erkannte er, daß er gegen die vereinten Kräfte der beiden nichts würde ausrichten können.
>
> Er zog sich in den Wald zurück, ließ zwischen den Bäumen eine große, kreisrunde Barrikade bauen und vertraute sich der Gnade Gottes an. Königin Clothilde [die Mutter von zweien der Könige] erfuhr, was geschehen war. Sie ging zum Grab des heiligen Martin [in Tours], fiel demütig auf die Knie und betete die ganze Nacht, daß der Brüderkrieg nicht ausbrechen möge.
>
> Childebert und Theudebert rückten mit ihren Truppen vor, umzingelten Lothars Stellung und planten, ihn am Morgen zu töten. Als der Tag anbrach, erhob sich ein fürchterlicher Sturm über ihrem Lager. Ihre Zelte wurden umgeweht. Ihre Ausrüstung wurde in alle Richtungen verstreut, und alles wurde durcheinandergewirbelt. Es donnerte und blitzte, und Hagelkörner prasselten hernieder.
>
> Sie warfen sich mit dem Gesicht auf den Boden, der schon dick mit Hagel bedeckt war, und die Hagelkörner stürzten ohne Unterlaß auf sie nieder. Sie hatten als Schutz nur ihre

Schilde und fürchteten, vom Blitz erschlagen zu werden. Ihre Pferde waren in alle Himmelsrichtungen verstreut, und die beiden Könige wurden von den Hagelkörnern arg malträtiert.

Sie taten Buße und baten Gott um Vergebung für den Angriff auf ihr eigen Fleisch und Blut. Niemand kann bezweifeln, daß der heilige Martin die Fürbitte der Königin erhört und dieses Wunder vollbracht hatte.

Die Geschichte mag ein wenig phantastisch anmuten, doch ähnliche Quellen, die sich alle auf die dramatische Klimaverschlechterung in den dreißiger Jahren des 6. Jahrhunderts beziehen, berichten von riesigen Hagelkörnern um die gleiche Zeit in Britannien und China.[3]

Wenn es Childebert und Theudebert gelungen wäre, Lothar zu töten, wäre sicherlich innerhalb einer Generation ein erbitterter Krieg um die Thronfolge ausgebrochen, die alles andere als klar war. Das Frankenreich wäre vielleicht zerfallen oder vom dem fränkischen Teilreich Burgundia übernommen worden. In jedem Fall wäre die spätere Geschichte Frankreichs mit Sicherheit ganz anders verlaufen.

KAPITEL 18

Die Entstehung Spaniens

Für Spanien – wie für so viele andere Nationen – hat das 6. Jahrhundert eine ganz besondere Bedeutung, denn in gewisser Weise wurde es in dieser Epoche geboren.

Spanien war die erste große Überseeprovinz des Römischen Reiches gewesen und blieb über 600 Jahre lang (vom 3. Jahrhundert v. Chr. bis zum 5. Jahrhundert n. Chr.) ein fester Bestandteil des Imperiums. Aber im ausgehenden vierten und zu Beginn des 5. Jahrhunderts verlor Rom die Kontrolle über die Iberische Halbinsel.

Die Geschichte begann im Jahre 375 n. Chr., als ein germanischer Stammesverband, die Westgoten (die im Gebiet des heutigen Südrumäniens lebten) von den asiatischen Hunnen bedroht wurden. Die Westgoten baten um die Erlaubnis, sich im Römischen Reich anzusiedeln, was ihnen auch gewährt wurde. Sie durften sich auf dem Balkan niederlassen, gerieten aber bald mit ihren römischen Gastgebern in kriegerische Auseinandersetzungen. Im Jahre 410 eroberten und plünderten sie Rom, wurden aber dennoch nur zwei Jahre später römische Verbündete. Das Imperium betraute sie mit der Aufgabe, vier andere germanische Barbarenstämme zu unterwerfen, die 406 in römisches Gebiet eingefallen, durch Frankreich gezogen waren und einen großen Teil Spaniens besetzt hatten.

Als die Westgoten ihren Auftrag in Spanien erfolgreich beendet hatten, wurde ihnen zur Belohnung Land im Südwesten Galliens zugeteilt. Doch die germanischen Barbaren in Spanien formierten sich bald darauf erneut, und im Jahre 455 bat Rom die Westgoten ein weiteres Mal um Hilfe. Die Barbaren wurden erneut geschlagen – doch 468 wechselte Rom die Seiten und verbündete sich mit einem der Barbarenstämme, die die Westgoten im Auftrag des Reiches hatten unterwerfen sollen.

Die Westgoten reagierten auf diesen Verrat, indem sie große Teile des offiziell römischen Territoriums eroberten und somit (im Jahre 475) praktisch ein eigenes Reich schufen, das die Hälfte Galliens (Frankreich) – einschließlich ihres ursprünglichen Gebietes – und drei Viertel Spaniens umfaßte. Zur gleichen Zeit drangen wieder andere Germanen nach Italien vor, und schließlich brach 476 das Römische Reich in Westeuropa zusammen. Italien wurde 493 wie Spanien ein unabhängiges gotisches Königreich.

Etwa von 457 an waren die Westgoten daher die führende Macht in Spanien. Im Jahre 507 verloren sie die meisten ihrer Gebiete nördlich der Pyrenäen, so daß sich ihr Königreich fortan hauptsächlich auf die Iberische Halbinsel beschränkte.

Wer waren die Westgoten?

Den eigenen Legenden nach kam das germanische Volk der Goten ursprünglich (im oder vor dem 1. Jahrhundert v. Chr.) aus Südskandinavien. Römischen Quellen zufolge siedelten sie aber im 1. Jahrhundert n. Chr. an der Südostküste der Ostsee, im Mündungsgebiet der Weichsel. In der zweiten Hälfte des folgenden Jahrhunderts zogen sie dann quer durch Osteuropa und ließen sich an der Nord- und Nordwestküste des Schwarzen Meeres nieder. Dieses Gebiet wurde für sie zur Ausgangsbasis, um die römische Provinz Dacia (das heutige Rumänien) anzugreifen. In den 270er Jahren zwangen die Goten Rom zur Aufgabe Dacias und eigneten sich das Gebiet an. Diese erfolgreichen gotischen Krieger wurden als die »tapferen Goten« (in ihrer Sprache »Wisigoten«) bekannt, während diejenigen Goten, die weiter östlich lebten, als Ostgoten (richtiger Ostrogoten) bezeichnet wurden.

Mitte des 3. Jahrhunderts wurde ein kleiner Teil der Westgoten durch christliche Gefangene, die sie bei ihren Raubzügen in das römische Anatolien (die heutige Türkei) gemacht hatten, erstmals mit dem Christentum in Berührung gebracht. Gut ein Jahrhundert später, im Jahre 376, erhielten die Westgoten die Erlaubnis, sich im Römischen Reich, und zwar in dem Gebiet des heutigen Serbiens, anzusiedeln. Dort wurden sie (als Bedingung für ihren Einlaß ins Römische Reich) von einem Bischof westgotischer Abstammung namens Wulfila, der die Bibel ins Gotische übersetzte, zum Christentum bekehrt. Wulfila vertrat allerdings eine gemäßigte Form des Arianismus, eine nicht katholische Form des Christentums, die zwar im Jahre 376 noch Unterstützung von seiten des Reiches genoß, diese aber verlor und nach einem Kirchenkonzil im Jahre 381 als häretische Irrlehre eingestuft wurde.

Trotz ihrer christlichen Ausrichtung unterschied sich die arianische Theologie grundsätzlich vom Katholizismus. Im Gegensatz zum Katholizismus, für den Christus mit Gott wesensgleich ist, hielten die Arianer Christus und Gott für nur wesens*ähnlich*; für sie war Gott ewig, Christus dagegen nicht. Er war einfach das erste Wesen, das Gott geschaffen hat. Die gemäßigten Arianer betrachteten Christus als ein übernatürliches Wesen, aber nicht als ebenso göttlich wie Gottvater. Radikale Arianer gingen noch weiter und behaupteten, Christus sei keine Gottheit, sondern lediglich eine von Gottes Schöpfungen, die der Menschheit die göttliche Offenbarung gebracht hatte. Beide Überzeugungen wurden von Katholiken als Gefährdung des zentralen christlichen Dogmas eingeschätzt, demzufolge Christus sündige Menschen vor der ewigen Verdammnis retten könne. Wäre Christus nicht Gott, dann wäre auch diese seine Macht in Frage gestellt. Daß die Westgoten gerade die arianische Variante des Christentum annahmen, sollte sich erheblich auf die westgotisch-spanische Geschichte auswirken.

Zerfall des Westgotenstaates

Die Pest hatte für das von Westgoten beherrschte Spanien anscheinend mindestens zwei entscheidende Auswirkungen. Wie in anderen Regionen richtete sie auch hier beträchtliche gesellschaftliche, wirtschaftliche und politische Zerstörung an. Außerdem brachte sie offenbar das Machtverhältnis zwischen den westgotischen Herrschern und ihren römisch-spanischen Untertanen gehörig aus dem Gleichgewicht.

Die Pest verringerte das Steueraufkommen, indem sie sowohl

die Steuerzahler als auch die Steuereintreiber tötete. Sie kostete nicht nur Massen von gewöhnlichen Leuten das Leben, sondern raffte auch zahlreiche Menschen mit großer persönlicher, politischer und militärischer Macht dahin, und eine ungewöhnlich hohe Zahl an frei werdenden Führungspositionen in allen gesellschaftlichen Bereichen führt, wie die Geschichte zeigt, fast immer zu einem – oft gewalttätigen – Konkurrenzkampf unter den potentiellen Nachfolgern.

Auch das Verhältnis zwischen Herrschern und Beherrschten wurde offenbar durch die vernichtenden Folgen der Pest aus dem Gleichgewicht gebracht. Die Bevölkerungszahl des westgotisch beherrschten Spaniens am Vorabend der Pest betrug etwa vier Millionen, von denen nur 300 000 Westgoten waren. Der demographische Rückgang konnte also sehr wahrscheinlich von der römisch-spanischen Bevölkerungsmehrheit relativ problemlos verkraftet werden, nicht jedoch von der an sich schon sehr viel kleineren westgotischen Minderheit.

Es ist anzunehmen, daß all diese Faktoren ursächlich daran beteiligt waren, daß Spanien in den Jahren unmittelbar nach dem Ausbruch der Pest ins absolute Chaos stürzte. Während des gesamten 6. und 7. Jahrhunderts wurden nur vier westgotische Könige ermordet – doch drei von diesen vier Ermordungen fanden in den zwölf Jahren nach dem Ausbruch der Pest statt. König Theudis wurde 548 in seinem Palast in Toledo ermordet. Theudigisel wurde 549 im betrunkenen Zustand während eines Banketts in Sevilla umgebracht. Sein Nachfolger, Agila, wurde 555 von seinen eigenen Truppen getötet. Westgotischer König zu sein war Mitte des 6. Jahrhunderts also eine äußerst riskante Angelegenheit.

Die erste Pestepidemie und die Zeit kurz danach (um 545 bis 552) waren auch durch politischen Zerfall gekennzeichnet. Die römisch-spanische Einwohnerschaft von Córdoba revoltierte – vermutlich angeführt vom Senat der Stadt – im Jahre 550 oder kurz davor gegen den westgotisch beherrschten spanischen Staat. König Agila versuchte, die Revolte niederzuschlagen und scheiterte kläglich, denn er verlor seinen Sohn, den königlichen Schatz und fast sein gesamtes Heer. Revolten in anderen Städten – in Orense, Asturias und Cantabria (allesamt im Norden) – brachen vermutlich um die gleiche Zeit aus, obwohl die historischen Quellen nur das Ende dieser Aufstände (einschließlich der Revolte in Córdoba) zwei Jahrzehnte später erwähnen. Eine etwas andere Art der Rebellion brach 551 aus, als ein westgotischer Edelmann namens Athanagild die Schwäche des westgotischen Königs ausnutzte, Sevilla einnahm und König Agila den Thron streitig machte.

Ostrom, das damals einen großen Teil des Mittelmeerraumes kontrollierte, hatte die Stadt Ceuta am Südufer der Straße von Gibraltar in seine Gewalt gebracht und wartete geduldig auf eine Gelegenheit, Spanien zurückzuerobern – ein Gebiet, das seit gut achtzig Jahren nicht mehr zum Reich gehörte.

Das Chaos in Spanien im 6. Jahrhundert – und vor allem die Rolle, die Athanagild dabei spielte – bot ihnen die erhoffte Gelegenheit. Ende 551 bat der rebellische Westgote den oströmischen Kaiser Justinian um Hilfe. Der Kaiser im fernen Konstantinopel reagierte prompt, und etwa im Juni 552 landete ein oströmisches Heer in Spanien (vermutlich in oder in der Nähe von Málaga). In der Schlacht von Sevilla im selben Sommer schlugen die vereinigten kaiserlichen und rebellischen Truppen Agila und zwangen ihn zum Rückzug.

Zunächst agierten die kaiserlichen Truppen lediglich als Athanagilds Verbündete, doch nachdem sie in Spanien einen Brückenkopf errichtet hatten, genügte es ihnen schon bald nicht mehr, für einen barbarischen Rebellen nur die zweite Geige zu spielen. Man nimmt an, daß die Römer im Jahre 555 bei einer zweiten Invasion in Spanien dem inzwischen stark geschwächten König Agila direkt die große Küstenstadt Cartagena entrissen. Dieser Überraschungsangriff, um den es sich zweifellos handelte, entsetzte Athanagild vermutlich ebensosehr wie Agila, denn für Athanagild wurden die verbündeten Römer plötzlich zu Rivalen um die Macht in Spanien. Für Agila bedeutete der Angriff das Ende. Der Verlust von Cartagena scheint sein Ansehen vollkommen zerstört zu haben.

Und so kam es, daß die spanische Geschichte im März 555 auf den Kopf gestellt wurde. Der rebellische Athanagild brach sein Bündnis mit den Römern, und Agila wurde in Mérida, dem königlichen Hauptquartier, von seinen eigenen Leuten ermordet. Anschließend riefen sie ihren Feind Athanagild zum König aus.

Die vereinten westgotischen Truppen konnten den oströmischen Vorstoß nun zumindest aufhalten, aber in den nächsten 70 Jahren gelang es ihnen nicht, die Römer aus Spanien zu vertreiben.

Die römische Konsequenz

Die Präsenz der Römer in Spanien war mit daran beteiligt, daß das Römische Reich wiedererwachte – ja, fast neu geboren wurde. Nach heutigem allgemeinen Verständnis erlosch das römische Herrschaftssystem, zumindest im Westen, im 5. Jahrhundert. Das Ende des Imperiums wird meist mit den Geschehnissen in Britannien (dem Rückzug der Römer aus ihren britischen Provinzen im Jahre 410) in Zusammenhang gebracht, aber auch mit der Plünderung Roms durch die Westgoten im selben Jahr, ein Ereignis, das der britische Historiker Gibbon sehr anschaulich beschrieben hat.

Doch in der zweiten Hälfte des 6. Jahrhunderts nahm der oströmische Kaiser Justinian ein außergewöhnliches Projekt in Angriff, die »Rückeroberung« des Westens. Seine Taktik war geschickt – er griff nur dann ein Territorium an, wenn und falls er eine Schwachstelle entdeckte und wenn die Gelegenheit günstig war.

Und tatsächlich: Der äußerste Süden Spaniens wurde wieder Teil des Reiches, nicht nur weil Justinian es von vornherein auf diese Region abgesehen hatte, sondern weil er eine Schwachstelle entdeckte (das Chaos in Spanien Mitte des 6. Jahrhunderts) und die Gelegenheit beim Schopfe packte – die Revolte des Athanagild.

Justinian gelang es, nicht nur den Süden Spaniens für das Reich zurückzuerobern, sondern auch Nordafrika, Italien, sämtliche Inseln im westlichen Mittelmeer (Sardinien, Korsika, Sizilien und die Balearen) sowie die Gebiete, die heute als Bosnien und Kroatien bekannt sind. Innerhalb von 30 Jahren vergrößerte er das Reich um 50 Prozent – und es erstreckte sich erneut von der Grenze Persiens bis zum Atlantik.

Auch wenn das erweiterte Reich im Jahre 625 sein spanisches Territorium erneut verlor, die von Justinian im 6. Jahrhundert begonnene römische Rückeroberung des Westens wurde erst vier

Jahrhunderte später wieder aufgehoben, als nämlich die Normannen im Jahre 1050 Süditalien eroberten.

Nach der Rückeroberung von Teilen Südspaniens stand das erstarkte Oströmische Reich genau an der Schwelle des westgotischen Spaniens (oder war schon fast halb durch die Tür). Der Statthalter der neuen oströmischen Provinz trug stolz den Titel »Herr der Soldaten in Spanien« und war dem Kaiser in Konstantinopel direkt unterstellt. Doch aus erhaltenen Textquellen geht eindeutig hervor, daß auch der Papst einen gewissen inoffiziellen Einfluß auf ihn ausübte.

Die oströmische Provinz (bekannt unter dem Namen Spania)[1] kontrollierte einen bedeutenden Teil des Handels im westgotischen Spanien, umfaßte sie doch 1100 Kilometer Küstenlinie, einschließlich mehrerer wichtiger Häfen. Die Bedeutung von Spania für die nachfolgende spanische Geschichte wird häufig unterschätzt. Das erhaltene Quellenmaterial deutet aber darauf hin, daß die Provinz in entscheidender Weise direkt und indirekt auf das westgotische Spanien einwirkte. Spania fungierte gewissermaßen als politischer und kultureller Magnet, der die Richtung der Ereignisse im übrigen Teil der Iberischen Halbinsel beeinflußte.

Eine ganze Reihe solcher Richtungsmanipulationen hatten insgesamt zur Folge, daß sich das Machtgleichgewicht in der westgotischen Welt veränderte. Es liegen zwar keine schlüssigen Beweise für einen direkten Zusammenhang vor, doch die erste wahrscheinliche Auswirkung – im weiteren politischen Sinne – der oströmischen Intervention war die Entscheidung des Feindes der Westgoten, des Königreichs Sweben im Westen der Iberischen Halbinsel, vom Arianismus zum Katholizismus überzutreten.[2] Die Konvertierung fand in den 550er Jahren praktisch gleichzeitig mit (oder kurz nach) der oströmischen Intervention und der anschließenden Invasion des westgotischen Spaniens statt.

Die Westgoten waren natürlich Arianer, das Oströmische Reich dagegen streng katholisch. Der Übertritt der Sweben zum Katholizismus wird also von den Westgoten als ein feindseliger proromischer Schritt gesehen worden sein, da er ausgerechnet zu einem Zeitpunkt stattfand, als das westgotische Königreich von einem katholischen Reich bedroht wurde. Außerdem hatte die oströmische Intervention letztlich zum Tod von König Agila geführt, der wahrscheinlich von allen westgotischen Monarchen der größte Gegner des Katholizismus war. Auf sein Konto ging offenbar auch das Verbot der katholischen Kirchenkonzile, das dreieinhalb Jahrzehnte in Kraft war. Agila wurde zwar wieder durch einen Arianer ersetzt, doch der war immerhin vor der zweiten Phase der oströmischen Intervention bereit gewesen, sich mit einem katholischen Reich gegen seinen arianischen König zu verbünden.

Und dann war da noch die Revolte der römisch-spanischen Bevölkerung gegen die Westgoten in Córdoba, die 550 oder vermutlich kurz zuvor ausbrach. Es ist davon auszugehen, daß der Aufstand in den 550er oder 560er Jahren erstickt worden wäre, wenn da nicht die oströmische Eroberung Südspaniens gewesen wäre. Der rebellische Ministaat Córdoba war eine recht große, unabhängige Enklave zwischen dem Gebiet des Oströmischen Imperiums und dem Westgotenreich. Córdoba hatte sicherlich gewisse gemeinsame Interessen mit den katholischen Römern, und die römische Präsenz trug wahrscheinlich dazu bei, seine Unabhängigkeit zu verlängern.

Die oströmische/westgotische Grenze war offen. Privatleute, Händler, Geistliche und andere konnten sie ungehindert passieren. Es ist also anzunehmen, daß die Präsenz einer nennenswerten oströmischen Gemeinde in der besetzten Provinz den Handel mit dem östlichen Mittelmeerraum enorm belebte, und zwar nicht nur den von Spania aus, sondern auch (über Málaga und Cartagena, die beiden großen Häfen der Provinz) den des westgotischen Spanien.

Belegt wird dies durch archäologische Forschungen, die festgestellt haben, daß Ende des 6. Jahrhunderts Kleidungsstücke im gotischen Stil allmählich verschwinden. Die Westgoten fanden offenbar großen Gefallen an den ostmediterranen (sprich oströmischen), urbanen Vorstellungen. In den Jahren 578 und 580 gründete der westgotische König Leovigild als erster germanischer Herrscher in Europa neue Städte – und obgleich er sie wahrscheinlich mit Westgoten bevölkerte, beschloß er, ihnen griechische und lateinische Namen zu geben. Seine erste Stadt gründete er zu Ehren seines jüngsten Sohnes Reccared, und er nannte sie Reccopolis (auf griechisch »die Stadt von Reccared«).[3] Leovigild ahmte damit sicherlich die Namensgebung der Hauptstadt des Oströmischen Reiches nach, denn Constantinopolis (Konstantinopel) war nach dessen Gründer, Kaiser Konstantin, benannt worden.

Im Jahre 581 gründete der König eine zweite gotische Stadt, und wieder entschied er sich für einen Namen im römischen Stil – Victoriacum (lateinisch für Sieg).[4] Etwa zur selben Zeit fing Leovigild an, das Zeremoniell des oströmischen Kaiserhofes an seinem königlichen Palast in Toledo einzuführen.

Doch am entscheidendsten veränderte die oströmische Provinz den Verlauf der westgotischen Geschichte durch ihre Beteiligung an einer zweiten, im Jahre 580 ausbrechenden Rebellion gegen die westgotische Monarchie. Der Aufstand hatte nicht nur große politische Bedeutung für die weitere spanische Geschichte, sondern man kann wohl sagen, daß – menschlich gesehen – zu den tragischsten überhaupt zählt.

Im Jahre 578 beschloß der westgotische König Leovigild, seinen ältesten Sohn Hermenegild mit der Tochter des fränkischen Herrschers Sigibert zu verheiraten. Die Franken waren katholisch, doch Leovigild hoffte vermutlich darauf, daß Sigiberts Tochter – eine Prinzessin namens Ingundis – zum arianischen Glauben konvertieren würde. Schließlich, so muß er sich gedacht haben, waren westgotische Prinzessinnen, die Angehörige des fränkischen Königshauses heirateten, stets zum Katholizismus übergetreten.

Doch nach ihrer Ankunft in der westgotischen Hauptstadt Toledo weigerte sich Ingundis – die sich wider Erwarten trotz ihrer gerade mal zwölf Jahre nicht beeinflussen ließ – strikt, den arianischen Glauben anzunehmen. Leovigilds zweite Frau Goisuintha (Hermenegilds Stiefmutter) war aufgrund der verwandtschaftlichen Beziehungen zwischen den Dynastien zugleich auch Prinzessin Ingundis Großmutter. Doch statt großmütterliche Liebe und Geduld zu zeigen, wandte sie etwas unkonventionelle Methoden an, um die junge Prinzessin von der Rechtmäßigkeit der arianischen Theologie zu überzeugen.

Sie schleifte Ingundis an den Haaren herum, schleuderte sie zu Boden und trat so lange auf sie ein, bis sie blutete. Als die dickköpfige Zwölfjährige sich noch immer nicht fügen wollte, ließ Goisuintha sie nach draußen bringen, entkleiden und in einen Fischteich werfen. Doch die Prinzessin blieb immer noch standhaft.

Ob nun aufgrund dieses erschreckenden Familienzwistes oder aus ganz anderen Gründen, jedenfalls beschloß der König, Hermenegild mit der Führung der Provinz Baetica zu betrauen, einer strategisch wichtigen Region, die an den römisch beherrschten Süden grenzte. Hermenegild und seine junge Frau verließen Toledo und nahmen ihren Wohnsitz in der wichtigsten Stadt von Baetica, Sevilla.

Dort wendete sich das Blatt. Die Prinzessin tat sich mit einem bedeutenden katholischen Mönch namens Leander (dem Bruder des örtlichen Bischofs, möglicherweise sogar dessen designiertem Nachfolger) zusammen, um ihren Mann zum Übertritt zum Katholizismus zu überreden. Erstaunlicherweise hatten sie Erfolg. Eine solche Trotzhandlung des Thronerben gegen die Wünsche seines Vaters war eine klare Provokation des westgotischen Staates und der westgotischen Monarchie.

Die Westgoten definierten ihre nationale Identität traditionellerweise über ihre Religion (Arianismus) und ihre Sprache (das Gotische), ebenso wie die von ihnen beherrschte Bevölkerung, die römischen Spanier[5], ihre Identität durch den katholischen Glauben und die lateinische Sprache definierten. Das westgotische Spanien war im Grunde ein Zweinationenstaat. Er hatte sogar zwei Rechtssysteme – eines für die herrschende gotisch-spanische Nation (die Westgoten) und eines für die einheimische römisch-spanische Nation. Mischehen zwischen beiden Bevölkerungsgruppen waren verboten. Man praktizierte eine Art Apartheid, obgleich die Untertanen – die römischen Spanier – sicherlich nicht unterdrückt wurden und in relativer Freiheit lebten, ja sogar die meisten Städte (auf kommunaler Ebene) verwalteten.

Ob beabsichtigt oder nicht, Prinz Hermenegilds Übertritt zum Katholizismus war jedenfalls eine eklatante Infragestellung des gesamten politischen Systems. Der König versuchte verzweifelt, das Schlimmste zu verhindern, und suchte das Gespräch mit seinem abtrünnigen Sohn, doch der Prinz wollte noch nicht über das Thema reden. Statt dessen schickte er Leander mit der Bitte um Unterstützung zum oströmischen Kaiser nach Konstantinopel. Dann ernannte er sich sebst zum König (von was ist nicht klar, vermutlich nur von Baetica) und ließ eigene Münzen prägen. Hermenegild kontrollierte zwei der fünf Provinzhauptstädte des westgotischen Spanien – Sevilla und Merida – und verbündete sich mit dem Oströmischen Reich sowie dem Königreich Sweben. Es ist anzunehmen, daß Tausende Westgoten in Baetica dem Beispiel ihres Königs folgten und ebenfalls zum Katholizismus übertraten.

Zu Anfang hatte Hermenegild gezögert, ob er konvertieren sollte, und vermutlich wäre er ein so enormes Risiko auch nicht eingegangen, wenn seine Provinz Baetica nicht unmittelbar an oströmisches Territorium und oströmische Militärmacht gegrenzt hätte.[6]

Doch nun unterzeichnete er einen Vertrag mit dem Reich, der ihm für den Notfall militärische Hilfe von oströmischer Seite garantierte. Mit dieser Rückendeckung machte sich Hermenegilds katholisches Mini-Königreich daran, den arianischen König Leovigild zu größeren politisch-religiösen Veränderungen zu zwingen.

Hermenegilds Propaganda gegen seinen Vater war vom Inhalt her extrem religiös. Er behauptete, Leovigild würde ihn aus rein religiösen Gründen verfolgen – eine Propagandamasche, mit der er Katholiken für sich gewinnen wollte, ob nun Hispanier oder frisch konvertierte Westgoten oder sogar die päpstlich beeinflußten Machthaber in der oströmischen Provinz Spania.

König Leovigild war damit gezwungen, eine möglichst tolerante Haltung zum Katholizismus an den Tag zu legen, wenn er seinem Sohn bei dessen Propagandafeldzug einen Strich durch die Rechnung machen und ihm das Sammeln seiner Rebellentruppen erschweren wollte. Unter diesem politischen Druck unternahm Leovigild im Jahre 582 zwei dramatische Schritte, während er zugleich den Angriff auf seinen Sohn vorbereitete.

Erstens verkündete er, daß er von nun an gewillt sei, katholischen Märtyrern an ihren Schreinen zu huldigen und sogar gelegentlich eine katholische Kirche zu besuchen – kein arianischer Westgotenkönig hatte dies bisher getan.

Zweitens erklärte er – was von noch größerer Bedeutung war –, daß Christus und Gott gleich wichtig und wesensgleich seien. Obwohl er den Heiligen Geist nicht mit einschloß, kam er mit diesem theologischen Standpunkt als arianischer König sehr nahe an seinen katholischen Sohn und dessen oströmische Helfer heran.

Die »königliche Erklärung« von 582 über die Wesensgleichheit von Christus und Gott warf mit wenigen Worten das entscheidende Dogma des Arianismus über Bord, wie es seit über zwei Jahrhunderten Bestand gehabt hatte. Es war ein sensationelles Zugeständnis, mit dem praktisch die theologische *raison d'être* des gesamten arianischen Glaubens negiert wurde. Was als taktisches, gegen den rebellischen Prinzen gerichtetes Propagandamanöver begonnen hatte, bereitete am Ende den Boden für einen noch grundlegenderen Wandel nur fünf Jahre später.

Nachdem er seine katholikenfreundlichen, äußerst verwässerten religiösen Überzeugungen kundgetan hatte, rückte der König rasch gegen seinen Sohn vor. Die Stadt Merida fiel, und Leovigild ließ besondere Gedenkmünzen mit der Inschrift »Victoria« drukken. Anfang 583 eroberte er dann wenige Kilometer von Sevilla entfernt die wichtigste Festung der Rebellen, Osset, sowie die antike Stadt Italica.

Dann sah sich Leovigild mit dem oströmischen Heer konfrontiert, das Hermenegild unter Berufung auf seinen Vertrag zur Hilfe gerufen hatte. Doch der König konnte den kaiserlichen Feldherrn mit 30000 Goldmünzen bestechen, und der blieb mit seinen Soldaten im Lager, während Leovigild Sevilla stürmte. Seinem Sohn Hermenegild gelang die Flucht ins unabhängige katholische Córdoba. Leovigild nahm auch diese Stadt ein, und der Sohn suchte letzte Zuflucht in einer Kirche.

Der König schickte seinen jüngeren Sohn Reccared in das Gebäude. Er konnte den rebellischen Prinzen davon überzeugen, aufzugeben und beim König um Gnade zu flehen. Hermenegild warf sich seinem Vater zu Füßen, und der König half ihm in einem offensichtlichen Akt der Gnade auf und küßte ihn. Dennoch schickte er den Prinzen bald darauf ins Exil nach Valencia und anschließend in eine Art Gefängnis in Tarragona, wo er in Ketten gelegt wurde. Im Jahre 585 versuchte der König, Hermenegild zum Osterfest mit einem Trick dazu zu bewegen, die Heilige Kommunion von einem arianischen Bischof entgegenzunehmen. Der Prinz – noch immer Katholik – weigerte sich, und sein Vater ließ ihn daraufhin ermorden.

Damit endete die Geschichte von Hermenegild. Die Tragödie wurde in Spanien über viele Generationen hinweg totgeschwiegen, doch der in Gang gesetzte Prozeß des religiösen Wandels konnte nicht mehr aufgehalten werden.

Schon wenig später (586) kehrten mehrere hohe katholische Geistliche, die während des Krieges mit Hermenegild ins Exil gegangen waren, zurück und wurden herzlich empfangen – und einigen zeitgenösssichen katholischen Quellen nach trat der westgotische König Leovigild sogar kurz vor seinem Tod im April 586 heimlich zum Katholizismus über.

Da Prinz Hermenegild tot war, bestieg Leovigilds jüngerer Sohn Reccared den Thron und nahm zehn Monate später heimlich den katholischen Glauben an. Sogar seine Taufe mußte aus Furcht vor der Reaktion des arianischen Adels still und heimlich erfolgen.

Der neue König berief als erstes eine Konferenz der arianischen Bischöfe ein, um sie dazu zu bewegen, sich dem Katholizismus anzunähern, doch nur mit geringem Erfolg. Dann versammelte er arianische und katholische Bischöfe und traf sich schließlich nur mit katholischen Bischöfen, denen er seinen Übertritt mitteilte. Daraufhin folgten mindestens zwei Mordversuche von arianischer Seite und eine bewaffnete arianische Revolte, doch alle drei Versuche scheiterten, und arianischer Kirchenbesitz wurde der katholischen Kirche übergeben. Das Verbot katholischer Kirchenkonzile wurde aufgehoben, der Arianismus in Spanien zur verbotenen Irrlehre erklärt, so wie er es in großen Teilen Europas schon seit vielen Jahren war.

Schließlich eröffnete Reccared 589 in Toledo das erste katholische Konzil seit 40 Jahren in Spanien. Vor den versammelten Bischöfen distanzierte er sich von dem arianischen Glauben seines Vaters, und er schlug vor, ein typisch oströmisches Element in den Gottesdienst aufzunehmen, nämlich das Glaubensbekenntnis von Konstantinopel, das von jeder Gemeinde vor dem Vaterunser gesprochen werden sollte, denn, so sagte er, »die Menschen werden das glauben, was sie regelmäßig wiederholen müssen, und werden sich daher nicht auf Unkenntnis des wahren Glaubens berufen können«.[7]

Unglücklicherweise akzeptierte er auch die Forderung der katholischen Geistlichkeit, schärfer gegen die Juden vorzugehen. Um sich bei den katholischen Geistlichen Sympathien zu erwerben, führte er sogar neue gesetzliche Beschränkungen für die jüdische Bevölkerung Spaniens ein. Juden wurde es untersagt, eine Reihe von öffentlichen Ämtern auszuüben, sexuelle Beziehungen zwischen Juden und Christen wurden unter Strafe gestellt. In manchen Regionen verfügte die Kirche beispielsweise – oder versuchte es zumindest –, daß Juden auf Beerdigungen nicht die Psalmen singen durften und daß jüdische Sklaven mit hundert Peitschenhieben bestraft wurden, wenn sie am christlichen Sabbat nicht ruhten.

Die Konversion von 587 markiert die Geburt des modernen Spaniens. Vor 587 war Spanien ein streng unterteilter Zweinationenstaat gewesen mit zwei ganz verschiedenen Rechtssystemen, Sprachen, religiösen Traditionen und politischen Systemen. Von nun an gab es nur eine einzige Religion – die katholische. Die gotische Sprache ging immer mehr zurück, und ein regionaler lateinischer Dialekt – die Urform des Spanischen – setzte sich durch. Man bevorzugte römische Kleidung und Mode. Mischehen zwischen westgotischen und oströmischen Spaniern waren seit etwa einem Jahrzehnt erlaubt, und der inzwischen entstandene spanische Antisemitismus nahm innerhalb einer Generation entsetzliche Ausmaße an. Über Jahrhunderte hinweg sollte er ein entscheidender Aspekt der christlich-spanischen Kultur bleiben.

Die offenere, nicht durch Erbgesetze definierte Monarchie der germanischen Vergangenheit war schon seit fünfzehn Jahren tot und durch ein zentralisierteres, distanzierteres, durch eine Art Erbgesetz gestütztes System ersetzt worden, das seine Macht stärkte, indem es die katholische Kirche praktisch zum Werkzeug der Regierung machte. Die interne Entwicklung bahnte den Weg, die externe Macht des Oströmischen Reiches wirkte als Katalysator. So entstand ein Staat, der sich rasch als zentralisiertes, streng katholisches, nationalistisches und vehement antisemitisches Gefüge entwickelte, dessen Hauptmerkmale im Widerstand gegen die Eroberung und Besetzung durch den Islam wiederbelebt wurden, während des islamischen Intermezzos im Exil überlebten und später als das ideologische Fundament des königlichen, neuzeitlichen Spaniens wieder auftauchten.

TEIL VII

Katastrophe in Asien

KAPITEL 19

Die chinesische Tragödie

China ist heute das bevölkerungsreichste Land der Erde, 20 Prozent der Erdbevölkerung leben dort. Nach Quadratkilometern ist es das drittgrößte Land auf dem Planeten. Seine Einheit und seine 1,2 Milliarden Einwohner werden diesen Giganten unter den Nationen in Zukunft vermutlich zu einem der wichtigsten politischen und wirtschaftlichen Faktoren der Weltgeschichte machen. Die Vorstellung – und sogar der Name – Chinas als geschlossene politische Einheit reichen zurück bis zur Ch'in-Dynastie des 3. vorchristlichen Jahrhunderts, doch unter dem Gesichtspunkt echter politischer Kontinuität muß die Einigung Chinas auf das späte 6. Jahrhundert datiert werden.

China war zwar politisch zwischen 220 v. Chr. und 200 n. Chr. geeint gewesen, doch in den folgenden 380 Jahren (200–580) war das Land in eine Vielzahl unabhängiger Staaten (im Norden bis zu 16, im Süden dagegen bloß ein paar) zersplittert. Seit dem 6. Jahrhundert jedoch kann sich China einer fast anderthalb Jahrtausende währenden Einheit erfreuen, die nur im 10. Jahrhundert für 60 Jahre durch totales Kleinstaatentum und im 12. und 13. Jahrhundert durch die 180 Jahre dauernde Phase einer klaren Nord-Süd-Aufspaltung unterbrochen worden ist.

Die Einheit ist ein Produkt der Geschichte des 6. Jahrhunderts – und damit indirekt der Klimakatastrophe der dreißiger Jahre des 6. Jahrhunderts.

»Gelber Staub rieselte herab wie Schnee.«

Das schrieb der Verfasser einer der großartigsten Chroniken des 6. Jahrhunderts in China – des *Nan Shi* (*Geschichte der südlichen Dynastien*) –, die den Beginn einer entsetzlichen und verhängnisvollen Reihe von Ereignissen schildert, die etwa Mitte/Ende November oder Anfang Dezember des Jahres 535 begann.

Ähnliches wird für den Dezember des Jahres 536 erwähnt, nur mit dem Zusatz, daß der Staub (chinesisch *chen*) mit den Händen aufgehoben werden konnte. Ein dritter Eintrag (für den 1. Februar 537) berichtet, daß es an jenem Tag »*hui* von gelber Farbe« regnete. Das Wort »*hui*« wird auch in einer anderen Darstellung der Ereignisse im Jahr 536 verwendet, die im *Sui-Shu* (*Geschichte der Sui-Dynastien*) aufgenommen wurde. Während »*ch'en*« die Bedeutung »Staub« oder »Schmutz« hat, bedeutet »*hui*« eher »Staub« oder »Asche«.

Der mögliche Bedeutungsunterschied ist sehr wichtig für ein großes klimatisches Rätsel. Bei den mysteriösen *ch'en/hui*-Niederschlägen Ende 535 und im Winter 536/537 muß es sich nämlich entweder um Vulkanasche oder um absolut außergewöhnliche und nicht der Jahreszeit entsprechende heftige Staubstürme gehandelt haben, die durch eine massive Klimastörung ausgelöst wurden. Doch ganz gleich, welchen Auslöser dieser Himmelstaub[1] hatte, er markiert jedenfalls den Beginn einer Phase schlimmer klimatischer Turbulenzen in China.

Weitere Erscheinungen des Klimachaos ließen nicht lange auf sich warten. Im Juli 537 wurde China von Frost heimgesucht, und im August schneite es. In der *Geschichte der südlichen Dynastien* lesen wir, daß es im Juli in Qingzhou und einer anderen Provinz Frost gab und es im August schneite, so daß die Ernte vernichtet wurde. Die Provinz Qingzhou liegt auf 36 Grad nördlicher Breite und damit ungefähr auf derselben Höhe wie Spanien und Zentralkalifornien, sommerliche Fröste und Schnee waren dort normalerweise praktisch unbekannt.

Nachdem in Qingzhou und gewiß auch in etlichen anderen Provinzen die Ernte vernichtet worden war, gab es eine landesweite Hungersnot. Der Ernteausfall muß zwei Jahre gedauert haben, denn im September 538 wurden Pacht- und Steuerzahlungen erlassen, »da es schon Hungertote gab«.

All diese Schilderungen sind dem *Ben ji* entnommen (den Annalen) des *Nan shi* (*Geschichte der südlichen Dynastien*). Auch die nordchinesischen Annalen (das *Bei shi*) wissen um die Mitte der dreißiger Jahre des 6. Jahrhunderts von einer eklatanten Klimaverschlechterung und einer Serie von Hungersnöten zu berichten.

»Wegen großer Dürre gab es einen kaiserlichen Erlaß, in dem angeordnet wurde, daß man in der Hauptstadt [Ch'ang-an], in allen Provinzen, Kommandaturen und Distrikten die Leichen bestatten sollte«, heißt es im *Bei shi* für Ende April bis Anfang Mai 535.[2]

»[Es herrschte] große Dürre. [Die Regierung] mußte ebenso an den Stadttoren [von Ch'ang] und den Pforten [des Palastes] Wasser austeilen lassen wie an den Toren der Regierungsstellen«, wird für Ende Juni/Anfang Juli desselben Jahres vermerkt. Im September 536 gab es dann in den nordchinesischen »Provinzen Bian, Si, Zhuo und Jian« heftige Hagelstürme, und eine »große Hungersnot« brach aus. Im Dezember hatte sich die Lage so sehr verschlechtert, daß die Regierung Sonderinspektoren aussandte, »um die [Lebensbedingungen der] hungernden Flüchtlinge zu erkunden, die nördlich des Gelben Flusses umherzogen«.

Und für die Provinz Shaanxi, »das Land in den Bergen«, bemerkt das *Bei shi*, daß »eine große Hungersnot« herrschte und daß »die Menschen Kannibalen wurden und 70 bis 80 Prozent der Bevölkerung starben.«

»Im folgenden Jahr [im März] herrschte wegen des Hagels und der Dürre in neun Provinzen eine große Hungersnot, und als die Menschen [auf der Suche nach Nahrung] flohen, bat ich [den Kaiser], daß die [staatlichen] Kornkammern geöffnet würden, um Erleichterung zu bringen«, schrieb ein hoher Regierungsbeamter. Und die Klimastörungen hielten an. Im Sommer 538 gab es im Gebiet der heutigen Provinz Shandong eine gewaltige Überschwemmung. Das Wasser stieg so hoch an, daß »Kröten und Frösche in den Bäumen quakten«.[3]

Das Klimachaos und die daraus resultierenden Mißernten hatten anscheinend zwei unmittelbare politische Konsequenzen: Erstens wandte sich der südchinesische Kaiser[4] hilfesuchend an die

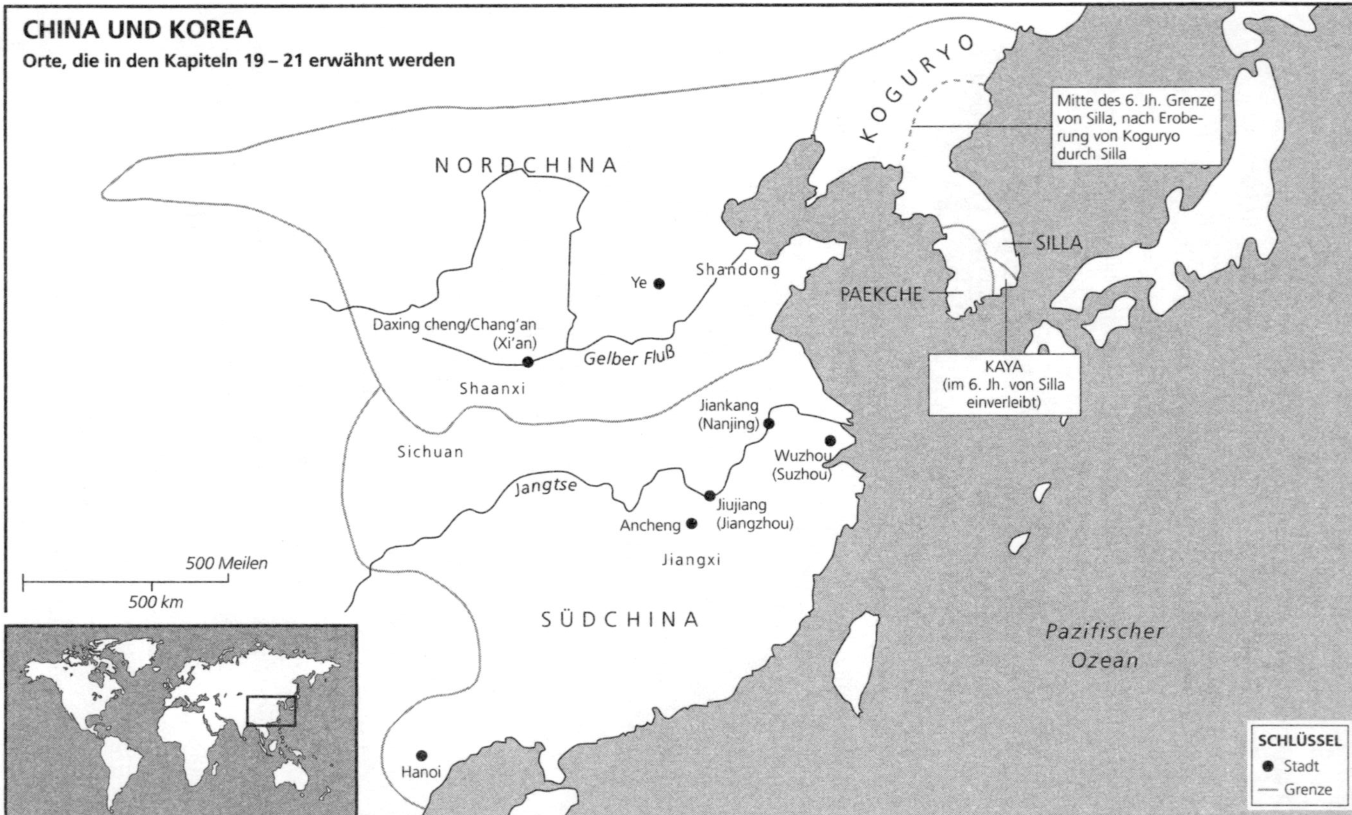

CHINA UND KOREA
Orte, die in den Kapiteln 19 – 21 erwähnt werden
NORDCHINA
KOGURYO
Mitte des 6. Jh. Grenze von Silla, nach Eroberung von Koguryo durch Silla
SILLA
PAEKCHE
KAYA (im 6. Jh. von Silla einverleibt)
Shandong
Ye
Daxing cheng/Chang'an (Xi'an)
Gelber Fluß
Shaanxi
Jiankang (Nanjing)
Wuzhou (Suzhou)
Sichuan
Jangtse
Jiujiang (Jiangzhou)
Ancheng
Jiangxi
500 Meilen
500 km
SÜDCHINA
Pazifischer Ozean
Hanoi
SCHLÜSSEL
Stadt
Grenze

BEDEUTENDE KLIMATISCHE EREIGNISSE IM CHINA DES 6. JAHRHUNDERTS

sowie Pacht- und Steuerbefreiungen und kaiserliche Pflügerituale

NORD-CHINA		SÜD-CHINA	NORD-CHINA		SÜD-CHINA
D	500			551	
D	501			552	
D	502	D		553	
	503			554	
	504			555	
	505			556	
D	506			557	
	507			558	
D	508			559	
	509			560	
	510			561	
D	511			562	
D,Ü	512	D		563	
D	513	RP		564	
	514			565	
	515			566	
	516		Ü	567	
D	517	RP		568	
D	518			569	
	519			570	H
	520			571	
	521			572	
	522			573	
	523	RP		574	
	524		Ü	575	
	525			576	
	526			577	
	527			578	H
	528			579	
	529			580	
	530			581	
	531			582	
	532			583	
	533	RP	D	584	
	534			585	
D,D	535	RP,G	Ü,D	586	
D,D,D	536	RP,G		587	
D	537	RP,D,Ü,S,G	D	588	
Ü	538	RP,E,D,Ü		589	
	539			590	
	540	RP		591	
	541	E,RP		592	
	542	a		593	
	543	a	D	594	
D	544	a	Ü	595	
	545	a		596	
	546	E		597	
	547	RP,a	Ü	598	
	548	D,a		599	
D	549	D,a		600	
D	550	D,G,a			

D Dürre
Ü Überschwemmung
RP Rituelles Pflügen
S Schnee im Sommer
G Gelber Staub
E Erlasse zur Pacht- und Steuerbefreiung
a abgabenfreie Jahre
H Hagel im Sommer

Quelle: Das *Nan shi* und das *Bei shi*.

Himmelsmächte. Er beschloß, daß er selbst das wichtigste landwirtschaftlich-religiöse Ritual des Jahres vollziehen werde – das zeremonielle Pflügen des kaiserlichen Weizenfeldes.

In den Jahren 534 bis 538 sowie 540 und 541 pflügte der südliche Kaiser höchstpersönlich die erste Furche in sein Feld. Die drei höchsten Beamten des Staates pflügten dann die nächsten neun Furchen (jeder drei), gefolgt von den nächsthöheren Beamten, die jeder fünf pflügten. Ausgewählte Vertreter der übrigen Bevölkerung erledigten die restliche Arbeit. Vor dem Pflügeritual brachte man einem chinesischen Gott der Landwirtschaft, dem sogenannten »Göttlichen Bauern«, ein Kornopfer dar.

Das Ritual des kaiserlichen Pflügens war im 5. Jahrhundert eigentlich schon fast in Vergessenheit geraten, aber 514 hatte man es wieder eingeführt. 517 und 523, nach der Fertigstellung einiger offizieller Bauten, wurde die Zeremonie erneut vollzogen. Danach dauerte es elf Jahre, bis das Ereignis 534 erneut stattfand. 535 jedoch war die Obrigkeit Südchinas anscheinend aufgrund von Klimastörungen und Mißernten gezwungen, das Ritual fortan jährlich zu wiederholen. Man mußte der Bevölkerung das Gefühl vermitteln, daß etwas unternommen wurde, um Abhilfe in einer Situation zu schaffen, in der Zehntausende, wenn nicht gar Hunderttausende von Menschen starben.

Die zweite politische Konsequenz der Hungersnöte war noch weitreichender. Mißernten und die Folgen der sozialen Entwurzelung und Armut gefährdeten die Wirtschaft des südchinesischen Staates. Das Steuerwesen brach praktisch zusammen, vermutlich weil es keine Mittel mehr gab, die man hätte eintreiben können. Die Steuerbefreiung von 538 – die in 12 Provinzen erlassen wurde, weil es zu viele Hungertote gab – wurde 541 wiederholt, aber diesmal in ganz Südchina und gleich für einen Zeitraum von fünf Jahren. Vier Jahre später wurde sie zunächst bis 546 und dann bis 549 verlängert. Im Jahre 546 wurde die Steuerbefreiung erneut bis 551 verlängert.

Der ursprüngliche Grund für den Zusammenbruch des Steuerwesens war zweifellos die durch die Hungersnot entstandene Armut, doch die zahlreichen Verlängerungen der Steuerbefreiung hatte andere Ursachen. Je länger die Armut anhielt und der Mangel an Steuereinnahmen die Obrigkeit behinderte, desto größer wurde die Gefahr von Unruhen.[5] Tatsächlich wissen wir von drei Aufständen – einem ethnisch, einem wahrscheinlich teilweise religiös und einem politisch bedingten –, aber vermutlich gab es noch etliche andere, die nicht überliefert sind.

Der ethnische Aufstand kam wahrscheinlich nur aufgrund der Schwäche der Zentralregierung zustande. Sein Epizentrum war das Gebiet um Hanoi in Vietnam, das damals zu Südchina gehörte. Unter der Führung eines Nichtadligen namens Li Fen (vermutlich ein sinisierter Vietnamese) besiegten die Rebellen zunächst den chinesischen Gouverneur (541) und zwei Jahre später ein Heer, das von einem Mitglied der kaiserlichen Familie angeführt wurde, dem Prinzen von Linyi. Schon bald begann der Rebellenführer, der inzwischen vor Selbstbewußtsein nur so strotzte, sich selbst Kaiser zu nennen. Da die Zentralregierung finanziell enorm geschwächt war, dauerte es weitere zwei Jahre, bis der Aufstand niedergeschlagen werden konnte. Schließlich jedoch – im Jahre 546 – wurde Li Fen gefangengenommen und in eine Höhle geworfen, in der er vermutlich elend zugrunde ging.

Der zweite Aufstand währte nicht so lang, war aber gefährlicher als die Rebellion in Vietnam. Er brach 542 aus und erfaßte ein Gebiet, das nur 480 Kilometer südwestlich der Hauptstadt lag, in der Nähe der Stadt Ancheng. Auf zweierlei Weise war die Hungersnot für diesen Ausbruch verantwortlich. Erstens machten sich die Rebellen von Ancheng ebenso wie die Vietnamesen höchstwahrscheinlich die Schwäche der Zentralregierung zunutze. Und zweitens – was vielleicht noch bedeutsamer ist – sahen die Rebellen vermutlich Hungersnot und Armut unter religiösen Aspekten.

Im herkömmlichen buddhistischen Glauben wird der nächste Buddha – der Maitreya – zur Rettung der Welt wiederkehren, wenn die Botschaft ethischer Erleuchtung, die der letzte Buddha verkündete, völlig vergessen und die Welt wieder dem Bösen anheimgefallen ist. Dieses »Zweite Kommen« wird normalerweise nicht in der unmittelbaren Zukunft erwartet, sondern erst nach mehreren Tausend Jahren. Der unkonventionelle »häretische« Buddhismus – der sogenannte »Linke Weg« – erwartet die Ankunft des Maitreya jedoch wesentlich früher. Man darf vermuten, daß die Rebellen von Ancheng messianische Radikale waren, die die Not und das Leiden als Beweis dafür betrachteten, daß die

Welt in ein Zeitalter der Dunkelheit und des Niedergangs eingetreten war und daß die Ankunft des Messias unmittelbar bevorstand. Es ist durchaus denkbar, daß sie mit ihrem Aufstand dem Erlöser den Weg bereiten wollten.

Der Eintrag im *Nan shi* für Anfang 542 ist recht knapp gehalten und verweist auf die vermutlich häretische Haltung der Rebellen; so heißt es, daß »der Gemeine Liu Jinggong aus der Kommandantur Ancheng dem Linken Weg anhing und rebellierte«. Seine Anhänger, vermutlich mehrere zehntausend, besetzten rund 13 000 Quadratkilometer des Gebiets der heutigen Provinz Jiangxi. Schließlich entsandte der Prinz Yi, der Sohn des Kaisers (über ihn später mehr), ein Heer, das die Rebellen besiegte und ihren Anführer Lui Jinggong (wörtlich »Ehrwürdiger Gedanke«) gefangennahm. Man brachte ihn in die Hauptstadt, und dort wurde er auf dem großen Marktplatz enthauptet.

Im Jahre 546 war das Land in einer so desolaten finanziellen Verfassung, daß die Währung an Wert verlor. 547 gärte und rumorte es angeblich allenthalben. Wie in anderen Teilen der Welt hatte die Klimakatastrophe eine längere Phase klimatischer Instabilität ausgelöst, und es heißt, daß China 544, 548 und 549 von drei weiteren Dürreperioden heimgesucht wurde.

Im nordchinesischen *Bei shi* ist für 548 von einer großen Dürre die Rede, während die *Geschichte der südlichen Dynastien* für die Jahre 549 und 550 extreme Dürren und nachfolgende Hungersnöte verzeichnet, bei denen die Lage der Bevölkerung in manchen Gebieten so verzweifelt war, daß Kannibalismus vorkam. Während der Hungersnot des Jahres 549, als es zahllose Todesfälle gegeben haben muß, ernährten sich dem Bericht zufolge die Menschen in der großen Stadt Jiujang (das heutige Jiangzhou) am Südufer des Yangtze von den Toten, und für das Jahr 550 wird festgestellt: »Vom Frühjahr bis zum Sommer gab es eine große Dürre, die Menschen aßen einander auf, und in der Hauptstadt [heute Nanjing] war es besonders schlimm.«

Während diese neuen Dürren auf dem Land lasteten und die Regierung schwach und aufgrund fehlender Steuern mittellos war, brach mit erheblicher Unterstützung der Landbevölkerung eine neue Revolte aus. Im Jahre 547 hatte sich nämlich der nordchinesische General Hou Jing dem Süden ergeben, so daß das von ihm kontrollierte Territorium zumindest nominell dem Süden in die Hände fiel.

Verständlicherweise reagierte die nordchinesische Regierung sofort, um das verlorene Land zurückzugewinnen, und schon ein Jahr später war Hou Jing geschlagen worden. Sein Gebiet fiel wieder an den Norden zurück, und der besiegte General floh nach Süden. Als nun die südchinesische Regierung mit dem Norden Frieden schloß, fürchtete Hou, daß er ausgeliefert werden könnte. In dieser Situation und in dem Wissen um die Schwäche des südchinesischen Staates zettelte der General im August 548 eine Rebellion an, die keinerlei Aussicht auf Erfolg gehabt hätte, wäre da nicht die ungeheure Armut der Bevölkerung und die Schwäche der Regierung gewesen, beides Folgen von Dürre und Hungersnot.

Hou Jing bemühte sich offen um die verarmte bäuerliche Landbevölkerung sowie um die hungernden Menschen in den Städten, und es ist wohl anzunehmen, daß einige seiner bäuerlichen Anhänger messianische Hoffnungen im Stil des »Linken Weges« hegten, ganz wie die Bauern von Ancheng sechs Jahre zuvor.

Hou Jing rückte gegen die südliche Hauptstadt Jiankang (das heutige Nanjing) vor und schlug vor den gewaltigen Stadtmauern sein Lager auf. Nach einer Belagerung von nur vier Monaten ergab sich die Stadt. Der General, der nicht chinesischer, sondern türkischer Abstammung war, verachtete die chinesische Aristokratie. Ein Großteil der ärmeren Stadtbevölkerung war geflohen und zu den Rebellen übergelaufen. Als die Rebellen schließlich in Jiankang einzogen, stießen sie auf hohe Aristokraten, die in ihren Palästen verhungerten, von ihren Gefolgsleuten verlassen, aber noch immer in ihre traditionellen prachtvollen Gewänder gekleidet. Der Kaiser selbst, der mittlerweile über achtzig war, wurde von den Rebellen gefangengenommen, angeblich ließen sie ihn in seinem kaiserlichen Palast verhungern.

Hou Jing wurde schließlich 552 geschlagen, aber das südliche China war danach ausgelaugt und entkräftet. Die Rebellion des Generals war in vielerlei Hinsicht zur Volksrevolution gegen Armut, Hunger und die alte Aristokratenherrschaft geworden. Eine der größten epischen Dichtungen Chinas – *Die Klage um den Süden* –, verfaßt von einem südchinesischen Beamten, schildert in bildhafter Sprache, wie die Lebensumstände das Desaster im 6. Jahrhundert unvermeidlich machten:

Wir segelten durch eindringendes Wasser,
In einem zusammengeschusterten Boot,
Trieben entlaufene Pferde mit mürben Zügeln,
Versuchten mit einem verwitterten Sieb, den Salzsee
weniger brackig zu machen.[6]

Das 520 Zeilen umfassende Epos beschreibt auch, wie Hou Jing die Revolte anzettelte und die kaiserliche Hauptstadt angriff:

Dann rüttelte er die Widerspenstigen auf,
Und drang in herrschaftliches Gebiet,
Hellebarden zerhackten die Doppeltürme [des Palastes],
Pfeile trafen die tausend Tore.

Die Niederlage der kaiserlichen Truppen bei der Belagerung war eine katastrophale und bittere Erfahrung für die Aristokratie – auch für den Autor der *Klage*:

Die Trommeln gestürzt, die Standarten zerrissen,
Reiterlose Pferde verirrt von ihren Truppen,
Wirre Spuren fliehender Streitwagen,
Tapfere Krieger verweilten hinter den Mauern,
Kluge Ratgeber hüteten ihre Zunge,
Als wären die [wilden] Elefanten in den Wald geflohen,
als würde die [listenreiche] Schlange
sich in ihr Loch verkriechen.

Doch das Debakel endete nicht mit dem Fall von Jiankang. In gewisser Weise wurde es dadurch nur noch schlimmer. Die Rebellion des Hou Jing, die nur wegen der wachsenden Schwäche des Staates so erfolgreich war, zerrüttete den Süden Chinas vollends. Der Sieg der Rebellen hatte eine Art politisches Vakuum geschaffen. Hou Jing war ein Außenseiter, ein populistischer Rebell ohne Verbindungen zur herrschenden Dynastie und ethnisch betrachtet noch nicht einmal Chinese. Daher sprach man seiner kurzlebigen

Herrschaft jede Legitimation ab. Sein Kaiser[7] – praktisch ein Gefangener, den er am Ende ermordete – wurde wohl bloß als Marionette betrachtet.

Von dem Tag an, als die Hauptstadt in Rebellenhand fiel, entbrannte unter den Nachkommen des alten Herrscherhauses ein blutiger, häufig undurchschaubarer Bürgerkrieg. Im Verlauf der folgenden acht Jahre hatte Südchina nicht weniger als zehn Kaiser – Marionetten, Kinder und einige Größenwahnsinnige. Meist waren es zwei, manchmal sogar drei, die gleichzeitig die Kaiserwürde für sich beanspruchten – und die meisten wurden schließlich Mörder oder Mordopfer oder beides. Xiao Yi, ein Sohn des vorherigen Kaisers, hatte besonders viel Blut an den Händen. Er tötete seinen Neffen und seinen eigenen Bruder und trieb einen weiteren Bruder in den Tod. Später wurde der Mörder selbst von einem anderen Neffen umgebracht.

Südchina zerbrach in drei große Machtzentren – Jiankang im Osten, Szechwan im Westen und dazwischen der mittlere Yangtze. Während im Süden ein dynastischer Bruderkrieg wütete, waren zwei nordchinesische Mächte, das Nördliche Ch'i und das Westliche Wei damit beschäftigt, sich möglichst viel südliches Territorium anzueignen.

Das Westliche Wei besetzte einen Großteil von Szechwan und den mittleren Yangtze und verschleppte die meisten Bewohner der Hauptstadt dieser Region in die Sklaverei. Der Kampf um die Macht war äußerst grausam, und verzweifelte Menschen griffen zu verzweifelten Mitteln. Ganze Familien wurden ausgelöscht. Der Rebell Hou Jing hatte vorsorglich die Söhne seines einstigen, von ihm 551 ermordeten Marionettenkaisers umgebracht. Wenig später wurde er selbst getötet und angeblich gekocht und aufgegessen – sein Schädel soll von seinen Gegnern als Trinkgefäß benutzt worden sein!

Als der große Kriegsherr Xiao Yi 554 von der Hand seines Neffen starb, verloren auch die meisten Söhne Yis das Leben. Abgesehen davon, daß Yi selbst etliche Mitglieder seiner Familie ermordete, soll er auch Schwarze Magie betrieben haben. Zu Beginn des Jahres 553 ließ er eine hölzerne Puppe anfertigen, die seinem Bruder ähnlich sah, und schlug Nägel hinein. Im August desselben Jahres war sein Bruder Chi besiegt, gefangen und enthauptet.

Die Klage um den Süden – ein wahrlich passender Titel für eine Dichtung über diese Zeit – deutet an, daß Yi niemandem traute und daß sein Untergang letztlich in seinem Charakter begründet lag:

Voller Mißtrauen folgte er nur dem eigenen Verlangen,
Verbarg seine Fehler und rühmte sich seiner Taten,
Das Geschäft des Regierens wurde gänzlich zunichte.

Bei der Schilderung, wie Prinz Yi sein Ende fand, beschreibt *Die Klage* den jämmerlichen Zustand seines Herrschaftsgebietes im Jahre 554:

Nun, das Gebiet zu einer Warze geschrumpft,
Mit einer Festung wie eine Armbrustkugel,
Seine Feinde erbittert,
Seine Verbündeten erkaltet,
Dieser rachlüsterne Vogel konnte kein Meer füllen,
Dieser schlichte alte Mann keine Berge mehr versetzen.

Am Ende, nachdem der Rebell Hou Jing und die meisten Mitglieder der Herrscherfamilie tot waren, ergriffen zwei südliche Generäle die Macht und setzten einen Sohn von Xiao Yi, einen der letzten Überlebenden des südlichen Königshauses, auf den Thron. Der Druck Nordchinas zwang jedoch einen der Generäle – er hieß Ch'en – seinen früheren Kollegen umgehend anzugreifen, ihn hinrichten zu lassen und den ursprünglichen Marionettenkaiser wieder zu inthronisieren. Aber nicht für lange. Im Jahre 557 zwang der überlebende General den Kaiser zur Abdankung, setzte sich selbst auf den Thron und begründete Chinas letzte unabhängige südliche Dynastie.

Der Verfasser der *Klage* konnte sich offensichtlich nicht erklären, wieso Gott zugelassen hatte, daß der Süden Chinas unter derlei Schandtaten leiden mußte:

So wie die größte Gabe des Himmels und der Erde
Leben ist,
So ist der größte Schatz des Weisen der Thron,

Da sie nichtswürdige Emporkömmlinge benutzten,
Nahmen sie den ganzen Süden und warfen ihn fort,
Welch Jammer, daß das Reich, vereint in einer Familie,
Die Rebellion [des Hou Ching] erlebte,
Und Qin den Kopf der Wachtel erhielt,
Wie konnte Gott so trunken sein.

Die Klimakatastrophe hatte zu Hungersnöten und Armut geführt, die wiederum im südlichen China einen Zusammenbruch des Steuerwesens und eine Schwächung der Regierung auslösten. Daraus erwuchsen soziale Unruhen und Rebellion, die das alte Herrschaftssystem schließlich zerstörten.

An seiner Stelle entwickelte sich ein neues System, das sich radikal von dem alten unterschied. Das alte System war relativ zentralisiert gewesen, die neue Ordnung dagegen extrem dezentralisiert. Während der chaotischen Jahre zwischen 535 und 557 hatten Kleinfürsten ihre Macht gegenüber der geschwächten Zentralgewalt ausgebaut, und nun, da die Zeiten wieder ruhiger waren, konnte dieser Prozeß nicht rückgängig gemacht werden. Zudem war die politische Kontinuität unwiederbringlich dahin. Eine Vielzahl von Angehörigen der traditionellen Herrscherklasse war in den Chaosjahren von Rebellen oder von Rivalen getötet worden. Zudem war der neue südliche Staat sehr viel kleiner. Die nordchinesischen Staaten, Westliches Wei und Nördliches Ch'i, hatten sich große Teile des ehemals südlichen Territoriums angeeignet, während der Süden sich selbst zerfleischte.

Es war daher nur eine Frage der Zeit, bis der Norden – der nach den Hungersnöten der Jahrhundertmitte nicht unter so schrecklichen politischen Folgen zu leiden hatte[8] – beschloß, das einmal Angefangene zu Ende zu führen. Der machtvolle Staat Chou nutzte 575 bis 577 die Schwäche des neuen südlichen Regimes und wandte sich gegen den Süden, nachdem er ihn durch Schliche dazu gebracht hatte, einer gegen den Norden gerichteten Ch'i-Allianz beizutreten. Der Süden wurde schwer geschlagen und verlor gewaltige Mengen an militärischer Ausrüstung und Menschen. Nur politische Turbulenzen in Nordchina bewahrten den Süden davor, umgehend verschluckt zu werden.

KAPITEL 20

Die Wiedergeburt der Einheit

> Ihr seid ein verschwendungssüchtiger und zügelloser Herrscher und habt Eure kaiserlichen Pflichten vernachlässigt, das Volk unterdrückt, die Gerechten hingerichtet, die Schuldlosen ausgerottet und die Kräfte des Himmels mißachtet.[1]

Dies schrieb der Kaiser von Nordchina seinem schwächeren südlichen Kollegen im dritten Monat des Jahres 588. Dem südlichen Herrscher wurde von einem Gesandten des Nordens eine Liste mit dem kaiserlichen Siegel vorgelegt, die seine 20 angeblichen politischen Verbrechen aufzählte – Verschwendungssucht, Pflichtvergessenheit, moralische Laxheit und so weiter – und ihm für praktisch alle Übel der Welt die Schuld gab, vom Erscheinen böser Schreckgespenster bis hin zum wiederholten Auftreten von Naturkatastrophen. Der versiegelte Brief hätte noch wie eine vertrauliche Warnung an einen schwächeren Nachbarn wirken können, doch dann ließ der nördliche Kaiser 300 000 Abschriften fertigen und sie im ganzen Süden verbreiten!

Der Herrscher im Norden wetzte bereits seine Sense. Eine neue Dynastie – die Sui – war 581 in Nordchina an die Macht gelangt, und ihr erster Kaiser, Wendi, war fest entschlossen, sich die letzten Überreste des südchinesischen Staates einzuverleiben. Im Jahr 584 wurde bereits an einem neuen militärischen Kommunikationssystem von Straßen und Kanälen gebaut. 586 waren die wichtigsten militärischen Posten vergeben, und eine spezielle Beschaffungskommission hatte von Zuchtfarmen in Nordchina 100 000 frische Pferde gekauft.

Im Jahr 587 hatte der Norden einen kleinen, aber strategisch wichtigen unabhängigen Staat erobert und besaß somit die Kontrolle über das gesamte Nordufer des Yangtze – die Grenze zum Süden. Im Jahr 588 verfügte man bereits über zwei große Flotten, eine Seeflotte und eine Flotte, die nur für Kriegshandlungen auf dem Yangtze gebaut worden war. Dann endlich, sieben Monate nach dem Propagandakrieg (der Verteilung der 300 000 Flugblätter), wurden alle südlichen Diplomaten im Norden verhaftet und die letzten Kriegsvorbereitungen begannen. Innerhalb von wenigen Tagen begann der größte Kriegszug, den die Welt bis dahin gesehen hatte.[2]

Die Invasionsarmee bestand aus 518 000 Mann Infanterie, berittenen Soldaten, Matrosen und Seesoldaten, und der Vorstoß über den Yangtze erfolgte mit acht Spitzen. Wie als Bestätigung für den geschwächten Zustand des Südens war das Südreich auf den Angriff nahezu unvorbereitet. Der südliche Kaiser war sogar zu betrunken, um die dringende Meldung seines eigenen Generals zu lesen, die ihn davon in Kenntnis setzte, daß feindliche Truppen die Grenze überschritten hatten. Später, als die Invasoren die Hauptstadt eingenommen hatten, wurde die Meldung ungeöffnet unter dem Bett des Kaisers gefunden.

Während die nördlichen Streitkräfte gegen die Hauptstadt vorrückten, waren die südlichen Generäle rasch bereit, sich zu ergeben. Ein Kommandant lief praktisch über und half den Invasoren, in die Stadt zu gelangen. Der südliche Kaiser, Ch'en Shubao, unternahm einen lächerlichen Versuch, zu fliehen oder sich umzubringen, indem er sich in einen Brunnen stürzte, und mußte von den Invasoren gerettet werden, die Schreie vom Grund des Brunnen gehört hatten. Als sie ihn hinaufzogen, war er naß und verdreckt, und noch immer klammerten sich zwei Konkubinen an ihn.

Derweil ergab sich ein Großteil der südchinesischen Aristokratie, und der Widerstand in der Hauptstadt fand nach einigen wenigen, wenngleich blutigen Schlachten ein rasches Ende. In anderen Teilen des südlichen Reiches brachen dagegen erbitterte Kämpfe los. Auf dem Yangtze zerstörten vier riesige, gut dreißig Meter hohe Schlachtschiffe des Nordens, jedes mit 800 Matrosen auf fünf Decks bemannt, mit ihren 15 Meter langen Rammböcken zehn südliche Kriegsschiffe. Andere Niederlagen des Südens folgten, und schon bald war praktisch das gesamte Yangtze-Tal in nördlicher Hand.

Zuletzt sammelten sich in einem verzweifelten und zum Scheitern verurteilten Versuch, das Kriegsglück zu wenden, Truppen des Südens um die Stadt Wuzhou, die zwischen der gefallenen Hauptstadt und dem Meer lag. Doch die nördlichen Land- und Seestreitkräfte nahmen die Stadt in einem regelrechten »Blitzkrieg« ein. Der südliche Feldherr floh als taoistischer Mönch verkleidet und entkam, seine Truppen zogen sich auf einen letzten Fluchtpunkt zurück, eine Insel in der Mitte eines nahegelegenen Sees.[3] Aber es war ein hoffnungsloser, heroischer Kampf bis zum letzten Mann.

Schon bald war das gesamte südliche Reich dem Norden unterworfen, und der südliche Kaiser, seine Familie und seine gesamte Aristokratie wurden ins Exil in den Norden geschickt. Einem alten Zeugnis zufolge[4] war die Kolonne aus hochrangigen Gefangenen mit ihren Gefolgsleuten und ihren Bewachern über 270 Kilometer lang. Die Vertriebenen zogen durch China – manche zu Fuß, andere zu Pferd, viele in Kutschen und die vornehmsten unter ihnen in prachtvollen Sänften – bis zur nördlichen Hauptstadt Daxing cheng (in der Nähe des heutigen Xi'an).

Während sie ins Exil zogen, wurde ihre frühere Heimat – die Stadt, die 282 Jahre lang Hauptstadt des südlichen Reiches gewesen war – dem Erdboden gleichgemacht. Wie die Römer in Karthago zerstörten die Nordchinesen die Mauern, Tempel, Paläste und Häuser, und die Stelle, wo einst die Stadt gestanden hatte, wurde zu Ackerland.

Und als auch die letzten müden Vertriebenen in die Hauptstadt der Sieger eingezogen waren, zwang man sie, den allerletzten Akt der langen Tragödie zu spielen, die vor mehr als einem halben Jahrhundert mit klimatischen Problemen und Hungersnöten begonnen hatte. In einer eigentümlichen Zeremonie wurden der gefangene Ex-Kaiser des Südens, seine kaiserlichen Insignien, seine ehemaligen Minister und Generäle in den riesigen Ahnenschrein des Sui-Kaisers gebracht, um sie den Ahnen als Kriegsbeute zu präsentieren. Es muß eine bizarre Begegnung gewesen sein, denn viele der aristokratischen Gefangenen stammten von Nordchinesen ab, die fast 300 Jahre zuvor bei der ersten Spaltung Chinas in

DIE FOLGEN DES JAHRES 535 FÜR CHINA

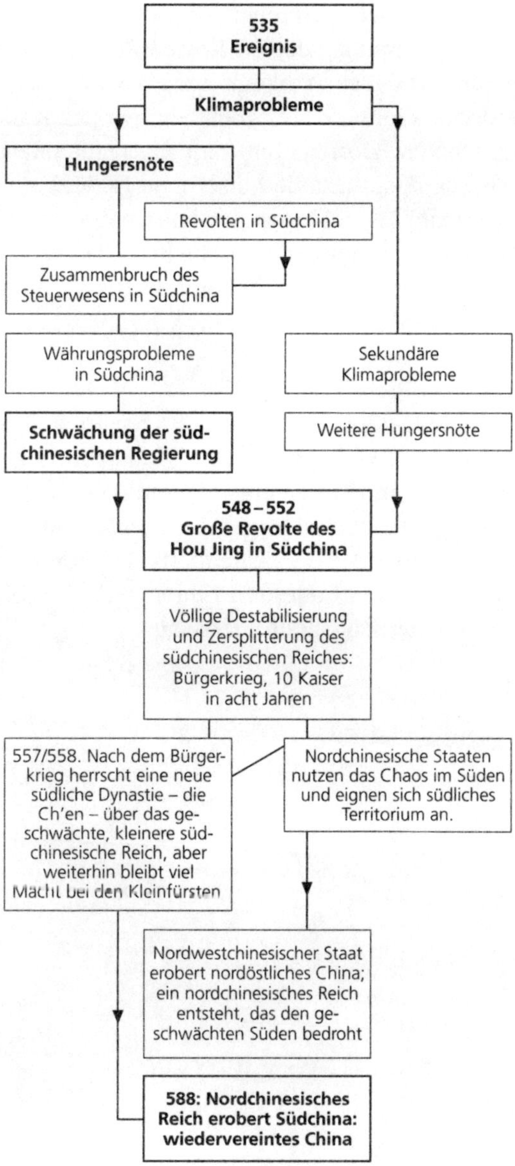

den Süden geflohen waren Für einige war es wohl nicht bloß eine Kapitulation, sondern gleichsam eine Heimkehr zu den Ahnen, vielleicht sogar eine Art spiritueller Rückkehr.

Am nächsten Tag mußten der Ex-Kaiser, 28 seiner vornehmsten Verwandten und 200 seiner ehemaligen obersten Beamten auf dem weiten Platz südlich des großen Südtors des Kaiserpalastes Aufstellung nehmen. Dort sprach man ihnen für ihre Leiden als besiegte Dynastie das offizielle kaiserliche Beileid aus – und beschuldigte sie dann, den Süden in den Ruin getrieben zu haben.

»Ch'en Shubao und seine Minister hielten alle den Atem an und warfen sich zu Boden; zutiefst beschämt, waren sie unfähig, etwas zu erwidern«, stellt die zeitgenössische Chronik der Sui-Dynastie fest.[5]

Der Untergang des Südreiches hatte sich über ein halbes Jahrhundert hingezogen, aber erst so wurde die Wiedervereinigung Chinas möglich, das danach mit nur wenigen Unterbrechungen als vereinter Staat fortbestanden hat und bis heute fortbesteht. Die klimatischen Ereignisse Mitte des 6. Jahrhunderts und ihre Folgen machten dem alten China ein Ende und führten zur Entstehung eines vereinten protomodernen Nachfolgerstaates.

KAPITEL 21

Korea erwacht

Noch in einem anderen Teil des Fernen Ostens spielten die Klimaveränderungen eine entscheidende Rolle: auf der koreanischen Halbinsel.

Im Jahre 535 beschloß der einzige noch verbliebene heidnische Staat der Halbinsel, das Königreich Silla, zum Buddhismus überzutreten. Es war eine folgenschwere Entscheidung, die mit zu den Umständen beitrug, aus denen letztlich ein vereintes Korea hervorging.

Eine Chronik der koreanischen Geschichte dieser Periode, das sogenante *Samguk sagi*[1], weist darauf hin, daß im Jahr 535 auf der Halbinsel das Klima aus den Fugen geriet. Von 535 bis 542 erlebte Korea eine der zwei schlimmsten Schlechtwetterperioden des gesamten Jahrhunderts.

Das Material des *Samguk sagi*, das sich mit dem 6. Jahrhundert beschäftigt, wird zwar teilweise von Historikern mit Skepsis betrachtet, doch die Aussagen über die klimatischen Bedingungen (besonders die Einträge der dreißiger und vierziger Jahre des 6. Jahrhunderts) entsprechen, wenn man die jeweiligen Daten auf eine Karte überträgt, dem Material aus der übrigen Welt so hundertprozentig, daß man sie durchaus als glaubwürdig einstufen kann. Zusammengefaßt sind die Klimadaten für Nordchina, Korea und Japan aus den Jahren 535 und 536 recht beeindruckend.

Wie bereits erwähnt, verzeichnet das *Bei shi* (die nordchinesischen Annalen) für Nordchina (nur 190 Kilometer westlich von Korea), daß es im März 535 eine katastrophale Dürre gab, doch wie in vielen anderen Teilen der Welt wirkte sich die Klimastörung auf verschiedene Gebiete ganz unterschiedlich aus. Das Wetter spielte buchstäblich verrückt – mit tödlichen Folgen.

Das *Samguk sagi* berichtet beispielsweise, daß es 535 eine Überschwemmung gegeben hat, und 536 »gab es Donner und auch eine große Epidemie«, gefolgt von »großer Dürre«. Damit nicht genug, wurde Korea 535 auch noch von einem Erdbeben erschüttert. Diese Informationen beziehen sich jedoch nur auf den nördlichen und mittleren Teil der Halbinsel. Es gibt keine Aussagen über Südkorea für diesen Zeitraum, aber Berichte aus Japan, seinem östlichen Nachbarn, lassen vermuten, daß auch dort schlimme klimatische Bedingungen herrschten. Der Eintrag für das Jahr 536 in der japanischen Chronik, dem *Nihon shoki*, spricht davon, daß die Menschen entsetzlich unter Hunger litten und erfroren.[2]

Es ist wohl auszuschließen, daß das Königreich Silla als einziges in der Region von derlei klimatischen Desastern verschont blieb. Die Annahme des Buddhismus in Silla muß daher vor dem Hintergrund der wahrscheinlichen Naturkatastrophe gesehen werden.

Vor 535 scheint der vorherrschende Glaube in Silla eine Art Schamanenglaube gewesen zu sein, der den Naturgeistern und den Geistern der Ahnen die Fähigkeit zusprach, alle Naturphänomene zu beeinflussen. Es gab keine geeinte Religion, sondern vielmehr eine Reihe von regionalen Sekten, die heimische Geister und Gottheiten verehrten. Allerdings existierten gemeinsame Rituale, Festtage und bestimmte gemeinsame Glaubensvorstellungen, die meist von schamanistischen Priestern und Priesterinnen gepflegt wurden.

Man glaubte an die Unsterblichkeit, zumindest der Seele, und Angehörige der herrschenden Klasse wurden mit dem Goldschmuck bestattet, den sie zu Lebzeiten getragen hatten. Außerdem gab man ihnen geflügelte Kronen und Kopfbedeckungen mit ins Grab, die möglicherweise die schamanistische Macht, zum Himmel aufzusteigen, symbolisieren sollten. In der benachbarten Region Kaja wurden die Toten jedenfalls eine Zeitlang mit großen Flügelpaaren bestattet, um ihnen den Flug in die Ewigkeit zu erleichtern! Man praktizierte Magie, Wahrsagerei und Ahnenkult, und die gesamte Bevölkerung hielt bestimmte religiöse Festtage ein, darunter wohl Feste zur Aussaat und zur Ernte. Vermutlich

DAS KOREANISCHE KLIMA IM 6. JAHRHUNDERT

k*,d*	500		551
d*,k*	501		552
	502		553
	503		554
	504		555
	505		556
k◇,d*	506		557
	507		558
	508		559
k†	509		560
s†	510	Ü◇	561
	511		562
	512	D◇	563
	513		564
	514		565
	515		566
	516		567
	517		568
s◇	518		569
	519	d◇	570
	520		571
ü*	521		572
	522		573
	523		574
	524	d†	575
	525		576
	526		577
	527		578
	528		579
	529		580
	530	k◇	581
	531		582
	532		583
	533		584
	534		585
ü◇,s◇,P◇	535	s†	586
D◇	536		587
	537		588
	538	ü†	589
	539		590
	540		591
c†	541		592
s◇,k◇	542		593
	543		594
	544		595
	545		596
k◇	546		597
	547		598
	548		599
	549	D*	600
	550		

s Sturm
d Dürre
k ungewöhnlich kalt
ü Überschwemmung
p Pestilenz

Die Buchstaben bezeichnen die Art des klimatischen Problems. Großbuchstaben bezeichnen sehr ausgeprägte Klimaereignisse und daraus resultierende Probleme.

Das jeweilige koreanische Königreich, in dem die Klimastörungen auftraten.
* Paekche
† Silla
◇ Koguryo

Quelle: Das *Samguk sagi*

wurden an diesen Tagen Trommeln geschlagen, um den Geistern der Erntegötter zu danken oder um sich der Hilfe der Himmelsgötter zu versichern.

Zu Beginn des 6. Jahrhunderts sorgte ein chinesischer Diplomat und buddhistischer Missionar, der den Königshof von Silla besuchte, erstmals dafür, daß buddhistisches Gedankengut dauerhaft Wurzeln schlagen konnte. Der König war aufgeschlossen, doch die Mehrheit der Aristokratie widersetzte sich dem neuen Glauben zunächst. Tatsächlich war im 5. Jahrhundert schon einmal ein Versuch unternommen worden, den Buddhismus nach Silla zu bringen, doch der Widerstand war zu stark gewesen.

Dann kam die Klimakatastrophe von 535/536, die so schlimm war, daß sie bereits 536 zum massiven Ausbruch einer Krankheit führte (die bereits erwähnte »große Epidemie«), vermutlich unmittelbar im Anschluß an eine Hungersnot. Mit Sicherheit wurde der Buddhismus von der Monarchie in Silla und gewiß auch von einem Großteil der Bevölkerung als eine Form von Magie betrachtet, die stärker war als die verschiedenen Geistergötter. Er wurde mit der Macht und dem Ruhm des chinesischen Reiches gleichgesetzt, so daß ihm eine gewisse Ehrfurcht sicher war. Nur die konservativen Aristokraten mit ihrem verständlichen Interesse an der Erhaltung des Status quo nahmen eine ablehnende Haltung ein. Aber als dann die Lage im Land schlimmer wurde und Mißernten kamen, gewann das probuddhistische Lager am Hofe vermutlich an Einfluß.

Aus heutiger Sicht markiert die offizielle Annahme des Buddhismus durch die Regierung von Silla im Jahr 535[3] den entscheidenden Wendepunkt in der koreanischen Geschichte, denn sie brachte Silla auf einen expansionistischen Weg, an dessen Ende ein vereintes Korea stand, und das obwohl die beiden anderen koreanischen Reiche – Paekche und Koguryo – schon seit über 150 Jahren buddhistisch waren und die Konversion bei ihnen keine solche Entwicklung ausgelöst hatte.

Entscheidend war auf jeden Fall der Zeitpunkt. Der Umstand, daß Silla als letztes Reich konvertierte, war bei den geopolitischen Auseinandersetzungen auf der Halbinsel ein erheblicher Vorteil. In gewisser Weise zog Silla zwar auch nur das aus dem Buddhismus, was schon seine Konkurrenten daraus gezogen hatten – nämlich ein aggressives Bewußtsein nationaler Identität und Bestimmung. Aber da die beiden anderen Reiche schon anderthalb Jahrhunderte zuvor konvertiert waren, konnte Silla nun als einziges von den positiven politisch-organisatorischen Aspekten seiner ganz jungen buddhistischen Vergangenheit profitieren.

In Paekche, Koguryo und anderswo hatte der Buddhismus auf Kosten aristokratischer/royaler Oligarchien die Entwicklung absoluter Monarchien gefördert. Obwohl das System des »absoluten Königtums« einige Vorteile hatte, war es insgesamt doch anfälliger für politische Destabilisierung. Die präbuddhistischen, präabsolutistischen, oligarchischen Systeme, bei denen das Königtum und die Spitzen der Aristokratie sich im Prinzip die Macht teilten, waren stabiler und hatten dank des traditionellen aristokratischen Netzwerks tiefere soziale Wurzeln.

In den Jahrzehnten nach dem Glaubensübertritt genoß Silla die Vorteile des Buddhismus, ohne dessen Nachteile in Kauf nehmen zu müssen, denn das politische System aus präbuddhistischen Zeiten ging nicht sofort mit der Einführung des neuen Glaubens unter. Es bestand noch eine Zeitlang weiter und sicherte so die soziale Ordnung und die Loyalität nahezu aller irgendwie bedeutsamen Persönlichkeiten.

Dieses System basierte auf einem Prinzip, das den Namen *kolp'um* (wörtlich: »Knochenrang«) trug und bei dem jeder seinen eigenen angestammten Platz in der Gesellschaft hatte. Die gesamte Bevölkerung war in acht Klassen unterteilt. Einige Mitglieder der königlichen Familie gehörten zur Spitzengruppe, den *songgol* (Geweihter Knochenrang); unbedeutendere Mitglieder der Königsfamilie und ein paar hohe Aristokraten zählten zum *chin'gol* (Wahrer Knochenrang) und die große Masse der Aristokraten zu den sogenannten »Kopfrängen« Sechs, Fünf und Vier. Der Rest der Bevölkerung verteilte sich auf die »Kopfränge« Drei, Zwei und, ganz unten, »Kopfrang« Eins. Fast wie im Stil von *Gullivers Reisen* wurde das Alltagsleben dieses ungemein durchstrukturierten und geordneten Gemeinwesens gänzlich vom »Knochenrang«- und »Kopfrang«-System bestimmt. Der Rang beherrschte praktisch alle Aspekte des Lebens.

Häuser von Angehörigen des »Wahren Knochenrangs« durften höchstens 124 koreanische Fuß lang oder breit sein. Eine Klasse tiefer (Kopfrang Sechs) durfte man nur noch 21 Fuß lang oder breit bauen. Im Kopfrang Fünf mußte man sich mit 18 Fuß breiten Häusern zufriedengeben, und alle anderen hatten die magische Grenze von 15 Fuß einzuhalten.

Das Klassensystem bestimmte auch die Farben der Kleidung und des Geschirrs der Pferde. Auch die Posten im Staat waren genau nach Rängen unterteilt, und die wichtigsten militärischen Positionen wurden ausschließlich von Aristokraten des »Wahren Knochenrangs« bekleidet.

Solange das starre Klassensystem nicht hinterfragt wurde, profitierte die Gesellschaft von der Ordnung und der Kontinuität, bei der sich jedes einzelne Mitglied der fünf Spitzenränge auf seinen angestammten Status verlassen konnte. So kam es, daß Silla sich in den Jahrzehnten nach 535 einerseits die aggressiv nationalistische »Eine-Nation«-Haltung des Buddhismus aneignen konnte und andererseits noch immer die Vorteile seines vorbuddhistischen hierarchischen Systems genoß – eines Systems, das bei seinen Rivalen Paekche und Koguryo durch die Übernahme des Buddhismus schon längst geschwächt worden war.

Das geopolitische Gleichgewicht von gesellschaftlichen und ideologischen Vor- und Nachteilen war radikal gestört worden, und die Folge war ein massiver geopolitischer Wandel. Um trotz der Klimakatastrophe, die noch immer in Ostasien und Korea wütete, seine neue, buddhistisch inspirierte Entschlossenheit in Worte zu fassen, verkündete der König im Jahre 536 den Beginn einer neuen Ära: *Konwon* (wörtlich »Eingeweihter Anfang«). Normalerweise liebten Monarchen den Buddhismus, weil er die Vorstellung von der überragenden Bedeutung des Staates stützte und betonte. Tatsächlich wurde in Sillas Hauptstadt später ein wuchtiger, neunstöckiger buddhistischer Schrein gebaut, »Der Tempel des Erlauchten Drachen«, und die gesamte Bevölkerung glaubte fest daran, daß die neun Etagen sinnbildlich für die Bestimmung ihrer Nation standen, neun andere Länder zu erobern – darunter Japan und China. Der Buddhismus in Silla entwickelte zudem die Vorstellung, daß die Tapfersten unter den gefallenen Kriegern – Soldatenknaben der sogenannten *Hwarang* (»Jugendblüte«) – Reinkarnationen Buddhas gewesen waren (genauer: Inkarnationen des wiedergeborenen Buddha – des Maitreya).

Angetrieben von einem Nationalismus, der von buddhistischen Vorstellungen gespeist wurde, und gestärkt durch noch immer wirksame vorbuddhistische gesellschaftliche Traditionen, gelang es Silla, sein Gebiet zwischen 550 und 576 zu verdreifachen. Interessanterweise war eine andere Entwicklung, die gleichfalls durch die klimatischen Störungen der dreißiger Jahre des 6. Jahrhunderts in Gang gesetzt worden war – Chinas Weg zur Einheit –, mit ausschlaggebend dafür, daß der koreanische Wunsch, die Halbinsel zu einen, angesichts der chinesischen Bedrohung immer stärker wurde.

Die Einheit wurde schließlich 675 unter Sillas Führung erreicht, und sie überlebte sogar den Untergang des Königreiches Silla. Der Nachfolgerstaat – Koryo (Korea) – erhob sich Anfang des 10. Jahrhunderts wie ein Phönix aus Sillas Asche und bewahrte das Vermächtnis der Einheit. Dieses Vermächtnis überdauerte bis in die Gegenwart und wurde erst durch die Nord-Süd-Spaltung der letzten 40 Jahre zunichte gemacht.

KAPITEL 22

»Zehntausend Schnüre Käsch können den Hunger nicht stillen«

»Nahrung ist das Fundament des Reiches. Gelbes Gold und zehntausend Schnüre Käsch können den Hunger nicht stillen. Was nützen einem Verhungernden tausend Kisten voller Perlen?«[1]

So steht es in der großen Chronik des frühen Japan, dem *Nihon shoki*.[2] Der Wortlaut wird einem Erlaß des japanischen Großkönigs Senka aus dem Jahr 536 zugeschrieben. Es ist der einzige Eintrag dieser Art in der gesamten 120000 Worte umfassenden Chronik, und es ist kein Zufall, daß der Zeitraum, auf den er sich bezieht, zeitlich genau mit der weltweiten Klimakatastrophe zusammenfällt.

Wie für so viele Länder auf der ganzen Welt war auch für Japan das 6. Jahrhundert die Ära, in der der Keim für seine spätere Entwicklung gelegt wurde, und daran hatten vier Faktoren entscheidenden Anteil: Klima, Migration, Krankheit und Religion.

Eigentlich begann alles in Korea, wo es 536 (und wahrscheinlich schon 535) eine große Dürre gegeben hatte, die auch in der koreanischen Chronik erwähnt wird. Mit Sicherheit wurde das Land danach von einer Hungersnot heimgesucht.

Normalerweise zwingt eine Hungersnot die verzweifelten Menschen, auf der Suche nach Nahrung herumzuziehen, und oft legen sie dabei große Entfernungen zurück. Schließlich sammeln sie sich an den wenigen Orten, wo es noch Nahrung und Wasser gibt. Die Kombination aus Bevölkerungsbewegung und zeitweiliger Bevölkerungskonzentration löst Epidemien aus. Durch die erhöhte Mobilität können sich Krankheiten viel schneller verbreiten als sonst, und die höhere Bevölkerungsdichte an den Orten, wo hungernde Menschen sich sammeln, ermöglicht eine schnellere Übertragung der Krankheit. So wird aus einer endemischen Krankheit rasch eine regelrechte Epidemie.

Die koreanische Chronik, das *Samguk sagi*, berichtet tatsächlich, daß 536 eine Epidemie wütete. Sie ist für das gesamte 6. Jahrhundert die einzige im *Samguk sagi* erwähnte, was dafür spricht, daß sie wirklich sehr gravierend gewesen sein muß. Hinweise aus japanischen Quellen lassen vermuten, daß es sich bei der Krankheit um die Pocken gehandelt hat (oder vielleicht auch um die Masern, die, wenn die Bevölkerung nicht immun ist, nahezu ebenso viele Tote fordern können wie die Pocken).

Schon seit Jahrhunderten hatte es immer wieder Migrationswellen von Korea nach Japan gegeben, und während der ersten 40 Jahre des 6. Jahrhunderts erlebte der Inselstaat einen stetigen Zustrom koreanischer Immigranten – Bauern, Schreiber, Metallarbeiter und andere. Ihre Zahl war so groß, daß sich allmählich Auswirkungen auf die japanische Politik bemerkbar machten. Eine der führenden japanischen Aristokratenfamilien – die Soga –, verbündete sich mit den Ausländern und übernahm deren ausländische Kultur mit ihren buddhistischen und chinesischen Elementen.

Das *Nihon shoki* stellt in einem Eintrag für 540 fest, daß die Immigranten gezählt wurden und 7053 Haushalte ausmachten. Die Zählung, die erste in der Chronik erwähnte, legt die Vermutung nahe, daß es in den dreißiger Jahren des 6. Jahrhunderts eine besonders starke Zuwanderung gab, wahrscheinlich mit bedingt durch die Hungersnöte und Epidemien.

Der im *Nihon shoki* wiedergegebene Erlaß des Königs, in dem er erklärt, daß »gelbes Gold« den Hunger nicht stillen kann, zeigt, daß der japanische Königshof angesichts der Lage überaus besorgt war. Interessanterweise findet sich unmittelbar vor dem »Hunger«-Eintrag für das Jahr 536 eine Passage, die entweder aus älteren Quellen entnommen oder von den Kompilatoren des *Nihon shoki* selbst verfaßt wurde, vermutlich um den dramatischen Kontrast noch zu steigern. In diesem Eintrag für das Jahr 535 ist nämlich davon die Rede, daß alles in der Welt einfach wunderbar ist:

»Seit mehreren Jahren ist die Ernte gut; die Menschen erfreuen sich an der Landwirtschaft; meine schwarzhaarigen Untertanen aller Berufe sind frei von Hunger; freundliche Mächte walten im Universum; bewundernde Rufe erfüllen Himmel und Erde; im Innern und im Äußeren herrscht Heiterkeit; das Gemeinwohl gedeiht; unsere Wonne ist groß; ein großes Fest möge fünf Tage lang gefeiert werden zur Freude des Reiches.«[3]

Ein Jahr später ist die Welt entschieden weniger heiter. So folgt auf den Eintrag »Gelbes Gold kann den Hunger nicht stillen« ein anderer, in dem beschrieben wird, wie Getreide aus verschiedenen Provinzen in andere Gebiete geschafft werden soll. So sollte es beispielsweise in einen Bezirk transportiert werden, wo man eine Kornkammer bauen wollte, »um sich so auf ungewöhnliche Umstände vorzubereiten und das Leben der Menschen zu bewahren«.

Ostasien hatte offenbar noch einige Jahre klimatische Probleme und Hungersnöte zu erleiden. In Schriftquellen auf dem Festland ist die Rede von Problemen in China zwischen 535 und 538 (vgl. Kap. 19), und man darf wohl annehmen, daß Japan mit ähnlichen Schwierigkeiten konfrontiert war.

Vor dem Hintergrund der langjährigen Migration und der Kontakte, die Japan mit den Reichen der koreanischen Halbinsel unterhielt (vielleicht auch als ehrenwerter und versöhnlicher religiöser Akt in bewegten Zeiten), beschloß der König von Südwestkorea (Paekche) im Jahr 538, eine religiöse Gesandtschaft an den japanischen Hof zu schicken. Die Gesandtschaft überreichte dem japanischen Großkönig Senka ein Gold- und Kupferbildnis Buddhas, etliche rituelle buddhistische Fahnen und Schirme sowie mehrere heilige Bücher. Angeblich erklärte der Gesandtschaftsführer dem König, daß der Buddhismus »unter allen Lehren die vorzüglichste« sei. Und daß »jedes Gebet erhört wird und es an nichts fehlt«.[4]

Paekche war schon seit 150 Jahren ein buddhistisches Land, und es ist nicht bekannt, daß je zuvor eine religiöse Gesandtschaft an den japanischen Königshof geschickt worden war. Tatsächlich waren sowohl Korea als auch China – also Japans wichtigste Nachbarn –, schon seit 150 beziehungsweise über 350 Jahren ganz oder teilweise buddhistische Reiche. Japan war ihnen bis dato nicht gefolgt. Selbst die kontinental orientierten Soga-Aristokraten hatten diesen Schritt bisher verweigert.

Doch die Situation in den dreißiger Jahren des 6. Jahrhunderts war einzigartig. Die gesamte Region litt unter Hunger, und viele müssen, wie in Silla drei Jahre zuvor, das Gefühl gehabt haben, daß die stärkste Magie und/oder Hilfe des stärksten Gottes vonnöten sein würde, um die Naturgewalten wieder zu beruhigen.

Aber es gab auch andere, die fürchteten, es könne »gerade in dieser Lage« besonders unklug sein, die traditionellen einheimischen Götter zu beleidigen, indem man eine fremde Gottheit verehrte. Das *Nihon shoki* berichtet, wie die Mononobe, ein Adelsclan, der Eisen verarbeitete und Rüstungen herstellte, und der Militäradel der Nakatomi den König unmißverständlich warnten: »Diejenigen, die [über dieses Reich] herrschen, haben immer dafür Sorge getragen, daß die 180 Himmel- und Erdgötter und die Götter von Land und Getreide im Frühling, Sommer, Herbst und Winter verehrt werden. Wenn wir gerade in dieser Zeit an ihrer Stelle fremde Gottheiten anbeten, steht zu fürchten, daß wir den Zorn unserer heimischen Götter heraufbeschwören.«

Der Großkönig entschloß sich daher zu einem Kompromiß. Dem wichtigsten Befürworter für die Annahme des Buddhismus, dem Kopf des Soga-Clans, sollte gestattet werden, die fremde Gottheit anzubeten – sozusagen als Experiment.

Das Oberhaupt der Soga – Oho-omi – »kniete nieder und empfing freudig [die Buddhastatue]«, schreibt das *Nihon shoki*. »Er stellte sie in seinem Haus auf« und funktionierte ein zweites Gebäude zum Tempel um. Doch dann kam das Unheil. Eine katastrophale Epidemie (wahrscheinlich die Pocken) suchte Japan heim, und zahllose Menschen starben. Da die Pocken seit vielen Generationen nicht mehr in Japan grassiert hatten, bestand so gut wie keine Immunität.

»Die Pestilenz grassierte im Land, und viele Menschen ereilte ein frühzeitiger Tod. Je länger es währte, desto schlimmer wurde es, und es gab keine Abhilfe«, heißt es im *Nihon shoki*. In den betroffenen Gebieten – sicherlich alle mit einer hohen Bevölkerungsdichte – starben vermutlich rund 60 Prozent der Bevölkerung. Zunächst machte sich die Krankheit mit grippeähnlichen Symptomen bemerkbar (Fieber, Rückenschmerzen, Kopfschmerzen), häufig folgten Husten und Durchfall. Dann zeigte sich ein Ausschlag ähnlich wie bei Scharlach. Die Opfer fühlten sich, als stünde ihr Körper in Flammen oder als würde er mit kochendheißem Wasser übergossen. Das *Nihon shoki* berichtet später, die Betroffenen hätten gesagt: »Unser Körper ist wie verbrannt.« Dann veränderte sich die Art des Ausschlags. Hunderte von Pusteln bildeten sich, zuerst am Kopf und dann am ganzen Körper, vor allem an den Händen. Sie fingen als kleine Schwellungen an, verwandelten sich in Blasen und wurden schließlich zu größeren Pusteln von sieben oder acht Millimetern Durchmesser.

Fünf Prozent der Erkrankten starben innerhalb der ersten Tage an inneren Blutungen, weitere fünf Prozent nach dem Erscheinen der Pusteln, wenn ihr Fieber auf 40 Grad kletterte. Die überwiegende Mehrheit der Erkrankten wird die eigentliche Pockeninfektion überlebt haben, aber dann an Lungenentzündung (30 Prozent) oder Blutvergiftung (ebenfalls 30 Prozent) gestorben sein, nachdem das Virus die schützenden Schleimhautzellen in Nase, Hals und Augen zerstört und so Sekundärinfektionen durch Bakterien ermöglicht hatte.

In den ohnehin schon leidgeprüften Gebieten Japans wurden vermutlich neun von zehn Menschen mit dem Virus angesteckt, und wahrscheinlich haben nur drei von neun überlebt. Unter diesen Umständen war es daher nicht verwunderlich, daß man die königliche Erlaubnis zur Anbetung Buddhas als Ursache der Epidemie sah.

Die Gegner des Buddhismus argumentierten, daß die heimischen japanischen Götter verständlicherweise erzürnt seien. Diese Götter werden noch heute in der japanischen Shinto-Religion verehrt. Sie wurden *Kami* genannt und in fünf Hauptkategorien unterteilt: solche, die in Bäumen, hohen schlanken Felsen, Bergen und anderen Naturobjekten lebten; solche, die mit besonderen Handwerken oder Künsten in Zusammenhang standen; solche, die eine spezielle Familie oder eine größere Gemeinschaft beschützten; solche, die einst menschliche Wesen, beispielsweise Ahnen, gewesen waren; und besondere Obergottheiten wie die Sonnengöttin oder die beiden Götter, die der Legende nach die japanischen Inseln erschaffen hatten.

Die *Kami* hatten keine eigene Gestalt und mußten von einem Schamanen (Priester) »angerufen« werden, damit sie in einen Gegenstand eindrangen, dessen Gestalt sie dann übernehmen konnten. Man glaubte, daß die Geister am liebsten lange schlanke »Gefäße« bewohnten – Zauberstäbe, Banner, längliche Steine, Bäume, besondere, eigens für diesen Zweck gefertigte Puppen und sogar lebende Menschen. Bei diesen Menschen – den Medien – handelte es sich meist um Frauen, sie überließen ihre Körper und ihre Stimme den Göttern. Der Großkönig selbst wurde vermutlich als eines der seltenen männlichen Medien betrachtet, dessen Körper auf Dauer von seiner göttlichen Ahnin, der Sonnengöttin, »geborgt« worden war. Somit war der König ein Gefäß, ein Behältnis des Göttlichen.

Während die Pockenepidemie in Japan wütete, sollen dem *Nihon shoki* zufolge die Oberhäupter der Clans der Mononobe und Nakatomi den König angefleht haben, sich der Buddhastatue des Soga-Oberhauptes zu entledigen. »Die Menschen werden nun von der Krankheit dahingerafft, weil zuvor der Rat Eurer Diener nicht angenommen wurde. Wenn Ihr Euch rechtzeitig besinnt, wird gewiß Freude daraus erwachsen! Es wäre gut, [die Statue] unversehens fortzuschleudern und in Zukunft gewissenhaft das Glück zu suchen«, meinten die Gegner des Buddhismus.

Der König stimmte notgedrungen zu. In gewisser Weise war Buddha tatsächlich für die Epidemie verantwortlich, denn die Krankheit war aus Korea gekommen, als ungewollter Bestandteil der »fremden Dinge«, von denen die Soga so begeistert gewesen waren.

»Es soll geschehen, wie Ihr geraten habt«, teilte der König den Kritikern mit. »Und so nahmen Beamte das Bild des Buddha und übergaben es der Strömung des Naniha-Kanals. Sie zündeten auch den Tempel [des Soga-Oberhauptes für Buddha] an und brannten ihn nieder, so daß nichts mehr davon übrigblieb«, berichtet das *Nihon shoki*.

Der Streit um Buddhismus und Pocken-Epidemie muß die politische Obrigkeit Japans tief entzweit haben, denn noch während die Epidemie und der Religionszwist andauerten (oder unmittelbar danach), wurde der König ermordet. Es war der erste Königsmord in der japanischen Geschichte.

Die Ereignisse der dreißiger Jahre des 6. Jahrhunderts hatten die politischen Fronten festgelegt, die die japanische Geschichte in den folgenden hundert Jahren unmittelbar bestimmen und die Zukunft der Nation für alle Zeiten prägen sollten.

Die Ermordung von König Senka wurde wahrscheinlich vom Soga-Clan angezettelt. Man darf annehmen, daß der Clan verbittert darüber war, wie der Monarch vor den Forderungen der Mononobe und Nakatomi im Buddhismus-Streit kapituliert hatte.[5]

Der Nachfolger, König Kimmei, wurde mit Sicherheit vom Soga-Clan unterstützt, und im Gegenzug machte er angesehene Soga zu seinen Ratgebern, Ministern und Verwandten. Der Buddhismus-Streit und der Widerstand gegen die Soga sowie ihre ausländischen Freunde und Ideen zwangen den Clan, sich rücksichtslos für eine stärkere Monarchie einzusetzen, die sie allein kontrollierten.

Der übrige Adel erlebte vermutlich einen relativen Machtverlust. Möglicherweise wurde den Adligen in manchen Gebieten sogar untersagt, ihre prächtigen, gut neunzig Meter langen Grabstätten zu bauen.

Die Soga sorgten dafür, daß der neue König Soga-Frauen heiratete und daß die Töchter aus diesen Verbindungen wiederum ihre Halbbrüder ehelichten. Der Clan hatte eine regelrechte Belagerungsmentalität, die vermutlich auf seine Erfahrungen in den dreißiger Jahren des 6. Jahrhunderts zurückging, als er gezwungen gewesen war, in seinem geschlossenen Familienunternehmen ein sehr strenges Regiment zu führen.

Der König war das Instrument, durch das die Soga mit ihren chinesisch-koreanisch bestimmten Vorstellungen Japan umgestalteten. Aus ihrer Sicht war es daher wichtig, den Status des Königs im Vergleich zur übrigen Führungsschicht aufzuwerten. Als Kimmei 571 starb, wurde er (im Gegensatz zu allen anderen) offenbar in einem gewaltigen, über dreihundert Meter langen Grab bestattet – dem Mise Maru Yama in der Nähe der alten Stadt Nara. Wie in Japan üblich, wurde das Grabmal in Gestalt einer riesigen Stufenpyramide gebaut. Die Seitenwände waren mit rituellen Gefäßen bedeckt, und Sonnenschirme schützten die lebensgroßen Keramikwachposten. Auf der abgestumpften Spitze thronte ein kunstvoller Palastnachbau. Es war das letzte monumentale Grab dieser Art, das gebaut wurde.

Es scheint, als hätten die Soga schon bald erneut versucht, den Buddhismus im Land zu verbreiten. 584 bauten sie einen Tempel und ließen ihn von einem koreanischen Buddhistenpriester weihen. Vermutlich sollte in dem Tempel durch Gebete ein weiterer Ausbruch der Pockenepidemie abgewendet werden. Seit der großen Seuche in den dreißiger Jahren des 6. Jahrhunderts brach die Krankheit anscheinend alle paar Jahre erneut aus – und jedesmal ergriffen dann die buddhismusfeindlichen (und zweifellos noch entschiedener die den Soga feindlich gesinnten) Elemente die Gelegenheit beim Schopfe und wiederholten die Einwände, die man schon viereinhalb Jahrzehnte zuvor geäußert hatte.[6]

Von den Oberhäuptern der Mononobe- und Nakatomi-Clans heißt es im *Nihon shoki*, sie hätten dem neuen Kaiser (Bidatsu) Vorwürfe gemacht, weil er den Soga erlaubt hatte, einen Tempel zu bauen:

»Warum habt Ihr den Rat Eurer Diener nicht befolgt? Ist nicht die Seuche, die seit der Herrschaft [des alten Königs] bis zu Eurer grassiert und die Nation auszulöschen droht, der Ausübung des buddhistischen Glaubens durch das Oberhaupt der Soga zuzuschreiben?«

Der König erwiderte: »Offensichtlich. Der Buddhismus soll nicht weitergeführt werden.«[7]

Die Soga hatten die Lage falsch eingeschätzt. Ihr Machtverlust wurde offensichtlich, als ihre Erzrivalen, die Mononobe, den Tempel niederrissen und ihn zusammen mit der Buddha-Statue der Soga verbrannten. Das *Nihon shoki* schildert sogar, wie buddhistische Kindernonnen des Soga-Clans gefangengenommen und ausgepeitscht wurden.

Der Ausbruch der Pocken, der es den Soga im Jahr 584 ermöglicht hatte, Buddha um Hilfe anzurufen, und der die religiösen Feindseligkeiten erneut hatte aufflammen lassen, erreichte nun auch den königlichen Palast. Der König erkrankte und starb.

»Das Land war voll von jenen, die von Pusteln gezeichnet waren und daran starben. Die so befallenen Menschen sagten: ›Unser Körper ist wie verbrannt, als würde er geschlagen, als wäre er zertrümmert.‹« Diese Sätze beschreiben sehr treffend die Leiden einer Pockenerkrankung, besonders während der zweiten Woche, doch die Worte sollten zweifellos auch die göttliche Rache im Hinblick auf das Schicksal des buddhistischen Tempels beschreiben, der zertrümmert und verbrannt wurde, und der Kindernonnen, die man ausgepeitscht hatte. Immerhin wurde das *Nihon shoki* im Rückblick geschrieben, und zwar von denen, die schließlich als Sieger aus dem Konflikt hervorgingen – den Buddhisten.

Der Soga-Clan sah schon bald ein, daß skrupelloses Handeln erforderlich war, um nach diesem Debakel wieder an die Macht zu gelangen. Als also der nächste Kaiser (Yomei) 587 an den Pocken erkrankte und sein Wunsch, Buddhas Hilfe zu erbitten, auf Widerstand stieß, ermordete ein den Soga freundlich gesonnener königlicher Prinz das Oberhaupt des Nakatomi-Clans.[8] Der Mord mag ja geholfen haben, den japanischen Buddhismus mit Leben zu erfüllen, aber er konnte den König nicht retten, dessen »Pusteln immer schlimmer wurden«, bis er schließlich verschied.

Bald darauf deckten die Soga auf, daß die wichtigste noch verbliebene buddhismusfeindliche Fraktion, der Mononobe-Clan, einen Putsch plante. Die Soga und Angehörige der königlichen Familie kamen ihnen zuvor und richteten ein Massaker unter den Mononobe an. Einige wurden in der Schlacht getötet, andere wurden gestellt und hingerichtet. An einer Richtstätte, einem ausgetrockneten Flußbett, lagen Hunderte von Toten. »Ihre Leichen waren so stark verwest, daß sie nicht mehr zu erkennen waren, und ihre Freunde konnten sie für die Beerdigung nur an der Farbe der Kleidung auseinanderhalten«, hält das *Nihon shoki* fest.

Im Jahr 590 wurden bereits zahlreiche buddhistische Tempel gebaut, und nach der Ausschaltung der antibuddhistischen Opposition schien die Position der Soga gefestigt. Doch der neue König, Sujun, wollte offenbar größere Unabhängigkeit. Jedenfalls sammelte er angeblich in seinem Palast Streitkräfte um sich. Wieder ergriffen die Soga Präventivmaßnahmen, diesmal ermordeten sie den König. Er war nach Senka, der ein halbes Jahrhundert zuvor sein Leben lassen mußte, das zweite königliche Opfer des Clans.

Nachdem König Sujun aus dem Weg geräumt war, bestieg eine den Soga nahestehende Monarchin und begeisterte Buddhistin den Thron, eine mächtige Dame namens Suiko.[9] Sie hatte reichlich Erfahrungen mit den Mechanismen der Machtpolitik, denn sie war die Tochter von König Kimmei und einer Soga-Frau und Witwe des früheren Königs Bidatsu. Ihr Neffe – ein Prinz namens Mumayado (später posthum bekannt als Shotoku) – war gleichfalls probuddhistisch eingestellt und den Soga freundlich gesinnt.

Der große ideologische und politische Konflikt um die Seele Japans, der Mitte der dreißiger Jahre des 6. Jahrhunderts begonnen hatte, war nun fast beendet. Die Traditionalisten und Isolationisten

DIE FOLGEN DES JAHRES 535 FÜR JAPAN UND KOREA

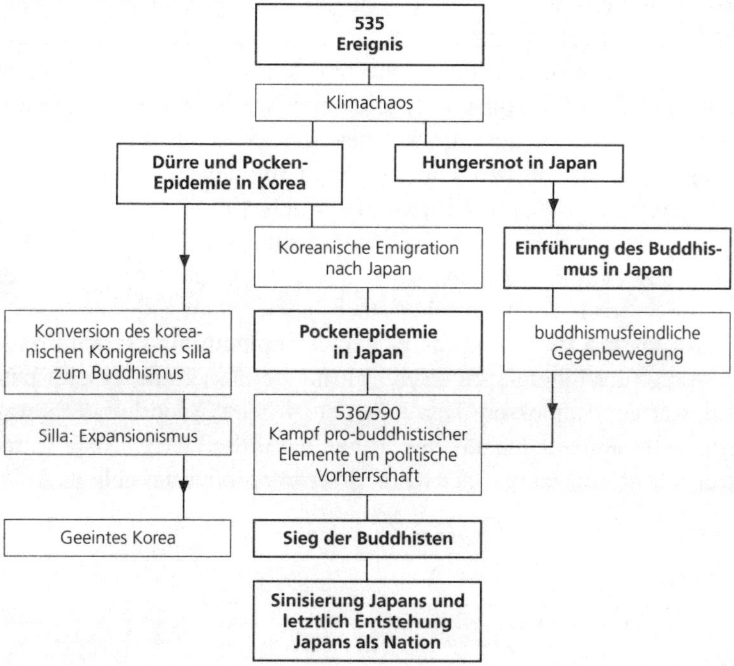

hatten verloren, und die probuddhistischen ausländerfreundlichen Reformer hatten gewonnen.

Im Verlauf der nächsten 20 Jahre wurden im großen Umfang Gedanken und Erkenntnisse aus den Bereichen Religion, Politik, Wirtschaft, Administration, Steuerwesen, Kunst und Zeitrechnung vom asiatischen Kontinent importiert, vor allem aus China. Im Jahr 603 verdrängte ein mehr auf Leistungen basierendes System die überlieferte Erbfolgehierarchie am Hofe. 604 wurden die konfuzianischen Prinzipien von Harmonie, Pflicht und Rechtschaffenheit eingeführt. 607 brach die erste japanische Gesandtschaft nach China auf. Kurz darauf reisten die ersten Studenten nach China, um dort zu lernen. Chinesische und koreanische Vorstellungen aus Kunst, Architektur und Bildhauerei wurden ebenso übernommen wie Elemente des chinesischen Steuersystems und der chinesische Kalender. In bewußter Nachahmung des chinesischen Kaisers nannte sich Königin Suiko »Himmelserbin«.

In gewisser Weise war der Buddhismus lediglich die Einkleidung gewesen – vielleicht sogar das Trojanische Pferd –, in der all die anderen Veränderungen nach Japan gelangten.

Der Prozeß, den die klimatischen und epidemiologischen Ereignisse der dreißiger Jahre des 6. Jahrhunderts in Gang gesetzt hatten, war abgeschlossen. Das Japan des frühen 7. Jahrhunderts war ein völlig anderes als das des frühen 6. Jahrhunderts. Das alte Japan war gestorben und der Keim des protomodernen gelegt.

TEIL VIII

Wandel in Amerika

KAPITEL 23

Der Zusammenbruch des Pyramidenreiches

Ebenso wie Europa, der Nahe Osten und Asien durchlief auch Amerika nach den Klimakatastrophen in den dreißiger Jahren des 6. Jahrhunderts einen tiefgreifenden geopolitischen Wandel. Sowohl in Mesoamerika als auch in den Anden kam es zu einer völligen geopolitischen Neuordnung. Auch in Nordamerika und dem übrigen Südamerika war das 6. Jahrhundert eine Ära der Transformation – und des Neubeginns.

Doch wie manifestierten sich die Veränderungen? Wurden Kulturen als Folge der globalen Ereignisse gänzlich zerstört oder geboren – was für natürliche und gesellschaftliche Mechanismen waren da am Werk?

Als die Spanier unter Hernán Cortez in den Jahren 1519 bis 1521 Mexiko eroberten, stießen sie auf die verlassenen Ruinen einer großen Stadt mit breiten Alleen, großen Plätzen und riesigen Pyramiden – die größte war vom Umfang her in etwa so groß wie die Cheopspyramide in Ägypten. Die spanischen Eroberer fragten die besiegten Azteken, wer denn all die prachtvollen Gebäude errichtet hat, und erhielten die Antwort, die verlassene Stadt sei der »Ort, wo man zum Gott wird« (Teotihuacán, in Nahuatl, der einheimischen Sprache) gewesen und vor langer, langer Zeit von einem Volk von Riesen erbaut worden. Zum Beweis zeigten sie gewaltige Oberschenkelknochen, die, wie sie behaupteten, von den Giganten stammten. Weder die Spanier noch die Azteken konnten wissen, daß die riesigen Oberschenkelknochen in Wahrheit zu einer ausgestorbenen Spezies prähistorischer Elefanten gehörten.

Doch angesichts der Größe der Pyramiden und der Ruinenstadt war dieser Irrtum verständlich. Das größte Gebäude war die Sonnenpyramide – 65 Meter hoch und aus 1,2 Millionen Tonnen Bruchstein und sonnengetrockneten Lehmziegeln errichtet. Die Stadt selbst erstreckte sich über 58 Quadratkilometer, und heutige Archäologen schätzen, daß sie circa 125 000 bis 200 000 Einwohner hatte.

Was die Spanier von den Azteken über den »Ort, wo man zum Gott wird,« erfuhren, gilt als das historisch früheste erhaltene Zeugnis über Teotihuacán. Und dennoch haben archäologische Erforschungen der Ruinenstätte ergeben, daß die Stadt fast 1000 Jahre früher aufgegeben wurde – praktisch zur selben Zeit, in der es an so vielen Orten in der alten Welt zu einem krassen Bevölkerungsschwund kam.

Anfang des 6. Jahrhunderts war Teotihuacán eine blühende Stadt, das Herz eines ökonomisch, ideologisch und vermutlich teilweise militärisch zusammenhängenden Reiches, zu dessen Einflußbereich sowohl die Südhälfte Mexikos als auch große Teile des heutigen Guatemalas und Belize gehörten.

Es war ein heterogenes Reich verschiedener Völker, Stämme und Staaten. Einige waren eroberte tributpflichtige Staaten, andere waren ständige Verbündete oder abhängige Staaten, die es wohl kaum gewagt hätten, der Hegemonie von Teotihuacán die Stirn zu bieten.

Das Reich wurde durch eine religiöse Ideologie und durch Handelsbeziehungen zusammengehalten. Die Stadt hatte die weitaus größte Bevölkerungsdichte von ganz Amerika, sie war sogar die sechstgrößte Metropole der Welt! Es müssen gewaltige Mengen Waren aus ganz Mesoamerika importiert und umgekehrt exportiert worden sein.

Der Lebensunterhalt und das wirtschaftliche Überleben mehrerer Millionen Mexikaner und Maya hing von Teotihuacán und seiner Macht ab. Die Stadt war das Zentrum eines alten mesoamerikanischen Gewerbezweigs, der mit der heutigen Stahlindustrie vergleichbar ist: der Massenproduktion von Millionen Artefakten aus vulkanischem Gesteinsglas (Obsidian). In Dutzenden Werkstätten, die vermutlich zum Teil staatlich kontrolliert waren, fertigten Kunsthandwerker unterschiedliche Gegenstände aus Obsidian – Speerspitzen und Blasrohrpfeile, Messerklingen und erlesene menschliche Figurinen. Hunderte andere Werkstätten waren auf Körbe und Matten, auf Tonwaren und Textilien oder Schmuck aus importierten Muscheln und Skulpturen aus Basalt spezialisiert.

Das Baugewerbe muß ebenfalls eine große Bedeutung gehabt haben. Für die Beschaffung der Rohmaterialien, die Instandsetzung und gegebenenfalls den Neubau von Häusern für bis zu 200 000 Menschen war sicherlich ein gewaltiges Kontingent an Fachkräften vonnöten, die Kalk gewannen und herstellten, Ziegelsteine brannten, Steine schlugen, Holz herbeischafften und bearbeiteten und die Fresken malten, mit denen die Innenwände von zahllosen Häusern der Stadt geschmückt wurden.

Auch andere Handwerkszweige müssen eine Blüte erlebt haben, wenn auch in etwas bescheidenerem Maße, so unter anderem die Verarbeitung von Glimmer und Federn sowie die Papierherstellung. Zwar ist in Teotihuacán kein Papier erhalten geblieben, aber die Herstellungstechnik existierte schon damals in Mexiko, und bei Ausgrabungen wurden Papierstampfer aus Stein zutage gefördert. Papier, das man aus der inneren Rinde bestimmter Baumarten herstellte, wurde nicht nur zum Schreiben benutzt, sondern auch zur Fertigung ritueller Kleidungsstücke, als Schmuck sowie für Brandopfer, da es, bestrichen mit Weihrauch, Kautschuk und Blut, gut brannte.

Die Metropole war auch ein lebendiges Handelszentrum. Archäologische Funde lassen den Schluß zu, daß ganze Randbezirke mit Händlern und Kunsthandwerkern bevölkert waren, die von weit her kamen. Der Importhandel blühte – eine beachtliche Leistung, wenn man bedenkt, was für immense Entfernungen die Händler zurücklegen mußten, und das ohne Fahrzeuge oder auch nur Packtiere.

Muscheln (zur Herstellung von Schmuck) mußten vom Golf von Mexiko und von der Pazifikküste herangeschafft werden – über 240 beziehungsweise 290 Kilometer Entfernung. Kautschuk (für Bälle) kam sehr wahrscheinlich aus Veracruz am Atlantik und aus Guatemala, 800 Kilometer im Osten. Auch die Baumwollstoffe zur Herstellung von Kleidung kamen vermutlich aus den Maya-Regionen im äußersten Osten sowie aus den Gegenden von Oaxaca und Veracruz, 430 beziehungsweise 240 Kilometer von Teotihuacán entfernt. Federn – zum Beispiel die des grün-blauen Quetzals – mußten in den Dschungelgebieten im oder unweit des heutigen Yucatán und Guatemala eingekauft werden. Und Mineralien für die Herstellung von Farbstoffen wurden aus dem Norden importiert – Zinnober, Hämatit und Malachit kam zum Teil aus Minen, die vermutlich von Teotihuacán kontrolliert wurden und mehrere hundert Kilometer von der Hauptstadt entfernt lagen. Doch das wohl exotischste Einfuhrgut – Türkis – mußte aus dem fast 2000 Kilometer entfernten Gebiet des heutigen Nordens von New Mexico herbeigeschafft werden.

Während gut 30 Prozent der Bevölkerung im Handwerk tätig waren, arbeitete der Rest, die überwiegende Mehrheit, wahrscheinlich in der Landwirtschaft. Ob einzelne Familien, größere Familienverbände oder der Staat selbst Agrarland besaß, ist nicht bekannt. Doch von Archäologen geliefertes Datenmaterial[1] über Ansiedlungen deutet darauf hin, daß die Bevölkerung im Rahmen einer gezielten Politik in der Metropole konzentriert wurde. Auf dem Lande um Teotihuacán und seiner unmittelbaren Umgebung gab es nur sehr wenige Siedlungen. Offenbar war fast die gesamte Bevölkerung um Umkreis von circa 500 Quadratkilometern irgendwann gezwungen worden, in die Stadt zu ziehen, was die Entstehung von potentiell rivalisierenden Bevölkerungszentren verhinderte. Dieses politisch bedingte Phänomen der ländlichen Entvölkerung muß zwangsläufig zur Folge gehabt haben, daß das Ackerland in unmittelbarer Nähe der Metropole übermäßig genutzt wurde, landwirtschaftliche Flächen in größerer Entfernung von der Stadt dagegen zu wenig.

Eine blühende Landwirtschaft war nicht nur die Grundlage für das Überleben der Stadt – und des Reiches –, sondern auch Kern der Religion von Teotihuacán. Die wichtigste Gottheit war sehr wahrscheinlich der Regengott Tlaloc, der nicht nur als Herrscher über Regen, Donner und Blitz galt, sondern auch mit dem Grundnahrungsmittel, Mais, und gewissen Aspekten der Schöpfung in Verbindung gebracht wurde. Man glaubte, daß er die Gestalt eines Raubtieres annahm, vielleicht eines brüllenden Jaguars oder eines wütenden Krokodils, und in einer tiefen Höhle in einem heiligen Berg lebte. Andererseits glaubte man auch, daß er in den Wolken wohnte.

Es steht nicht eindeutig fest, welcher Tempel in Teotihuacán

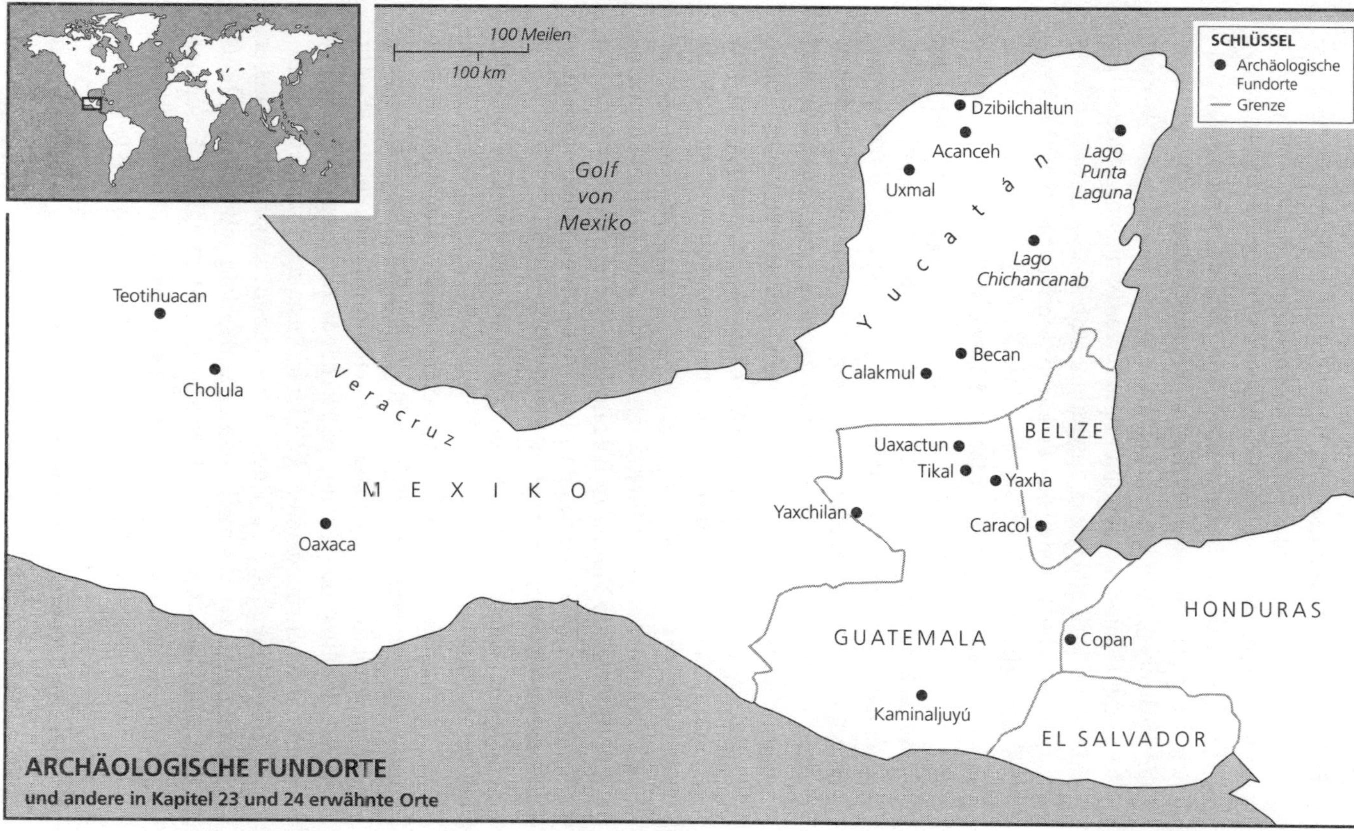

ARCHÄOLOGISCHE FUNDORTE

und andere in Kapitel 23 und 24 erwähnte Orte

Tlaloc gehörte, am ehesten in Frage kommt wohl die große sogenannte Sonnenpyramide – das größte Bauwerk der Stadt. 1971 entdeckten Archäologen sechs Meter unter der 65 Meter hohen Pyramide einen 100 Meter langen, von Menschenhand geschaffenen Gang, der zu vier rätselhaften, kleeblattförmig angeordneten unterirdischen Höhlen führt. Dort wurden Kanäle, die Wasser durch die Höhlen leiteten, und Spuren von Ritualen gefunden, einige sogar noch älter als die Pyramide selbst.

Die Vorrangstellung, die Tlaloc in Teotihuacán bekanntermaßen innehatte, die Höhle »innerhalb« der Pyramide und die Wasserkanäle: all das spricht dafür, daß Tlaloc der Gott war, dem dieser riesige Bau geweiht war.

Weitere wichtige Gottheiten von Teotihuacán waren wahrscheinlich ein Staatengott (die Gefiederte Schlange, die unter anderem auch mit Regen in Verbindung gebracht wurde) und eine große Göttin, vermutlich die »Steinmutter« – die Verkörperung des »Wasserberges«, des erloschenen Vulkans, der über Teotihuacán aufragt und in dem noch immer das Wasser gurgelt, das in ihm gefangen ist. In der Indianersprache, die seit mindestens 900 Jahren in der Gegend gesprochen wird, geht das Wort für Stadt, für Gemeinde, wahrscheinlich auf diesen gurgelnden, heiligen erloschenen Vulkan zurück, und das zweitgrößte Gebäude von Teotihuacán (die sogenannte Mondpyramide)[2], steht in direktem Zusammenhang mit dem gurgelnden Wasserberg.

Wasser bildete die Grundlage des politisch-religiösen und des wirtschaftlichen Systems von Teotihuacán. In dem indianischen Dialekt Nahuatl gibt es für Wasserberg und Gemeinde/Stadt nur ein Wort, *altepetl*. Die drei wichtigsten Gottheiten, Tlaloc (Regen), die Gefiederte Schlange (gleichfalls mit Regen und Wasser verbunden) und die »Steinmutter« (der Wasserberg) wurden allesamt mit lebenspendendem Wasser in Zusammenhang gebracht.[3]

Das Bindeglied zwischen Regen und landwirtschaftlicher Fruchtbarkeit wurde durch Tlalocs Verbindung mit Mais symbolisiert, dem Grundnahrungsmittel der Stadt. Die Gefiederte Schlange war dagegen traditionell mit der Ideologie göttlich sanktionierter Herrschaft verknüpft und untermauerte somit die politische Seite der Religion in Teotihuacán.

Die Stadt (und das Reich) war insofern ein religiöser Staat, als die Herrscher ihre Macht von den Göttern ableiteten und sich und die Metropole vermutlich mit dem Entstehen der Menschheit und der Geburt der Zeit gleichsetzten. Teotihuacán wurde von späteren Kulturen als eine Art mesoamerikanisches Jerusalem gesehen, wo sich die Götter geopfert hatten, damit die Menschen leben konnten. Hier liegt eine faszinierende Parallele zur christlichen Theologie des göttlichen Opfers und damit ein Beleg für Universalität der menschlichen Psyche vor. Einer alten Legende der Azteken (und womöglich auch von Teotihuacán) zufolge war Teotihuacán der Ort, von dem unser Universum zeitlich und räumlich seinen Anfang nahm.

Die Menschen im alten Mesoamerika glaubten an eine zyklische Abfolge von Universen. Am Ende der Lebensspanne eines jeden Universums wurde es fast gänzlich zerstört – und ein neues Universum mußte erschaffen werden. Die Stätte, wo Teotihuacán erbaut wurde, galt – wiederum zumindest bei späteren Kulturen – als der Ort, wo das gegenwärtige Universum (das fünfte) geboren wurde. Es galt als der Ort, an dem die Zeit im menschlichen Verständnis ihren Anfang nahm. Damit dieses neue Universum entstehen und damit das Leben erneut beginnen konnte, war allerdings ein göttliches Opfer erforderlich.

So kam es – laut einer aus aztekischen Quellen überlieferten Legende –, daß die Götter sich dort versammelten, wo sich Teotihuacán heute befindet, und untereinander berieten, wer von ihnen sich opfern, die fünfte Sonne werden und einer wiedergeborenen Welt Licht bringen würde. In einem ergreifenden Akt schmerzlichen Anthropomorphismus sprang der niedrigste Gott – Nanahuatzin (wörtlich der »mit Eiter Gefüllte«) – in die Flammen der Schöpfung und wurde zur wiedergeborenen Sonne. Der Rest des neuen Universums machte jedoch keinerlei Anstalten, sich zu materialisieren, und so mußten die übrigen Götter sich ebenfalls opfern.

Dank ihres Opfers nahmen der Kosmos und die Welt allmählich Gestalt an, bis schließlich weitgehend alles, von den Sternen bis zu den Tieren und von den Bergen bis zu den Menschen, entstanden war. Auch den jeweils auf Erden Herrschenden wurde offenbar ein göttlicher Ursprung zugesprochen.

Und so hatte genau dort, in Teotihuacán, wo die Götter das Universum geschaffen hatten, die mächtigste Herrschaft der mesoamerikanischen Welt ihren Ursprung – die Herren von Teotihuacán, die »weisen Männer, die mit okkulten Dingen vertraut sind«.[4]

Die immense einigende Kraft, die die Metropole und ihre Macht so viele Jahrhunderte lang trug, beruhte auf der Verflechtung der religiösen/ideologischen Basis der Gesellschaft mit der wirtschaftlichen Basis (Landwirtschaft) und der politischen Basis (die göttlich sanktionierte Regierung). Doch genau dieses Ineinandergreifen von Religion, Ökonomie und politischer Ideologie führte zum totalen Zusammenbruch, als die Metropole und ihr Reich im Zuge der weltweiten Klimastörungen der dreißiger Jahre des 6. Jahrhunderts unter eine noch nie dagewesene Belastung gerieten.

Teotihuacán war gleichzeitig das Athen, das Rom und das Jerusalem der alten mesoamerikanischen Welt. In religiöser, wirtschaftlicher und politischer Hinsicht bildete es das Zentrum, das gesamte Wissen war dort konzentriert und ebenso ein großer Teil der Bevölkerung. Und als dann die Katastrophe hereinbrach, geschah dies umfassender und endgültiger als irgendwo sonst auf der Welt, die von globalen Veränderungen und Katastrophen heimgesucht wurde.

Die große Dürre

Da aus Zentralmexiko bislang keinerlei Daten aus Baumring-, Seeablagerungs- oder Eiskernuntersuchungen vorliegen, ist es der Archäologie unmöglich, eine einzelne Dürreperiode in alter Zeit direkt nachzuweisen.

Es gibt zwar umfangreiche Nachweise für eine allgemeine Trockenheit in Mexiko vom 3. bis zum 6. Jahrhundert, doch um sich ein Bild davon zu machen, wann kürzere oder längere Dürreperioden in Mesoamerika vorkamen, die besonders schwerwiegende Krisen auslösten, muß die Forschung auf archäo-klimatische Daten zurückgreifen, die über angrenzende Regionen, die Welt insgesamt und potentielle Folgen – archäologisch nachweisbare Ereignisse wie beispielsweise den Untergang von Teotihuacán – gesammelt wurden.

Eine detaillierte Analyse aller zur Verfügung stehenden Daten über den amerikanischen Doppelkontinent zeigt jedoch, daß tatsächlich ein recht dramatisches klimatisches Ereignis in beiden Kontinenten stattfand, das mit an Sicherheit grenzender Wahrscheinlichkeit auch Zentralmexiko erfaßte.

Es liegen überzeugende Beweise aus sieben verschiedenen Gebieten vor – Kalifornien, Südmexiko, Kolumbien, Peru, Brasilien, Chile und Argentinien –, was den Schluß zuläßt, daß es Mitte des 6. Jahrhunderts in der ganzen westlichen Hemisphäre eine ernsthafte klimatische Störung gab.

Der amerikanische Baumringspezialist Valmore La Marche von der University of Arizona nahm Ende der sechziger Jahre eine beträchtliche Anzahl Proben von der hochwachsenden Bristlecone-Kiefer auf dem Campito Mountain in Kalifornien. Die Proben zeigten eine Verminderung in der Baumringbreite (also im Baumwachstum), was auf eine Klimaverschlechterung hindeutet, für die Jahre 535/536 und eine noch wesentlich stärkere Verminderung für das Jahr 539. Das Wachstum normalisierte sich erst Ende der fünfziger Jahre wieder. Das abnorme – wahrscheinlich kältere und trockenere – Wetter hielt demnach fast drei Jahrzehnte an.

Ein weiterer amerikanischer Forscher, Louis Scuderi von der University of Boston, kam Ende der achtziger Jahre auf der Grundlage zahlreicher Baumringproben von Balfours-Kiefern in den Bergen der Sierra Nevada in Kalifornien zu ganz ähnlichen Ergebnissen. Seine Daten ließen darauf schließen, daß die klimatische Verschlechterung noch länger andauerte – bis etwa 570, also über einen Zeitraum von fast 40 Jahren.

Mitte des 6. Jahrhunderts gab es eine enorme Klimaverschlechterung, und das Jahr 536 markierte den Beginn der schlimmsten Phase.

In Yucatán (im Südosten von Mexiko), 800 Kilometer östlich von Teotihuacán, hat die Analyse von Seeablagerungen in den letzten Jahren ergeben, daß Mitte des 6. Jahrhunderts eine mehrere Jahrzehnte währende (vermutlich 20 bis 50 Jahre anhaltende) Dürreperiode begann. Belege für diese große Dürre liefern in einem der untersuchten Seen – Punta Laguna – Wasserschnecken und kleine Krustentiere, sogenannte Muschelkrebse. Je nach den klimatischen Bedingungen, die zu der Zeit herrschten, als sie starben, werden unterschiedliche Sauerstoffisotope in ihren Schalen gefunden. Sauerstoff mit einem Isotopenwert von 16 evaporiert leichter als der schwerere Sauerstoff mit der Massezahl 18. Das trockene Wetter führte zu einer unnatürlich hohen Evaporation des leichteren Sauerstoffs und somit zu einem abnorm hohen Vorkommen des schwereren. Anhand einer Probe von Seesedimentablagerungen kann eine Dürreperiode datiert werden, indem man Holzfragmente und Muschelkrebse mit Hilfe des Radiokarbonverfahrens auf ihr Alter hin untersucht.

Die von Wissenschaftlern der University of Florida durchgeführten Forschungen, deren Ergebnisse 1996[5] veröffentlicht wurden, ergaben, daß die Dürre im 6. Jahrhundert die erste seit 1000 Jahren war und daß es in den drei folgenden Jahrhunderten nichts Vergleichbares gab.

Zu ähnlichen Resultaten führten Untersuchungen am See Chichancanab in Yucatán, wo durch Messung der unterschiedlichen Prozentsätze eines bestimmten Minerals in den Sedimentablagerungen eine große Dürre im 6. Jahrhundert nachgewiesen werden konnte. Wenn das trockene Wetter mehr Wasser verdunsten ließ, bildeten sich schneller große Mengen Gips, wodurch sich der Prozentsatz dieses Minerals in der jeweiligen Sedimentschicht drastisch erhöhte. Mit Hilfe von Radiokarbonuntersuchungen an Wasserschneckengehäusen und Pflanzenresten, die unterhalb und oberhalb der Sedimentschicht aus der Dürreperiode gefunden wurden, konnte eine Altersbestimmung vorgenommen werden.[6]

In Südamerika haben Baumringuntersuchungen an alten Fitzroya-Koniferen ergeben, daß die Temperatur im Jahre 540 dramatisch gesunken ist. In Chile waren die Beweise am eindeutigsten, unlängst wurden sie durch Untersuchungen in Argentinien untermauert. Das chilenische Material – aus Lenca im Süden des Landes – belegt, daß 540 der kälteste Sommer in den letzten 1600 Jahren war.[7]

Die in der Nordhälfte Südamerikas gesammelten Baumringdaten gehen nicht bis ins 6. Jahrhundert zurück, es liegen aber Forschungsergebnisse von zwei unterschiedlichen Arten vor, hauptsächlich aus Peru und Kolumbien.

Im Jahre 1983 stieg ein Team von US-Wissenschaftlern vom Institute of Polar Studies[8] der Ohio State University auf den 5700

Meter hoch gelegenen Quelccaya-Gletscher in Peru. Dort gelang es ihnen, zwei rund 150 Meter lange Eiskernproben mit einem Durchmesser von 8,25 cm zu entnehmen. Da es in Peru keine Hubschrauber gab, die diese Höhe bewältigen konnten, und somit keine Kühlgeräte hinaufgeschafft werden konnten, mußten die Eiskerne nach unten getragen werden. Um sie leichter transportieren zu können, wurden sie in 6000 fünf Zentimeter lange Proben zerbrochen, die man einzeln in Behältern verpackte, wo sie schmelzen konnten!

Das Team brachte die 6000 Proben vom Gletscher nach unten. Nach einem zweitägigen Abstieg – mitunter über 45 Grad steile Hänge – und einer langen Reise per Lkw und Flugzeug traf das Material schließlich im Institut für Polarforschung in Ohio ein.

Die dort vorgenommene Analyse ergab, daß es mehrmals zu einer Verringerung der Eisakkumulation gekommen war, daß es weniger negative »schwere« Sauerstoffisotope mit der Massezahl 18 gegeben und sich die Menge an Staub aus bestimmten Regionen vermehrt hatte – ein nahezu sicherer Beweis für durch Dürre verursachte Staubstürme. Die bei weitem intensivste und längste und am plötzlichsten aufgetretene Dürre scheint Mitte des 6. Jahrhunderts begonnen und rund 30 Jahre gedauert zu haben.

Die Klimakatastrophe wird des weiteren durch Ergebnisse bestätigt, die in den siebziger und achtziger Jahren bei Untersuchungen der alten Wasserstandshöhen von Flüssen im unteren San-Jorge-Becken in Kolumbien gewonnen wurden. Die kolumbianischen Archäologinnen Clemenzia Plazas und Anna Falchetti fanden heraus, daß Mitte bis Ende des 6. Jahrhunderts die trockenste Periode in dem gesamten 3300 Jahre umfassenden untersuchten Zeitraum war.[9] Die genaue Auswertung der Daten belegte, daß das Klima von 100 v. Chr. bis 1000 n. Chr. fast gleichbleibend feucht war – außer Mitte bis Ende des 6. Jahrhunderts! Ähnliche Indizien wurden im unteren Amazonas-Becken in Brasilien und in Seen in den kolumbianischen Anden gefunden.[10]

Die in Kolumbien und Brasilien gewonnenen Erkenntnisse – zusammen mit den Forschungsergebnissen aus Peru, Chile, Argentinien, Yucatán und den USA – zeigen, daß es in der Mitte des 6. Jahrhunderts auf dem gesamten amerikanischen Doppelkontinent eine Klimakatastrophe gegeben hat, von der auch Mexiko betroffen war.

Bestätigt wird dies durch den Zeitpunkt und die Art des Zusammenbruchs der Stadt Teotihuacán und ihres Reiches. Noch bis vor drei Jahren ging man davon aus, daß die Entvölkerung und der Untergang dieser großen alten Stadt im 8. Jahrhundert stattfanden, doch eine kürzlich vorgenommene Neubewertung der Forschungsergebnisse hat Archäologen veranlaßt, den Zusammenbruch 150 Jahre früher zu datieren – auf das 6. Jahrhundert![11] Die Neudatierung legt den Schluß nahe, daß der Niedergang von Teotihuacán irgendwann in der ersten Hälfte des 6. Jahrhunderts oder, noch wahrscheinlicher, in der Mitte des 6. Jahrhunderts einsetzte und daß sich die Stadt bereits Ende des Jahrhunderts in demographischer, ökonomischer und politischer Hinsicht weitgehend aufgelöst hatte.

Aus Teotihuacán gibt es keine Aufzeichnungen – zumindest sind bislang noch keine entdeckt worden. Diese außergewöhnliche urbane Zivilisation hatte zwar eine eigene »Schrift«[12], doch sie scheint relativ primitiv gewesen zu sein und konnte bislang nur teilweise entschlüsselt werden.

Um den Ablauf der Ereignisse nachzuvollziehen, die zum Zusammenbruch von Stadt und Reich führten, stehen daher allein die archäologischen Forschungsergebnisse zur Verfügung. Doch die bei einer Reihe von Ausgrabungen in Teotihuacán gewonnenen Erkenntnisse erzählen eine faszinierende Geschichte.

Sie legen ein erschütterndes Zeugnis vom Ende Teotihuacáns ab – niedergebrannte Tempel, Skelette von an Unterernährung gestorbenen Menschen, verlassene Häuser, zertrümmerte Götterbilder und erschlagene Angehörige der Elite der Stadt. Anhand der Funde läßt sich ein recht genaues Bild der Vorgänge in den letzten Jahrzehnten dieses mesoamerikanischen Jerusalems rekonstruieren.

Die Klimakatastrophe, die das Wachstum vieler Bäume in Nord- und Südamerika zum Stillstand brachte (und Flüsse in Kolumbien austrocknen ließ und in Peru Staubstürme auslöste), umfaßte mit Sicherheit eine lang anhaltende Dürreperiode. Die mutmaßlichen Auswirkungen der Dürre spiegeln sich überaus anschaulich in den archäologischen Aufzeichnungen wider. Die amerikanische Anthropologin Rebecca Storey von der University of Houston legt in einer detaillierten Studie Datenmaterial vor, das sie anhand einer Analyse von über 150 Skeletten gewonnen hat, die auf dem kleinen Friedhof einer Wohnsiedlung von einfachen »Arbeitern« am Südrand der Stadt exhumiert wurden.[13]

Ihre Ergebnisse zeigen, daß die Menschen bereits in den Jahren vor dem Untergang der Stadt ungewöhnlich jung starben. Die Sterberate der Bewohner unter 25 Jahren hatte sich praktisch verdoppelt. Sehr wahrscheinlich war es als Folge einer großen Dürre zu schlimmen Mißernten gekommen, und Storeys Arbeit belegt, daß 68,3 Prozent der Arbeiter vor dem fünfundzwanzigsten Lebensjahr starben gegenüber 38,5 Prozent in normalen Zeiten.

Die Studie weist nach, daß in Teotihuacán zu allen Zeiten Infektionskrankheiten verbreitet waren. Doch bedingt durch Mißernten und eine daraus folgende Mangelernährung muß die Widerstandskraft der Bevölkerung gegen Infektionskrankheiten stark geschwächt gewesen sein. Die Erkrankten litten häufig an schweren Diarrhöen, so daß das Verdauungssystem Nährstoffe nicht mehr richtig aufnehmen konnte. Letztlich starben sie an Mangelernährung (und nicht eines Hungertodes).

Die hohen Sterberaten in der Stadt (die den Bedarf an Arbeitskräften steigerte) in Verbindung mit dem wirtschaftlichen Niedergang (aufgrund von Mißernten) auf dem Lande führte wahrscheinlich zu einer starken Landflucht in die Metropole. Storeys Studie zeigt jedoch, daß die meisten Zuwanderer, da sie gegen die in der Stadt verbreiteten Krankheiten weniger immun waren, binnen weniger Jahre nach ihrer Ankunft starben. In der Endphase (vermutlich in den letzten Jahrzehnten) von Teotihuacán verdreifachte sich die Todesrate unter der Hauptaltersgruppe von Zuzüglern (15 bis 24 Jahre) von 8,3 auf 27 Prozent.

Storeys Skelettuntersuchungen[14] deuten darauf hin, daß in der Endphase von Teotihuacán weit weniger einfache Menschen älter als Mitte zwanzig wurden.

Da Nahrungsknappheit die Wurzel allen Übels war, ist gut vorstellbar, daß die Führungsschicht von Teotihuacán ihre politische (und irgendwann vermutlich auch ihre militärische) Macht nutzte, um für sich selbst ausreichend Nahrung zu sichern. Somit erhöhten sich wahrscheinlich die gesellschaftlichen Spaltungen nicht nur im Hinblick auf Gesundheit und Wohlstand, sondern auch im Hinblick auf Alter, kulturellen Zusammenhalt zwischen den Generationen, elterliche Autorität, geographische Herkunft (Zuzügler) und Loyalität gegenüber dem System.

Angesichts der hohen Todesrate bei der arbeitenden Bevölkerung unter 25 Jahren ist anzunehmen, daß die Mechanismen, die gesellschaftliche Kontinuität und Kontrolle sicherten, zusammenbrachen. Es gab nicht mehr genügend ältere Bürger, um kulturelle Traditionen an die jüngere Generation weitergeben zu können. Die Zahl junger Waisen, die, falls sie überhaupt überlebten, ohne elterliche oder generell erwachsene Fürsorge aufwuchsen, muß sich drastisch erhöht haben. Außerdem werden sich sehr viel mehr Bewohner aufgrund der bereits erwähnten großen Zahl von Zuzüglern der Stadt und ihren Traditionen weitaus weniger verbunden gefühlt haben.

Archäologische Untersuchungen haben zudem ergeben, daß sich die gesellschaftliche Führungsschicht veränderte. Bildliche Darstellungen aus der Endphase von Teotihuacán haben zunehmend militärischen Charakter. Auf Wandgemälden, die zuvor fast ausschließlich religiöse Motive zeigten, wurden nun auch Mitglieder der militärischen Führungsschicht der Stadt dargestellt.

Die offensichtlich wachsende Bedeutung des Militärs liegt zeitlich *vor* dem endgültigen Niedergang der Zivilisation, was auf ernsthafte Spaltungen innerhalb einer herrschenden Schicht schließen läßt, die sich nicht nur mit dem Zusammenbruch in Landwirtschaft und Handel, sondern auch mit wachsenden gesellschaftlichen Spannungen und Unruhen konfrontiert sah.

Falls historische Beispiele späterer Jahrhunderte in anderen Teilen der Welt als Anhaltspunkte dienen können, dann ist mit größter Wahrscheinlichkeit davon auszugehen, daß die Spaltung innerhalb der Führungsschicht eine Art Militärputsch zur Folge hatte. Danach wird man versucht haben, den gesellschaftlichen und religiösen Status quo mit rigider Strenge zu sichern.

Die religiöse Dimension in der sich anbahnenden Katastrophe darf nicht unterschätzt werden. Wie bereits dargelegt, wurden die wichtigsten Gottheiten – Tlaloc, Quetzcoatl und die »Steinmutter« – alle in gewisser Weise mit Regen in Verbindung gebracht. Als der Regen fast gänzlich ausblieb, und das für sehr lange Zeit, vermutlich über Jahrzehnte hinweg, muß das zwangsläufig eine tiefe Glaubenskrise ausgelöst haben. Sehr wahrscheinlich trocknete sogar der Wasserberg der »Steinmutter« aus und hörte auf zu gurgeln.

Vom Regen hing nicht nur das landwirtschaftliche und religiöse System der Stadt ab sondern indirekt auch das politische Herrschaftssystem. Die Regierung war in den Augen der Bevölkerung göttlichen Ursprungs. Die Herrscher von Teotihuacán regierten mit göttlicher Billigung und womöglich sogar als Stellvertreter der Götter – vielleicht sogar als Gottheiten oder Verkörperungen von Gottheiten. Quetzcoatl war ein Gott, der mit der Institution der Regierung in Verbindung gebracht wurde, und die Führungsschicht der Stadt soll sogar innerhalb eines baulichen Komplexes von Palästen und anderen Gebäuden gewohnt haben, die um den Tempel von Quetzcoatl herum errichtet worden waren.

Teotihuacán, als das religiöse Kernstück des mesoamerikanischen Kosmos, war sehr wahrscheinlich so etwas wie ein theokratischer Staat, in dem die Religion, genährt von dem lebenspendenden Geschenk des Regens, die tragende Rolle spielte.

Somit blieb es nicht aus, daß die anhaltende Dürre, die Mißernten, Hungersnöte und Krankheiten zur Folge hatte, zu religiöser und damit politischer Desillusionierung führte.

Als die Stadt von der Katastrophe erfaßt wurde, brach das Reich nach und nach auseinander – sehr wahrscheinlich weil sein geschwächter Mittelpunkt zerfiel und damit auch die Hauptstütze (und *raison d'être*), der Handel. Funde in einer weiteren bedeutenden Ausgrabungsstätte in Zentralmexiko, Cholula, deuten darauf hin, daß auch dieser Ort (ebenso wie vermutlich noch viele andere städtische Siedlungen) von der Dürre schwer getroffen wurde. Der durch Hungersnot verursachte Bevölkerungsschwund und die verstärkte Armut in großen Teilen Mexikos muß den Handel stark beeinträchtigt haben, und zweifellos erlitt er noch weitere Einbußen durch die Zunahme von sozialen Unruhen, Wanderungsbewegungen und Straßenräuberei.

Die Obsidianverarbeitung in Teotihuacán und vermutlich noch etliche andere Gewerbezweige waren in gewisser Weise staatlich kontrolliert, und der Handelsrückgang bedeutete für die Regierung weniger Steuereinnahmen und weniger Macht. Archäologische Funde in ganz Mesoamerika belegen, daß der Handel Teotihuacáns allmählich zum Erliegen kam und damit auch der Einfluß des Stadtstaates in der zweiten Hälfte des 6. Jahrhunderts.

Das Ende des mesoamerikanischen Jerusalem und seines Reiches war nun nicht mehr aufzuhalten. Es bedurfte nur noch eines letzten Gewaltaktes, um sein Schicksal endgültig zu besiegeln. Wie archäologische Untersuchungen belegen, erlosch Teotihuacán in einer regelrechten Orgie aus lodernden Flammen und blutigem Gemetzel.

Die Tatsache, daß die zerstörerische Wut anscheinend zielgerichtet war und daß einzelne Mitglieder der Führungsschicht offenbar mit ungeheurer Brutalität abgeschlachtet wurden, legt den Schluß nahe, daß überwiegend interne, nicht externe Kräfte die Kultur Teotihuacáns vernichteten.

Den Untergang führte sehr wahrscheinlich ein äußerst gewalttätiger Volksaufstand herbei.[15] Fast jedes größere Gebäude der herrschenden Oberschicht wurde geplündert, zerstört und in Brand gesteckt. Archäologische Ausgrabungen haben ergeben, daß in der eigentlichen Innenstadt zwischen 147 und 178 Paläste und Tempel systematisch niedergebrannt wurden und in der übrigen Metropole etwa 50 bis 60 Prozent aller Tempel. Religiöse Gebäude (und die Paläste im Zentrum) waren die Hauptziele. Relativ wenige Wohngebäude wurden angegriffen (etwa 5 bis 14 Prozent nach archäologischen Erkenntnissen), meist solche, die vermutlich Großfamilien gehörten, die irgendwie mit der Regierungsschicht oder mit dem gescheiterten religiösen System in Verbindung gebracht wurden.

Tausende von wütenden, mit Lendenschurz bekleideten Einwohnern müssen ins Stadtzentrum gestürmt und in den Hauptpalastkomplex eingedrungen sein, wo sie auf Angehörige der Oberschicht stießen, die noch nicht geflohen waren und natürlich nicht die geringste Chance hatten. Einige von ihnen, die wahrscheinlich noch ihre mit Jade, Obsidian und Onyx besetzten und mit blaugrünen Federn geschmückten Kronen trugen, wurden mit unbeschreiblicher Brutalität niedergemetzelt. Archäologen haben festgestellt, daß ein Adeliger oder Priester im Westraum der nordwestlichen Wohnung des sogenannten Ciudadela-Palastes ergriffen und in den zentral gelegenen Innenhof des Komplexes geschleift wurde, wo man die meisten Überreste seines Körpers fand. Die Aufständischen hatten ihm den Schädel eingeschlagen, und sein Körper war regelrecht zerhackt worden, so daß auf der gesamten Strecke vom Westraum bis zum Innenhof Körperteile gefunden wurden. Archäologische Untersuchungen ergaben, daß er eine hochrangige Persönlichkeit war. Stücke eines Jademosaiks (vermutlich von einem Kopfschmuck) sowie Jade, das Mineral Bergtorf und Muschelperlen (vermutlich von einer Halskette) lagen neben den Körperteilen.[16]

Ein weiteres ähnlich zerstückeltes Opfer wurde ganz in der Nähe augegraben und ein drittes im Südpalast. Die insgesamt geringe Anzahl von Skeletten läßt vermuten, daß den meisten Angehörigen der Oberschicht in den Tagen unmittelbar vor dem Aufstand die Flucht gelungen war oder daß sie von Rebellen ergriffen und woanders ermordet wurden.

Nachdem die letzten in der Stadt verbliebenen Mitglieder der Führungsschicht tot waren, begann die systematische Zerstörung des politisch-religiösen Kernstücks der Metropole. Die vermutlich aus Holz (und möglicherweise aus Textilien) bestehenden Konstruktionen unterhalb und seitlich der Treppenaufgänge zu den Tempelpodien und auch die zum Teil aus Holz erbauten Tempel wurden in Brand gesteckt. Bei Ausgrabungen wurden an den genannten Stellen in den meisten Tempelanlagen besonders starke Brandspuren entdeckt.

In einem Bauwerk, das sehr eng mit der alten Obrigkeit in Verbindung gebracht wurde – dem Tempel im Komplex des Ciudadela-Palastes – haben Archäologen festgestellt, daß fünf Statuen gezielt aus dem sakralen Bereich entfernt und zerschmettert wurden. Dutzende Stücke wurden daraufhin absichtlich in alle Richtungen geschleudert. Bruchstücke von einer der Figuren – die 60 Zentimeter hohe Statue einer Göttin – wurden beispielsweise auf einer Fläche von rund 800 Quadratmetern verteilt aufgefunden!

In demselben Regierungskomplex wurden von der imposanten siebenstufigen Quetzcoatlpyramide sakrale Steinkopfskulpturen in angrenzende Gänge und sogar bis in die Innenhöfe der benachbarten Paläste geschleudert. In den Palästen selbst fand man zerschlagene Skulpturen und sechs zerschmetterte Bilder des in Verruf geratenen und inzwischen vermutlich verhaßten Regengottes Tlaloc zwischen Asche und Trümmern.

Die Rachsucht, mit der die Aufständischen ihr Zerstörungswerk betrieben, ist unvorstellbar, spiegelt aber wohl das Leiden wider, das die Masse der Bevölkerung von Teotihuacán vor der Revolte ertragen mußte.

Während ein Teil des Stadtzentrums in Flammen aufging, fiel der wütende Mob über andere Bereiche des Zentrums her. An der Pyramide der »Steinmutter« (heute als die Mondpyramide bekannt) wurden die gewaltigen Steinblöcke rechts und links von einer großen Treppe neben der Pyramide hinabgestoßen und blieben 100 Meter weiter liegen. Die Häuser von Priestern und Adeligen, die mit dem Tempel verbunden waren, wurden geplündert. Zwölf große gemeißelte Säulen, die mit militärischen Insignien verziert waren, wurden eingerissen.

Und an einem Tempel in einem anderen Teil der Stadt fanden Archäologen Hinweise darauf, daß Steinblöcke aus Gebäuden herausgerissen und mit solcher Wucht auf einen Platz geschleudert wurden, daß die Blöcke regelrecht über den Boden hüpften und Abdrücke hinterließen. Auch dort wurde eine sakrale Statue zerschmettert – die wertvolle grüne Onyxfigur eines Gottes. Die Aufständischen steckten den Tempel in Brand, und 1500 Jahre später konnten die Archäologen feststellen, wo die brennenden Balken hingefallen waren.

Während der Zerstörung von Teotihuacán – oder im Vorfeld der finalen Krise – spielte sich anscheinend ein weiterer letzter Akt in der Geschichte jener Zivilisation ab. In weiter Ferne von der Metropole, an den Hängen eines heiligen Berges, der Tlaloc geweiht war[17], wurde gerade eine riesige, 200 Tonnen schwere Statue, die vermutlich den Gott selbst darstellte, in Stein gemeißelt – vielleicht auf Befehl der dem Untergang geweihten Regierung und Priesterschaft von Teotihuacán. Die Statue, eine der größten der Welt und sicherlich die größte, die je in Mesoamerika geschaffen wurde, scheint Sinnbild des religiösen Konfliktes gewesen zu sein, der Teotihuacán vor dem Untergang erschütterte. Traditionelle Anhänger von Tlaloc – die Regierung und Angehörige der herrschenden Schicht – hatten die Anfertigung dieses beispiellos gro-

DIE FOLGEN DES JAHRES 535 FÜR MESOAMERIKA

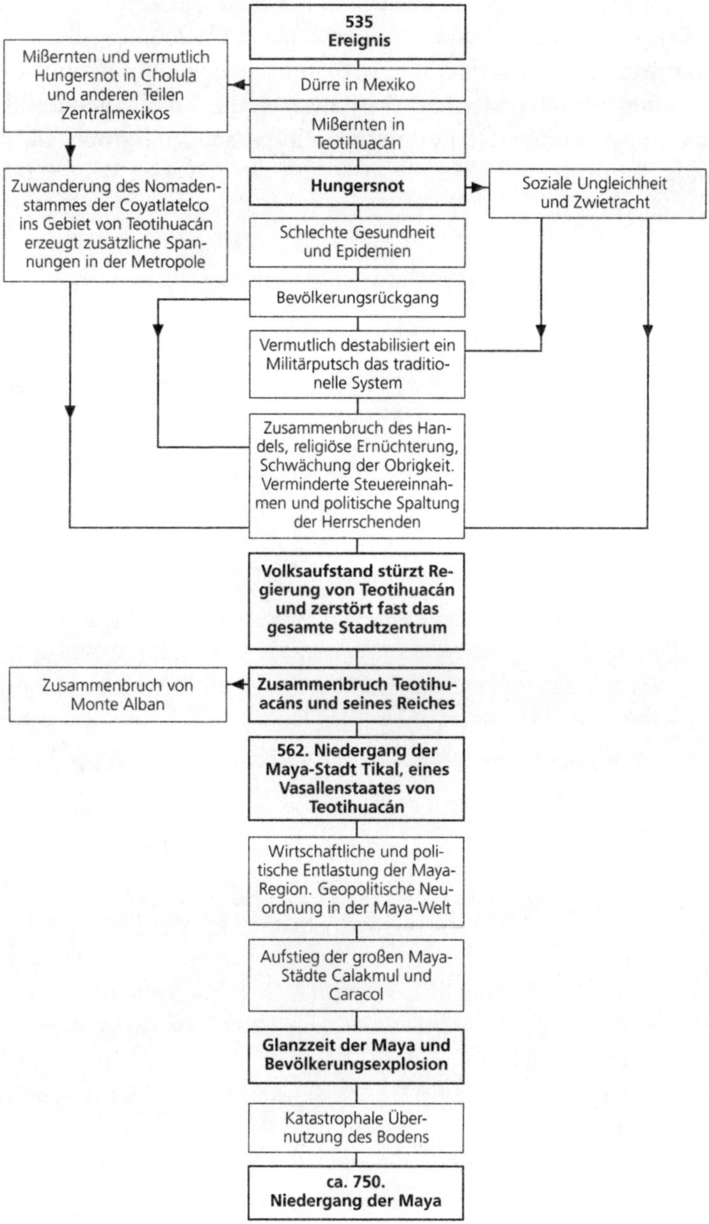

ßen Götterbildes wohl in dem letzten verzweifelten Versuch angeordnet, den Gott dazu zu bewegen, daß er Regen sandte.[18]

Doch der Regen kam nicht, der Aufstand brach aus, das mesoamerikanische Jerusalem wurde zerstört, und Tlalocs gigantisches Monument blieb anderthalb Jahrtausende an den Hängen des ihm geweihten heiligen Berges zurück, ein passendes Symbol für das Ende der größten Kultur, die je in der alten Neuen Welt geblüht hat.

KAPITEL 24

Die Pfeile von Venus

Irgendwann Ende 561 oder Anfang 562 bereiteten die Feinde von Tikal, einer der größten Städte Mesoamerikas, einen »Krieg der Sterne« vor, um die Macht ihres Rivalen zu zerstören.

Für den Sturz von Tikal mit seinen rund 30000 Einwohnern hielten die Maya die schlimmste Form des Krieges für erforderlich, die ihnen bekannt war – den kosmischen Krieg. Den Priestern mit ihren astronomischen Kenntnissen fiel die Aufgabe zu, die Unterstützung einer geeigneten göttlichen, kosmischen Kraft herbeizurufen. Und so kam es, daß die Priester der mit Tikal verfeindeten Stadt Calakmul keinen Geringeren als Venus als Verbündete »rekrutierten«.

Für die Maya war Venus keine Liebesgöttin wie in der Antike, sondern ein ausgesprochen männlicher Gott des Krieges und des Unglücks. Sie waren überzeugt, daß er kosmische Pfeile regnen lassen und Zerstörung über ihre Feinde in Tikal bringen könnte. Doch um sich der Hilfe der Gottheit zu versichern, mußte Venus genau zum richtigen Zeitpunkt am richtigen Ort sein, nur so konnte er den Feind schlagen und den Sieg garantieren.

Die Soldaten von Calakmul waren einfach Instrumente des Gottes, keine unabhängigen, den Wechselfällen des Glücks ausgelieferten, menschlichen Wesen, sondern Krieger, die ein göttlich verfügtes Schicksal realisierten. Um die Geschicke für den kosmischen Plan von Calakmul günstig zu beeinflussen und um Venus möglichst dazu zu bringen, daß er sich über seine Beute, die Tikali, hermachte, mußte nur eine einzige menschliche Entscheidung richtig getroffen werden – die Wahl des günstigsten Tages für den Angriff.

Es mußte ein Tag sein, an dem Venus mit seiner ganzen Macht würde zuschlagen können, und so entschieden die Calakmul-Priester sich für den 29. April 562 – der einzige Tag in dem achtzehnmonatigen Zyklus des Planeten, an dem er anscheinend absolut reglos war, wie bereit zuzuschlagen.

So kam es, daß Calakmul und seine Verbündeten die große Stadt Tikal angriffen, besiegten und demütigten. Mit göttlicher Rückendeckung durch Venus übernahm der Herrscher von Calakmul – König Himmelszeuge[1], so sein treffender Name – die Macht in Tikal und unterstellte die Stadt einem Marionettenkönig, einem kleinen Jungen names »Tierschädel«[2], der damals kaum älter als neun Jahre gewesen sein kann.

Die Oberschicht in Tikal erlebte nach der Eroberung eine von unsäglicher Schmach und Blutvergießen geprägte Leidenszeit. Sehr wahrscheinlich war der Angriff nicht nur von außen geplant und durchgeführt worden. Eine fünfte Kolonne aus verärgerten Angehörigen der Herrscherfamilie hatte wahrscheinlich ihre Hand mit im Spiel, und »Tierschädel« war vermutlich der Sohn eines dieser Abtrünnigen. Es ist anzunehmen, daß diese fünfte Kolonne für die gezielte Zerstörung einzelner kunstvoll gearbeiteter königlicher Denkmäler auf dem großen Platz in der Stadt verantwortlich zeichnete. Die vier früheren Monarchen, die von 511 bis zur Eroberung im Jahre 562 erfolgreich regiert hatten, scheinen dem neuen Regime unter »Tierschädel« verhaßt gewesen zu sein, denn es waren ihre Monumente, die der Zerstörung anheimfielen. Die Denkmäler der beiden noch früheren Monarchen (im Zeitraum von 458 bis 511) blieben demonstrativ verschont.

Ein unverhältnismäßig großer Anteil dieses dynastischen Hasses traf anscheinend die erste Herrscherfigur nach 511 – eine Frau, die unter Historikern als die »Dame von Tikal« bekannt ist. Daß Frauen die Thronfolge antraten, war in der Welt der Maya eine große Seltenheit, und man nimmt an, daß ihre Krönung auf eine schwerwiegende politische Krise zurückzuführen war – vielleicht eine Art Staatsstreich von seiten einflußreicher Kreise, die nicht dem Königshaus angehörten und durch die Inthronisierung dieser Frau mehr Macht gewinnen wollten.

Wahrscheinlich war der Herrschaftswechsel im Jahre 562 das gewalttätige Resultat der Ereignisse, die innerhalb der Dynastie mit der vermutlich irregulären Thronbesteigung der »Dame von Tikal« im Jahre 511 ihren Anfang nahmen. Die Erniedrigung der Stadt in diesem Schicksalsjahr wird wohl durch die Inthronisierung des Kindkönigs symbolisiert worden sein. Und auch wenn er nur eine machtlose, von Calakmul gesteuerte Marionette war, seine Thronbesteigung wurde gewiß so pompös gefeiert, wie es nur die Maya verstanden.

Sein Gesicht wurde teilweise von einer Jademaske bedeckt, und er trug einen hohen kunstvollen Kopfschmuck aus Holz und Jade, der aus weiteren Maskenbildern und seltenen grünen Quetzalfedern gestaltet war. Die Ohren zierten große, schwere Jadegehänge mit erlesenen Blumenmustern, und auf der nackten Brust lag wahrscheinlich eine 25 Zentimeter lange, rechteckige Schmuckplatte aus Jade. An einem kunstvollen Gürtel hingen drei Schädelmasken aus Jade. Um die Taille, über dem Lendenschurz, trug er einen Rock aus Jaguarfell, der vorne offen war, und an den königlichen Füßen hatte er Ledersandalen, die mit Masken und Federn geschmückt waren.

Der Augenblick der Thronbesteigung wurde durch die Annahme des königlichen Zepters symbolisiert – der sonderbaren Skulptur eines Gottes, dessen langes linkes Bein, das eine Schlange darstellte, der neue König ergriff. Die Zeremonie fand mit Sicherheit vor den Augen von »Tierschädel« statt, der auf einem Jaguarfellkissen auf einem großen, reich mit Puma-, Hirsch- und natürlich Jaguarfellen drapierten Thron aus Stein (oder möglicherweise Holz) saß.

Wenn die wenigen Funde bei anderen Ausgrabungen in Mesoamerika als aussagekräftig gelten können, dann fand die Thronbesteigung vermutlich ganz oben auf einer von Tikals großen Palastplattformen statt. Durch eine Reihe schöner Baumwollbaldachine gegen die sengende Sonne geschützt, muß der frisch inthronierte Marionettenkönig über eine Stadtlandschaft aus rotgestrichenen Palästen und Pyramidentempeln und blendendweißen Plätzen geblickt haben, hinter der sich, so weit das Auge reichte, schier endlose Vorstädte erstreckten. Während Tikals Zentrum nur etwas mehr als zweieinhalb Quadratkilometer groß war, nahmen die häufig dichtbevölkerten Randstädte eine Fläche von bis zu 130 Quadratkilometern ein.

Vor eben diesem Hintergund prachtvoller Bauwerke fand auch das schreckliche Blutbad des Jahres 562 statt. Sobald der Kindkönig den Thron bestiegen hatte, wurde höchstwahrscheinlich sein Vorgänger, der vierundfünfzigjährige König Doppelvogel[3], von Calakmuls Soldaten ergriffen und als hochrangiges Menschenopfer dargebracht, sehr wahrscheinlich dem kosmischen Verbündeten von Calakmul, dem Kriegsgott Venus.

Doppelvogel und andere gefangengenommene Tikali erwartete ein wahrhaft grausames Schicksal. Dem ehemaligen König der damals größten Stadt der Maya-Welt wurde das Rückgrat gebrochen, indem man seinen Körper zu einer Art lebendem menschlichen Rad nach hinten bog und ihn über eine kleine Treppe auf einen Platz für rituelle Ballspiele hinabrollte. Wahrscheinlich wurde er dann zum angrenzenden Tempel gebracht, wo ihm, falls das mesoamerikanische Opferritual eingehalten wurde, mit einem scharfen Obsidianmesser das Herz aus dem Körper geschnitten wurde.

Es ist anzunehmen, daß anläßlich der Thronbesteigung von »Tierschädel« zahlreiche Gefangene der Tikali geopfert wurden. Völlig nackt oder mit Streifen aus Baumrindenpapier bekleidet, blieb ihnen ungeachtet der traditionellen Unterwerfungsgesten – Hände in den Mund oder auf der Brust – die schmerzhafte Folter nicht erspart, bevor sie schließlich getötet wurden. Man schlitzte ihnen den Bauch auf, riß ihnen die Fingernägel heraus und schnitt ihnen die Kinnlade ab.

Bei den Maya bildeten Machtpolitik, Krieg und Religion eine untrennbare Einheit – wie in vielen anderen Teilen der Welt. Blutdurst und Sadismus verschmolzen mit der Maya-Theologie zu einer Mordmaschinerie, die, gemessen am Maßstab der Menschlichkeit, nur als böse bezeichnet werden kann, die aber nach dem kosmischen Glauben der Maya theologisch gerecht war. Nach Überzeugung der Maya leisteten nämlich die Götter den Menschen Beistand, und dafür verdienten sie angemessene Dankbarkeit und prompten Lohn.

Es wurden jedoch nicht nur Gefangene geopfert. Angehörige der religiösen und politischen Führung vollzogen häufig schmerzhafte Selbstopferungen – Frauen zogen sich mit Dornen versehene Schnüre durch die Zunge, Männer verstümmelten sich die Geschlechtsteile. Sehr wahrscheinlich kam es 562 bei der Thronbesteigung von König »Tierschädel« in Tikal zu vielen derartigen Selbstopferungen.

Venus muß vollauf zufrieden gewesen sein. Schließlich war es der besondere Tag des Gottes, der entschieden hatte, wann der Angriff stattfinden sollte.

Daß König Himmelszeuge von Calakmul sich überhaupt für den Krieg entschieden hatte, war jedoch auf die Veränderungen der geopolitischen Lage zurückzuführen. Für die Wahl des Angriffstages mochte ja Venus verantwortlich gewesen sein, zu der strategischen Entscheidung, Tikal zu erobern, wurde der König aber mit an Sicherheit grenzender Wahrscheinlichkeit durch die zunehmende Schwäche von Tikal getrieben.

Tikal genoß in der Maya-Region der Metropole Teotihuacán besonderen Schutz, und der durch eine Dürreperiode ausgelöste Verfall der Macht Teotihuacáns in der Mitte des 6. Jahrhunderts (der rasch zum völligen Zusammenbruch führte) hatte Tikal des Schutzes einer Supermacht beraubt.

Von der ersten Hälfte des 4. Jahrhunderts an nahm Teotihuacán in der Maya-Welt[4] – vermutlich als Kolonialmacht – eine Vorrangstellung ein. Zunächst fungierte lediglich die relativ unbedeutende Stadt Kaminaljuyú als Lieferant für wichtige Rohstoffe: Obsidian, Jade, Kopal (Weihrauch), Baumwolle, Kakao und Vogelfedern. In der Nähe dieser ersten Kolonie im Maya-Gebiet lagen eine der seltenen Fundstätten für Obsidian in ganz Mesoamerika und eine der noch selteneren Fundstätten des meistgeschätzten Rohstoffes überhaupt, des präkolumbianischen Lebenssteines Jade.

Nachdem Teotihuacán seinen Einfluß in Kaminaljuyú gesichert und dort vermutlich einen Militärstützpunkt errichtet hatte, brachte es noch mindestens zwei weitere Maya-Städte unter seine politische Kontrolle, entweder durch Eroberung, oder, was naheliegender ist, durch dynastische Eheschließungen und geopolitischen Druck. Teotihuacánische Dynastien etablierten sich in Uaxactun (Aussprache »waschak-tuhn«) und in Tikal selbst Anfang 378 – und im darauffolgenden halben Jahrhundert dehnte Teotihuacán seinen Einfluß und/oder seine Semikontrolle offenbar von

Tikal auf etliche andere Maya-Städte aus: ins nahegelegene Yaxha; nach Becan im Norden; im Jahre 426 nach Copan, circa 300 Kilometer im Süden; möglicherweise sogar in die große Handelsstadt Yaxchilan am Fluß Usimacinta. Es gibt – vor allem architektonische – Hinweise darauf, daß Teotihuacán seinen Einfluß im 5. und Anfang des 6. Jahrhunderts noch weiter ausdehnte, und zwar bis zu den fast 500 Kilometer nördlich von Tikal im Norden von Yucatán gelegenen Städten Dzibilchaltun und Acanceh (Aussprache »akan-kai«), Oxkintok und Uxmal sowie bis zu der kleinen, aber überaus reichen Stadt im Osten, Altun Ha, nicht weit von der karibischen Küste.

Vorbedingung für die Expansion war offenbar der große politische Einfluß und/oder die Vormachtstellung Teotihuacáns in Tikal. Nach 378 scheint Tikal Teotihuacáns stellvertretendes politisches Epizentrum in der Maya-Welt gewesen zu sein. Federführend bei der Eroberung von Uaxactun und Tikal im Jahre 378 durch Teotihuacán war ein General namens »Der Feuergeborene«, der schließlich einen Mann namens Nun-Yax-Ayin (»Mystischer Grüner Alligator«) als König von Tikal einsetzte. Nun-Yax-Ayin war der Sohn eines Königs mit Namen »Speerwerferschild«, der wiederum sehr wahrscheinlich damals Herrscher von Teotihuacán war. Ob der frühere Tikali-Monarch, König »Jaguarpranke«, mit Gewalt abgesetzt wurde oder ob sein natürlicher Tod ein dynastisches Machtvakuum hinterlassen hatte, bedarf noch der Klärung.

Tikal, der Hauptvasall von Teotihuacán in der Maya-Region, war entscheidend für die Geopolitik der Maya geworden. Als dann Mitte des 6. Jahrhunderts 1600 Kilometer weiter westlich der rasche Niedergang von Teotihuacán einsetzte, bekam Tikal die Folgen zu spüren.

Teotihuacán wurde, wie bereits dargelegt, mit an Sicherheit grenzender Wahrscheinlichkeit als Mittelpunkt des Kosmos betrachtet, als der Ort, wo die Schöpfung ihren Anfang nahm. Der katastrophale Niedergang und drohende Zusammenbruch mußte sich somit fatal auf seine Religion und politische Glaubwürdigkeit auswirken. Das Chaos in der großen Metropole hatte zweifelsohne auch das Militär gelähmt – sowohl die Soldaten als auch die Befehlshaber.

Der rasche Niedergang Teotihuacáns und seines Reiches muß sich auch gravierend auf die gesamte mesoamerikanische Wirtschaft ausgewirkt haben. Wie in Kapitel 23 erläutert, war Teotihuacán jahrhundertelang eine mächtige Handelsmaschinerie gewesen, die riesige Mengen Rohmaterial und andere Importgüter aufsaugte und enorme Mengen Fertigerzeugnisse ausstieß. In der Maya-Welt wird ganz sicher die externe Nachfrage nach Baumwolltextilien und Kopalharzen nachgelassen haben. Und auch die Tatsache, daß die zuvor über weite Entfernungen eingeführten Luxuswaren aufgrund des Niedergangs von Teotihuacán ausblieben, wird die Vormachtstellung von Tikal in der Maya-Welt massiv unterminiert haben.

Aufgrund des Rückgangs im Außenhandel flossen weitaus weniger Naturaliensteuern nach Tikal und in seine aus Teotihuacán stammende dynastische Herrscherkaste. Außerdem verlor Tikal durch den versiegenden Fluß exotischer Luxusgüter genau die Waren, auf die es angewiesen war, um sein politisches Schirmherrschaftssystem aufrechtzuerhalten. Keine Annehmlichkeiten – keine Loyalität!

Während sich Tikals regionale Vormachtstellung allmählich auflöste, war die Stadt immer weniger imstande, von anderen Städten Tribut einzutreiben, wodurch sie anfälliger wurde für Konflikte im Innern und Angriffe von außen. Und genau das scheint sich in dem verhängnisvollen Jahr 562 zugetragen zu haben.

Aber warum waren der Nieder- und Untergang von Teotihuacán und der gewaltsame Herrschaftswechsel in Tikal so bedeutsam?

Die Antwort offenbart sich erstaunlicherweise erst rund 300 Jahre später, als die bedeutende Maya-Kultur endgültig zusammenbrach. Über Jahrhunderte hinweg – vor allem seit Mitte bis Ende des 4. Jahrhunderts – hatte sich die politische und demographische Entwicklung innerhalb der Maya-Welt meist in einem Tempo vollzogen, das abhängig war von dem politischen, religiösen und wirtschaftlichen Einfluß Teotihuacáns. Dann jedoch, nach dem Niedergang und raschen Zusammenbruch der Metropole, wurde die Entwicklung nicht mehr durch die halb-koloniale Supermacht eingeschränkt.

Teotihuacán hatte 125 000 bis 200 000 Einwohner – etwa fünf- bis achtmal so viele wie die größte Maya-Stadt zur damaligen Zeit. Außerdem kontrollierte es direkt oder indirekt ein Gebiet, das zigmal größer war als das Gebiet jeder anderen Maya-Stadt. Und in religiös-kosmischer Hinsicht war Teotihuacán der Nabel der mesoamerikanischen Welt. Seine Existenz dominierte daher fast während der ganzen ersten Hälfte des 1. nachchristlichen Jahrtausends die Geschichte Mesoamerikas. Daß es so rasch von der Bildfläche verschwand, muß umgekehrt ein gewaltiges politisches Vakuum hinterlassen und die gesamte Maya-Welt in politischer und wirtschaftlicher Hinsicht befreit haben. Viele Städte innerhalb des Maya-Gebietes entfalteten sich rasch zu regionalen Mächten, so vor allem Calakmul, Caracol und Copan.

Caracol, das sich 562 mit Calakmul gegen Tikal verbündete, erlebte einen enormen Bevölkerungszuwachs: von 20 000 auf zwischen 40 000 und 100 000 Ende des 6. und in der ersten Hälfte des 7. Jahrhunderts. Während dieser Wachstumsperiode wurde in der Stadt ein großartiges strahlenförmiges Straßennetz angelegt, die monumentalen Gebäude wurden verschönert und vergrößert, und es wurden Aberhunderte von Kilometern Steinterrassen und unzählige Wasserreservoirs gebaut. Die Stadt wurde ungeheuer reich, und archäologische Funde lassen darauf schließen, daß die gesamte Bevölkerung an dem Wohlstand teilhatte. Eine große Mittelschicht entstand, wahrscheinlich zum erstenmal in der Geschichte der Maya.

Im selben Zeitraum wuchs auch die Einwohnerzahl von Calakmul (von rund 20 000 auf rund 60 000). Copan erlebte ebenfalls einen rapiden Bevölkerungszuwachs ab dem Ende des 6. Jahrhunderts. Sogar Tikal erholte sich, und seine Einwohnerzahl stieg ebenfalls beträchtlich.

Tragischerweise führte das Bevölkerungswachstum Mitte des 8. Jahrhunderts zur Übernutzung des Bodens, zu Nahrungsmittelknappheit, zwischenstaatlichen und internen Konflikten – und letztlich zum politischen und demographischen Zusammenbruch.

Somit endete die große Zeit der Maya-Kultur. Die Ereignisse in Mesoamerika hatten nach der Dürreperiode in Teotihuacán Mitte des 6. Jahrhunderts ihren Lauf genommen.

Doch *nördlich* von Mexiko löste die Klimakatastrophe möglicherweise Entwicklungen aus, deren Auswirkungen bis auf den heutigen Tag in Amerika spürbar sind.

KAPITEL 25

Das nordamerikanische Rätsel

Die älteste erhaltene städtische Kultur der Vereinigten Staaten ist in den Wüsten von New Mexico und Arizona noch immer quicklebendig. In 31 Pueblo-Städten – die älteste wurde vor 900 Jahren gegründet – leben noch heute 37000 Pueblo-Indianer. Durch eine Kombination von starker Hochachtung für die Werte ihrer Gemeinschaft und der entschiedenen Bewahrung kultureller Traditionen ist es ihnen besser als jedem anderen amerikanischen Indianervolk gelungen, ihre Identität zu bewahren.

Ihre mittelalterlichen Vorfahren, heute für gewöhnlich die Anasazi genannt, entwickelten eine erstaunliche Kultur – sie bauten vom Jahre 1000 an große Dämme und Stauseen (jeweils mit maximal 1,2 Millionen Litern Wasser), bis zu 800 Kilometer lange und neun Meter breite Straßen, und sie errichteten ein schnelles Kommunikationssystem, das mit Hilfe von zahlreichen Signalstationen funktionierte. Sie waren die ersten Indianer nördlich von Mexiko, die Webstühle hatten, und fertigten bereits im Jahre 750 Baumwollstoffe. Doch der wohl faszinierendste Aspekt der Anasazi-Kultur ist, wie und wann sie entstanden ist – nämlich Mitte bis Ende des 6. Jahrhunderts.

Man weiß, daß das Klimachaos in jener Zeit das Gebiet des heutigen Westens der USA in Mitleidenschaft zog, obwohl es wenig faßbare Belege gibt. Die einzigen eindeutigen Daten wurden anhand von Baumringuntersuchungen westamerikanischer Bristlecone-Kiefern gewonnen, die in Kalifornien und Nevada in relativ großen Höhen wachsen. Baumringuntersuchungen an Bäumen mit tieferen Standorten, einschließlich Kalifornien und Nevada, erbrachten keinerlei Anhaltspunkte für klimatische Probleme in den Jahren oder Jahrzehnten nach 535. Doch archäologische Funde zeichnen ein potentiell anderes Bild: Demnach ereignete sich ein relativ plötzlicher kultureller Wandel, und es entstand vielleicht sogar eine geopolitisch konfliktgeladene Situation.

Vor dem 6. Jahrhundert lebten die Anasazi meist nicht in Dörfern. Sie hatten eine Wirtschaftsstruktur, die nur zu 40 bis 50 Prozent auf der Landwirtschaft beruhte, und sie jagten mit Speeren. Töpferei wurde nur auf der Hälfte des Anasazi-Gebietes betrieben, und ihre Steinwerkzeuge waren noch verhältnismäßig primitiv.

Gegen Mitte und Ende des 6. Jahrhunderts stellten die Anasazi dann ohne ersichtlichen Grund ihr Wirtschaftssystem komplett um. Von nun an betrieben sie zu 80 Prozent Landwirtschaft und verbesserten zugleich (wie andere Indianer damals auch) ihre Jagdtechnik dahingehend, daß sie nicht mehr den Speer, sondern Pfeil und Bogen benutzten. Die Siedlungen wurden größer, es entstanden die ersten Dörfer. Gut gearbeitete Steinäxte wurden entwickelt, die sich zur Verwendung in der Landwirtschaft eigneten, und die Herstellung von Tonwaren breitete sich weiter aus. Binnen weniger Jahrzehnte war das Fundament gelegt worden, auf dem sich später die städtische Kultur der Anasazi entfaltete.

Die plötzliche Veränderung der Anasazi-Gesellschaft – eine regelrechte technische und kulturelle Revolution – ist bis heute ein Rätsel. Es gibt allerdings vier Anhaltspunkte dafür, was den Wandel ausgelöst haben mag.

Erstens erfolgte die Umstellung auf die Jagd mit Pfeil und Bogen im 6. Jahrhundert auch bei anderen Indianerstämmen und war somit Teil einer breiteren Entwicklung in Nordamerika. Zweitens förderten archäologische Ausgrabungen am Nordostrand des Anasazi-Gebietes Bauten zutage, die Mitte bis Ende des 6. Jahrhunderts errichtet wurden – insbesondere Palisaden. Drittens, und das ist besonders faszinierend, lassen Keramikfunde den Schluß zu, daß es Mitte bis Ende des 6. Jahrhunderts einen kulturellen Kontakt zwischen den Anasazi und einer anderen Indianer-Kultur gab, die unter der Bezeichnung »Late Woodland« bekannt ist und sich 1100 Kilometer weiter östlich auf der anderen Seite der Prärien im Mississippi Valley rasch entwickelte. Und viertens traten all diese genannten Phänomene zu einer Zeit auf, als in den meisten Gebieten der Welt eine deutliche Klimaverschlechterung spürbar wurde.

Selbst wenn die Anasazi in ihrer Region nicht unmittelbar unter einer schweren Dürre zu leiden hatten, so wurden sie möglicherweise von anderen Stämmen weiter im Norden oder Westen, die von der Dürre nicht verschont geblieben waren, in demographischer Hinsicht unter Druck gesetzt oder in eine Konkurrenzsituation gebracht oder bedroht. Daß sie den Töpfereistil der weit entfernten Indianerkultur »Late Woodland« übernahmen, deutet darauf hin, daß in dem dazwischen liegenden Gebiet, den Prärien, etwas Ungewöhnliches passiert sein muß. Entweder nahmen die Wanderungsbewegungen der Indianervölker zu, oder der Kontakt zu der Kultur jenseits der Prärien wurde durch eine bislang unvermutete Dezimierung der Prärieindianer ermöglicht. Im Mississippi Valley brachen die alten Lebensformen und die alte geopolitische Ordnung jedenfalls Mitte bis Ende des 6. Jahrhunderts zusammen.

Die Verbindung, die Ende des 6. Jahrhunderts zwischen dem Mississippi Valley und den Anasazi bestand und die sich in den hergestellten Tonwaren widerspiegelte, ist besonders interessant. Die Veränderungen im Mississippi Valley ereigneten sich genau zur selben Zeit wie der Wandel bei den Anasazi – und mit ähnlich nachhaltigen Folgen. Pfeil und Bogen verdrängten den Speer, die Töpferei wurde raffinierter, die Zahl der Ansiedlungen nahm zu, und die Nahrungsbeschaffung veränderte sich insofern, als das Sammeln von Indianer- oder Wildreis immer mehr an Bedeutung gewann. Um das Jahr 700 wurden monumentale Erdhügelbildnisse von sakralen Vögeln errichtet, und um 1000 entstanden im Mississippi Valley die ersten Städte – praktisch zur selben Zeit, für die ganz im Westen im Land der Anasazi die ersten Anzeichen für städtisches Leben nachgewiesen sind. Der Städtebau erreichte schließlich in beiden Gebieten im 13. Jahrhundert seinen Höhepunkt, die größten Städte der Anasazi und der Mississippi-Valley-Indianer zählten 3000 beziehungsweise 20 000 Einwohner.

Die beiden mittelalterlichen Stadtkulturen im Norden Mexikos hatten sich somit in handwerklicher und städtebaulicher Hinsicht ganz ähnlich entwickelt. Beide keimten im 10. und 11. Jahrhundert, die Saat aber wurde Mitte bis Ende des 6. Jahrhunderts gelegt

– in dem Zeitraum, in dem die Welt so gewaltige Veränderungen erlebte.

In anderen Regionen der Erde waren die Veränderungen während dieses Zeitraums letztlich klimatisch bedingt. Das gilt vermutlich auch für die Veränderungen in Nordamerika, doch da keinerlei schriftliche Zeugnisse vorliegen, muß der endgültige Beweis dafür erst noch erbracht werden.

KAPITEL 26

Kunst und Vergessen

Weit verstreut in einer der trockensten, ödesten Wüsten liegen die großformatigsten Kunstwerke der Welt. Eingekratzt in den Wüstenboden im Süden von Peru sind rund 1300 außergewöhnliche Zeichnungen – riesige Vögel (bis zu 290 Meter lang) und Killerwale, »Strahlen«-Systeme, die an die Speichen riesiger Räder erinnern, und einzelne gerade Linien, manche fast 50 Kilometer lang.

Diese gewaltigen Zeichnungen, die peruanische Piloten in den zwanziger Jahren unseres Jahrhunderts entdeckten, verteilen sich über eine Fläche von 500 Quadratkilometern und wurden für die Menschen zu einem der größten archäologischen Mysterien der Welt. Die Erklärungen, von wem und zu welchem Zweck sie angefertigt wurden, sind fast ebenso zahlreich wie die Zeichnungen selbst. So wurde unter anderem die – eher literarische denn archäologische – These aufgestellt, daß sie von Außerirdischen stammen.

Die Erdzeichnungen weisen sechs Hauptmotive auf: »biomorphe« Formen (Tiere, Menschen, Pflanzen), gigantische Spiralen, riesige Trapezoide, parallele Liniensysteme, Strahlensysteme und einzelne Geraden. Archäologische Funde deuten darauf hin, daß die Zeichnungen fast alle zwischen 400 v. Chr. und 600 n. Chr.[1] von einem dort ansässigen Volk geschaffen wurden, das bis etwa zur Zeit von Christus von der Forschung als »Paracas-Kultur« und danach als »Nasca-Kultur« bezeichnet wird.

Die 50 gegenständlichen Zeichnungen zeigen unter anderem einen 80 Meter großen Kapuzineraffen mit einem langen gewundenen Schwanz, eine 46 Meter große Spinne (möglicherweise eine

Schwarze Witwe), zehn Menschen, einen Wüstenfuchs, eine fast 500 Meter lange Eidechse und drei Killerwale – darunter ein 27 Meter langes Exemplar mit einem Menschenkopf im Maul, 18 Vögel, darunter ein Pelikan, ein Kondor, ein Fregattvogel, zwei Kolibris und ein riesiger, fast 290 Meter langer Sumpfvogel.

Es ist denkbar, daß die Spiralen – rund 30 an der Zahl – ebenfalls biomorpher Natur sind. Manche Archäologen mutmaßen, daß es sich bei diesen 10 bis 50 Meter langen »Zeichnungen« um stark stilisierte Darstellungen von Muscheln handelt, wie sie in alten Nasca-Ritualen verwendet wurden und von denen einige echte Exemplare in der Wüste gefunden wurden.

Die dritte Kategorie von Wüstenzeichnungen, die sogenannten Trapezoide, sind die bei weitem häufigsten. Diese keilförmigen Gebilde zählen an die tausend, sind zwischen 20 und 1600 Meter lang, zwischen 4,5 und 60 Meter breit und sollten vermutlich Täler symbolisieren.[2] Die parallelen Linien, sehr viel weniger zahlreich, sind mitunter noch länger – bis zu 2,4 Kilometer lang, aber nur sieben Meter breit.

Von den sogenannten Strahlensystemen gibt es an die 100, und aufgrund ihrer Größe und Deutlichkeit beherrschen sie einen großen Teil der Nasca-Wüste – aus der Luft gesehen. Jedes System besteht aus fünf bis 25 schnurgeraden Strahlen von jeweils bis zu vier Kilometern Länge. Praktisch alle Strahlen laufen auf kleinen Hügeln zusammen, die bis zu einem halben Meter hoch sind und sich von dem überwiegend flachen Wüstenboden abheben. Archäologen[3] sprechen auch den kleinen Hügeln eine symbolische topographische Bedeutung zu, sie sollen Berge repräsentieren.

Die bei weitem größten »Zeichnungen« sind die gewaltigen einzelnen Linien. Sie verlaufen schnurgerade und sind zwischen 10 Metern und fast 50 Kilometern lang. Beim modernen Betrachter erwecken sie den Eindruck, daß sie absolut keinen Ausgangspunkt haben und absolut nirgendwohin führen. Sie scheinen fast willkürlich verteilt worden zu sein.

Diese sogenannten »Scharrbilder« – die 1300 Erdzeichnungen in der peruanischen Wüste – haben die Wissenschaft lange Zeit vor ein Rätsel gestellt. Doch sie bergen in sich nicht nur Aufschlüsse über ihren Sinn und Zweck, sondern auch über das Schicksal der Menschen, von deren Hand sie stammen.

Die Gesamtheit der Zeichnungen wurde von den Nasca mit an Sicherheit grenzender Wahrscheinlichkeit als eine Art kosmische Karte betrachtet. Jedes Element symbolisiert entweder einen realen Gegenstand des Nasca-Kosmos oder ein Mittel, um zu ihm zu gelangen. Die kleinen Hügel, Trapezoide und Tiere standen stellvertretend für reale Berge, reale Täler und möglicherweise totemistische Vorfahren oder Tiergeister. Die Geraden – entweder einzeln oder in den Strahlensystemen – waren gleichsam »Leitungen« durch den Kosmos und erfüllten einen doppelten Zweck. Einerseits konnten sie im richtigen Leben für rituelle Prozessionen verwendet werden, andererseits konnten Priester im Trancezustand sozusagen an ihnen »entlangfliegen«.

Obwohl natürlich keiner von ihnen je die ganze »Karte« oder auch nur Teile von ihr aus der Luft sehen konnte, ist durchaus denkbar, daß die Schamanen der alten Nasca, wenn sie Halluzinogene genommen hatten, in ihrer Vorstellung an diesen kosmischen Leitungen entlangflogen.

So phantastisch das auch klingen mag, es gibt durchaus schlüssige Belege dafür. Der Schamanismus war sehr wahrscheinlich die am meisten verbreitete Glaubensform in Nord- und Südamerika der präkolumbianischen Zeit. In Teilen Perus (im Norden und Osten) ist er noch heute lebendig. Die halluzinogene Pflanze, der San-Pedro-Kaktus, mit dessen Hilfe heutige peruanische Schamanen sich in Trance versetzen, wurde vermutlich auch von den Nasca-Schamanen benutzt, denn dieser Kaktus findet sich als Motiv auf ihren Keramikgefäßen.

In Teilen von Asien und in einigen wenigen amerikanischen Ländern (einschließlich Ostperu) zählt das schamanistische »Fliegen« (auch als »Seelenflug« bekannt) noch heute zu den Hauptelementen des Schamanismus. Und, wie Anthropologen nachweisen konnten, glaubt man in einigen amerikanisch-indianischen Kulturen, daß der »Seelenflug« sich entlang absolut gerader »Flugbahnen« vollzieht.

Heute dient der schamanistische Flug in der amerikanisch-indianischen Gesellschaft dem Zweck, Kontakt mit längst verstorbenen Vorfahren aufrechtzuerhalten. Mit Hilfe von Halluzinogenen versetzt sich der Schamane in Trance und stellt sich vor, daß seine Seele (manchmal auch sein physischer Körper) durch den Kosmos

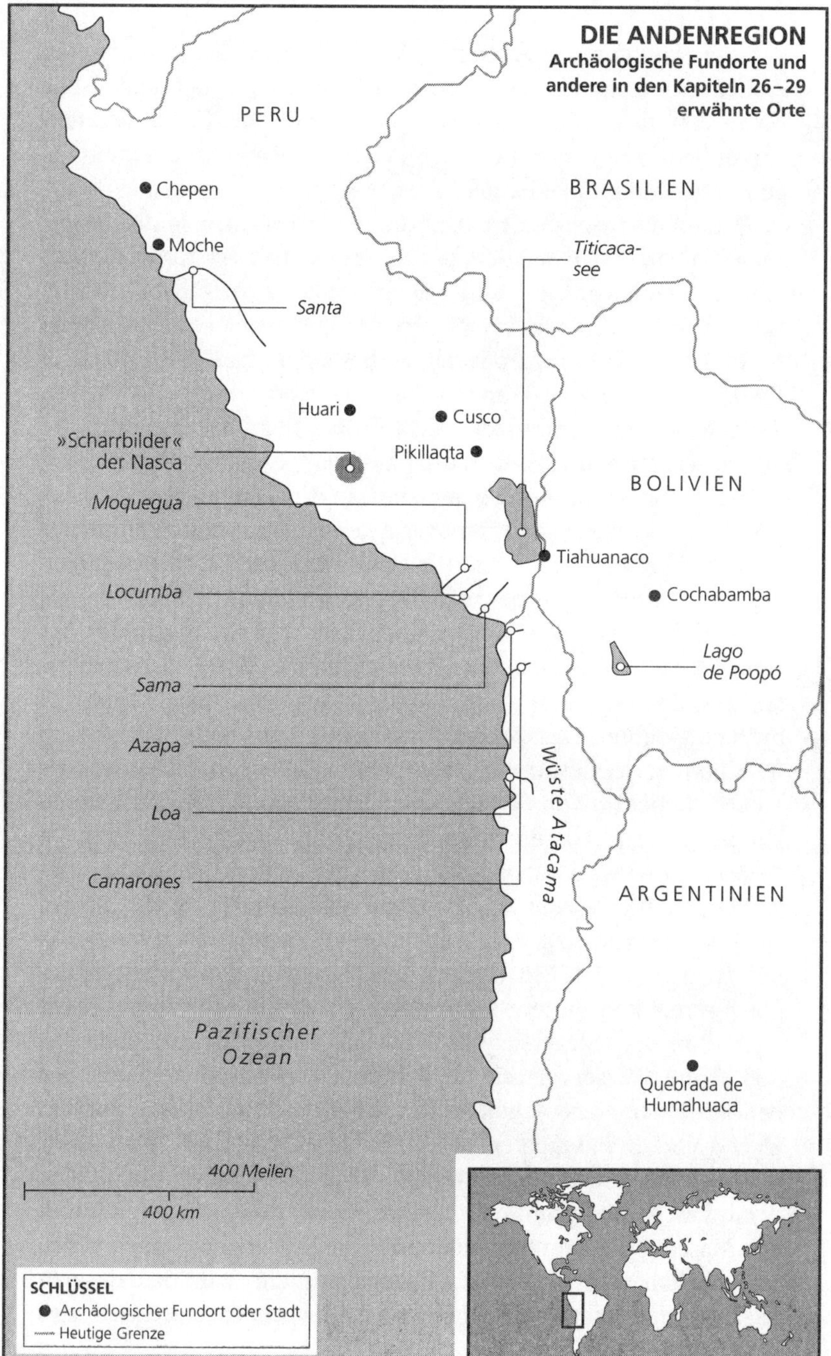
DIE ANDENREGION
Archäologische Fundorte und andere in den Kapiteln 26–29 erwähnte Orte
PERU
BRASILIEN
Chepen
Moche
Santa
Titicacasee
Huari
Cusco
Pikillaqta
»Scharrbilder« der Nasca
Moquegua
BOLIVIEN
Tiahuanaco
Locumba
Cochabamba
Lago de Poopó
Sama
Azapa
Wüste Atacama
Loa
Camarones
ARGENTINIEN
Pazifischer Ozean
Quebrada de Humahuaca
400 Meilen
400 km
SCHLÜSSEL
Archäologischer Fundort oder Stadt
Heutige Grenze

von der Welt der Lebenden zur Welt der Toten fliegt und wieder zurück. In Ostperu haben heutige Schamanen die kosmische Landschaft tatsächlich »gesehen« und kosmische Karten gezeichnet, um Anthropologen zu beschreiben, was sie »mit eigenen Augen« wahrgenommen hatten.

Wenn alte Nasca-Schamanen die geraden Linien in der Wüste als »Flugbahnen« benutzten, um zu ihren längst verstorbenen Vorfahren zu gelangen, müssen wir zu verstehen versuchen, warum sie den Wunsch dazu verspürten. Warum war es so ungemein wichtig, den Urururgroßvater zu besuchen, daß dafür über die Jahrhunderte hinweg Hunderte von stellvertretenden Leitungen durch einen stellvertretenden Kosmos angelegt, nachgebildet und immer wieder neu gebaut werden mußten?

Die Antwort liegt im Lebensraum und der Wirtschaft der Nasca. Das Land ist durch und durch trocken (knapp sechs Millimeter Niederschlag pro Jahrhundert in den trockensten Gebieten). Und die Argrarwirtschaft der Nasca (wahrscheinlich überwiegend Maisanbau) war ganz und gar von dem Wasser abhängig, das zehn Flüsse, die größtenteils jahreszeitlich bedingt Wasser führten, von den Bergen brachten. Weder regnete es, noch gab es natürliche Quellen. Das Wasser von den Gipfeln der Anden, knapp 60 Kilometer entfernt, das die wichtigen Täler hinabfloß, war die einzige Lebensquelle für die Nasca. Blieb das Wasser aus, waren Hungersnot und Tod die Folge.

Deshalb war der schamanistische »Seelenflug«, durch den der Kontakt zu den Vorfahren oder den Göttern oder zu beiden hergestellt wurde, von so großer Bedeutung. Er ermöglichte den direkten Zugang zu den Mächten, denen die Nasca die Wasserversorgung verdankten. Interessanterweise wurde ein sehr viel späteres »geradliniges« Strahlensystem der Inka ebenfalls so gedeutet, daß es die Wasserversorgung sicherte. Man sammelte Staub aus den »Strahlen« und schüttete ihn feierlich in die Flüsse, die ihn zu den Vorfahren brachten, sozusagen als »Bezahlung« für Wasser – eine Art göttliche Wassersteuer![4]

Und es ist erwiesen, daß bei den realen Prozessionen, die auf den Nasca-Geraden stattfanden und die sehr wahrscheinlich den schamanistischen Seelenflug spiegelten, die Panflöte gespielt wurde, die nach peruanischem Volksglauben das Geräusch des

Wassers imitiert. In den letzten Jahren haben mehrere Forschungsexpeditionen[5] tatsächlich alte Panflöten unmittelbar auf den »Geraden« gefunden.

Außerdem entdeckten Archäologen oben auf den kleinen Hügeln – die stellvertretend für die Berggipfel standen, von denen das Wasser kam – mitten in den Strahlensystemen Indizien für religiöse Rituale, mit denen sehr wahrscheinlich die Wasserversorgung von den echten 60 Kilometer entfernten Bergen im Osten sichergestellt werden sollte.

Ebenso wie das Teotihuacán-Reich von Mexiko waren auch die Stammeshäuptlinge der Nasca in wirtschaftlicher, religiöser und politischer Hinsicht von Wasser abhängig. Und ebenso wie Teotihuacán gingen auch die Nasca unter, als sie von der Dürre heimgesucht wurden. Denn die globale Klimakrise Mitte des 6. Jahrhunderts traf die Nasca schwer. Wie eine Eiskernbohrung auf dem Quelccaya-Gletscher[6] in Peru – knapp 370 Kilometer östlich von Nasca – nachgewiesen hat, litt Peru von vermutlich 540 bis zum Jahre 570 unter einer gewaltigen Dürre.

Die genauen Einzelheiten des langen Überlebenskampfes, den die Nasca schließlich verloren, werden wohl niemals ans Licht kommen. Die Nasca haben nichts Schriftliches hinterlassen. Doch wenn man die Erkenntnisse aus archäologischen Funden zu einem Gesamtbild zusammensetzt, läßt sich rekonstruieren, was vermutlich zu ihrem Untergang geführt hat.

Die Krise der Nasca

Tätowiert, mit einem prächtigen, fächerförmigen Kopfschmuck aus roten, blauen und gelben Federn, das schulterlange pechschwarze Haar hin und her schwingend, erschauderte und bebte der Schamane im rhythmischen Takt der Trommeln und Rasseln.

Zitternd, kreischend, die Arme ausgestreckt – wie ein Vogel im Flug – flog der Schamane in seiner Phantasie schnell wie ein Kondor und schnurgerade wie ein Pfeil über die Wüste von Nasca, durch den symbolischen Kosmos seines Volkes, zu den Vorfahren und den Geistern in den Bergfesten der Anden im Osten.

Seine Augen waren glasig, schleimige Rinnsale sickerten ihm

aus den aufgeblähten Nasenlöchern – Nebenwirkung der pflanzlichen Drogen, mit denen er sich in Trance versetzt hatte.

Sein kurzärmeliges, schwarzweißes, knielanges Gewand war durchtränkt mit beißendem Schweiß, und sein herrlicher, bestickter Umhang war ausgebreitet wie ein Flügelpaar. Eine dunkelrosa Halskette aus Muscheln hüpfte auf dem karierten Muster seines Gewandes rhythmisch auf und ab. Und die großen runden Falkenaugen, die auf sein Gesicht gemalt waren, verschmierten und verliefen, während ihm Schweißperlen von der Stirn über die Wangen in den Schnurrbart und das kleine Bärtchen am Kinn rannen.

Die Dämmerung brach allmählich herein, und um ihn herum sangen die Menschen, sangen und starrten ihn an, und manche brachen auf dem großen Platz zusammen, wo der Schamane in Trance gefallen war. Die gewaltige orangefarbene Scheibe der Wüstensonne am Horizont tauchte die Szene – und die seltsamen »Gebäude« um den Platz – in eine warmleuchtende rote Glut.

Ort des Geschehens war die »Hauptstadt« der Nasca, eine große Stadt ohne Einwohner, reserviert für Priester, für Pilger und für das, was bei den Nasca das Gebet war – die Seelenflug-Kommunikation mit der »nächsten« Welt. Die Architektur der Stadt, die heute von Archäologen »Cahuachi« genannt wird (ihr richtiger Name liegt im Dunkel der Zeiten), war eine kuriose Mischung aus natürlichen und von Menschenhand geschaffenen Elementen. Obwohl die »Großstadt« eine Fläche von 150 Hektar bedeckte, hatte sie praktisch keine richtigen Gebäude – denn fast alle 40 Bauten in Cahuachi (allesamt Stufenpyramiden) waren nur zum Teil gebaut worden. Man hatte sie aus dem gewachsenen Felsen herausgemeißelt und dann durch zusätzliche Lehmziegel weiter geformt. Die größten hatten sechs Pyramidenstufen und waren rund 15 Meter hoch.

Auf dem Platz bebte und zitterte der Schamane weiter, die Arme in seiner »Seelenflug«-Trance ausgebreitet. Sein veränderter Bewußtseinszustand währte länger, die Menschenmenge war größer, und die Mischung aus Verzweiflung und Hoffnung, die sich auf den Gesichtern der Menschen abzeichnete, war intensiver als sonst. Denn diesmal ging es bei der Mission des Schamanen um Leben oder Tod. Die große Dürre hatte die Nasca-Täler heimgesucht und Hungersnot und Tod gebracht, und der traditionelle schamanistische Seelenflug durch den Kosmos, um das Wasser zu beschwören, war wichtiger als je zuvor.

Solche oder ähnliche Szenen haben sich sehr wahrscheinlich wirklich zugetragen, wie sich anhand von Darstellungen auf Keramikgefäßen und Stoffen der Nasca rekonstruieren ließ; weitere Indizien lieferten anthropologische Schilderungen der Rituale noch lebendiger peruanischer Schamanentraditionen sowie die archäologischen Belege, daß Cahuachi eine Stadt für religiöse Zeremonien war – ohne Einwohner.

Aber archäologische Funde und Eiskernbohrungen deuten ebenfalls darauf hin, daß die Bemühungen der Nasca um Regen am Ende fruchtlos blieben, denn die Dürre hielt 30 Jahre lang an.

Die archäologischen Nasca-Datierungen sind zwar alles andere als genau, doch aus dem verfügbaren Material geht hervor, daß Cahuachi etwa zu der Zeit, als die Dürre ausbrach, verlassen und nicht mehr als großes rituelles Zentrum benutzt wurde. Es ist naheliegend, daß selbst nach nur wenigen von Mißernten und Hungersnot geprägten Jahren das klägliche Scheitern des traditionellen Rituals zu religiösen und politischen Spannungen und zu einem tiefgreifenden Wandel führte. Und genau das bestätigen die archäologischen Erkenntnisse.

Der erste Akt in dem Drama waren offenbar die Aufgabe von Cahuachi und die Verlagerung des rituellen und religiösen Schwerpunkts in die offene Wildnis und ihren weitläufigen »Stellvertreterkosmos« – die riesigen Wüstenzeichnungen.

Allem Anschein nach erfolgte eine Dezentralisierung der Zeremonien, vermutlich in der Form, daß verschiedene Nasca-Clans oder Unterstämme Unmengen neuer Liniensysteme in den Wüstenboden kratzten. Dutzende von neuen Strahlensystemen entstanden, und praktisch jeder noch so kleine Hügel wurde in einen symbolischen Berg verwandelt, auf dem dann in dem immer verzweifelteren Versuch, Wasser herbeizubeschwören, rituelle Zeremonien stattfanden. Auf den Hügeln entdeckten Archäologen die noch gut erhaltenen Opfergaben, die den Göttern oder Vorfahren vor fast 1500 Jahren dargebracht wurden, um dem Himmel Wasser zu entlocken. Maiskolben, die Überreste von geopferten Lamas und Meerschweinchen und große Mengen von zerschlagenen Keramikgefäßen wurden genau an der Stelle gefunden, wo die Nasca sie im 6. Jahrhundert liegengelassen hatten.

Mit der plötzlichen Vervielfältigung der Strahlensysteme kam es zugleich zu einer Vermehrung von anderen Formen von »Megazeichnungen«. Riesige Trapezoide entstanden – und es ist denkbar, daß zur selben Zeit immer mehr Zickzackmuster, manche über 100 Meter lang, in den sonnenverbrannten Boden der Nasca-Wüste gekratzt wurden.

Doch nicht nur die Wüstenzeichnungen veränderten und vermehrten sich. Auch die Motive auf den Keramiken – sie gehören zu den schönsten der Welt – nahmen allmählich andere Gestalt an. Die Darstellungen wurden gewalttätiger, aufwühlender. Sie zeigen zunehmend Stacheln, gezackte Stäbe (vermutlich Speere), Krieger, abgetrennte Köpfe und sogar Killerwale, aus deren gezähnten Mäulern Blut tropft. Eine der wichtigsten religiösen Darstellungen – vermutlich eine Gottheit – verwandelte sich von einer deutlich menschlichen Gestalt in ein dämonisches und aggressives Ungeheuer.

Auf die Aufgabe von Cahuachi und die Orgie im »Linienzeichnen« folgten nicht nur aggressivere Bilder, sondern auch ein realer Konflikt. Als die Dürre unvermindert anhielt, brach mit der religiösen auch die politische Stabilität zusammen. Angesichts der Nahrungsmittelknappheit waren Streitereien und Plünderungen schießlich an der Tagesordnung. Ein archäologischer Fund führt drastisch vor Augen, wie sich die Situation zugespitzt hatte.

Im Jahre 1989 wurde bei Ausgrabungen[7] auf einem Hügel mit Blick über ein Tal in der Nähe der heutigen Stadt Palpa ein Versteck mit 48 abgetrennten Köpfen aus dem 6. Jahrhundert entdeckt. Forensische Untersuchungen[8] der Schädel und ihrer Umgebung ergaben, daß man den Opfern zuerst die Gurgel durchtrennt hatte. Dann wurden ihnen das Gehirn, die Zunge, die Gesichtsmuskeln und die Haut entfernt. Die Haut wurde wieder aufgezogen, die Wangen und Augenhöhlen wurden mit Stoff ausgestopft. Schließlich wurde in die Stirn ein Loch gebohrt, damit der abgetrennte Kopf an einer Schnur aus Baumwolle oder Menschenhaar aufgehängt werden konnte. Es ist anzunehmen, daß es sich bei den Enthaupteten um Krieger handelte, die in der Schlacht getötet oder gefangengenommen worden waren, und daß die Sieger ihre Köpfe als Trophäen auf einer Art Holzgerüst über dem Tal zur Schau stellten, in dem sie abgeschlachtet worden waren.

Die politische Unsicherheit und der harte Überlebenskampf aufgrund der nicht enden wollenden Dürre zogen fast zwangsläufig eine Verschärfung der Konflikte nach sich. Die Nasca kämpften zur Zeit der Dürre mit primitiven Waffen, die aber dennoch tödlich waren. Die Darstellungen auf den Keramiken und Stoffen sowie andere Belege zeigen, daß sie unter anderem 1,5 Meter lange Speere (zum Zustoßen), Holzknüppel, Steinäxte, Schlingen und Wurfspeere von einem halben Meter Länge besaßen, die mit Speerschleudern abgeworfen wurden, stabartigen Geräten aus Holz mit Walelfenbeingriffen.

Die Krieger trugen im Kampf vermutlich kurze, häufig ärmellose Tuniken, manchmal zusätzlich Baumwollüberwürfe, die zum Schutz dick gefüttert waren. Den Kopf schützten sie mit konischen, gepolsterten Baumwollhelmen, die im Mohikanerstil mit einem fächerförmigen Büschel aus braunen Federn geschmückt waren.

Doch die Nasca reagierten nicht nur mit religiös-politischer Veränderung und Krieg auf die große Dürre. In einigen Gebieten bekämpften sie die Naturkatastrophe mit für die damalige Zeit hochmodernen Mitteln: Sie gruben nach Grundwasser, fingen es auf und leiteten es dorthin, wo sie es brauchten.

Während der Dürre erfanden und konstruierten die Nasca rund 50 Wassergewinnungsanlagen mit einer Gesamtlänge von etwa 50 Kilometern. 36 Anlagen sind noch heute erhalten, einige werden sogar noch immer genutzt. Es sind zum Teil schmale, knapp einen Meter breite Tunnel, die tief in der Erde verlaufen, aber auch große V-förmige, mit Pflastersteinen verkleidete Kanäle – unten einen Meter breit, oben zehnmal so breit.

Jedes System, genannt *puquio*, war eine rein auf die jeweilige regionale Situation zugeschnittene Lösung. Die meisten hatten eine Länge zwischen 400 Metern und 2,5 Kilometern. Aus welcher Zeit sie stammen war lange ein Rätsel, doch heute lassen sie sich anhand dreier Anhaltspunkte mit der großen Dürre in Verbindung bringen. Erstens haben genaue Wasserstandsuntersuchungen der *puquios* ergeben, daß sie während einer extremen Trockenperiode angelegt wurden, noch extremer als die ultra-trockenen Bedingungen, die heute in der Nasca-Wüste herrschen. Zweitens dauert es länger als nur ein paar Jahre, 50 Kilometer lange *puquois* zu graben. Drittens deuten die mit der Radiokarbon-Methode und anderen Verfahren vorgenommenen Altersbestimmungen alle auf das 6. Jahrhundert hin.

Doch es gibt noch ein letztes faszinierendes und bestechendes Indiz, das die *puquios* mit der großen Dürre in Verbindung bringt – eine überlieferte Geschichte der Nasca. Darin heißt es, daß die *puquios* während einer großen Dürre und unsäglicher Not gebaut wurden, um die Tränen aufzufangen, die der indianische Gott weinte, als er sah, wie sein Volk litt. Einige Linguisten haben sogar die These aufgestellt, daß die große Dürre gewissermaßen in dem Namen Nasca selbst bewahrt ist. Denn in der Indianersprache Quechua soll aus dem Wort für Leid, *nanay*, der Name *nanascca* geworden sein, von dem heute nur schlicht Nasca übriggeblieben ist.

Die Nasca waren nicht die einzigen peruanischen Opfer der großen Dürre.

KAPITEL 27

Der Schlamm des Hades

Nackt, in panischer Angst, taumelnd unter den Schlägen der Holzkeulen und vorwärtsgetrieben von Lanzen mit Kupferspitzen betraten die halbtoten Opfer schließlich den Ort, wo sie dem Sturmgott dargebracht werden sollten.

Ihr Leiden im Herzen einer der heiligsten alten Stätten Südamerikas – der heute längst verlassenen Stadt Moche im Norden von Peru – war Teil des wohl bizarrsten Menschenopfers, das die Welt je gesehen hat. Vielen Opfern schnitt man Finger und Zehen ab und steckte sie dann in die Leichname ihrer Leidensgenossen. Anderen wurden die Finger mit Steinen zertrümmert. Wieder anderen durchbohrte man die Füße mit Lanzen. Die meisten wurden vermutlich zuletzt enthauptet oder mit einem brutalen Keulenschlag auf den Schädel getötet. Andere ließ man dagegen sehr wahrscheinlich verbluten.

Für ihre geschundenen Körper war das Martyrium damit jedoch noch lange nicht vorüber. Einige Leichname wurden zerhackt und rituell wieder zusammengesetzt. Manchen Leichen legte man die Köpfe zwischen die Beine, und andere Körper plazierte man sorgfältig übereinander.

Über die Bedeutung dieses grausigen Opferrituals gibt vor allem der Ort Aufschluß, wo die Leichen beerdigt wurden – in einer Schicht aus heiligem Schlamm. Die zähen Schlammströme, in denen die verstümmelten Leichen schließlich zur Ruhe gelegt wurden, waren nichts anderes als die »geschmolzenen« Außenflächen eines riesigen Tempels aus Adobeziegeln.

Die Bestattung der Geopferten im Schlamm ihres Massengrabes erfolgte nicht zufällig. Das Ritual konnte nur bei extrem heftigen Regenfällen stattfinden. Und dort, wo die Opferstätte liegt – im nördlichen Küstengebiet Perus und in dessen Umgebung –, kommt es nur dann zu sintflutartigen Regenfällen, wenn ein Klimaphänomen, das wir heute unter dem Namen El Niño kennen, sich von seiner allerschlimmsten Seite zeigt.

Archäologische Ausgrabungen in jüngster Zeit[1] haben ergeben, daß die Massenopfer in Verbindung mit mindestens zwei El-Niño-Ereignissen stattfanden und daß bei jeder rituellen Tötung bis zu 40 Menschen geopfert wurden. Es wurden Gräber der Henker gefunden – wahrscheinlich eine Art Krieger-Priester. In einem Grab lag das Skelett eines 60 Jahre alten Mannes, der zusammen mit dem makabren Werkzeug seines Berufs bestattet worden war: einer ein Meter langen Keule, an der noch das Blut seiner zahllosen Opfer klebte. Die Ergebnisse der medizinischen Untersuchung seiner Gebeine deuten darauf hin, daß er noch mit 60 kräftige Muskeln hatte und sehr stark gewesen sein muß. Mit ihm im Grab lag ein 16 Jahre alter Junge – vielleicht sein Diener, der vermutlich getötet worden war, um seinen Herrn ins Jenseits zu begleiten. In einem Doppelgrab in der Nähe lagen ebenfalls ein erwachsener Mann, um die 45 Jahre alt, und ein weiterer Junge von knapp 13 Jahren.

Die Massenopferungen – es gibt vermutlich noch etliche andere Gräber, die noch nicht entdeckt wurden – fanden irgendwann zwischen den Jahren 500 und 700 statt. Sie machen deutlich, mit welch extremen religiösen Ritualen die Mochica auf die klimatische Bedrohung reagierten. Wie die bisherigen Ausgrabungen zeigen, handelte es sich bei der klimatischen Bedrohung um gewaltige Regenfälle, kataklystische Ereignisse, die ganze Städte fortspülten, Bewässerungssysteme zerstörten und Gesellschaften ins Chaos stürzten.

Während der Klimakrise Mitte des 6. Jahrhunderts litt die Mochica-Kultur unter einer gnadenlosen Dürre, die zwischendurch immer wieder von zweifellos verheerenden El-Niño-Überschwemmungen unterbrochen wurde. Die Belege für die große Dürre auf dem amerikanischen Doppelkontinent wurden bereits in Kapitel 23 ausführlich vorgestellt, die in dem Zusammenhang erwähnten Eiskernbohrungen am Quelccaya-Gletscher erbrachten Aufschluß über die Jahre und die zunehmende Häufigkeit der größeren El-Niño-Ereignisse im 6. Jahrhundert[2]: um 490, um 526, um 556, um 580, um 590, um 592 und um 630. Man beachte, daß zwischen 490 und 592 die Abstände zwischen den wirklich großen El-Niño-Katastrophen kürzer wurden, und zwar von 36 Jahren über 30, 24, 10 auf schließlich nur zwei Jahre.

Sehr wahrscheinlich war die große Dürre in der Andenregion (circa 540–570) Teil der Klimakrise Mitte des 6. Jahrhunderts, aber ob diese Krise auch dafür mit verantwortlich war, daß die El Niños häufiger auftraten, ist unklar. Eines ist jedenfalls nicht von der Hand zu weisen: Die weltweiten Klimaprobleme hatten zur Folge, daß die El Niños sehr viel schwerer ausfielen, als es normalerweise der Fall gewesen wäre.

Es ist naheliegend, daß die Mochica auf die gewaltige Dürre wie auch auf die heftigen Überschwemmungen mit Menschenopfern reagierten, um ihre Götter zu besänftigen. Wie bei den Nasca war die Religion der Mochica überwiegend schamanistischer Natur. Die Kontaktaufnahme zu den Vorfahren, vor allem in Krisenzeiten, war sicherlich ein wesentlicher Bestandteil ihrer Religion, da die Ahnen sich bei den Göttern oder den Naturgewalten dafür einsetzen konnten, Katastrophen zu verhindern, Feindseligkeiten zu beenden und Wohlstand zu bringen.

Die Kontaktaufnahme mit den Verstorbenen war in wirtschaftlicher und politischer Hinsicht von grundlegender Bedeutung. Eine jüngere archäologische Entdeckung verdeutlicht dies. In einem der zahlreichen Räume eines Mochica-Tempels wurden im Fußboden begrabene lebensgroße bewegliche Skelettpuppen entdeckt – aus echten Knochen. Die Analyse der Knochen ergab, daß man das Fleisch sorgfältig mit Messern abgelöst hatte und daß alle Knochen an den Gelenken miteinander verbunden waren.

In Europa erscheinen solche Rituale wie aus Dantes *Inferno*, doch im peruanischen Kontext Mitte des 1. Jahrtausends müssen die Skelette als »Teilnehmer« bei Zeremonien gesehen werden, mit denen die Grenzen zwischen dem Diesseits und dem Jenseits durchbrochen werden sollten. Möglicherweise symbolisierten sie sogar die Ahnen, deren Unterstützung in Zeiten klimatischer Krisen wie der großen Dürre dringend erforderlich war.

Der Mochica-Staat kontrollierte auf dem Gipfel seiner Macht, vermutlich Anfang des 6. Jahrhunderts, ein Gebiet von fast

40 000 Quadratkilometern zwischen dem Fluß Piura im hohen Norden von Peru und dem Huarmey fast 500 Kilometer weiter südlich an der Pazifikküste. Im Landesinneren erstreckte sich sein Einflußgebiet mindestens 60 Kilometer weit nach Osten.

Die Hauptstadt war mindestens 2,5 Quadratkilometer groß, hatte schätzungsweise bis zu 7000 Einwohner und wurde von zwei gewaltigen Gebäuden beherrscht, das größere war ein riesiger kreuzförmiger Bau mit einer rund 50 Meter hohen Pyramide an seinem Südende. Dieses monströse Kruzifix-Bauwerk nahm eine Fläche von 5,5 Hektar ein und bestand aus circa anderthalb Millionen Kubikmetern Lehmziegeln und anderen Baumaterialien – drei Viertel des Volumens der Cheopspyramide in Ägypten. Der Komplex wurde schließlich von spanischen Schatzjägern größtenteils zerstört, die auf der Suche nach Gold sogar einen ganzen Fluß umleiteten, um die Lehmziegel fortzuspülen.

Die meisten Erkenntnisse über die Religion und Rituale der Mochica offenbarte jedoch das zweite große Bauwerk im Zentrum der Stadt, ein etwas kleinerer Tempel. Dort fanden Archäologen die Massengräber der Geopferten, die Gräber der Priester, die die Hinrichtungen durchführten, die Skelettmarionetten und eine Reihe von imposanten Wandgemälden mit Darstellungen von menschen- und tierähnlichen Wesen mit großen Reißzähnen – vermutlich Gottheiten.

Die Dürre und die El Niños führten zur Destabilisierung des Mochica-Staates.

Die 30 Jahre anhaltende Dürre löste schwere Hungersnöte aus – und die El-Niño-Überschwemmung um 556 zerstörte vermutlich die Bewässerungssysteme, was für die ohnehin schon schwierige Versorgung mit Nahrungsmitteln katastrophale Folgen gehabt haben muß. Die seit langem hungergeschwächte Bevölkerung fiel schließlich einer Reihe von Infektionskrankheiten zum Opfer – ähnlich wie in Teotihuacán und Mexiko, wo zur selben Zeit Hungersnöte und Krankheiten ausbrachen.

Obwohl die gesamte Andenregion unter den klimatischen Problemen zu leiden hatte, waren die Auswirkungen für die bereits ausgetrocknete Küstenebene wohl noch verheerender als für das Hochland im Osten. In Dürreperioden leidet das Tiefland normalerweise mehr als das Hochland. Die wenigen Regenwolken schütten in der Regel ihre Last ab, wenn sie von Bergen aufgehalten werden. Außerdem reichte der wenige Regen nicht aus, um die Bergflüsse zu speisen, damit sie die Küstenebenen bewässern konnten. Die Folge war, daß das Tiefland fast seine gesamte Vegetation einbüßte, was wiederum die Wasserspeicherung reduzierte, die Bodenerosion beschleunigte und die Verwüstung des Landes förderte.

Zusätzlich verfügte die Bevölkerung der großen Küstenebene nur über zwei ökologische Nischen zur Nahrungsbeschaffung: das flache Land und das Meer. Den Menschen im Hochland dagegen standen Talsohlen, Berghänge, hochgelegene Bergweiden und sogar Seen zur Verfügung. Wenn die Seen kleiner wurden, war das für die Landwirtschaft oft sogar gut, da so neue, extrem fruchtbare Habitate entstanden. Und natürlich waren alle Bergvölker schon von vornherein näher an den wichtigen Wasserquellen.

Die Verschiebung des geopolitischen Gleichgewichts ermöglichte es wahrscheinlich den Hinterlandregionen am Fuße der Berge zwischen der Küstenebene und dem Hochland, sich von der Kontrolle durch die Mochica zu befreien. Dadurch wurde den Mochica der Zugang zu deren Nahrungs-, Kupfer-, Gold- und Silberquellen erschwert und auch zu der Droge Koka, die sie für ihre Rituale brauchten, während die Hochlandbewohner, vor allem das mächtigste Hochlandvolk, die Huari, es da erheblich leichter hatten.

Da die ökonomische und geopolitische Lage die Bergregionen zunehmend begünstigte, wurde der von Norden nach Süden führende Handelspfad im Hochland schließlich zur wichtigsten Handelsstraße in Peru – sehr zum Nachteil der einzigen anderen bedeutenden Nord-Süd-Verbindung, die an der Küste entlangführte.

Obendrein bekam die Küste allmählich die merkwürdigen Sekundärfolgen der Dürre und der El-Niño-Überschwemmung zu spüren. Während dieser kurzen, aber heftigen Überflutungen wurden Millionen Tonnen Sand aus der ausgedörrten Landschaft weggeschwemmt und in Richtung Meer gespült, wo sie sich unmittelbar vor der Küste ablagerten. Die Küstenströmung breitete die Sandmassen dann entlang des Ufers aus, die Flut spülte sie an den Strand, wo starke Winde sie zu Dünen aufwarfen und ins Landesinnere trieben. Wie die großen Wüstensanddünen wanderten die Dünen immer weiter – noch lange nach dem Ende der großen Dürre – und zerstörten Agrarland und sogar Städte. Ein Teil der Stadt Moche um die Huaca del Sol, die Sonnenpyramide, wurde von dieser Sandflut richtiggehend überschwemmt.[3]

Dieses tödliche Zusammenwirken von Katastrophen zog das Hochland und die Küstenregion ganz unterschiedlich in Mitleidenschaft. Die Menschen in den relativ armen Bergen litten höchstwahrscheinlich weniger als die reichen[4] Bewohner der Küstenebene. In demographischer Hinsicht und hinsichtlich der gesellschaftlichen Organisation und der Herrschaftsstruktur war die Küste nicht mehr im Vorteil. Politisch zersplitterte die Mochica-Kultur unter dem Druck von seiten der Hochlandstämme, insbesondere der Huari.[5] Die Pyramidenstadt selbst – Moche – überlebte einigermaßen unversehrt, verlor aber große Teile des von ihr kontrollierten Gebietes. Circa 140 Kilometer weiter nördlich entstand eine neue Stadt, Pampa Grande, und nahm eine teils von den Huari beeinflußte Kultur an, was vermutlich die wachsende geopolitische Macht der Huari widerspiegelt.[6]

Schon wenige Generationen später lebten knapp 40 Kilometer nordwestlich von Moche in einer neuen Stadt – heute eine Ruinenstätte, die in der Archäologie unter dem Namen Galindo bekannt ist[7] – Menschen, die unter dem Einfluß des Hochlandes standen. Die alte Stadt Moche wurde immer mehr isoliert. Sie überlebte zwar noch mindestens ein Jahrhundert, doch ihre ruhmreiche Zeit war ein für allemal vorüber.

Mit dem Niedergang der Macht von Moche nahmen die kriegerischen Auseinandersetzungen deutlich zu. Etliche nordperuanische Küstenkulturen errichteten Verteidigungsanlagen, so auch die Mochica. Die Festung mit der wohl spektakulärsten Lage auf einem zerklüfteten Berggipfel unweit des heutigen Chepen 160 Kilometer nördlich von Moche, wurde von derselben, durch das Hochland beeinflußten Kultur erbaut, die auch Galindo begründete. Die heute verlassene Berggipfelstadt ist mit gewaltigen, dreieinhalb Meter breiten Steinwällen umgeben, die noch heute stellenweise acht Meter hoch sind. Mit ihren schätzungsweise 5000 Einwohnern verfügte sie über Wohnanlagen, die eine Fläche von mehreren Hektar einnahmen, und vermutlich über einen Palast – der allem Anschein nach aber erstaunlicherweise keine Wasserversorgung hatte! Wasser mußte vermutlich von Trägern aus dem Tal heraufgeschafft und irgendwie gelagert werden. Und südlich von Moche liegen die Ruinen von weiteren gewaltigen Festungen, im Santa-Tal und bei Cerro de La Cruz im Chao-Tal, wo Ansammlungen von Schleudersteinen stummes Zeugnis von der allgemeinen Unsicherheit nach den Klimaproblemen Mitte des 6. Jahrhunderts ablegen.

Auch in der Nähe von Moche wurde vermutlich zur Verteidigung der Stadt ein massiver, fast 500 Meter langer Wall aus Adobeziegeln gebaut, und in Galindo zieht sich ein vier Meter hoher Wall mit Brustwehr in einem 400 Meter langen Bogen quer durch das Tal.

Während die Huari sich in der Mitte und dann im Norden von Peru ausdehnten, vollzog sich ganz im Süden von Peru, in Bolivien und im Norden von Chile mit der Expansion des Hochlandstaates Tiahuanaco ein ähnlicher Prozeß, erneut auf Kosten der Küstenebenen.

Die Klimakatastrophe Mitte des 6. Jahrhunderts verschob somit in der gesamten Andenregion das geopolitische Gleichgewicht, ebenso wie im Nahen Osten, in China und in Mexiko.

KAPITEL 28

Die Geburt eines Reiches

Zweihundertvierzig Kilometer entfernt vom Ozean, tief im Innern Zentralperus, umgeben von 4870 Meter hohen Gipfeln, liegt eine der seltsamsten alten Städte Südamerikas.

Auf einer Fläche von knapp 1,3 Quadratkilometern reihen sich 20 prächtige rechteckige Plätze aneinander, jeweils gesäumt von 150 zellenähnlichen Räumen, viele davon bis zu drei Stockwerken hoch. Jeder Platz ist vom nächsten durch zwölf Meter hohe Steinmauern getrennt, und die insgesamt 3000 Zellen weisen höchstens ein halbes Dutzend unterschiedliche Bauweisen auf.

Archäologen hielten die gesamte Anlage – an einem Ort namens Pikillaqta unweit von Cusco – zunächst für ein riesiges altes Gefängnis. Ihre Gleichförmigkeit und die militärisch präzise Bauweise schienen tatsächlich von einem obsessiven Kontrollbedürfnis und Organisationszwang zu zeugen. Noch heute liegt ihre eigentliche Funktion im Dunkeln, zumal sie lediglich die größte einer ganzen Reihe solcher geheimnisvoller Bauanlagen ist, die überall in Peru verstreut sind.

Sie wurden alle nach dem gleichen Grundprinzip errichtet und stammen aus der Frühphase des ersten großen panperuanischen Reiches, des Reiches der Huari[1], das nach der klimatisch bedingten geopolitischen Verschiebung Mitte des 6. Jahrhunderts allmählich entstand. Sehr wahrscheinlich wurden die Anlagen als optisch beeindruckende Machtzentren des Reiches erbaut, in denen Beamte, einige gewöhnliche Bürger und vermutlich größere Garnisonen untergebracht und gewaltige Mengen Tribute und Naturalienzölle gelagert werden sollten.

Die Huari errichteten ein Reich[2] von rund 340 000 Quadratkilometern Größe: 1400 Kilometer von Norden nach Süden und im Schnitt 240 Kilometer von Osten nach Westen. Es hatte sehr wahrscheinlich mehrere Millionen Bewohner und eine Hauptstadt – ebenfalls mit Namen Huari –, die 700 Hektar groß war und 30 000 Einwohner besaß. Die Entstehung dieses Reiches veränderte die nachfolgende Geschichte Perus – ja Südamerikas insgesamt – von Grund auf. Als erstes panperuanisches Herrschaftssystem war es nämlich der Prototyp, der den Weg für das viel spätere Inka-Reich und in gewisser Weise auch das spanische Andenreich vom 16. bis Anfang des 19. Jahrhunderts bereitete.

Es waren vermutlich die Huari, die das großangelegte landwirtschaftliche Terrassensystem entwickelten, das die Nahrungsproduktion und die demographische Expansion immens steigerte und somit ermöglichte, daß das Hochland (einschließlich der späteren Inka) für einen langen Zeitraum die Vorherrschaft an der Küste erringen konnte. Es ist denkbar, daß die Huari das Terrassensystem als Reaktion auf die große Dürre entwickelten, die zwischen 540 und 570 über die Andenwelt hereinbrach, und daß sie ihre Expansion während und nach der Dürreperiode auch dieser Erfindung verdankten.

Sehr wahrscheinlich bauten die Huari auch das große Straßennetz, das das spätere Inkareich und anfänglich das spanische Andenreich zusammenhielt und beide wirtschaftlich lebensfähig machte. Außerdem wird den Huari die Erfindung des einzigartigen Registrierungssystems, genannt Quipu, zugesprochen, das ihnen die Führung ihres Reiches erleichterte und auch nachfolgenden Herrschaftssystemen zugute kam. Der Quipu bestand aus vielen Schnüren mit Knoten, die numerische Werte oder Wörter bedeuteten, und wurde für die Registrierung von Steuereingängen und Tributzahlungen sowie von erledigten Arbeitsaufgaben benutzt.

Vor dem Huari-Reich waren die Andenstaaten im wesentlichen monokulturell und relativ klein gewesen. Das größte Gebiet – das der Mochica – war gerade knapp 40 000 Quadratkilometer groß. Die Huari dagegen kontrollierten direkt oder durch Vasallen ein Gebiet von rund 340 000 Quadratkilometern (das ist die Größe von Großbritannien, Irland und Holland zusammengenommen) und mußten daher Dutzende verschiedener Kulturen und Glaubenssysteme unter einen Hut bringen. Die Vorstellung eines panandinen Reiches sollte zur Inka-Zeit wieder auftauchen und bis in die spanische Kolonial- und sogar Postkolonialzeit Bestand haben.

Die kulturelle Vielfalt im Huari-Reich machte die Entwicklung einer zentralen Staatsreligion erforderlich, die als einigendes Element wirkte. So kam es, daß eine bestimmte Sonnengottheit – die vermutlich mit der Herrscherfamilie in Verbindung gebracht wurde – auf die Stufe eines Supergottes gehoben wurde. Diese Gottheit – ein Gott mit zwei Stäben in der Hand, vermutlich Waffen – sollte nicht etwa die lokalen Gottheiten innerhalb des mulitkulturellen Reiches ersetzen, sondern er sollte die neue Führungsspitze aller bestehenden Götterwelten bilden. Der Kaiser sah sich zweifellos als die irdische Widerspiegelung dieses kosmischen Arrangements – wie im Himmel, so auf Erden.

Zur Inka-Zeit kam dem Inka-Sonnengott die gleiche Führungsposition zu – und in der spanischen Kolonialzeit und noch heute ist die allen gemeinsame Religion, das Christentum, nach wie vor nur die oberste Schicht eines vielschichtigen religiösen Kuchens.

Auch in sprachlicher Hinsicht wurde Peru wahrscheinlich durch das Huari-Reich verändert. Nach Ansicht einiger Wissenschaftler führte es zur Verbreitung einer frühen Form des Quechua, vielleicht zunächst als Lingua franca und dann als die vorherrschende präkolumbianische Sprache. Die Verbreitung des Quechua ist fast immer den Inka zugesprochen worden, doch tatsächlich waren wohl auch die Huari wesentlich daran beteiligt.

Hinsichtlich historischer Kontinuität folgte das Inka-Reich nicht unmittelbar auf das Reich der Huari, sondern erst 500 Jahre später. Doch die wirtschaftliche und verkehrstechnische Infrastruktur (insbesondere das landwirtschaftliche Terrassensystem und das Straßennetz), die von den Huari geschaffen wurde, trug letzten Endes mit dazu bei, daß die Inka erneut die Vorherrschaft der Hochlandanden sichern konnten.

Es mag aber auch eine gewisse politische Kontinuität gegeben haben. Zwar entstand das Inka-Reich erst um das Jahr 1300, doch es entwickelte sich aus dem Zusammenschluß zweier regional mächtiger Staaten – der Killke und der von den Huari abstammenden Lucre. Der Lucre-Staat war offenbar zunächst die militärisch und politisch besonders wichtige Provinz des Huari-Reiches. Die

Regierungshauptstadt dieser Huari-Provinz ist ebenso rätselhaft wie die mysteriöse Stadt Pikillaqta mit ihren 3000 Zellen und dem militärischen Ambiente.

Wie Pikillaqta der wichtigste militärische Stützpunkt der Huari gewesen war, wurde die ganz in der Nähe liegende Siedlung Cusco Mittelpunkt eines neugeborenen und äußerst militaristischen Andenreiches – des Reiches der Inka. Als die spanischen Eroberer 1530 Peru einnahmen, machten sie sich nicht gleich an die Errichtung eines eigenen Reiches, sondern übernahmen für eine kurze Übergangszeit das Reich der Inka. Drei Jahre lang regierten die Spanier ihr neu erworbenes Reich über einen Marionettenkaiser der Inka, und die Inka-Hauptstadt, Cusco, wurde die erste offizielle spanische Verwaltungsstadt in Südamerika. Außerdem behielten die Spanier das »sZwangsarbeitsystem« der Inka (und vermutlich der früheren Huari) bei und stützten damit ihre neue koloniale Wirtschaft.

Die Grenzen des Inka-Reiches wurden nach und nach die Grenzen des spanischen Vizekönigreichs und bestimmten indirekt mit, viele der Grenzen des heutigen Ecuador, Peru und Chile festzulegen. So ließen die klimatischen Ereignisse des 6. Jahrhunderts eine Herrschaftstradition entstehen, die sogar die Ankunft der Europäer überlebte und wichtigen Anteil an der Gestaltung des heutigen Südamerika hatte.

KAPITEL 29

Ruhm im Herzen des Kosmos

Einer alten Andenlegende zufolge sandte ein Gott vor langer, langer Zeit eine schreckliche Flut, die alles Leben vernichtete, bis auf einen Mann und eine Frau. Die beiden – die einzigen Überlebenden der ursprünglichen Schöpfung – trieben in einem Boot auf dem Wasser, und als die Flut zurückging, wurden sie vom Wind auf ein hohes Plateau zwischen den östlichen und westlichen Sierras der Anden geweht.

Der Ort, wohin der Wind sie verschlug, hieß Tiahuanaco, und dort wies Gott ihnen ihre Bestimmung zu. Aus den Höhlen, Flüssen und Quellen der heiligen Landschaft der Schöpfung sollten sie Menschen erwecken, und als Stellvertreter Gottes würden sie über die Menschen herrschen.

Doch die Menschheit war dem Willen Gottes nicht völlig gehorsam, und Gott beschloß, den Kosmos zu erschaffen, um dem wirren Verstand des Menschen eine Ordnung zu geben.

So kam es, daß auf dem hohen, windgepeitschten Plateau von Tiahuanaco die Planeten, der Mond und die Sonne entstanden, um bis in alle Ewigkeit ohne Unterlaß die ihnen vorherbestimmte Reise am Himmel zu vollführen – und so der Menschheit zu helfen, daß sie Gott in gleichem Maße gehorsam war.

Im religiösen Glauben der Anden war Tiahuanaco – der Ort auf dem Plateau – der Mittelpunkt der Schöpfung. Und um diesen heiligen Ort herum entstand eine heilige Stadt. Ihr Name in der einheimischen Sprache, Aymara, war Taypikala – »der Stein im Herzen (des Kosmos)«.[1]

Es ist möglich, daß Tiahuanaco/Taypikala südöstlich des größten Sees von Südamerika, des Titicacasees, anfänglich einfach nur ein Pilgerort war. Doch um das Jahr 500 herum war der »Stein« nicht mehr bloß das spirituelle Herz des Kosmos, sondern er wurde auch zu einem seiner politischen Herzen.

Die vormals nur regional bedeutende Stadt mit vielleicht 5000 bis 10000 Einwohnern wuchs zu einer Supermacht mit 50000 Menschen heran, in ihrem Umland lebten bis zu einer Million Menschen. Als kosmisches Herz und politisches Zentrum wurde Tiahuanaco das südamerikanische Gegenstück zu Mexikos großer Metropole Teotihuacán.

Die Expansion von Tiahuanaco war gewissermaßen die zentralandine Entsprechung zur Huari-Expansion in den Nordanden. Sie waren Teil desselben geopolitischen Phänomens. Beide Hochlandstaaten erlangten Ende des 6. und 7. Jahrhunderts auf Kosten der Küstenebenenkultur die Vorherrschaft. Wie das Huari-Reich erlebte auch Tiahuanaco seinen Aufstieg, nachdem das politische System in den Anden durch die große Dürre im 6. Jahrhundert aus dem Gleichgewicht geraten war. Tiahuanaco hatte zwar vermutlich bereits im 4. und 5. Jahrhundert die Vorherrschaft über einige wenige entlegene Gebiete erlangt[2], doch zu einem richtigen Reich entwickelte es sich erst im letzten Teil des 6. und dann im 7. Jahrhundert, begleitet von einem gewaltigen Bevölkerungszuwachs und dem Bau monumentaler Gebäude in der Hauptstadt, die auch als Ort ritueller Handlungen bedeutsam war.

Dieser Aufschwung wurde sehr wahrscheinlich durch das demographische, wirtschaftliche und militärische Ungleichgewicht begünstigt, das durch die unterschiedlichen Auswirkungen der großen Dürre auf das im Hochland gelegene Tiahuanaco einerseits und auf die bereits ausgetrockneten Küstenregionen andererseits entstanden war. Wie Huari besaß auch Tiahuanaco nicht nur zahlreiche ökologische Zonen, die in klimatisch schweren Zeiten wirtschaftlich ausgebeutet werden konnten, sondern auch das größte Süßwasserareal, den 8300 Quadratkilometer großen Titicacasee. Und da Tiahuanaco die Dürre besser überstand als die Kulturen an der Küste, konnte es nach dem Ende der Dürre rascher prosperieren und expandieren.

Die Expansion begann vermutlich bereits während der großen Dürre, und möglicherweise wurden auch zu dieser Zeit die ersten monumentalen Bauwerke errichtet.

Wegen der Dürre wurde vielleicht auch der größte Tempel in Tiahuanaco erbaut oder erweitert, um den Regengott günstig zu stimmen.

Der Tempel, eine gewaltige, kreuzförmige, siebenstufige Pyramide, 200 Meter breit und 17 Meter hoch, sollte wohl einen heiligen Berg nachbilden, der circa fünf Kilometer südlich von der Stadt lag. Abgesehen von der symbolischen Form ahmte die Pyramide den Berg in zwei weiteren Aspekten nach, die speziell mit Wasser zu tun hatten. Die Spitze des Tempels wurde teilweise aus Schichten von bläulichgrünem (wasserfarbenem) Kies gestaltet, der von den Hängen der Berge im Süden stammte. Das Bauwerk hatte auch ein ausgeklügeltes Hydrauliksystem, mit dem die Tempelpriester Wasserkaskaden die Stufen der Pyramide hinableiten konnten, ganz ähnlich wie sich das Wasser bei guten klimatischen Bedingungen den echten Berg hinunter ergoß.[3] Das Wasser wurde in einem 60 mal 55 Meter großen Becken oben auf der Pyramide gestaut. Das Becken konnte bis zu 5,5 Millionen Liter aufnehmen und wurde – wie die künstlichen Wasserfälle – über eine Reihe von Zapfen und Schleusentoren gesteuert. Das Leitungssystem war so konzipiert, daß das Wasser allein mit Hilfe der Schwerkraft in die Pyramide hinein- und wieder hinausfloß.

Falls die Pyramide während der großen Dürre gebaut wurde, kann das Becken natürlich nicht durch Regen gefüllt worden sein (welchen Sinn hätte es gehabt, den Regengott günstig zu stimmen, wenn es bereits ausreichend regnete?) Selbst in normalen Zeiten hätte die Regenmenge wohl nicht ausgereicht, das Becken so weit zu füllen, daß ein ordentlicher Wasserfalleffekt erzeugt werden konnte. In Dürrezeiten wurde daher See- oder Flußwasser in Tierfellflaschen gefüllt und mühselig von den Menschen selbst oder auf dem Rücken von Lamas die Pyramide hinaufgeschafft.

Die Beschwörung des Regengottes ging wahrscheinlich mit einem passenden Zauberritual einher, bei dem mit Hilfe des wasserfarbenen Kieses und der künstlichen Wasserfälle richtiger Regen ausgelöst werden sollte.

Der große Tempel, heute als der Acapana bekannt (wörtlich »Ort der Morgendämmerung«), war das größte Bauwerk in Tiahuanaco. Die siebenstufige Pyramide aus Lehm, Erde, Kies und wunderschön gemeißelten Steinblöcken mit abgeschrägten Kanten war sehr wahrscheinlich mit Stoffen, metallenen Schmuckplatten und womöglich mit geschnitzten und gemalten Menschen- und Tierfiguren verziert. Die Tempelpriester – die wahrscheinlich auch die Herrscher der Stadt waren – haben wohl zumindest am Ende in Häusern auf einigen der Terrassen gewohnt. Irgendwo auf dem Acapana – vielleicht vor dem Wasserbecken – stand eine Reihe von sechs Meter hohen Statuen, die möglicherweise vergöttlichte Herrscher darstellten. Von diesen Statuen sind nur noch kleine Fragmente erhalten geblieben.

Angesichts der wachsenden Bevölkerung von Tiahuanaco und seiner im Vergleich zu den Rivalen an der Küste steigenden politischen Macht nahm auch die kommerzielle, religiöse und demographische Bedeutung der Stadt zu. Und so sah sich Tiahuanaco in den Jahren nach der Dürre (vielleicht auch schon in deren Endphase) aufgrund des Drucks der Bevölkerung und aufgrund der Notwendigkeit, für zusätzliche Nahrungsquellen zu sorgen, genötigt, neue Wege zu suchen, um den landwirtschaftlichen Ertrag zu steigern.

Es entstanden ausgedehnte Netze von künstlich erhöhten Feldern, die mit Kanälen von Tausenden Kilometern Länge bewässert wurden. Die neuen Systeme waren nicht direkt vom Regen abhängig, sondern wurden von unterirdischen Quellen und vom Grundwasser in der Umgebung des Titicacasees gespeist. Die Menschen von Tiahuanaco wußten, daß Knollenfrüchte bei einem relativ flachen Boden leicht erhöht angepflanzt werden mußten, damit die Knollen nicht durch das Grundwasser verfaulten. Ob Tiahuanaco zu dem neuen Bewässerungssystem, das nicht direkt auf Regen angewiesen war, durch die Dürre oder allein durch den Bevölkerungszuwachs in der Zeit unmittelbar nach der Dürre oder durch ein Zusammenspiel beider Faktoren gezwungen wurde, ist nicht bekannt. Jedenfalls stieg die Bevölkerung im Gebiet von Tiahuanaco von weit unter 40 000 auf womöglich bis zu einer halben Million.

Die Stadt legte insgesamt mindestens 200 Quadratkilometer erhöhte Felder an. Wie aber konnte das neue Bewässerungssystem die Nahrungsproduktion so enorm steigern? Jedes Feld war zwischen vier und zehn Meter breit und bis zu 200 Meter lang. Die moderne experimentelle Archäologie hat nachgewiesen, daß diese

Felder im Normalfall eine mindestens dreimal so große Ernte abwarfen wie die Felder, die in derselben Gegend auf konventionelle Weise bewässert wurden, nämlich allein durch Regen. Bei gelegentlich kalten Wetterverhältnissen waren die mit dem neuen System bewässerten Felder neunzehnmal ertragreicher als die konventionell bewässerten.[4] Schließlich entstanden über eine Viertel Million solcher Felder, die durch ein Kanalnetz von rund 22000 Kilometern bewässert wurden.

Den Menschen von Tiahuanaco wird wohl nicht klar gewesen sein, warum ihr spezielles Agrarsystem – die erhöhten Felder – in Zeiten der Dürre so hervorragend funktionierte, aber die moderne Wissenschaft hat die Erklärung dafür gefunden.

Bei erhöhten Feldern verliert der Boden seine Nährstoffe langsamer als bei normalen Feldern[5], der Stickstoff wird stärker gebunden[6], und der Salzgehalt verringert sich erheblich.[7] Daß man die beim Bau der Kanäle ausgehobene Erde für die Erhöhung der Felder verwendete, sorgte für eine gute Durchlüftung und Auflokkerung des Bodens – zwei wesentliche Voraussetzungen für die Wasserspeicherung und die Aufnahme wasserlöslicher Nährstoffe durch die Pflanzen.[8]

Die Kanäle waren außerdem eine unerschöpfliche Quelle für natürlichen Dünger. Rasch siedelten sich Unmengen von Wasserpflanzen an, zum Beispiel Wasserfarn und andere Stickstoff bindende Organismen. Wenn die Pflanzen aus dem Wasser genommen und auf die Felder verteilt wurden, erhöhten sie den Nährstoffgehalt des Bodens um ein Vielfaches.[9]

Forschungen haben ebenfalls ergeben, daß erhöhte Felder mehr Wärme speichern als herkömmliche Felder, was die Pflanzen vor Frost schützt. Im Februar 1988 wurde experimentell[10] nachgewiesen, daß weniger als zehn Prozent der Pflanzen in erhöhten Feldern schwere Frostschäden davontrugen, dagegen 70 bis 90 Prozent in herkömmlichen Feldern.

Die Erklärung dafür ist einfach. Die Kanäle saugten tagsüber die Sonnenwärme auf, so daß die Temperatur in den Kanälen bis zu elf Grad wärmer war als die Lufttemperatur. Nachts – wenn die Frostgefahr für die Pflanzen am größten ist – hielten die Kanäle die Wärme zurück und umgaben den erhöhten Boden mit einer »Wärmehülle«.[11] Die Wärme strahlte aus den Kanälen in die kalte

Nachtluft und verhinderte, daß die Lufttemperatur um und über den erhöhten Feldern den Gefrierpunkt erreichte. Auch durch die Wände der Kanäle wurde mittels Kapillareffekt Wärme aus dem Wasser in den erhöhten Boden gezogen, so daß dort die Temperatur anstieg. Die für Tiahuanaco lebenswichtigen Kartoffeln wurden somit mit Wärmebestrahlung von oben *und* unten verwöhnt. Die demographischen Konsequenzen waren wahrlich enorm – vor allem in Verbindung mit anderen bedeutenden religiösen und sozialen Veränderungen, die direkt oder indirekt durch die große Dürre und den anschließenden landwirtschaftlichen Aufschwung ausgelöst wurden.

Insgesamt verwandelte sich Tiahuanaco von einem Ort mit relativ lokal begrenzter religiöser und wirtschaftlicher Bedeutung in eine große regionale Metropole – für die Menschen in den Anden sozusagen zum »Stein im Herzen des Kosmos«.

Die landwirtschaftliche Blüte führte zu einem weiteren Bevölkerungswachstum sowohl durch verbesserte Ernährung und geringere Säuglingssterblichkeit als auch vermutlich durch Zuwanderung, außerdem versetzte der landwirtschaftliche Aufschwung Tiahuanaco in die Lage, seine politische Macht dadurch auszuweiten, daß es Nahrungsmittel und Alkohol an bestehende und potentiell zukünftige Vasallenstämme lieferte.

Der dem Regen-/Himmelsgott geweihte Acapana-Tempel war nicht das einzige Prachtmonument im zeremoniellen Stadtzentrum von Tiahuanaco. Eine zweite große Pyramide, heute Puma Punku genannt (wörtlich das »Tor des Pumas«), maß knapp 180 Meter im Quadrat, war aber nur sechs bis siebeneinhalb Meter hoch und, wie die Acapana, mit einem Hydrauliksystem zur Erzeugung künstlicher Wasserfälle ausgestattet. Und neben der Acapana stand ein gigantischer Palastkomplex[12], der vermutlich der Ahnenverehrung gewidmet war. Der Komplex war von gewaltigen Quaderstein- und Sandsteinmauern umgeben, hinein führten eine monumentale Treppe und ein ebensolches Tor. Er könnte eine Art »Palast der Toten« gewesen sein. Einige Räume waren mit einer Reihe von Skulpturen, vermutlich »Porträts«, von hochrangigen Männern aus Tiahuanaco geschmückt, wahrscheinlich ehemaligen Herrschern und dynastischen Vorfahren. Es ist durchaus denkbar, daß die Räumlichkeiten als letzte Ruhestätte für die mumifizierten Leichname der Herrscher dienten.[13] Mumifizierte Ahnen spielten im alten Tiahuanaco sicherlich eine bedeutende Rolle, wie auch in vielen anderen Andenkulturen, beispielsweise bei den Inka, die die Mumien ihrer Ahnen zu wichtigen Feierlichkeiten und sogar Banketten einluden. Hin und wieder sorgten die Lebenden dafür, daß die Mumien sich gegenseitig besuchten.

Wie in allen religiösen und politischen Systemen waren Symbole ein entscheidender Faktor bei der Machtausübung. Die Ahnen verliehen Macht, ebenso verlieh die Nähe zu den Göttern Macht. Doch auch die symbolische Anwesenheit von eroberten Völkern oder Vasallen in einer unterwürfigen Position im heiligen Herzen einer Stadt stärkte die Macht der Oberschicht erheblich.

Genau das scheint sich in einem großen, tiefliegenden Hof am Fuße der Eingangstreppe des Ahnentempels zugetragen zu haben. Die Innenwände dieses tiefliegenden Platzes sind noch heute mit Hunderten Steinköpfen unterschiedlicher Größe und unterschiedlichen Stils geschmückt – wahrscheinlich Ahnenporträts, die eroberten Völkern oder Vasallenstämmen gehörten, die Tiahuanaco untertan waren.[14]

Wann genau diese »Galerie des Reiches« entstand, ist nicht bekannt, aber höchstwahrscheinlich in etwa zur selben Zeit wie die Acapana oder später – vermutlich Ende des 6. oder des 7. Jahrhunderts. Wahrscheinlich stand sie in Zusammenhang mit der kolonialen Expansion (oder der späteren Herrschaftskonsolidierung), die das Wachstum der Stadt und die Errichtung ihres prachtvollen zeremoniellen Kerns begleitete oder rasch darauf folgte.

Ebenso wie bei den ersten kolonialen Eroberungen Europas im 16. Jahrhundert ging es auch bei den ersten Schritten von Tiahuanaco auf dem Weg zu einem eigenen Reich um exotische Waren und weniger um Landgewinnung. Doch während die Europäer Gewürze und Gold heimbringen wollten, um damit Profite zu machen, brauchten die Menschen von Tiahuanaco Mais für die Herstellung von Bier und Koka für Rauschmittel. Bier und Koka waren wichtige Bestandteile religiöser Rituale und entscheidend für die Festigung politischer Beziehungen durch die Demonstration von Großzügigkeit, meist bei Festen. Ferne Kolonien wurden gegründet, um Mais und Koka ebenso wie Muscheln, Mineralien, fremdartige Früchte und andere Nahrungsmittel zu bekommen. Mais wurde vermutlich auch als eine Form von Währung benutzt. Der Archäologe Alan Kolata stellt in seinem Buch *The Tiwanaku – Portrait of an Andean Civilization* fest, daß Mais ein lagerbares, hochwertiges, staatlich kontrolliertes Tauschmittel war, mit dem die Oberschicht von einfachen Bürgern Arbeit erkaufte.

Eines der ersten Gebiete, die Ende des 6. und Anfang des 7. Jahrhunderts von Einwohnern des nunmehr mächtigen Tiahuanaco besiedelt wurden, war ein rund 300 Kilometer langer Landstrich der Küstenebene zwischen dem Fluß Tambo in Südperu und dem Fluß Loa in Nordchile. Siedlungen entstanden in mindestens neun Flußtälern[15] an der Küste. Die bislang größte von Archäologen entdeckte Kolonie in der Region mit bis zu 2000 Menschen wurde um das Jahr 600 im Tal des Flusses Moquegua im tiefen Süden Perus errichtet.

Der Besitz dieser Küstenkolonien 240 Kilometer westlich und südwestlich von Tiahuanaco zeigt, daß die Metropole zumindest eine gewisse Macht – direkt oder indirekt – über das dazwischenliegende Gebiet ausübte. Ansonsten wären Handelsbeziehungen und andere Kontakte wohl so gut wie ausgeschlossen gewesen.

Ebenso wurden 240 Kilometer östlich von Tiahuanaco – im Gebiet des heutigen Cochabamba in Bolivien – Dutzende von Kolonien in den feuchten Tälern zwischen bewaldeten Bergen gegründet, wo Mais, Koka, Chili, Paprika und exotische Früchte angebaut wurden. Man hat in dieser Gegend Tausende von Gräbern im Tiahuanaco-Stil entdeckt, was ebenfalls darauf hindeutet, daß das dazwischenliegende Territorium unter der Kontrolle Tiahuanacos gestanden haben muß.

Siedlungen 480 Kilometer südlich der Metropole, unweit des Lago de Poopó, nach dem Titicacasee Südamerikas zweitgrößtem See, kontrollierten den Abbau von Salz, Schwefel und besonderen Lehmsorten, vor allem aber den Abbau von Basalt, der zur Herstellung hochwertiger Steinartefakte, von gewöhnlichen landwirtschaftlichen Geräten bis hin zu monumentalen Skulpturen, verwendet wurde. Um den wertvollen Stein in großen Mengen abzubauen, mußten mehrere Kilometer lange Stollen gegraben werden. Es ist nicht sicher, ob die Minen (in Qeremita, etwa 25 Kilometer westlich des Sees) von Siedlern aus Tiahuanaco oder von einheimischen Stämmen angelegt wurden, bevor die Siedler eintrafen. Fest steht aber, daß das Stollensystem von Tiahuanaco zumindest stark erweitert wurde. Heute sind der Lago de Poopó und der Titicacasee beziehungsweise die Tiahuanaco-Gebiete durch die *Panamericana* miteinander verbunden. Im ersten Jahrtausend mußten die aus dem Bergbau gewonnenen Erzeugnisse – Werkzeuge und Skulpturen (die zum Teil über eine halbe Tonne wogen) – über 400 Kilometer weit entlang des Flusses Desaquadero transportiert werden.

Der Bergwerkskomplex ist die wohl am wenigsten bekannte wichtige archäologische Stätte Südamerikas, und der Umfang der Kontakte mit Tiahuanaco wurde sogar erst in den sechziger Jahren von dem bolivianischen Archäologen Carlos Ponce entdeckt. Jüngste Forschungen mit Hilfe der modernen sogenannten Neutronenaktivierungs-Analyse (NAA) haben Übereinstimmungen von Basaltobjekten aus Tiahuanaco mit Steinen aus Queremita nachgewiesen.[16]

Qeremita lag immerhin schon 400 Kilometer südsüdwestlich von Tiahuanaco, aber die entferntesten Kolonien der Stadt wurden noch mehrere hundert Kilometer jenseits davon gegründet – vermutlich als Handelsstationen. Etwa 900 Kilometer südsüdwestlich von der Metropole entstand eine Tiahuanaco-Siedlung in der Gegend von Quebrada de Humahuaca im heutigen Argentinien, im Herzen einer Region, die reich an landwirtschaftlichen Ressourcen und Mineralienvorkommen wie Kupfer, Silber, Gold, Obsidian und Basalt war. Und 560 Kilometer westlich von Quebrada – mitten in einer der trockensten Wüsten der Erde, der Atacama – wuchs eine Kolonie und Handelsstation, wo solche exotischen Produkte wie Lapislazuli, Kristalle und Türkis abgebaut und/oder verkauft wurden.

Das Tiahuanaco-Reich hatte mindestens 600 Jahre Bestand und brach am Ende unter Umständen zusammen, die in gewisser Hinsicht nicht sehr viel anders waren als die Umstände seiner Entstehung. Klimatische Probleme gaben der Geschichte der Anden im 11. und 12. Jahrhundert erneut eine andere Wendung. Eine besonders lange Dürre (etwa 250 Jahre) destabilisierte die Geopolitik der Region und führte den Niedergang Tiahuanacos herbei.

Zu diesem Zeitpunkt war der »Stein im Herzen des Kosmos« politisch gesehen vielleicht am Ende – in religiöser Hinsicht aber noch lange nicht. Die Stadt behielt ihre spirituelle Bedeutung, und ihre Traditionen und Götter beeinflußten weiterhin die nachfolgende Geschichte der Anden, auch in vielerlei Hinsicht das sehr viel spätere Inka-Reich.

So wie die Huari-Tradition militärische und administrative Elemente des Inka-Reiches mit geprägt hatte (siehe Kapitel 28), so prägte auch das religiöse Vermächtnis von Tiahuanaco das ideologische Erbe der Inka mit. Unter dem Mantel des Christentums lebt sogar die alte Andenreligion in nicht unerheblichem Maße noch heute unter den 16 Millionen Indios von Peru und Bolivien weiter.

Noch immer blickt Tiahuanacos Regen-/Himmelsgottheit, der Wettergott Thunupa, von dem gewaltigen monolithischen »Tor der Sonne« im mutmaßlichen »Palast der Toten«[17] herab. Dargestellt ist er – stehend, in einer Hand eine Steinschleuder, in der anderen eine Speerschleuder – ganz oben auf einer prächtigen Stufenpyramide, bei der es sich vermutlich um die Pyramide Puma Punku oder die Acapana selbst handelt. Die Ausgrabungen, die jüngst Licht in die lange dunkle Geschichte von Tiahuanaco gebracht haben, konnten erst beginnen, nachdem Thunupa von heutigen Indios an der Acapana-Pyramide gesegnet worden war[18], dem Kernstück von Taypikala, dem Stein im Herzen des Kosmos.

Obwohl das Kolonialreich von Tiahuanaco zunächst keinen primär militärischen oder ausgesprochen aggressiv territorialen Charakter gehabt haben mag, übte es – de facto, wenn nicht de jure – durchaus Macht über weite Landstriche des interkolonialen Gebiets aus, wenn auch nur, um den Transport von Agrar- und Handwerksprodukten zu sichern. Zu Anfang wenigstens verdankte Tiahuanaco diese Kontrolle wahrscheinlich allein seinem Prestige, der Verbreitung seiner Religion und seinem wachsenden Ansehen als Nabel der Welt – oder vielmehr des Kosmos. Viele entlegene Stämme waren vermutlich erfreut, vielleicht geschmeichelt angesichts der Chance, sich in ein solches System einkaufen zu können. Der Imperialismus geht oft seltsame Wege.

In der ganzen Welt – von Konstantinopel bis China, von Britannien bis Afrika, von der Mongolei bis Peru – hatten die Folgen der

DAS JAHR 535 UND SEINE FOLGEN FÜR SÜDAMERIKA

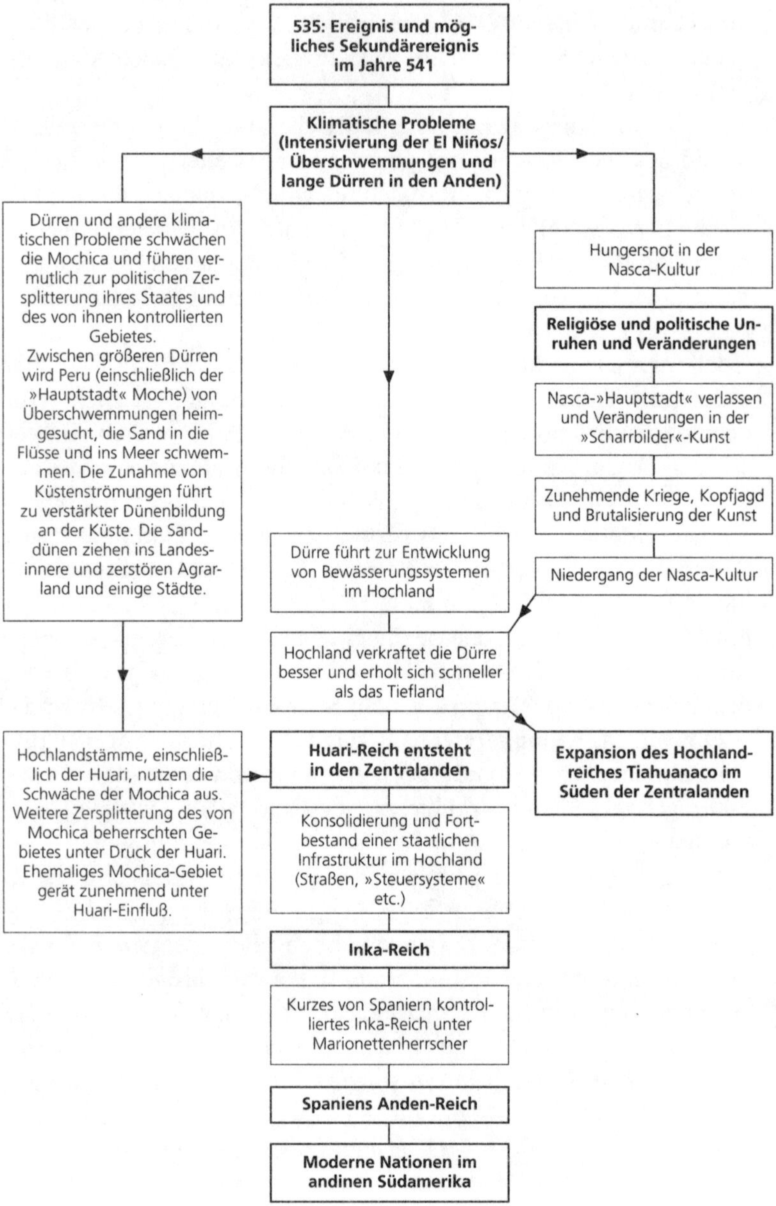

klimatischen Ereignisse Mitte des 6. Jahrhunderts die Kultur und Geopolitik verändert. Wenden wir uns nun der Frage zu, wie sich diese klimatischen Ereignisse im einzelnen manifestierten und was genau sie auslöste.

TEIL IX

Die Ursachen

KAPITEL 30

Die klimatischen Ereignisse um die Mitte des 6. Jahrhunderts: Eine Zusammenfassung

»Die Sonne sandte ein Zeichen, wie niemals eines gesehen ward. Sie verfinsterte sich, und ihre Finsternis währte 18 Monde. Einen jeglichen Tag schien sie während vierer Stunden, und doch war ihr Licht nichts als ein fahler Schatten. Jedermann behauptete, die Sonne werde niemals ihr volles Licht wiedergewinnen.«[1]

Johannes von Ephesos, ein Geschichtsschreiber und Bischof aus dem 6. Jahrhundert, beschrieb mit diesen Zeilen die Veränderung der Sonne in den Jahren 535 und 536. Die apokalyptische Schilderung findet sich im zweiten Band seines großen historischen Werkes, der *Historiae Ecclesiasticae* (Kirchengeschichten). Leider ist uns nur der dritte Band vollständig erhalten geblieben, doch glücklicherweise wurde die Beschreibung des offenbar bevorstehenden Untergangs der Sonne ebenso wie einiges andere aus dem vorhergehenden Band von einem sehr viel später lebenden Historiographen plagiiert, dem Patriarchen von Antiocheia, genannt Michael der Syrer, der sechs Jahrhunderte nach Johannes von Ephesos wirkte.

Wie bereits eingangs erwähnt, beschrieb auch der oströmische Historiker Prokop das ungewöhnliche Erscheinungsbild der Sonne um genau diese Zeit. Er betrachtete es als ein entsetzliches Omen, und seine Vorahnung sollte sich als nur allzu richtig erweisen. »Und in jenem Jahr zeigte sich ein schreckliches Zeichen«, schrieb er. »Denn die Sonne spendete das ganze Jahr hindurch ihr Licht ohne zu leuchten, wie der Mond, und es ward immer mehr wie eine Sonnenfinsternis, denn ihre Strahlen waren nicht hell und nicht so wie jene, die sie sonst aussandte«.[2]

Ein weiterer Autor des 6. Jahrhunderts, Zacharias von Mytilene, verfaßte eine Chronik, die eine dritte Darstellung des Phänomens der »Dunklen Sonne« von 535/536 enthält. »Die Sonne ward bei Tage dunkel und der Mond bei Nacht.«[3]

Eine vierte Darstellung stammt von dem oströmischen Beamten und Gelehrten anatolischer Abstammung, Johannes Lydus, der festhielt, daß »die Sonne ein ganzes Jahr lang verblaßte«.[4]

All dies sind Berichte von Augenzeugen in Konstantinopel, doch auch in Italien registrierte und notierte ein hoher Staatsbeamter das beängstigende Phänomen.

»Die Sonne hat ihr gewöhnliches Licht verloren und scheint von bläulicher Farbe zu sein«, schrieb Cassiodorus Senator im Spätsommer 536. »Wir verwundern uns, daß wir des Mittags keine Schatten sehen, die unsere Körper werfen, daß wir die sengende Kraft der Sonnenwärme nur noch schwach verspüren und daß wir die Erscheinungen, die eine kurze Verfinsterung begleiten, nun bereits fast ein ganzes Jahr erleben. Auch dem Mond mangelt es seines natürlichen Glanzes, selbst wenn sein Rund ganz gefüllt ist.«[5]

Nicht nur das Sonnenlicht schien schwächer geworden zu sein, sondern auch die Sonnenwärme. Ungewöhnliche Fröste schädigten die Landwirtschaft. »Wir hatten einen Frühling ohne Milde und einen Sommer ohne Wärme«, hielt Cassiodorus fest. »In den Monaten, in denen das Getreide hätte reifen sollen, brachten nördliche Winde Kälte. Regen bleibt aus, und die Ernter fürchten neue Fröste.«

Im normalerweise warmen Mesopotamien war der Winter »sehr streng, so daß die Vögel wegen der überreichen und ungewohnten Schneemengen zugrunde gingen« und es »Betrübnis unter den Menschen gab«, hält die Chronik des Zacharias von Mytilene fest.

Johannes von Ephesos (wie bei Michael dem Syrer wiedergegeben) berichtet, daß »die Früchte nicht reiften und der Wein nach sauren Trauben schmeckte«. Johannes Lydus bemerkt, daß »die Früchte vor der Zeit verkümmerten«.

Auch auf der anderen Seite des Planeten wurden Aufzeichnungen über das abnorme Wetter gemacht. In Kapitel 22 wurde erwähnt, daß die alte japanische Chronik *Nihon shoki* von einem Erlaß des japanischen Großkönigs berichtet, in dem er über Hunger und

Kälte im Land klagt: »Nahrung ist das Fundament des Reiches. Gelbes Gold und zehntausend Schnüre Käsch können den Hunger nicht stillen. Was nützen einem Verhungernden tausend Kisten voller Perlen?«

Wie in Kapitel 19 festgestellt, gibt es für die Katastrophe in China ausführlichere Belege. Im Jahr 535 wurde der Norden von einer großen Dürre geplagt. Das *Bei shi* (die nordchinesische Chronik) stellt in einem Eintrag für Ende April/Anfang Mai fest: »Wegen großer Dürre gab es einen kaiserlichen Erlaß, in dem angeordnet wurde, daß man in der Hauptstadt [Ch'ang-an], in allen Provinzen, Kommandaturen und Distrikten die Leichen bestatten sollte.«

Bald darauf hatte sich die Lage so weit verschlimmert, daß die Obrigkeit an den Toren der Hauptstadt Wasser austeilen lassen mußte.

Durch die Dürre vertrockneten Hunderttausende Quadratkilometer von normalerweise fruchtbarem Boden. Es gibt Hinweise darauf, daß gewaltige Sandstürme über das Land fegten.

Zwischen dem 11. November und dem 9. Dezember 535 wurde die südchinesische Hauptstadt Nanjing von Staub überzogen, der vom Himmel fiel. »Gelber Staub rieselte herab wie Schnee.« Aufgrund der Jahreszeit, der Farbe und der enormen Mengen kann man davon ausgehen, daß es sich bei dem Himmelsstaub um feinen gelben Sand, Löß, handelte, der aus dem chinesischen Landesinneren herangeweht worden war. Normalerweise kommt Lößstaub nur aus der Wüste Gobi und anderen inländischen Trockengebieten – und die Stürme ziehen nur über Gebiete hinweg, die Hunderte von Kilometern nördlich und westlich von Nanjing liegen. Doch bei extremer Dürre, wenn ungewöhnlich große Landstriche austrocknen, können auch wesentlich größere Gebiete von Staub überzogen werden.

Die Dürre dauerte an, und das *Bei shi* sagt, daß in der zentralchinesischen Provinz von Xi'an im Jahr 536 von zehn Menschen sieben oder acht starben. Die Überlebenden waren gezwungen, die Leichen zu essen.

Die Monate vergingen, und das Klima wurde immer unberechenbarer. Das *Bei shi* berichtet, daß es in manchen Gebieten Nordchinas im September 536 hagelte – aber noch immer herrschte eine »große Hungersnot«. Zwischen dem 29. November und dem 27. Dezember 536 und dann wieder im Februar 537 bedeckten noch schlimmere Staubstürme die südchinesische Hauptstadt Nanjing mit einem safrangelben Tuch.

Zu Beginn des Jahres 537 dauerte die Dürre in neun Provinzen Nordchinas weiter an, wurde jedoch immer häufiger durch Hagelstürme unterbrochen. Dann endlich, im Jahre 538, war die Dürre vorbei, doch das Klimachaos hielt an – jetzt gab es gewaltige Überschwemmungen. Im Sommer des Jahres quakten angeblich Frösche und Kröten von den Bäumen, so stark waren die Regenfälle. Die Wetterunbeständigkeit währte bis in die vierziger Jahre des 6. Jahrhunderts, wobei es 544, 548, 549 und 550 längere Dürreperioden gab.

Korea war besonders hart betroffen. Von 535 bis 542 wurde für die Halbinsel das schlimmste Wetter zwischen 510 und 600 verzeichnet, und die Jahre 535/536 waren die schlimmsten innerhalb dieser neun Jahrzehnte.

Wie in vorangegangenen Kapiteln beschrieben, erfaßte die Klimakatastrophe auch den gesamten amerikanischen Doppelkontinent, die russische Steppe, Westeuropa und andere Regionen. Für viele dieser Gebiete gibt es jedoch keine schriftlichen Aufzeichnungen. Der Nachweis für die Klimaveränderung in diesen Regionen muß daher durch eine Vielzahl anderer, nicht schriftlicher Quellen erbracht werden.

Die exaktesten Belege verbergen sich im Innern von Baumstämmen. Die Jahres- oder Wachstumsringe vieler Baumarten liefern unauslöschliche Aufzeichnungen zur Klimageschichte. Baumringspezialisten (Dendrochronologen) können das Klima vergangener Zeiten rekonstruieren, indem sie zwei aufschlußreiche Datenlieferanten untersuchen: erstens die Breite jedes Wachstumsrings, die den genauen Umfang des Wachstums in dem jeweiligen Jahr (genauer gesagt, in der jeweiligen Wachstumsperiode, normalerweise Frühling und Sommer) angibt – Dürre oder nicht der Jahreszeit entsprechende Fröste, die das Wachstum hemmen, ergeben schmalere Baumringe –, und zweitens die Dichte jedes Rings, die bei Koniferen in kühlen Klimazonen Informationen über die Temperatur liefert. Je kälter das Wetter, desto weniger dicht ist der Wuchs.

Mittlerweile gibt es fortlaufende Baumringchronologien bis ins 6. Jahrhundert und noch weiter zurück für Finnland, Schweden, Großbritannien, Mitteleuropa, die Ägäis, Sibirien, Nordamerika, Chile, Argentinien und Tasmanien. Bei einem hohen Prozentsatz dieser Baumringchronologien fällt die Zeitspanne von 535 bis 550 (manchmal auch bis 560 und darüber hinaus) als eine Phase ungewöhnlich geringen Baumringwachstums auf. Bei einigen umfaßt diese 25 bis 35 Jahre währende Zeitspanne viele der schmalsten Baumringsequenzen der vergangenen 2000 Jahre.

So deutet beispielsweise die Schmalheit und geringe Dichte der Ringe für das Jahr 536, die man bei Kiefern in Nordwestschweden festgestellt hat[6], darauf hin, daß der Sommer 536 der zweitkälteste der vergangenen 1500 Jahre war.

Die Baumringe des Jahres 539, die man bei Bristlecone-Kiefern in Kalifornien untersucht hat, zählen zu den fünf schmalsten in dieser Region für den Zeitraum 400 bis 600 n. Chr.[7]

Schmale Wachstumsringe bei Balfours-Kiefern in der kalifornischen Sierra Nevada belegen, daß 535 das zweitkälteste, 536 das drittkälteste und 541 das viertkälteste Jahr in den vergangenen zwei Jahrtausenden waren.[8]

In Südamerika sanken die Temperaturen von 535 bis 537, bis ein Temperatursturz im Jahr 540 zu den kältesten Sommertemperaturen der letzten 1600 Jahre führte. Der wichtigste Baumring-Beleg stammt von chilenischen Nadelbäumen der Gattung *Fitzroya cupressoides*[9]. Auch neue Belege aus Argentinien[10] deuten auf ungewöhnlich niedrige Temperaturen im Jahr 540 hin.

In Tasmanien belegt der Rückgang des Baumwachstums der Schuppeneibe zwischen 546 und 552, daß in dieser Zeit die kältesten Temperaturen des ganzen Jahrhunderts herrschten.[11]

Bei Khatanga in Sibirien war ein zwanzigjähriger Baumwachstumsrückgang in den dreißiger und vierziger Jahren des 6. Jahrhunderts der gravierendste in den letzten 1900 Jahren![12]

Und weiter westlich, in Polen, Deutschland und Großbritannien, verlangsamte sich das Wachstum der Eichen zwischen 539 und 542 ganz erheblich. Eines der Jahre mit dem niedrigsten Wachs-

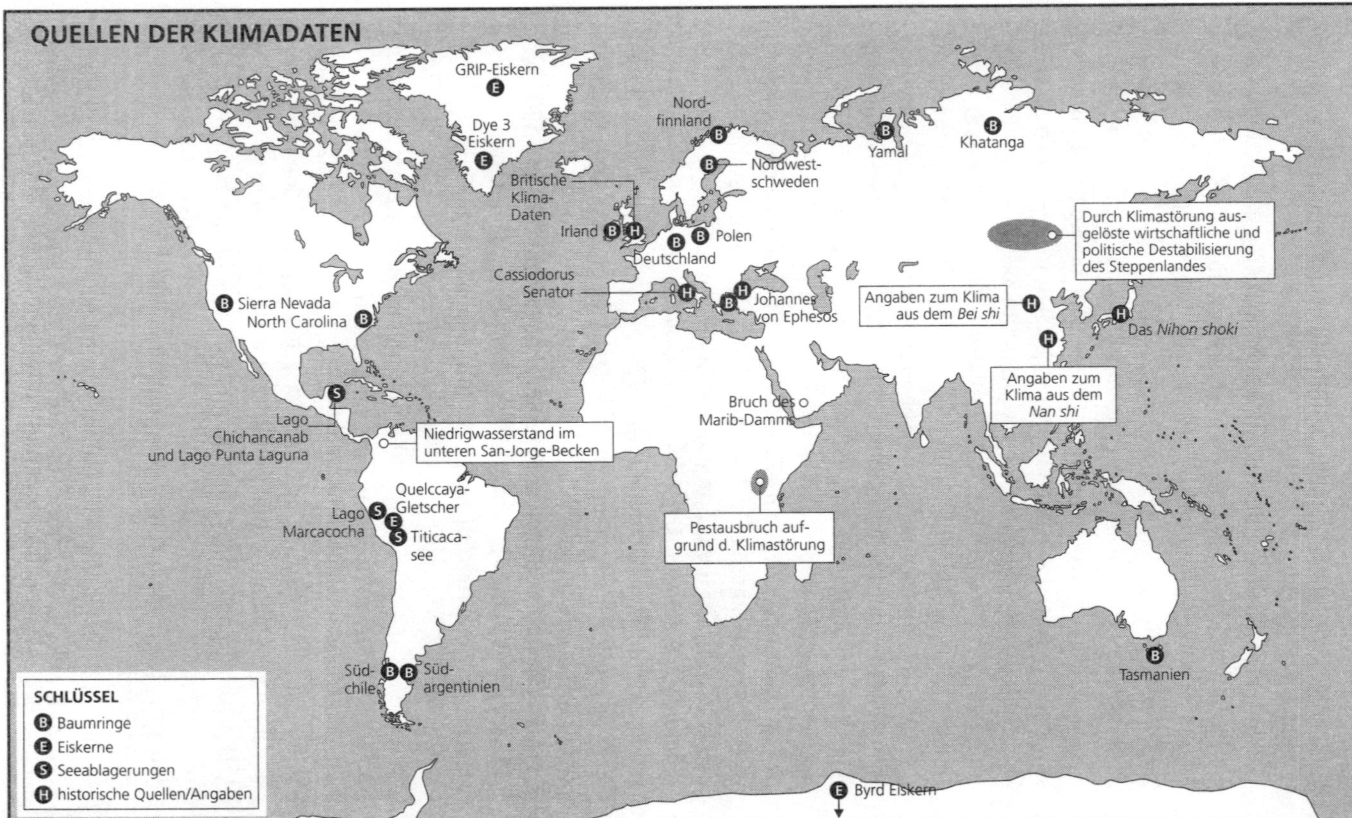
QUELLEN DER KLIMADATEN
GRIP-Eiskern
Dye 3 Eiskern
Nord-finnland
Nordwest-schweden
Yamal
Khatanga
Britische Klima-Daten
Irland
Polen
Deutschland
Cassiodorus Senator
Johannes von Ephesos
Durch Klimastörung aus-gelöste wirtschaftliche und politische Destabilisierung des Steppenlandes
Angaben zum Klima aus dem *Bei shi*
Das *Nihon shoki*
Angaben zum Klima aus dem *Nan shi*
Sierra Nevada
North Carolina
Lago Chichancanab und Lago Punta Laguna
Niedrigwasserstand im unteren San-Jorge-Becken
Bruch des Marib-Damms
Quelccaya-Gletscher
Lago Marcacocha
Titicaca-see
Pestausbruch auf-grund d. Klimastörung
Tasmanien
Süd-chile
Süd-argentinien
Byrd Eiskern
SCHLÜSSEL
B Baumringe
E Eiskerne
S Seeablagerungen
H historische Quellen/Angaben

Grafische Darstellung der Sommertemperaturen in Westsibirien und Nordskandinavien auf der Grundlage von Baumringdaten – Jahre 1 bis 1997

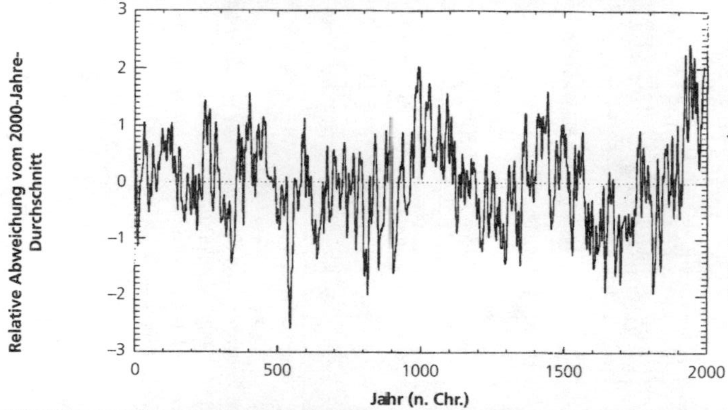

Diese Grafik zeigt, daß die Temperaturen des Jahres 536 die niedrigsten der letzten 2000 Jahre waren. Sie zeigt auch, daß der plötzliche Klimaumschwung mitten in einer rund 80 Jahre währenden Kälteperiode erfolgte. Das Ereignis Mitte der dreißiger Jahre des 6. Jh. scheint eine ziemlich schlechte, wenngleich nicht dramatische Klimasituation in eine Klimakatastrophe verwandelt zu haben – die wohl größte in den letzten zwei Jahrtausenden. Die Grafik wurde von Keith Briffa am Climatic Research Unit of the University of East Anglia erstellt. Er verwendete dabei Material, das ihm von H. Grudd, R. Hantemirow und M. Naursbajew zur Verfügung gestellt wurde.

Temperaturgrafik für Khatanga, Sibirien, auf der Grundlage von Wachstumsringen in Kiefern – Jahre 100 bis 1998

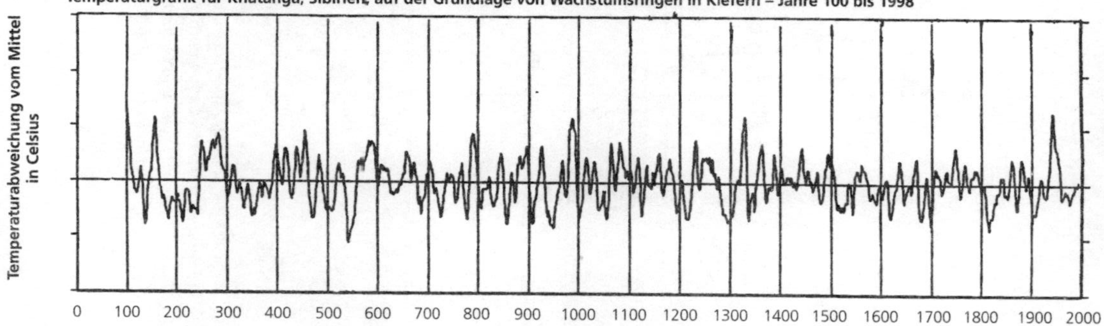

Diese Grafik wurde von Stepan Schijatow und Rashit Hantemirow vom Institut für Pflanzen- und Tierökologie in Jekaterinburg erstellt. Sie zeigt, daß die Temperaturen Mitte des 6. Jh. die kältesten in fast 2000 Jahren waren.

KIEFERNWACHSTUM IN NORDFINNLAND IM 6. JAHRHUNDERT

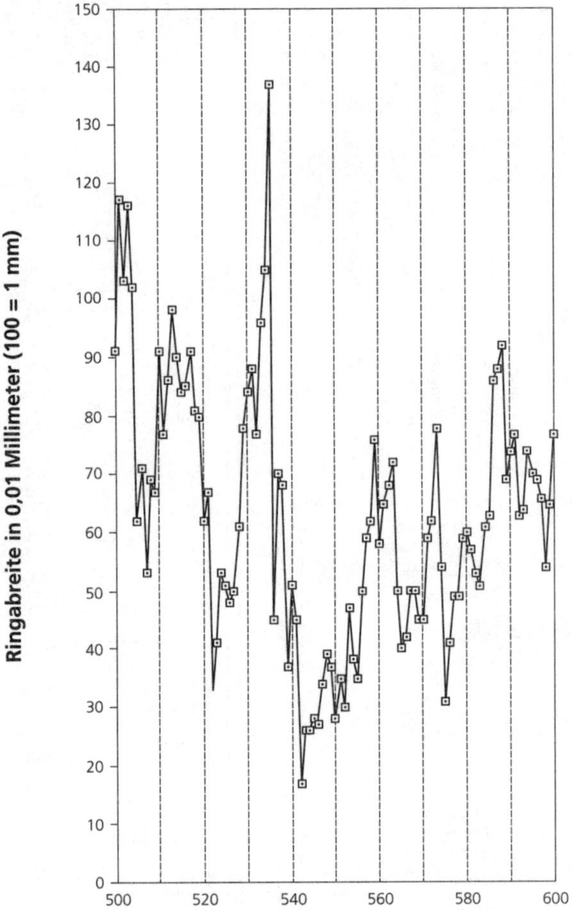

Diese Grafik, die auf Material von Pentti Zetterberg von der Universität von Joensuu in Finnland basiert, macht deutlich, daß die Temperatur im Jahr 536 offenbar jäh abfiel, 539 erneut sank und 541 ein weiteres Mal. Im Jahre 542, dem kältesten der letzten anderthalbtausend Jahre, scheint sie ihren Tiefpunkt erreicht zu haben.

EUROPÄISCHES EICHENWACHSTUM IM 6. JAHRHUNDERT

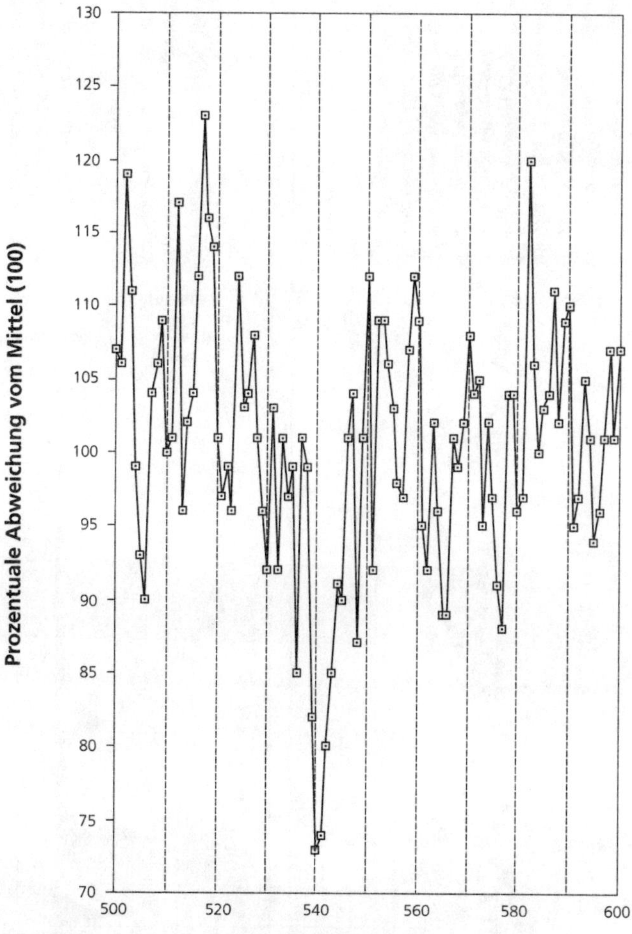

Diese Grafik wurde von Mike Baillie von der Queen's University, Belfast, erstellt, der dabei auf Material zurückgriff, das von Dendrochronologen in vielen Teilen Europas (von Irland im Westen bis nach Polen im Osten) zusammengetragen wurde. Sie zeigt einen deutlichen Abfall im Jahr 536 und einen sogar noch größeren Rückgang des Baumwachstums in den Jahren 539 und 540. Die Ringbreite für das Jahr 540 markiert eines der drei Jahre mit dem niedrigsten Wachstum der letzten 15 Jahrhunderte. In einigen Baumringchronologien, anhand deren diese zusammenfassende Grafik erstellt wurde, ist das Baumwachstum im Jahre 539 das niedrigste in den letzten 1500 Jahren.

TEMPERATURGRAFIK FÜR SÜDCHILE IM 6. JAHRHUNDERT

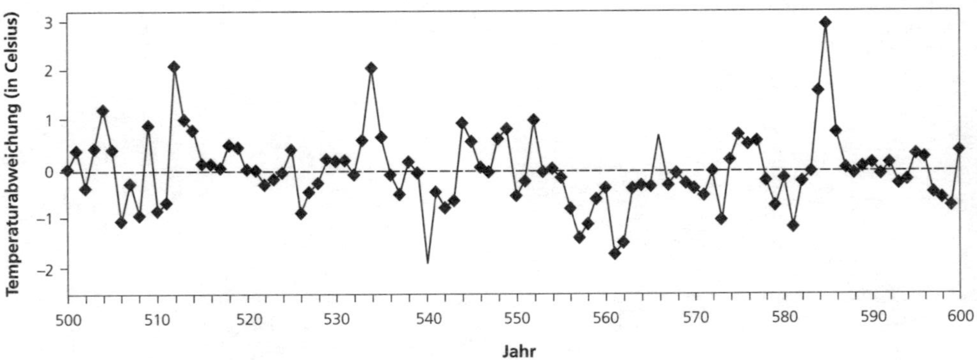

Diese Grafik läßt erkennen, daß die Temperatur im Jahre 540 dramatisch abfiel. Es war die niedrigste Temperatur in den letzten 1600 Jahren, und sie spiegelt sich in den chilenischen Baumringen wider. Die Grafik, die auf Datenmaterial basiert, das die chilenischen bzw. argentinischen Dendrochronologen A. Lara und R. Villalba zusammengetragen haben, wurde von dem Laboratorio de Dendrocronologia in Mendoza, Argentinien, zur Verfügung gestellt.

RIEDGRASWACHSTUM AM MARCACOCHA-SEE, PERU 2200 V. CHR. – 1995 N. CHR.

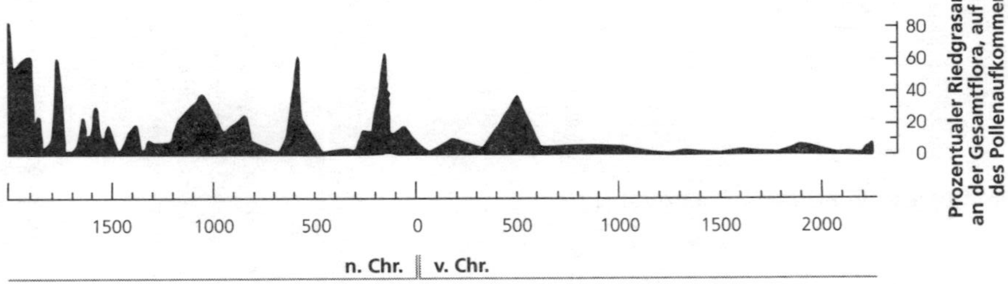

Das Diagramm läßt erkennen, wie das Wachstum des Riedgrases (Cyperaceae) *am Maracocha-See in den peruanischen Anden um die Mitte des 6. Jh. rapide zunahm – wahrscheinlich weil frischer, fruchtbarer Seegrund aufgrund einer Dürreperiode freigelegt wurde. Die Grafik wurde freundlicherweise von A. Chepstow-Lusty von der University of Cambridge zur Verfügung gestellt.*

WACHSTUM WESTAMERIKANISCHER BALFOURS- UND BRISTLECONE-KIEFERN IM 6. JAHRHUNDERT

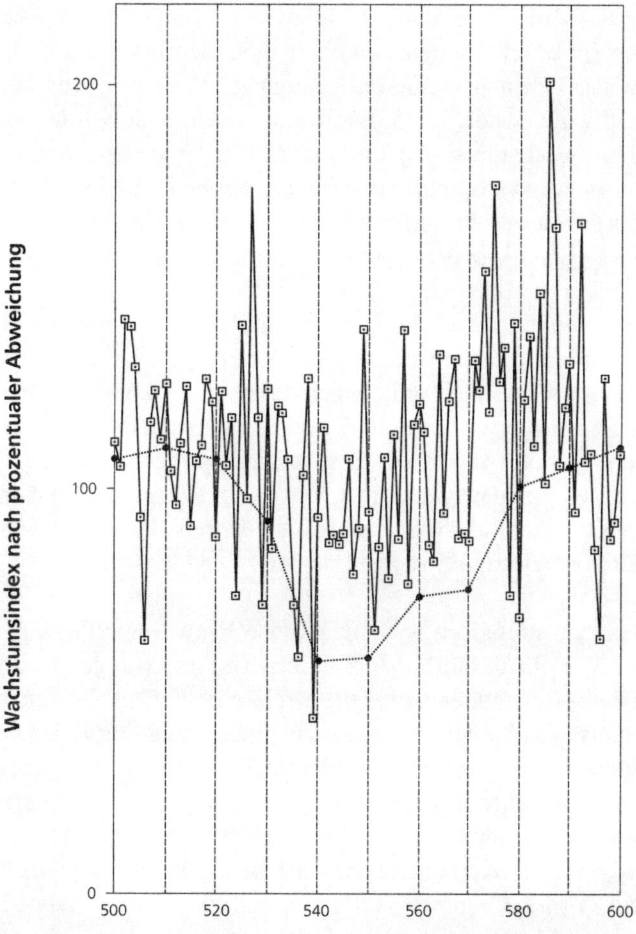

Die Grafik zeigt die Breiten von Wachstumsringen bei Bristlecone-Kiefern (kleine Quadrate) und den durchschnittlichen Zehnjahreswachstumsindex von Balfours-Kiefern (kleine schwarze Kreise) und illustriert, wie die Temperaturen Mitte des 6. Jh. fielen. Die Angaben basieren auf Datenmaterial, das von Wes Ferguson und Val LaMarche von der University of Arizona sowie von Louis Scuderi von der University of Boston zusammengetragen wurde.

tum der letzten zwei Jahrtausende ist nach einer europäischen Eichenbaumringchronologie das Jahr 540.[13]

Eine Analyse von Baumringchronologien weltweit liefert Hinweise auf die tatsächliche Abfolge der Ereignisse, die auf den großen Einbruch folgten. Vielfach wird deutlich, daß es bereits 533 und 534 einen kleineren Rückgang im Baumwachstum gab. Dann, als die Sonne 535/536 teilweise verdunkelt wurde, brachen die Baumwachstumsraten im Westen Nordamerikas, in Mitteleuropa, Skandinavien, in der russischen Steppe und Australien (Tasmanien) stark ein. In manchen Gebieten (zum Beispiel im Westen Nordamerikas, Westeuropa und Skandinavien) erholten sich die Temperaturen kurzfristig für ein oder zwei Jahre.

Aber von 538 beziehungsweise mancherorts 540 an gab es einen nahezu globalen drastischen Rückgang, der zwei bis acht Jahre anhielt. Vielfach schloß sich daran eine 10 bis 30 Jahre währende Phase von wiederholten Niedrigwachstumsperioden an. Besonders markant war diese Entwicklung in der südlichen Hemisphäre, wo beispielsweise in Chile[14] und Tasmanien erst in den achtziger beziehungsweise siebziger Jahren des 6. Jahrhunderts wieder normale Baumwachstumsphasen erreicht wurden.

Weitere chronologisch weniger präzise Hinweise auf eine Klimakatastrophe im 6. Jahrhundert liefern Untersuchungen von Fluß- und Seewasserständen sowie die Archäologie. Ganz besonders interessantes Datenmaterial aus dem unteren San-Jorge-Becken in Kolumbien hat ergeben, daß die niedrigsten Wasserstände der letzten 3500 Jahre um die Mitte des 6. Jahrhunderts zu verzeichnen waren.[15]

Und, wie in Kapitel 23 beschrieben, Skelettfunde in Teotihuacán in Mexiko lassen vermuten, daß die Stadt kurz vor ihrem Untergang Mitte bis Ende des 6. Jahrhunderts unter einer schweren Hungersnot litt.

Auch in Peru deuten archäologische Funde auf eine Katastrophe im 6. Jahrhundert hin, da die Nasca um diese Zeit verzweifelt an ihrem unterirdischen Wasserleitungssystem bauten (Kapitel 26). Hydrologischen Untersuchungen zufolge entstanden diese unterirdischen »Kanäle« zu einem Zeitpunkt, als der Grundwasserpegel einen noch nie dagewesenen Tiefstand erreicht hatte.

Wichtige Gletschereiskern-Belege kommen von den Bergen im Westen Südamerikas. Aus dem 5700 Meter hoch gelegenen Quelccaya-Gletscher – einem gigantischen Eisteppich in den Zentralanden – haben Wissenschaftler Material gewonnen, wonach zwischen 540 und 570 Staubstürme in Peru wüteten, die auf eine lange Dürreperiode zurückzuführen waren. Forscher der Ohio State University bestiegen 1993 den Gletscher und entnahmen mit Hilfe eines durch Solarenergie angetriebenen Spezialbohrers zwei circa 160 Meter lange Eiskernproben. Das darin enthaltene Wasser wurde unter Laborbedingungen gründlich untersucht. Es stellte sich heraus, daß das Eis zwischen 563 und 594 (+/– 25 Jahre) mit Staub durchsetzt war, der vermutlich während einer rund dreißigjährigen Dürre aufgewirbelt wurde – der schlimmsten in der Geschichte der Anden und möglicherweise sogar ganz Südamerikas. Allerdings sind Gletschereiskerne im Hinblick auf die Chronologie oft unzuverlässig, besonders in relativ großer Tiefe. Der Druck des Eises kann dazu führen, daß manche Schichten (manchmal bis zu ein oder zwei Jahre pro Jahrhundert) nicht gezählt werden. Die Dürreperiode könnte also möglicherweise um weitere 25 Jahre vorverlegt werden, womit sie in den dreißiger beziehungsweise vierziger Jahren des 6. Jahrhunderts angesiedelt werden müßte.[16] Interessanterweise kann die jähe Abkühlung, die durch chilenische und argentinische Baumringe belegt ist[17], exakt auf das Jahr 540 datiert werden. Es erscheint daher durchaus möglich, daß sowohl der in den Eiskernen aus Peru festgestellte Staub als auch die für Chile und Argentinien nachgewiesene Abkühlung Manifestationen derselben Klimakatastrophe sind.

Die Katastrophe wirkte sich aber auch noch anders aus.

Auf der arabischen Halbinsel belegt eine von Archäologen im Jemen gefundene Inschrift, daß in den vierziger Jahren des 6. Jahrhunderts aufgrund einer großen Überschwemmung ein gewaltiger Damm brach (Kapitel 8).

Auch in Afrika gibt es Indizien für eine Klimakatastrophe. Wie in Kapitel 2 dargelegt, nahm die Pest in den dreißiger Jahren des 6. Jahrhunderts in Ostafrika ihren Anfang. Mit an Sicherheit grenzender Wahrscheinlichkeit führte entweder eine Dürre oder eine Überschwemmung oder, nach dem schlimmsten Szenario, eine

Kombination dieser beiden Phänomene dazu, daß die Seuche aus ihrem Naturpestherd – immunisierten wildlebenden Nagetieren – ausbrach und auf den Menschen übergriff.

Historische Zeugnisse, Baumringchronologien und archäologische Funde belegen zweifelsfrei, daß Mitte des 6. Jahrhunderts äußerst widrige klimatische Bedingungen herrschten – verdunkeltes Sonnenlicht, verringerte Sonnenwärme, Dürre, Überschwemmungen, Staubstürme, nicht der Jahreszeit entsprechende Schneefälle und Hagelkörner so groß wie Hühnereier.

Aber was war die Ursache dafür?

KAPITEL 31

Die Suche nach dem Schuldigen

Sowohl die Plötzlichkeit, mit der die Klimastörung beide Hemisphären überzog, als auch der Umstand, daß die Sonne in der Anfangsphase der Katastrophe getrübt wurde, lassen ganz eindeutig ein Geschehen vermuten, bei dem gewaltige Mengen Schutt oder Staub in die Atmosphäre geschleudert wurden.

Tatsächlich entspricht die klimatische Entwicklung im 6. Jahrhundert dem, was der Erde, so befürchten Wissenschaftler, im Falle eines Atomkrieges drohen würde – der nukleare Winter.

Bei diesem erschreckenden Katastrophenszenario würden durch die Explosion von Wasserstoffbomben riesige Mengen pulverisierter Schutt, Staub und vorübergehend verdampfte Erde in die Atmosphäre geschleudert. Die nukleare Luftverschmutzung würde dort gleichsam wie ein Sperrgürtel das Licht und die Wärme der Sonne daran hindern, bis zur Erde zu dringen. Die Temperaturen würden sinken, das Klimasystem der Erde würde zusammenbrechen, und in der Folge würden Hungersnöte und anschließend Seuchen die Menschheit heimsuchen.

Die Klimakatastrophe des 6. Jahrhunderts zeigte alle Merkmale des nuklearen Winters. Da eine Wasserstoffbombe als Auslöser nicht in Frage kommt, stellt sich die Frage, was es dann war.

Drei Möglichkeiten bieten sich an: ein Asteroideneinschlag, ein Kometeneinschlag[1] und ein Vulkanausbruch.

Erste Möglichkeit: Ein Asteroideneinschlag

Die Klimafolgen des Ereignisses von 535/536 – einschließlich der Trübung der Sonne – entsprechen zumindest theoretisch dem, was bei einer Kollision der Erde mit einem kleinen Asteroiden von circa vier Kilometern Durchmesser geschehen würde. Asteroideneinschläge dieser Größenordnung ereignen sich statistisch gesehen alle 50 Millionen Jahre.

Das letzte Mal, daß ein kosmisches Objekt von ungefähr dieser Größe die Erde getroffen hat, liegt circa 52 Millionen Jahre zurück – und die wissenschaftliche Welt weiß nur deshalb davon, weil der Krater, begraben unter knapp 500 Metern jüngerem Sedimentgestein und gut 90 Metern Meerwasser, noch immer existiert! Er liegt vor der Küste Neuschottlands, hat einen Durchmesser von etwas über 40 Kilometern und eine geschätzte Tiefe von rund 500 Metern.

Natürlich gab es damals noch keine Menschen, die uns Darstellungen des Ereignisses hätten hinterlassen können. Aber die moderne Astronomie und Physik ermöglichen die Rekonstruktion dessen, was damals geschah – und was auch 535 geschehen sein muß, falls die globale Katastrophe tatsächlich durch einen Asteroideneinschlag ausgelöst wurde.

In unserem Sonnensystem gibt es zahllose Asteroiden, darunter eine Million, die knapp über 800 Meter Durchmesser aufweisen.[2] Dabei handelt es sich nicht, wie viele meinen, um die traurigen Überreste zerfallener Planeten – sondern im Gegenteil um ungenutzt gebliebene Bausteine von Planeten. Vor 4,5 Milliarden Jahren bestand das gesamte Sonnensystem aus Milliarden von Asteroiden, die meisten davon verbanden sich vor 3,5 Milliarden Jahren durch die Schwerkraft zu größeren Planeten. Asteroiden mit einem Durchmesser von vier Kilometern sind daher Protoplaneten im Embryonalzustand.

Die meisten umkreisen die Sonne auf einer elliptischen Umlaufbahn, die normalerweise zwischen Mars und Jupiter hindurch verläuft. Gelegentlich jedoch kreuzt ein größerer Asteroid die Umlaufbahn der Erde, und noch seltener trifft tatsächlich einer unseren Planeten.

Es gibt etwa 60 Asteroiden mit einem Durchmesser von circa

vier Kilometern, die die Erdumlaufbahn kreuzen. Vor 52 Millionen Jahren (und möglicherweise eben auch im Jahre 535) hätte ein imaginärer aufmerksamer Beobachter einen näherkommenden Asteroiden etwa 54 Stunden vor der Kollision erstmals wahrnehmen können. Zu diesem Zeitpunkt wäre er noch 2,5 Millionen Kilometer von der Erde entfernt und lediglich ein winzigkleiner schwacher Lichtpunkt am Nachthimmel gewesen.

Erst eine Stunde vor dem Aufprall hätte unser Beobachter etwas Ungewöhnliches bemerkt. Denn dann, bei einer Entfernung von etwa 48 000 Kilometern, wäre der Asteroid in seiner Form erkennbar gewesen und nicht mehr bloß ein Lichtpunkt wie alle anderen. Eine halbe Stunde später, dreißig Minuten vor der Kollision, wäre der Asteriod nur noch 24 000 Kilometer entfernt und abgesehen vom Mond das hellste Objekt am nächtlichen Himmel gewesen, heller als die Venus. Selbst bei Tage hätte man ihn mit bloßem Auge sehen können.

Dann, sechs Minuten vor der Kollision – und noch immer 4300 Kilometer entfernt – wäre er bereits dreißigmal heller als die Venus gewesen, und er hätte so ausgesehen, als hätte er einen Durchmesser von etwa einem Zehntel des Mondes.

Auf der letzten Etappe zur Erde hätte die Helligkeit des Asteroiden sich innerhalb von vier Minuten verneunfacht, so daß er 120 Sekunden vor dem Aufschlag zweihundertfünfzigmal heller als die Venus gewesen wäre und einen wahrnehmbaren Durchmesser von einem Viertel des Mondes gehabt hätte.

Dann, acht Sekunden vor der Kollision, wäre der Eindringling aus dem Weltraum in die Erdatmosphäre eingedrungen – und zum erstenmal hätte er sowohl direkt als auch indirekt sein eigenes Licht produziert.

Wenige Sekunden vor der Kollision wäre er das hellste Objekt am Himmel gewesen. Beobachter in rund 500 Kilometer Entfernung hätten einen Feuerball gesehen so hell wie die Sonne. In rund 50 Kilometer Entfernung wäre er hundertmal heller als die Sonne gewesen.

Der Asteroid wäre höchstwahrscheinlich in einem Winkel von 30 bis 60 Grad in die Erdatmosphäre eingetreten, und er hätte eine Geschwindigkeit von 64 000 Kilometer pro Stunde gehabt (durch die Erdanziehung wäre er noch rund 25 Prozent schneller geworden). Seine Oberfläche wäre heißer als die der Sonne gewesen (gut 6000 Grad Celsius).

Aber die Hauptlichtquelle wäre nicht der Asteroid selbst, sondern wären die Trillionen von Luftmolekülen gewesen, durch die er hindurchflog. Die kinetische Energie des Asteroiden hätte die Luftmoleküle durch Reibung auf sage und schreibe 25 000 bis 30 000 Grad Celsius erhitzt!

Falls die Katastrophe um 535 durch einen Asteroiden ausgelöst wurde, dann muß er im offenen Meer eingeschlagen sein. Ein Aufprall an Land hätte einen Krater von 40 Kilometern Durchmesser hinterlassen, der vor allem aufgrund seines geringen Alters in der geologischen Welt bekannt wäre. Es gibt aber keine jungen Krater solcher Größe an Land.

Da die Sonne 12 bis 18 Monate lang getrübt blieb und da die Klimastörungen so viele Jahre anhielten, muß etwas Feineres als normaler Staub in die Atmosphäre geschleudert worden sein. Normaler Staub hätte sich weitaus schneller wieder gelegt. Bei Vulkanausbrüchen werden gewaltige Mengen Schwefel in die Stratosphäre gepreßt. Diese Schwefelsäure-Aerosole bleiben lange in der Luft und können das Wetter mehrere Jahre beeinflussen.

Asteroide geben aber nicht viel Schwefel ab. Was also hätte diese langfristigen Klimaveränderungen herbeiführen können? Die Antwort liefert nicht der Asteroid selbst, sondern das Medium, in dem er aufschlägt. Bei einem Aufprall im Ozean wären nämlich enorme Wassermassen – sowohl in verdampfter als auch flüssiger Form – direkt in die Stratosphäre geschleudert worden. Das Wasser hätte sich rasch in großer Höhe zu stratosphärischen Wolken von winzigen Eiskristallen verdichtet. Diese wiederum hätten die Sonnenstrahlen geschluckt beziehungsweise gebrochen und so eine vermeintliche Sonnentrübung, einen Rückgang der Temperaturen und erhebliche klimatische Störungen ausgelöst, und das über einen längeren Zeitraum hinweg.

Bei einem Asteroideneinschlag im Ozean wäre der kosmische Gesteinsbrocken, die ganzen 100 000 Millionen Tonnen, innerhalb einer Viertelsekunde nach dem Kontakt mit dem Wasser und dem Meeresboden verdampft. Rund 10 Prozent seiner kinetischen Energie – was einer Atomexplosion von fünf Millionen Megatonnen entspricht, also dem hunderttausendfachen der derzeit größten

Atombombe – hätten sich in Form von Hitze und Wasserbewegung auf den Ozean übertragen.

Rund 400 Kubikkilometer Wasser wären fast augenblicklich verdampft und hätten rund 580 000 Kubikkilometer Wasserdampf ergeben, der mit einer Geschwindigkeit von 32 000 Stundenkilometern zum Himmel aufgeschossen und in die Stratosphäre eingedrungen wäre. Rund um den Aufschlagspunkt hätte sich eine gigantische Welle, zwischen 24 und 32 Kilometer hoch, aus dem Ozean erhoben, deren höchster Teil ebenso wie der Hochgeschwindigkeitsdampfstrahl in die Stratosphäre eingedrungen wäre.

Diese Welle hätte sich mit einer Geschwindigkeit von 1600 Stundenkilometern fortbewegt und dabei allmählich an Höhe verloren, so daß sie rund 800 Kilometer vom Aufschlagspunkt entfernt nur noch 60 Meter hoch gewesen wäre.

Zweite Möglichkeit: ein Kometeneinschlag

Ein Kometeneinschlag hätte ganz ähnliche Auswirkungen gehabt wie ein Asteroideneinschlag. Da Kometen weniger dicht, dafür aber normalerweise schneller sind als Asteroiden, wäre jedoch für eine entsprechende Energiefreisetzung beim Einschlag ein Kometenkern mit einem Durchmesser von rund sechseinhalb Kilometern – statt vier Kilometern bei einem Asteroiden – erforderlich gewesen.

Obwohl es in unserem Sonnensystem millionenfach mehr Kometen als Asteroiden gibt, treffen Kometen zehnmal seltener auf die Erde auf – hauptsächlich deshalb, weil sie gar nicht in die Nähe unseres Planeten gelangen.

Die entferntesten unter ihnen kreisen auf Umlaufbahnen um die Sonne, die sie siebenhundertfünfzigmal weiter hinaus in den Weltraum tragen als selbst Pluto, den sonnenfernsten Planeten. Von den schätzungsweise 10 000 Milliarden Kometen, die um die Sonne kreisen, kommen nur ein paar tausend auf weniger als 480 Millionen Kilometer an die Erde – oder die Sonne – heran!

Nur sehr sehr wenige schlagen auf unserem Planeten ein. Nach der Statistik würde nur alle 500 Millionen Jahre ein Komet mit einem Kerndurchmesser von 6,5 Kilometern mit der Erde kollidieren. Doch auch wenn Kometeneinschläge derart selten sind, müssen sie zumindest als denkbare Erklärungsmöglichkeit für die Katastrophe des Jahres 535 in Erwägung gezogen werden.

Kometen bestehen zu 70 Prozent aus gefrorenem Wasser, zu 15 Prozent aus gefrorenem Kohlenmonoxid und sonstigen Gasen und zu 15 Prozent aus Staub, Steinen und sogar großen Gesteinsbrokken. Die meisten Kometen sind lediglich gefrorene Klumpen aus Eis und Staub mit Minustemperaturen von unter 230 Grad Celsius. Eine verschwindend geringe Anzahl kommt kurzzeitig so nahe an die Sonne heran, daß sie anfangen zu »schmelzen« (wissenschaftlich ausgedrückt: sie »sublimieren«). In 480 Millionen Kilometern Entfernung von der Sonne beginnen sie, Atmosphären zu bilden, die aus ihren »schmelzenden« gefrorenen »Gas«-Körpern bestehen. Ist der Komet 400 Kilometer von der Sonne entfernt, werden Elemente dieser Atmosphäre und der freigesetzte Staub darin allmählich herausgepreßt und bilden einen Schweif (manchmal auch zwei), der bis zu 160 Millionen Kilometer lang sein kann. Der physikalische Druck des Lichts (Photonen) auf winzige Staubpartikel sorgt dafür, daß der Staub herausgedrückt wird und einen Schweif bildet. Die Gasmoleküle, aus denen die Atmosphäre besteht, bilden den übrigen Schweif. Sie werden nicht durch Photonen herausgedrückt, sondern zunächst elektrisch aufgeladen und dann durch ionisierte Atomteilchen fortgetragen, die ständig von der Sonne abgegeben werden (der sogenannte Sonnenwind).

Der einzige kosmische Zusammenstoß, der je von Wissenschaftlern beobachtet wurde, war die Kollision des Kometen Shoemaker-Levy 9 mit Jupiter im Jahre 1994. Damals zerbrach ein Kometenkern mit einem Durchmesser von vier Kilometern, während er den Riesenplaneten umkreiste. Die 21 dabei entstandenen Fragmente stürzten mit 61 Kilometern pro Sekunde in die Jupiteratmosphäre. Es gab eine gewaltige Explosion, die eine 3200 Kilometer hohe Wolke in der Form eines Atompilzes aufsteigen ließ. Die Wolke wurde allein durch das größte Fragment verursacht – einen Eis- und Staubklumpen von rund 800 Metern Durchmesser.

Wenn die Katastrophe des Jahres 535 durch einen Kometen mit sechseinhalb Kilometern Durchmesser ausgelöst worden wäre, hätte diese Explosion zwanzigmal mehr Energie freigesetzt als die Explosion auf dem Jupiter!

In den Jahren vor 535 wurden kosmische Erscheinungen beobachtet. Im August 532 »fielen Sterne wie Regen«, und im Februar 533 »wurde ein Komet gesichtet«, wie im chinesischen *Nan shi* (*Geschichte der südlichen Dynastien*) festgehalten ist. Doch das Ereignis von 532 war mit an Sicherheit grenzender Wahrscheinlichkeit lediglich ein besonders beeindruckendes Auftreten des alljährlichen Perseiden-Meteoritenschauers, der bis heute im August zu beobachten ist; die Meteoriten sind trotz ihrer Helligkeit nicht größer als ein Sandkorn. Und der Komet von 533 war vermutlich einer der rund 30 Kometen, die in jedem Jahrhundert von der Erde aus mit bloßem Auge wahrgenommen werden können.

Dritte Möglichkeit: Ein großer Vulkanausbruch

Wenngleich das Szenario eines Asteroiden- oder Kometeneinschlags das Ausmaß und die Art der Katastrophe im 6. Jahrhundert erklären würde, gibt es eine ganze Reihe ernstzunehmender Einwände dagegen.

Zunächst einmal wird bei einem solchen Einschlag praktisch die gesamte Energie in weniger als einer Sekunde freigesetzt. Wie bereits erwähnt, hätte die Explosion eines Asteroiden, der mit einer Geschwindigkeit von 64 000 Stundenkilometern ins Meer einschlägt, eine gewaltige kreisrunde Welle ausgelöst, die 24 bis 32 Kilometer hoch und bis zu 2,4 Kilometer breit gewesen wäre.

Der Aufprall selbst und das Zusammensinken dieser gigantischen Wasserwand hätten eine Serie von Flutwellen ausgelöst, die mit 960 Stundenkilometern über den Ozean gejagt wären. Beim Erreichen der Küste wäre die größte Welle zwischen 90 und 300 Meter hoch gewesen, in jedem Fall groß genug, um Hunderttausende Quadratkilometer Küstenlandschaft zu zerstören. Nur dort, wo hohe Klippen oder Küstengebirge der Flutwelle den Weg versperrt hätten, wäre ihre verheerende Wirkung begrenzt gewesen. In tiefen Küstenebenen jedoch oder dort, wo Flußtäler den Weg durch die Küstengebirge ins Landesinnere öffneten, hätte es eine immense Zerstörung gegeben, denn mit Sicherheit wäre die Flutwelle Dutzende, wenn nicht gar Hunderte von Kilometern ins Landesinnere vorgedrungen.

Aber für eine derartige Katastrophe hätten die modernen Archäologen, Geologen und Historiker eindeutige Belege.

Ein Flutwelle dieser Größenordnung hätte es in jeder Legende mit Noahs Sintflut aufnehmen können. Sie wäre von den betroffenen Kulturvölkern mit schauerlichen Worten aufgezeichnet worden, und sie hätte von Archäologen und Geologen entlang der betroffenen Küstenregion an jedem beliebigen Ausgrabungsort nachgewiesen werden können.

Es ist so gut wie ausgeschlossen, daß die moderne Wissenschaft bis heute keine Kenntnis von einem kosmischen Einschlag dieser Dimension vor erst 1500 Jahren hätte.

Es gibt jedoch noch anderes überzeugendes Beweismaterial, das die kosmische Kollision als Erklärung für die Geschehnisse eher ausschließt und die dritte Möglichkeit nahelegt – einen Vulkanausbruch. Knapp 500 Meter tief unter den grönländischen und antarktischen Eiskappen begraben, befindet sich eine Schicht Schwefelsäure vulkanischen Ursprungs, die höchstwahrscheinlich mit der 12 bis 18 Monate dauernden Sonnentrübung der Jahre 535/536 und dem anschließenden Klimachaos in Verbindung gebracht werden muß.

Im Jahr 1978 landete ein Team von Wissenschaftlern aus Dänemark, Schweden und den Vereinigten Staaten mit mehreren großen Transportflugzeugen, die speziell mit riesigen Landekufen ausgestattet worden waren, auf der Eiskappe Südgrönlands. Das Team war bestens ausgerüstet – mit Generatoren, Kühleinheiten, vorgefertigten Mannschaftsunterkünften und einem gigantischen Bohrer.

Mit Hilfe dieses Monstrums konnte eine rund 2,25 Kilometer lange Eiskernprobe entnommen werden, unterteilt in Stücke von knapp zwei Metern. Bei Temperaturen von zwischen minus 10 und minus 30 Grad Celsius arbeiteten Wissenschaftler von der Universität Kopenhagen rund um die Uhr in drei Schichten. Pro Woche drang der Bohrer etwa 120 Meter tiefer ins Eis ein.

Dann, zu Beginn des zweiten Jahres der Forschungsmission, extrahierte das Team einige Stücke, die zeitlich das zweite Viertel des 6. Jahrhunderts abdeckten. Als diese Stücke in einem Labor in Kopenhagen chemisch analysiert wurden, stellte sich heraus, daß es in dieser Zeit zwei große Vulkanausbrüche gegeben haben mußte. Die Vulkaneruptionen wurden von einer zweiten Eiskernprobe bestätigt, die im Sommer 1990 in Zentralgrönland entnommen wurde.

Da die Datierung von grönländischen Eiskernproben aus dieser Tiefe nur bedingt genau ist (plus/minus 5 – 8 Jahre, je nach Probe), erbrachten die beiden Proben zwei leicht voneinander abweichende Daten für dieselbe Schwefelsäureschicht. Das Datum wird ganz einfach dadurch bestimmt, daß man die jährlichen Schneeschichten zählt, und ungewöhnlich starke Niederschläge in einem Jahr können mitunter dazu führen, daß mehr Jahre gezählt werden, so daß eine bestimmte Schicht etwas älter eingestuft wird, als sie tatsächlich ist.

Für die erste Eruption lieferte die in großer Höhe entnommene GRIP-Kernprobe die Jahreszahl 527, die in geringerer Höhe entnommene Eiskernprobe Dye 3 die Jahreszahl 530. Die vulkanische Explosion muß gewaltig gewesen sein, denn der GRIP-Eiskern läßt erkennen, daß in Grönland am Ort der GRIP-Probe über zwei Jahre lang säurehaltiger Schnee fiel und am Ort der Probe Dye 3 mindestens ein Jahr lang.

Für den zweiten Ausbruch lieferte die GRIP-Probe die Jahreszahl 532, wobei es gut ein Jahr lang säurehaltigen Schnee gegeben hatte. Die Probe Dye 3 ergab die Jahreszahl 534 sowie säurehaltigen Schneefall über rund vier Monate lang.

Der entscheidende Beleg kommt jedoch von 16 000 Kilometern weiter südlich – aus den Tiefen der antarktischen Eiskappe. Dort fanden Wissenschaftler in rund 200 Metern Tiefe, wiederum anhand von Eiskernproben, den Nachweis für einen mächtigen Vulkanausbruch.[3] Das Eiskernmaterial ließ erkennen, daß mindestens vier Jahre lang säurehaltiger Schnee auf die Antarktis niedergegangen war. Antarktische Eiskernproben aus dieser Tiefe sind nicht exakt zu datieren, man kann nur grobe Einteilungen nach 50-Jahres-Abschnitten vornehmen. Daher kann lediglich festgestellt werden, daß die vierjährige Phase mit säurehaltigem Regen irgendwo zwischen 490 und 540 angesiedelt werden muß.

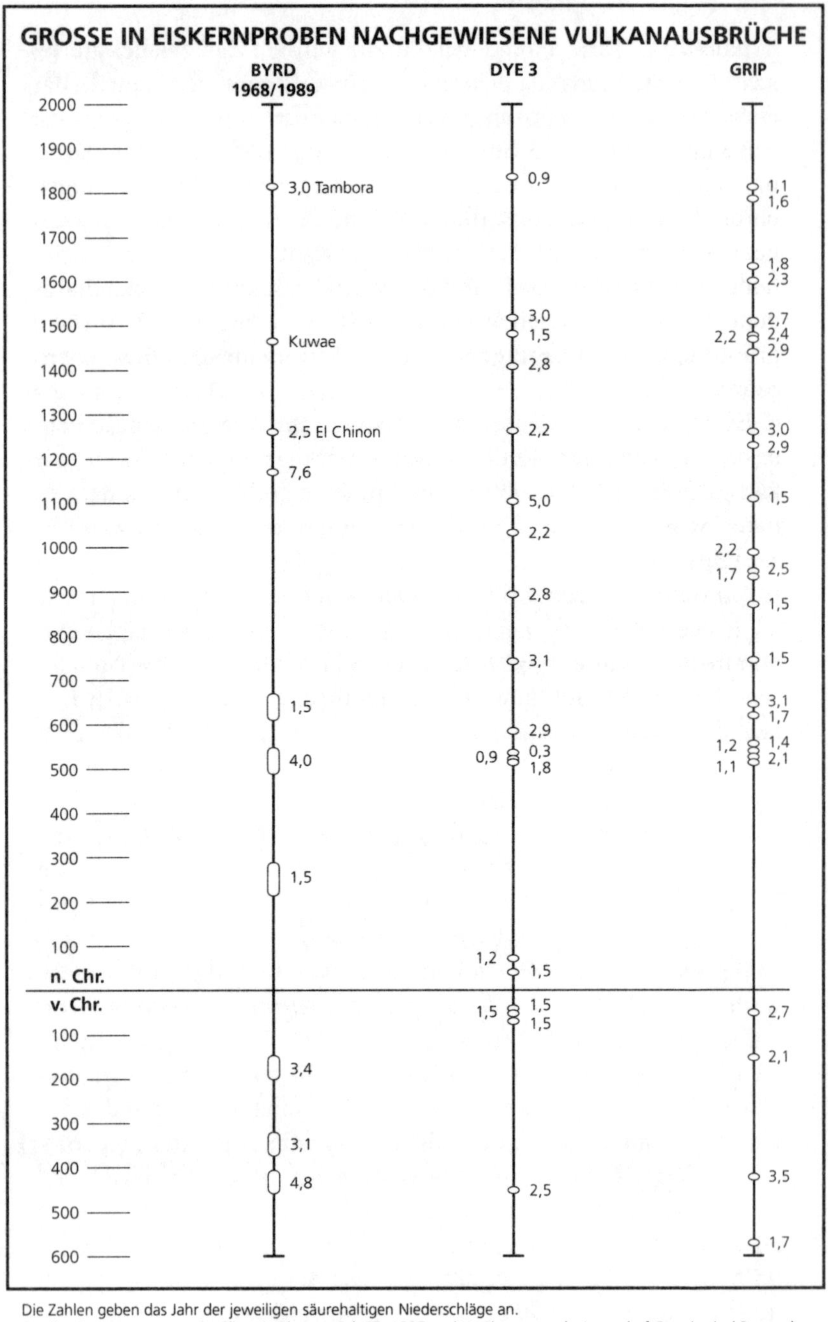

Die Zahlen geben das Jahr der jeweiligen säurehaltigen Niederschläge an.
Quelle: C. U. Hammer et al., *Climatic Change,* Bd. 35, 1997 und H. Clausen et al., *Journal of Geophysical Research*, Bd. 102/C12, 1997.

Allerdings kann durch Überprüfung anderer Zeitspannen im ersten Jahrtausend, in denen säurehaltiger Regen fiel, durch das Ausschlußverfahren geklärt werden, daß die fragliche vierjährige Regenphase mit der Klimakatastrophe und wahrscheinlich sogar mit der Eruption im Jahre 535 in Verbindung steht. Die beiden chronologisch nächstliegenden Säureschichten in der Antarktis beziehen sich nämlich auf die 50-Jahresspanne 231 bis 281 beziehungsweise 614 bis 664, und die Vierjahresphase mit säurehaltigem Regen, die zwischen 490 und 540 liegt, ist das mit Abstand größte vulkanische Ereignis in der Antarktis im gesamten ersten Jahrtausend.

Es ist demnach äußerst wahrscheinlich, daß die vierjährige Phase mit säurehaltigem Regen in der Antarktis-Eiskernprobe und die zweijährige »527/530«-Phase in Grönland (oder, wenngleich weniger wahrscheinlich, die »532/534«-Phase in Grönland) dasselbe Ereignis widerspiegeln, das in historischen Quellen und in Baumringchronologien für 535/536 angegeben wird.

Wir haben somit festgestellt, daß ein Vulkanausbruch[4] die Weltgeschichte veränderte. Im folgenden möchte ich darlegen, wo genau sich die Eruption ereignete.

KAPITEL 32

Der Große Knall

Der erste Hinweis auf den Ort des Vulkanausbruchs im Jahre 535 ergibt sich aus der Tatsache, daß das Geschehen offenbar sowohl in grönländischen als auch in antarktischen Eiskernproben seinen Niederschlag gefunden hat. Das deutet darauf hin, daß das Ereignis in den Tropen stattgefunden hat, ansonsten wäre es nicht gleichermaßen in Eiskernproben nachweisbar, die an den entgegengesetzten Enden der Welt genommen wurden. Der schwefelsäurehaltige Schnee, der in der nördlichen und südlichen Poleiskappe festgestellt wurde, muß von zwei unabhängigen Windsystemen dorthin transportiert worden sein, die in großer Höhe in der nördlichen beziehungsweise südlichen Hemisphäre wirken. Das aber kann nur bei einem Vulkanausbruch in tropischen Regionen der Fall sein. Da der säurehaltige Niederschlag in der Antarktis fast doppelt so lange anhielt wie in Grönland, ist zu vermuten, daß die Eruption eher in den südlichen als in den nördlichen Tropengebieten erfolgte.

Glücklicherweise gibt es nur eine überschaubare Anzahl von aktiven Vulkangebieten in den Südtropen: Ostafrika einschließlich der Inselgruppe der Komoren, die Zentralanden, die Galápagos-Inseln und die riesige Kette von Vulkanbergen, die sich 8000 Kilometer lang von der winzigen Pazifikinsel Samoa bis hin zu der großen südostasiatischen Insel Sumatra erstreckt.

Wenn man von den heftigen klimatischen Auswirkungen und von den anhaltenden säurehaltigen Niederschlägen in der Antarktis ausgeht, mußte der Ausbruch wahrhaft gewaltig gewesen sein – größer, sogar erheblich größer, als der Ausbruch des Tambora im Jahr 1815, dessen Eruption auf der indonesischen Insel Sumbawa

DIE ERSTEN VERDÄCHTIGEN

Vulkane in den Südtropen

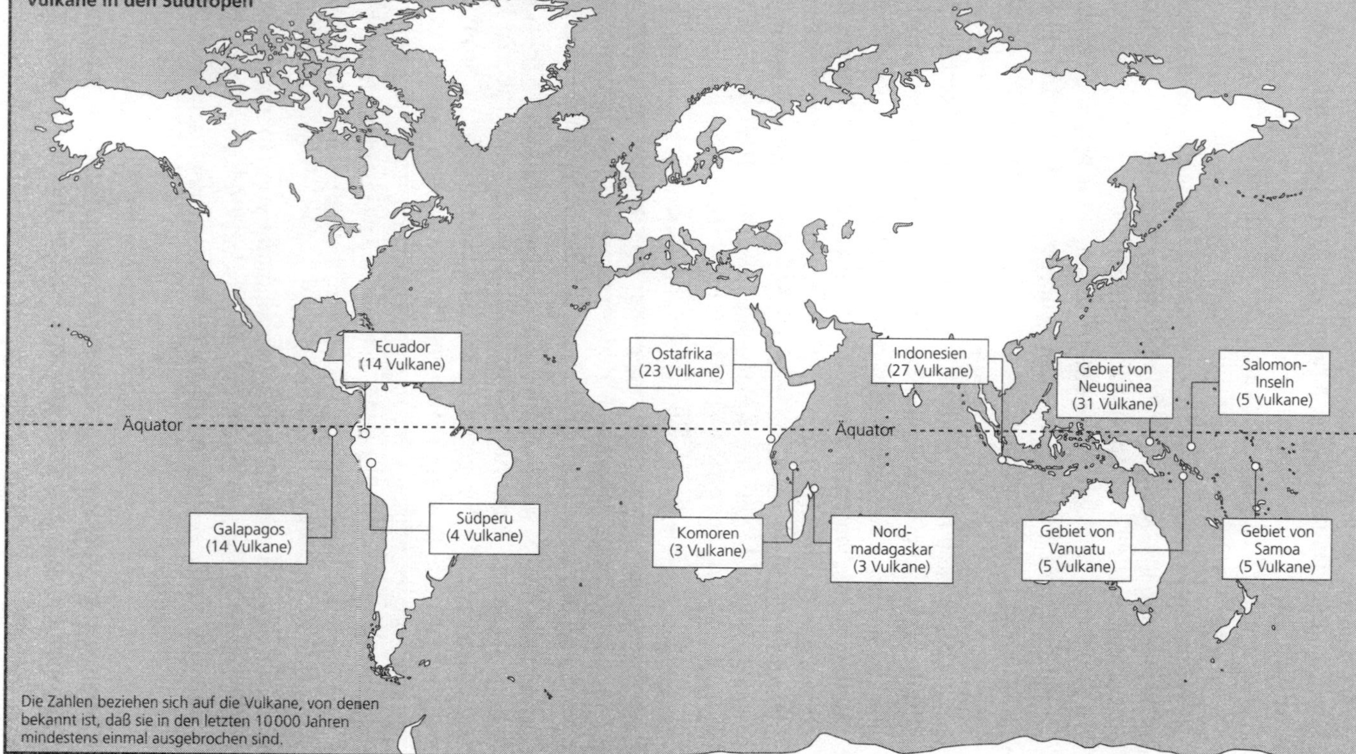

Die Zahlen beziehen sich auf die Vulkane, von denen bekannt ist, daß sie in den letzten 10000 Jahren mindestens einmal ausgebrochen sind.

eine Caldera (einen großen Krater) von rund sechseinhalb Kilometern Durchmesser hinterließ.

In Ostafrika, Südamerika und in der Samoa-Sumatra-Kette gibt es weniger als 20 bekannte Calderen, die groß genug sind, um als Kandidaten in Frage zu kommen – und von diesen liegen 14 in der Samoa-Sumatra-Kette. Allerdings weiß man bei fünf, daß der Ausbruch nicht im 6. Jahrhundert erfolgte.

Die Suche läßt sich weiter einschränken, wenn man die Chronologie und die klimatischen Auswirkungen (wie in Kapitel 30 beschrieben) genauer untersucht. Von denjenigen Gebieten, aus denen Aufzeichnungen erhalten sind, war der Ferne Osten zuerst und am schlimmsten betroffen, was, verbunden mit der Tatsache, daß 70 Prozent der in Frage kommenden Vulkane im Samoa-Sumatra-Gürtel liegen, dafür spricht, daß der Schuldige irgendwo in diesem Gebiet zu suchen ist. Einem Glücksfall ist es zu verdanken, daß der Kreis der Verdächtigen noch weiter eingeengt werden kann. Denn im *Nan shi* (*Geschichte der südlichen Dynastien*) verbirgt sich ein Hinweis auf eine anscheinend gewaltige Explosion im Februar des Jahres 535.

In dem Text heißt es, daß »zweimal das Geräusch von Donner« zu hören war. Nicht sehr ungewöhnlich, möchte man meinen. Aber der Eintrag gewinnt an Bedeutung, wenn man bedenkt, daß in der gesamten ersten Hälfte des 6. Jahrhunderts nur dreimal von »Donner« die Rede ist. Außerdem ist es der einzige Verweis, bei dem »Donner« nicht in Zusammenhang mit einem größeren Unwetter oder mit Blitz gebracht wird. Die chinesischen Chronisten hätten für jede beliebige 50-Jahre-Periode Tausende von Donnerschlägen verzeichnen können – aber das taten sie nicht. Man muß davon ausgehen, daß nur die schlimmsten Gewitter verzeichnet wurden oder eben jene Donnerschläge, die ihnen unerklärlich waren.

Außerdem ist es die einzige Erwähnung von Donnerschlägen, bei der die chinesischen Chronisten ausdrücklich von einem Doppelgeräusch sprechen. Auch das ist, wie wir noch sehen werden, von Bedeutung.

Durch den Umstand, daß die Explosion in China zu hören war, wird natürlich noch nicht unbedingt ein bestimmter Vulkan als Schuldiger entlarvt. Aber der kurze Eintrag im *Nan shi* hält ebenfalls fest, daß der Doppelknall »aus dem Südwesten« kam. Die Chronik wurde von Schreibern in der südchinesischen Hauptstadt Nanjing verfaßt. Vorausgesetzt, die Informationen im *Nan shi* sind korrekt, müßte der Vulkanausbruch also irgendwo südwestlich von Nanjing stattgefunden haben.

Auf den ersten Blick scheint das ein Problem aufzuwerfen, denn die nächstgelegenen in Frage kommenden Vulkane sind 4500 Kilometer entfernt, in der Gegend von Sumatra/Westjava – also nicht gerade in Hörweite, wie man zunächst meinen sollte. Doch weit gefehlt! Vulkanexplosionen können über Tausende von Kilometern hinweg gehört werden. 1883 war der Krakatoa-Ausbruch noch in 6500 Kilometern Entfernung zu hören und der Tambora-Ausbruch im Jahre 1815 noch in 3200 Kilometern Entfernung.

Schallwellen werden bei der Übertragung durch die Atmosphäre bis zu zwanzigmal gebeugt und reflektiert. Die Spitze der Schallwelle, die beim Ausbruch steil nach oben geht, verschwindet in der äußeren Atmosphäre. Doch der größte Teil der Wellen breitet sich nicht vertikal vom Explosionsort aus. Da sich Windgeschwindigkeit und Lufttemperatur mit zunehmender Höhe verändern, werden die Schallwellen ungefähr so gebeugt wie Licht, das durch ein Prisma hindurchgeht.

Die Beugung kann so ausgeprägt sein, daß die Schallwellen schon nach 240 bis 320 Kilometern derart stark gebrochen sind, daß sie auf die Erdoberfläche treffen – entweder Erde oder Wasser. Die Niederfrequenz-Schallwellen prallen dann einfach wie ein Echo von der Oberfläche ab, zurück in die Atmosphäre, wo sie ein zweites Mal gebeugt werden. Dieser Prozeß wiederholt sich ein ums andere Mal, bis die Energie der Schallwellen sich schließlich in Meer, Boden oder Luft verliert.

Für die 4500 Kilometer Entfernung von einem Vulkan in der Region Sumatra-Westjava bis nach Nanjing hätten Schallwellen rund vier Stunden gebraucht, und der hörbare Schall wäre dabei nicht völlig verlorengegangen. Einige Faktoren hätten ihn deutlich verstärkt.

Erstens entsteht bei Vulkaneruptionen ein ungewöhnlich hoher Anteil an Niederfrequenzwellen (das heißt Langwellen), die weniger stark von der Atmosphäre absorbiert werden als Hochfrequenzwellen (Kurzwellen).

Zweitens bewegen sich die verschiedenen Teile der Wellenfront aufgrund der Refraktion durch die Atmosphäre auf unterschiedlichen Bahnen, und sie werden durch unterschiedliche Windgeschwindigkeiten noch beschleunigt. Der kurze, aber extrem laute Knall einer Vulkanexplosion wäre auf diese Weise zu einem mehrminütigen Geräusch »gestreckt« worden. Da nun aber so viele atmosphärisch gebeugte Klangwellen von so vielen Stellen der Erdoberfläche reflektiert werden, müssen sie an manchen Punkten wieder zusammenlaufen, sich so gegenseitig verstärken und eine Vielzahl von Schallspitzen innerhalb eines weniger lauten verlängerten Schallphänomens bilden.

Wenn also der im *Nan shi* erwähnte unerklärliche Doppelknall von einem Vulkanausbruch 4500 Kilometer weiter im Südwesten kam, um welchen Vulkan kann es sich dann gehandelt haben?

Da die Eruption irgendwo in den südlichen Tropen stattgefunden haben muß, wird das in Frage kommende Gebiet durch die chinesische Chronik auf den südlichen Teil der Sumatra/Westjava-Region des Samoa-Sumatra-Vulkangürtels beschränkt.

In diesem relativ kleinen (960 Kilometer langen) Gebiet gibt es bloß eine Caldera von entsprechender Größe und möglicherweise passendem Alter. Sie umgibt ausgerechnet Krakatoa (auch Krakatau oder Rakata genannt), jenen berühmt-berüchtigten vulkanischen Inselberg, der Java und Sumatra in den achtziger Jahren des letzten Jahrhunderts mit Tod und Verwüstung überzog. Könnte eine frühere, noch größere Eruption des Krakatoa die Katastrophe ausgelöst haben, unter der die Welt vor anderthalbtausend Jahren zu leiden hatte und die den Lauf der Geschichte so entscheidend veränderte?

An diesem Punkt nimmt die Suche nach Indizien eine faszinierende Wendung. Denn in einer wenig bekannten und von der Forschung meist übersehenen indonesischen Chronik findet sich eine ungewöhnliche Passage, die möglicherweise den Mega-Ausbruch des Jahres 535 beschreibt.

Die Chronik – bekannt unter dem Titel *Pustaka Raja Purwa* (*Buch der alten Könige*) – schildert eine gewaltige Vulkaneruption im Gebiet der Sunda-Straße zwischen Sumatra und Java, wo auch Krakatoa liegt, und spricht dabei von einem »mächtigen Donnergrollen«, das aus einem Berg drang (dem Batuwara, heute Pulosari):

»Es gab ein heftiges Erzittern der Erde, völlige Dunkelheit, Donner und Blitz.

Dann kam ein tosender Sturmwind mit heftigem Regen, und ein wütendes Unwetter verdunkelte die ganze Welt.«

Weiter heißt es: »...eine große Flut kam vom Berg Batuwara und strömte gen Osten zum Berg Kamula [dem heutigen Gede].« Der Chronik zufolge war der Ausbruch so ungeheuer, daß große Landstriche im Meer versanken und die Meerstraße entstand, die heute zwischen Sumatra und Java verläuft: »...als das Wasser zurückging, wurde offenbar, daß die Insel Java fortan zweigeteilt und die Insel Sumatra entstanden war.«

Das älteste erhaltene Manuskript dieser Chronik stammt aus dem Jahr 1869.[1] Ein weiteres, leicht abgewandeltes Manuskript derselben Chronik, das Mitte bis Ende der achtziger Jahre des 19. Jahrhunderts entstand, liefert angeblich eine genauere Darstellung des Ereignisses, einige Zusatzinformationen in diesem zweiten Manuskript könnten auch von dem berüchtigten Krakatoa-Ausbruch von 1883 »inspiriert« worden sein.

Die zweite Fassung der Chronik berichtet, daß »ein großes loderndes Feuer aus dem Berg bis zum Himmel reichte.[2]

Die ganze Welt erbebte gewaltig, und wütender Donner wurde von heftigem Regen und Sturm begleitet.

Doch dieser heftige Regen löschte die Feuersbrunst nicht etwa aus, sondern machte sie nur noch schlimmer. Das Geräusch war schrecklich. Schließlich zerbarst der Berg mit einem fürchterlichen Krachen in zwei Teile und versank in den Tiefen der Erde.

Das Land vom Berge Batuwara [heute Pulosari] bis zum Berge Kamula [heute Gede] im Osten und nach Westen hin bis zum Berg Rajabasa [im Südwesten Sumatras] wurde vom Meer verschlungen.

Die Bewohner des nördlichen Teiles des Sunda-Landes bis zum Berg Rajabasa ertranken und wurden mit all ihrer Habe fortgespült.

Nachdem das Wasser sich beruhigt hatte, wurden der Berg [der auseinandergebrochen war] und das umgebende Land zu Meer, und die [eine] Insel [Java/Sumatra] wurde in zwei Teile geteilt.

Dieses [Ereignis] war der Ursprung der Teilung von Sumatra und Java.«

Das in beiden Versionen der Chronik beschriebene Ereignis paßt hervorragend ins Bild. Das Ausmaß des Vulkanausbruchs hätte vollauf genügt, um all die klimatischen und sonstigen Auswirkungen des Jahres 535 in Gang zu setzen. Zudem fand er an der richtigen Stelle statt – in den südlichen Tropen, 4500 Kilometer südwestlich von Nanjing, wo er tatsächlich auch noch zu hören gewesen wäre.

Die Darstellungen im *Buch der alten Könige* werfen allerdings zwei Probleme auf. Zunächst einmal wurde der erhaltene Text erst im 19. Jahrhundert niedergeschrieben – 13 Jahrhunderte nach den darin beschriebenen Ereignissen. Außerdem ist die Rede davon, daß der Ausbruch im 338. Jahr der aus Indien stammenden Shaka-Kalender-Ära stattfand, was dem Jahr 416 entsprechen würde.

Nur sehr wenige Wissenschaftler haben sich bislang intensiver mit dem javanischen *Buch der alten Könige* (mit sechs Millionen Wörtern eines der umfangreichsten Bücher der Welt) beschäftigt, und es liegt keine fundierte Untersuchung nach historischen Gesichtspunkten vor. Die Chronik wurde lediglich als ein Werk der javanischen Literatur des 19. Jahrhunderts betrachtet, geschrieben in einer Zeit des aufkeimenden antikolonialistischen Bewußtseins. Normalerweise sieht man darin den Versuch eines javanischen Gelehrten, Ranggawarsita III.[3], eine nationale Geschichtsschreibung zu begründen. Experten für javanische Literatur halten die Informationen im *Buch der alten Könige* häufig für rein fiktiv, für das Produkt von Ranggawarsitas vermeintlich blühender Phantasie.

Andere Fachleute dagegen, vor allem solche, die sich auf frühere javanische Texte (Mittelalter und 16. – 17. Jahrhundert) spezialisiert haben, nehmen eine andere Haltung ein.

Sie betrachten es nicht als reine Fiktion, sondern gehen davon aus, daß es auf vier Haupttypen von »Belegmaterial« basiert. Zunächst, so vermuten sie, hat Ranggawarsita Anleihen bei der javanischen oder sumatraischen Volksüberlieferung gemacht. Zweitens finden sich Informationen, die Ranggawarsita möglicherweise von ihm bekannten westlichen, meist holländischen Gelehrten bekam. Drittens gibt es Schilderungen von Dingen, die Ranggawarsita mutmaßte oder von denen er sich wünschte, daß sie sich so oder so ähnlich ereignet hätten und die er sich deshalb ganz einfach ausdachte. Aber viertens enthält die Chronik auch Informationen, die sehr wohl aus alten javanischen Handschriften stammen könnten, die, auf Palmblättern geschrieben, von Ranggawarsita III. oder seinen Gewährsleuten entdeckt beziehungsweise von seinen Vorfahren an ihn weitergegeben wurden.

Mindestens 10 000 dieser javanischen Palmenblatt-Handschriften sind erhalten. Die Hälfte davon befindet sich in Indonesien, die andere Hälfte in Europa und Australien. Obwohl die meisten Exemplare inzwischen von Forschern gesichtet wurden, haben nur sehr wenige sie genau gelesen. Etwa die Hälfte sind Manuskripte aus dem 17. bis 19. Jahrhundert mit Texten aus ebendiesem Zeitraum. Die andere Hälfte ist zwar auch im 17. bis 19. Jahrhundert entstanden, aber es handelt sich um Abschriften von Texten aus dem 9. bis 16. Jahrhundert. Die ältesten erhaltenen Texte stammen aus dem späten 9. und 11. Jahrhundert und beinhalten überwiegend javanische Versionen alter religiöser Hindu-Epen. Mittelalterliche javanische Chroniken sind äußerst selten, zur Zeit kennt die Forschung nur zwei: das *Nagarakretagama*, das Mitte des 14. Jahrhunderts entstand, und das *Serat Pararaton* (*Buch der Könige*) aus dem 16. Jahrhundert, das die javanische Geschichte von 1200 bis 1500 umfaßt. Beide Texte sind als Handschriften erhalten, die im 18. oder 19. Jahrhundert kopiert wurden.

Die Tausende von Texten liegen in zahlreichen unterschiedlichen Schriften vor, ein Umstand, der die Anzahl der Wissenschaftler, die sie studieren könnten, erheblich einschränkt. Ranggawarsita konnte jedoch etliche unterschiedliche Schriften lesen und muß in der Lage gewesen sein, die meisten Palmenblatt-Manuskripte zu verstehen und zu transkribieren.

Es ist daher durchaus möglich, daß Ranggawarsita III. Zugang zu Manuskripten hatte, auch zu historischen Chroniken, die seitdem untergegangen sind. Da das *Buch der alten Könige* noch nicht aus historischer Sicht untersucht worden ist, läßt sich bis heute nicht sagen, wie es um dessen Historizität bestellt ist.

Es wurde angeblich von einem mittelalterlichen javanischen

König namens Jayabaya niedergeschrieben und 1745 von einer Gruppe javanischer Gelehrter unter Führung von Padmanagara, dem Ururgroßvater von Ranggawarsita III., kopiert. Im *Buch der alten Könige* heißt es, daß es dieser Gruppe gelungen sei, große Mengen von Palmenblatt-Manuskripten und Notizen zusammenzutragen, anhand deren sie eine heute verlorene Darstellung der Frühgeschichte Javas verfaßten.

Der König Jayabaya (wörtlich »Sieg über die Gefahr«), von dem das *Buch der alten Könige* behauptet, er habe die Niederschrift der Beschreibung des Vulkanausbruchs persönlich überwacht, lebte vermutlich im 12. Jahrhundert – ein historisch belegter König dieses Namens herrschte von 1134 bis 1157. Möglicherweise ist aber auch ein unbekannter anderer König dieses Namens der Verfasser. Das *Buch der alten Könige* liefert jedenfalls eine Jahresangabe, die dem 10. Jahrhundert entsprechen würde.

Ob nun der in Frage stehende Jayabaya im 10. oder 12. Jahrhundert regierte – das *Buch der alten Könige* gibt jedenfalls keinen echten historischen Hinweis, woher er sein Wissen bezog, sondern es stellt nur fest, daß er es von dem Hindu-Gott Naraddha erhielt, der vom Himmel kam und ihn anwies, seine königliche Zeit nicht länger mit der Erforschung ausländischer (indischer) Geschichte zu vergeuden, sondern sich statt dessen lieber auf die javanische zu konzentrieren.

Bis in die Zeit von Ranggawarsita III. wurden fast sämtliche Darstellungen javanischer Geschichte in poetischer Form niedergeschrieben. Ranggawarsita war wohl der erste, der eine ausführliche Prosaversion vorlegte – das *Buch der alten Könige*, wie es bis heute erhalten ist. Möglicherweise aber hat Ranggawarsita lediglich ein Werk überarbeitet, das zumindest teilweise von seinem Vater, Ranggawarsita II., verfaßt wurde. Der Sohn hätte allen Grund gehabt, den Anteil des Vaters an dem Werk zu unterschlagen, denn Ranggawarsita II. war von den Holländern verhaftet und wahrscheinlich auch ermordet worden, und Ranggawarsita III., der für einen hollandfreundlichen javanischen König arbeitete, wird großen Wert darauf gelegt haben, sich von seinem Vater zu distanzieren.

Wie Ranggawarsita III. war auch Ranggawarsita II. ein bedeutender Mann am javanischen Königshof. Er wurde um das Jahr 1780 geboren und brachte es bis zum Leiter des königlichen Sekretariats. Dann rebellierte er gegen die Vorherrschaft der Holländer, wurde 1828 bei einem antiholländischen Aufstand verhaftet und höchstwahrscheinlich im Jahr darauf ohne Gerichtsverfahren hingerichtet. Die Schriften dieses hochintelligenten Mannes wurden von den Holländern vernichtet, sein Name wurde praktisch aus der Geschichte gestrichen.

Ranggawarsita III. hatte zweifelsohne Zugang zu eventuellen noch erhaltenen Schriften seines Vaters und wahrscheinlich auch zu denen früherer Generationen seiner Familie, die seit mindestens 300 Jahren zu einer der führenden Familien Javas zählte und von einem zentraljavanischen Herrscher aus dem 16. Jahrhundert abstammte, einem Sultan von Pajang namens Hadiwijaya.

Abgesehen davon, daß die Chronik sich für ihre Schilderung des Vulkanausbruchs auf einen mittelalterlichen Vorläufer beruft, scheinen zwei andere Faktoren die Glaubwürdigkeit des entsprechenden Eintrags im *Buch der alten Könige* zu untermauern.

Zum einen haben Vulkanologen bestätigt, daß der Eintrag eine sehr gute Beschreibung des Ausbruchs ist, der sich höchstwahrscheinlich in der Sunda-Straße zwischen Java und Sumatra ereignete. Sie glauben, daß weder westliche Wissenschaftler noch javanische Gelehrte Mitte des 19. Jahrhunderts über genügend geologische Kenntnisse verfügten, um den wahrscheinlichen Ablauf der Ereignisse bei einer derartigen Eruption zu rekonstruieren.[4] Es scheint daher fast unmöglich, daß Ranggawarsitas Schilderung auf reinen Vermutungen beruht, und es ist anzunehmen, daß er auf einen realen und heute untergegangenen historischen Bericht zurückgreifen konnte.

Zum anderen führen große Naturkatastrophen wie der Vulkanausbruch von 535 häufig zu politischer Unsicherheit und zu administrativen Umwälzungen, so daß in den betroffenen Gesellschaften oft keine regelmäßigen Aufzeichnungen mehr gemacht werden, was sich auch im *Buch der alten Könige* widerzuspiegeln scheint. Betrachtet man das Jahrhundert insgesamt, so wurden in den 37 Jahren vor dem Ausbruch für 75 Prozent aller Jahre Einträge notiert. Für die ersten 18 Jahre danach haben nur 18 Prozent

Einträge, während sich in den darauffolgenden 42 Jahren wieder für 63 Prozent Einträge finden.

Es ist also zu vermuten, daß Ranggawarsita seine Beschreibung aus heute unbekannten oder verlorengegangenen Palmblatt-Manuskripten gewonnen hat, bei denen es sich um im 16. – 17. Jahrhundert gefertigte Abschriften von Originalen aus dem 8. oder 9. Jahrhundert handelte. Das *Buch der alten Könige* dürfte mit seiner Schilderung des großen Vulkanausbruchs im Krakatoa-Gebiet zumindest im Kern wahr sein.

Das *zweite* Problem bei der Schilderung von Ranggawarsita ist das Jahr, das er dem Ereignis zuschreibt. Er behauptet, wie schon gesagt, daß der Ausbruch im 338. Jahr des Shaka-Kalenders (das wäre das Jahr 416 unserer Zeitrechnung) stattfand. Als erstes ist die Frage zu beantworten, ob es in dem Jahr tatsächlich einen Vulkanausbruch dieses Ausmaßes gab. Das kann nur anhand von Eiskernproben festgestellt werden – vor allem anhand von Proben aus der Antarktis, da Java in den Südtropen liegt.

Das aus den betreffenden Eiskernproben gewonnene Datenmaterial ist aufschlußreich, denn selbst wenn man eine überaus weite Fehlergrenze ansetzt (plus/minus 25 Jahre), gab es im fraglichen Zeitraum, um das Jahr 416, nachweislich *keine* großen Vulkaneruptionen auf der Südhalbkugel. Das bedeutet, daß die Jahresangabe 416 falsch sein muß. Aber das ist nicht weiter überraschend, denn in vielen älteren quasi-historischen Texten zählen die Jahreszahlen zu den häufigsten Fehlerquellen.

Die falsche Zeitangabe im *Buch der alten Könige* könnte, wie das vielfach der Fall ist, auf mittelalterliche oder noch spätere Fehlinterpretationen eines falsch verstandenen alten Datierungssystems beruhen oder auf der nachträglichen Verlängerung von Regierungszeiten. Der Irrtum könnte aber auch schon bei der frühen mündlichen Überlieferung aufgetreten sein.

Denkbar wäre auch, daß die achtzehnjährige Phase nach dem Ausbruch, während der kaum Aufzeichnungen gemacht wurden (Zusammenbruch des Verwaltungsapparates), in Wirklichkeit erheblich länger andauerte. Die zugegebenermaßen spärlichen archäologischen Belege deuten tatsächlich auf einen politischen und administrativen Kollaps nach der Eruption hin.

Diese Belege zeigen, daß in Westjava im 5. und möglicherweise auch frühen 6. Jahrhundert eine stattliche Kultur blühte. Chinesischen Quellen zufolge hieß dieser Staat Holotan (was der südchinesischen Aussprache des Namens entsprechen müßte). Der bekannteste König war ein Mann namens Purnavarman. Man hat Inschriften, die vermutliche Lage eines Kanals, die gemauerten Fundamente eines Hindutempels, wahrscheinlich aus der Purnavarman-Periode, und buddhistische Schreine gefunden. Außerdem ein paar Statuen des Hindugottes Vishnu aus dem 5. Jahrhundert sowie Keramiken aus den ersten Jahrhunderten n. Chr. Nach dem frühen 6. Jahrhundert scheinen jedoch sämtliche archäologisch nachweisbaren und historisch belegten Lebensäußerungen einer Hochkultur aufgehört zu haben. Erst Mitte bis Ende des 7. Jahrhunderts finden sich neue Hinweise dieser Art – und dann auch nur in Zentraljava, nicht mehr im Westen der Insel.

Für die javanische oder auch die indonesische Geschichte war der Vulkanausbruch im Jahre 535 mit Sicherheit ein Wendepunkt. Er verursachte einen kulturellen und politischen Bruch, und die alte westjavanische Zivilisation kollabierte, die fast fünf Jahrhunderte geblüht hatte. Doch eben dieses Desaster – die Vernichtung der westjavanischen politisch-kulturellen Vorherrschaft – scheint den Weg bereitet zu haben für den Aufstieg der politischen und kulturellen Macht Zentraljavas im 7. und 8. Jahrhundert.

Während Westjava fast 800 Jahre lang ein rückständiger Landstrich blieb, entstanden in der Mitte der Insel seit dem 7. Jahrhundert etliche bedeutende neue Staaten. Um 640 ist in chinesischen Zeugnissen die Rede von der bemerkenswerten Macht eines zentraljavanischen Königreiches namens Holing. Im Jahre 720 hatte sich bereits ein anderes Königreich – Mataram – etabliert und die Vormachtstellung von Holing übernommen. Um 900 war es Mataram gelungen, einen Großteil Javas in einem einzigen Staat zu vereinen. Währenddessen war ein anderes Königtum in der Mitte der Insel, das von der Shailendra-Dynastie beherrscht wurde, zu Wohlstand gelangt und hatte bereits Ende des 8. Jahrhunderts herrliche Bauwerke hervorgebracht. Ein besonders großer Tempel – der von Borobodur – bedeckt noch heute eine Fläche von 1,3 Quadratkilometern und ist auf gut einer Million Kubikmetern Stein erbaut.

Dann jedoch, um das Jahr 928, wurde Java von einer zweiten vulkanischen Katastrophe heimgesucht, dem Ausbruch des Merapi. Diesmal wurde der Mittelteil der Insel verwüstet. Borobodur wurde teilweise unter Vulkanasche begraben und erst in unserem Jahrhundert wieder vollständig freigelegt. Die Herrscher von Mataram mußten ihre Hauptstadt von Zentraljava an die östliche Peripherie des Staates verlegen – vermutlich in die Nähe des Gebietes um Surabaya im Osten.

Dieser Inselteil wurde danach rasch zum Machtzentrum nicht nur von Java, sondern des gesamten indonesischen Archipels. Im 14. und 15. Jahrhundert war das Gebiet das Epizentrum eines großen Reiches, das den Namen seiner Hauptstadt trug – Mojopahit. Es herrschte über Java, Bali, Ostsumatra und Südborneo und war damit eine Art Proto-Indonesien. Diese ursprünglich zentraljavanische Kultur hatte nur deshalb erblühen können, weil die alte westjavanische Macht durch den Vulkanausbruch im Jahre 535 zerstört worden war.

Das moderne Indonesien ist daher letztlich das Endprodukt eines politischen Prozesses, der mit der Katastrophe im 6. Jahrhundert seinen Anfang nahm.

Man könnte sogar behaupten, daß die meisten anderen Länder Südostasiens ihr Entstehen ebenfalls dem Vulkanausbruch des Jahres 535 verdanken.

In der gesamten Großregion ist für die Mitte bis zum Ende des 6. Jahrhunderts ein deutlicher geopolitischer und kultureller Bruch zu verzeichnen. Vulkanisch bedingte Probleme, die klimatische Konsequenzen nach sich zogen, haben anscheinend Landwirtschaft und Handel schwer geschädigt. Das wiederum führte offenbar zu einem wirtschaftlichen und politischen Ungleichgewicht zwischen verschiedenen Staaten – und dieses Ungleichgewicht löste in der gesamten Region grundlegende Veränderungen aus.

Das »Ur-Thailand« – das Königtum Dvaravati – entstand um das Jahr 580. Praktisch zur gleichen Zeit entstand »Ur-Kambodscha« – das Königtum Chenla – nämlich nach dem Untergang der alten Kultur von Oc Eo (Funan) im Mekong-Delta irgendwann Mitte des 6. Jahrhunderts. Proto-Malaya (das mittelalterliche Sultanat von Malacca) ging aus einer Kultur in Südsumatra hervor,

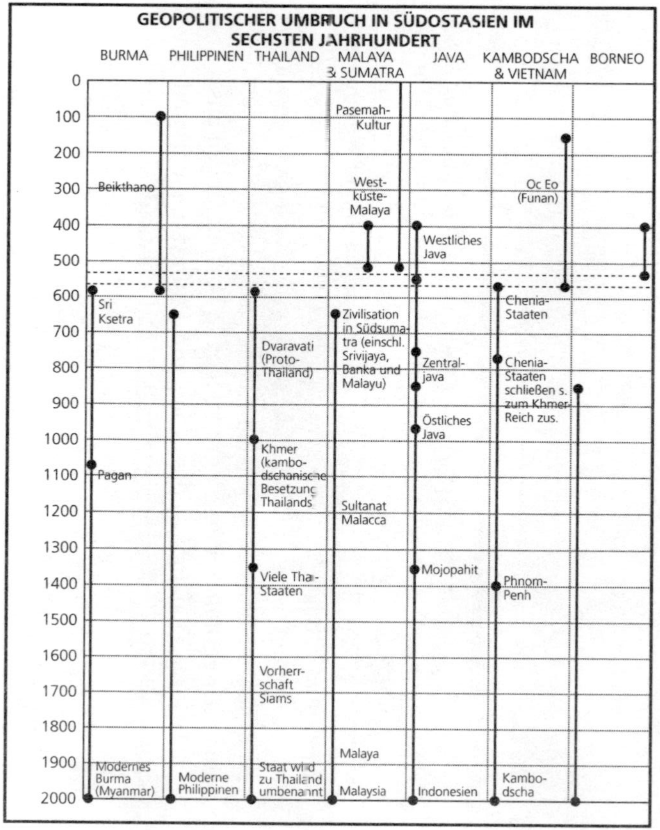
GEOPOLITISCHER UMBRUCH IN SÜDOSTASIEN IM SECHSTEN JAHRHUNDERT
BURMA
PHILIPPINEN
THAILAND
MALAYA & SUMATRA
JAVA
KAMBODSCHA & VIETNAM
BORNEO
0
100
200
300
400
500
600
700
800
900
1000
1100
1200
1300
1400
1500
1600
1700
1800
1900
2000
Beikthano
Sri Ksetra
Pagan
Modernes Burma (Myanmar)
Moderne Philippinen
Dvaravati (Proto-Thailand)
Besetzung Thailands
Viele Thai-Staaten
Vorherr-schaft Siams
Pasemah-Kultur
West-küste-Malaya
Zivilisation in Südsuma-tra (einschl. Srivijaya, Banka und Malayu)
Sultanat Malacca
Malaya
Malaysia
Westliches Java
Zentral-java
Östliches Java
Mojopahit
Indonesien
Oc Eo (Funan)
Chenia-Staaten
Chenia-Staaten schließen s. zum Khmer-Reich zus.
Phnom-Penh
Kambo-dscha

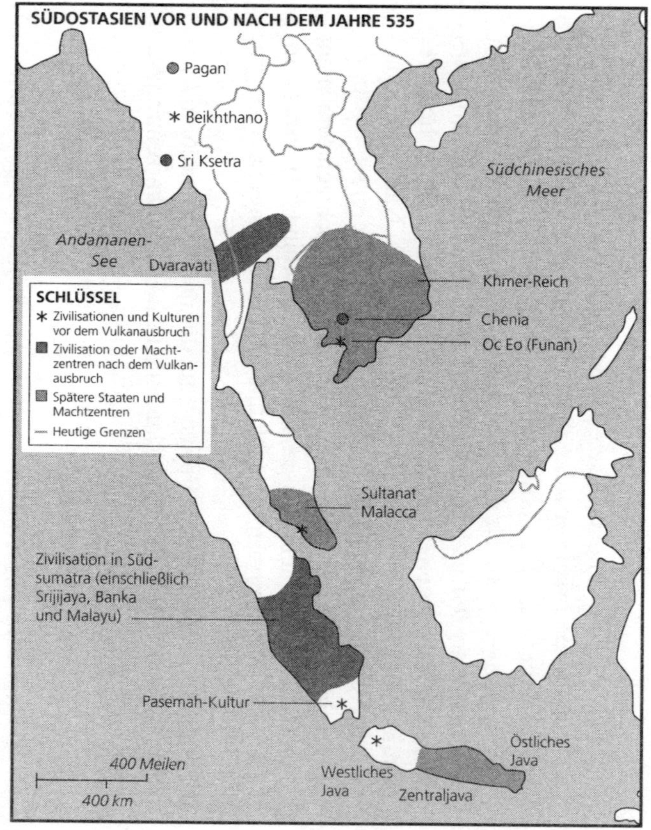
SÜDOSTASIEN VOR UND NACH DEM JAHRE 535
Pagan
Beikhthano
Sri Ksetra
Südchinesisches Meer
Andamanen-See
Dvaravati
Khmer-Reich
Chenia
Oc Eo (Funan)
SCHLÜSSEL
Zivilisationen und Kulturen vor dem Vulkanausbruch
Zivilisation oder Machtzentren nach dem Vulkanausbruch
Spätere Staaten und Machtzentren
Heutige Grenzen
Sultanat Malacca
Zivilisation in Südsumatra (einschließlich Srijijaya, Banka und Malayu)
Pasemah-Kultur
400 Meilen
400 km
Westliches Java
Zentraljava
Östliches Java

die sich zunächst in dem Königtum Srivijaya manifestierte, nachdem die wilde prähistorische Kriegerkultur, die Archäologen als Pasemah bezeichnen, vermutlich als Folge des Vulkanausbruchs untergegangen war. Und weiter nördlich entstand um das Jahr 600 ein Proto-Burma (das Königtum Sri-Ksetra) nach dem Untergang seines anscheinend älteren Rivalen, des Königtums Beikthano.

Auch Südostasien paßt demnach in das hier dargelegte Muster einer globalen Zerstörung im 6. Jahrhundert, an die sich politische Neugestaltungen anschlossen, die den Abschied von der alten Welt und den Eintritt in eine Proto-Moderne einleiteten.

Wenden wir uns nun dem Ereignis zu, das diesen weltweiten Wandel auslöste – dem Krakatoa-Ausbruch in der Sunda-Straße. Was genau geschah damals?

KAPITEL 33

Rekonstruktion des Vulkanausbruchs

Die Rekonstruktion der genauen Abfolge der Ereignisse bei einem Vulkanausbruch, der vor anderthalb Jahrtausenden stattfand, ist ein schwieriges Unterfangen, aber nicht unmöglich. Unter Zuhilfenahme von historischen Zeugnissen und von Datenmaterial, das durch Baumringchronologien und Eiskernuntersuchungen gewonnen wurde, kann man das Geschehen und dessen klimatische Folgen mit anderen, jüngeren Eruptionen vergleichen, deren Ausmaß und Auswirkungen uns bekannt sind.

Die Lektüre der quasi-historischen Schilderung im *Buch der alten Könige* liefert Einblick in die Details der Eruption, vorausgesetzt natürlich, man geht davon aus, daß diese Quelle zumindest teilweise verläßlich ist. Und unter Berücksichtigung der geologischen und vulkanologischen Kenntnisse des fraglichen Gebietes und den Aufzeichnungen zu jüngeren Großeruptionen kann man den wahrscheinlichen Ablauf der Ereignisse rekonstruieren.

Zwischen 530 und 535 hat es höchstwahrscheinlich im heutigen Westjava, in Südsumatra und unter den angrenzenden Meeren eine längere Serie von Erdbeben gegeben. Schon diese Erdbeben sowie die dadurch ausgelösten Flutwellen könnten das Leben in der Region erheblich beeinträchtigt haben. Normalerweise gehen einem Vulkanausbruch immer häufigere und heftigere Erdstöße voraus, und je länger dieses seismische Vorspiel dauert, desto größer ist meist die Eruption.

In den 530 Jahren könnte es dabei zu mehreren Erdbeben der Stärke 6 auf der Richter-Skala gekommen sein. In der zweiten Hälfte des Jahres 534 wurde die Region wahrscheinlich ein- bis zweimal am Tag von Erdstößen erschüttert. In den Wochen unmittelbar vor dem Ausbruch müßte sich diese Rate erhöht haben, bis sie während der letzten 24 Stunden einen Spitzenwert von 50 pro Stunde erreichte, wobei die einzelnen Erdstöße jeweils Stärke 1–3 auf der Richter-Skala hatten.

Es ist zwar eine umstrittene Theorie, aber geologisch durchaus möglich, daß Sumatra und Java vor der Mega-Eruption eine einzige Insel waren, so wie im *Buch der alten Könige* beschrieben.[1] Der Ausbruch im Jahr 535 wäre demnach aus einem Vulkan erfolgt, der höchstwahrscheinlich aus dem relativ tief liegenden Gebiet aufragte, wo sich heute die seichte Sunda-Straße zwischen Java und Sumatra befindet. Mehrere Jahre lang müssen sich 1000 bis 2000 Kubikkilometer von geschmolzenem Magma immer näher und näher an die Oberfläche herangearbeitet haben – vermutlich mit einer Geschwindigkeit von bis zu zehn Metern pro Monat. Die Erdoberfläche wird sich dadurch leicht nach oben gewölbt haben, in etwa fünf Jahren dürfte sie rund einen Meter an Höhe gewonnen haben.

Dann wurde der Druck des Magmas in drei bis fünf Kilometern Tiefe unter dem Boden zu groß, die Erdoberfläche riß auf und die erste Phase des Ausbruchs begann. Eine gigantische Aschewolke stieg auf, gefolgt von einer rotglühenden Magmasäule, die wie eine Fontäne aus dem Berg spritzte. Ein bis zwei Wochen später war das Magma noch näher an die Oberfläche gelangt, und einer der Erdstöße, die mit dem Ausbruch einhergingen, hat vermutlich das Gestein über der Magmakammer gesprengt, so daß das Meerwasser in die Gesteinsröhren mit einem Durchmesser von knapp 100 bis 500 Metern schießen konnte, durch die das Magma aus der Kammer zur Erdoberfläche aufstieg. Die zweite Phase begann mit einer gewaltigen Explosion, die noch größere Mengen Magma mit einer Geschwindigkeit von bis zu 2400 Stundenkilometern bis zu rund 50 Kilometer hoch in die Luft schleuderte. Der Knall dieser Explosion hätte in einem Umkreis von 25 Kilometern den meisten Menschen und Tieren das Trommelfell zerrissen.

Die Druckwelle der Explosion muß sich mit einer Geschwindigkeit von 1200 bis 2400 Stundenkilometern ausgebreitet und dabei im Umkreis von 30 Kilometern alles zerstört haben. Häuser, Brücken, Tempel und jeder Baum wurden wie Schilfrohre zu Boden gedrückt! Außerdem muß es im Umkreis von schätzungswei-

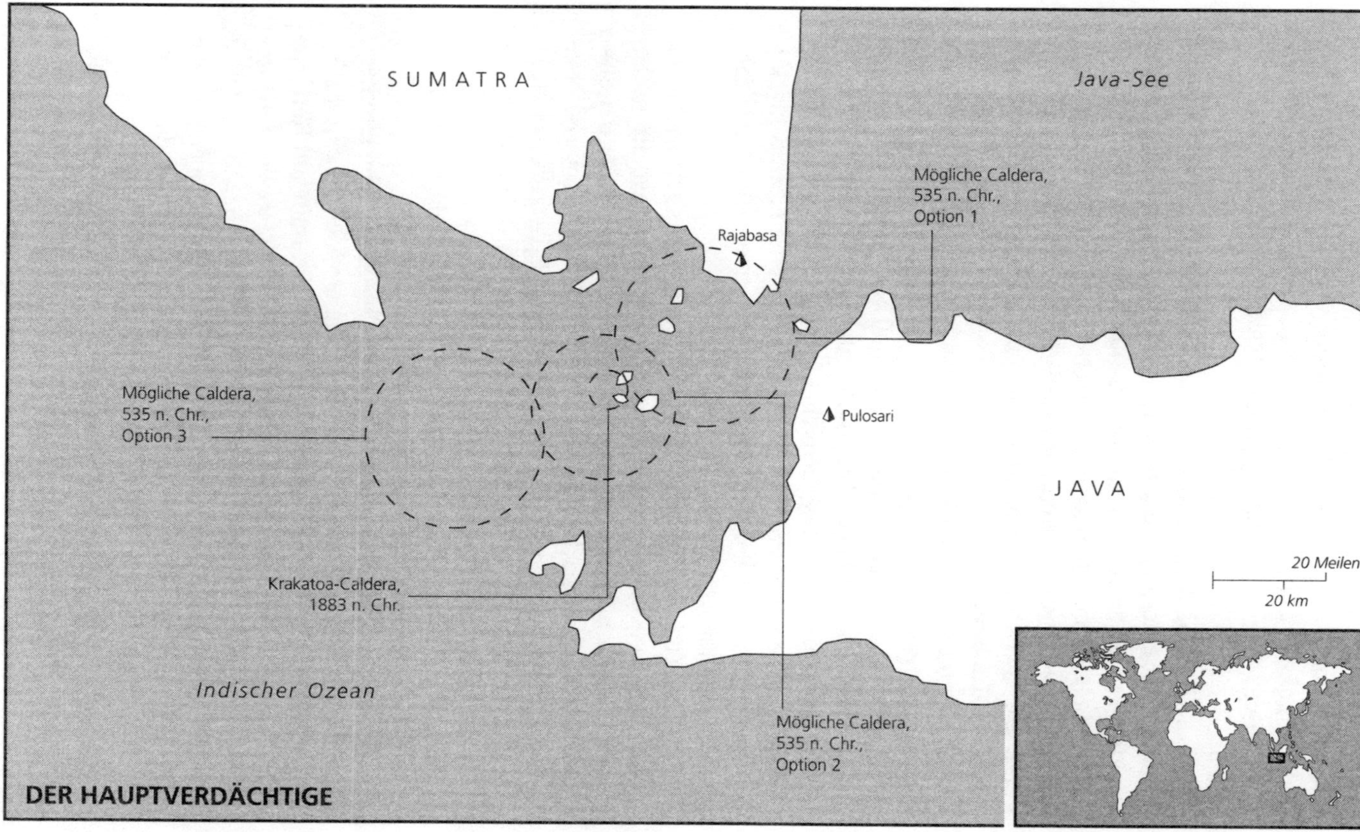
SUMATRA
Java-See
Rajabasa
Mögliche Caldera,
535 n. Chr.,
Option 1
Pulosari
Mögliche Caldera,
535 n. Chr.,
Option 3
JAVA
Krakatoa-Caldera,
1883 n. Chr.
20 Meilen
20 km
Indischer Ozean
Mögliche Caldera,
535 n. Chr.,
Option 2
DER HAUPTVERDÄCHTIGE

se 16 Kilometern große Schäden durch Feuer gegeben haben, da die Druckwelle die Luft auf sehr hohe Temperaturen komprimierte, so daß sich leicht entflammbare Materialien selbst entzündeten.

Ein Großteil der Fontäne aus flüssigem Magma muß in Fragmente von einem Tausendstel Millimeter bis knapp einem Meter Größe zerfallen sein, und in drei bis fünf Kilometern Höhe wurde das Magma zumindest teilweise fest. Die größeren Magmafragmente ebenso wie schwere Gesteinsbrocken, manche so groß wie Hütten, müssen in einem Umkreis von fünf bis zehn Kilometern auf die Erde niedergegangen sein. Die Mikrofragmente dagegen wurden von kraftvollen Konvektionsströmungen weiter gen Himmel getragen.

Im Verlauf dieser zweiten Phase muß ein riesiger Wolkenpilz aus Asche und Trümmern bis weit in die Stratosphäre hinein aufgestiegen sein. Die Wolke erreichte Höhen von bis zu 50 Kilometern, und sie wurde von extrem starken, extrem heißen Konvektionsströmungen mit der Geschwindigkeit eines Hurrikans nach oben getragen.

Im Zentrum des Vulkans müssen schließlich Temperaturen von 900 Grad Celsius geherrscht haben, und die Hitze trieb die Aschewolke weiter nach oben. Die pilzförmige Wolke löschte das Sonnenlicht aus und machte den Tag zur Nacht. Noch in 1600 Kilometern Entfernung wurden die Häuser von der Eruption erschüttert, und es regnete Asche auf Wälder und Felder. Auf dem Meer trieb im Umkreis von Dutzenden von Kilometern ein zwei Meter dicker Bimssteinteppich, die Schiffe auf See müssen in diesem vulkanischen Morast steckengeblieben sein.

Hunderte Kubikkilometer Magma, Tausende Kubikkilometer von verdampftem Meerwasser und ungeheure Mengen extrem feiner hydrovulkanischer Asche (aus dem Zusammentreffen von Magma und Meerwasser) müssen mittlerweile in die Luft geschleudert worden sein, und ein erheblicher Prozentsatz davon war in den oberen Teil der Erdatmosphäre eingedrungen – in die Stratosphäre. In großer Höhe bewegte sich die Wolke dann seitlich, weg von der eigentlichen Ausbruchstelle, das Material kühlte ab, und der Wasser-Dampf-Bestandteil muß direkt zu riesigen Wolken aus winzigen Eiskristallen »kondensiert« sein. Man schätzt, daß durch die gesamte Eruption bis zu 100 Kubikkilometer von Eiskristallen gebildet wurden, die sich als dünne Schicht in der Stratosphäre ausbreiteten. Diese Schicht muß zur Diffraktion des Sonnenlichts und damit zur Abkühlung in weiten Teilen der Erde geführt haben. Extrem feine hydrovulkanische Asche (0,001 Millimeter Durchmesser pro Fragment) sowie gewaltige Mengen Schwefel und Kohlendioxid dürften eine ähnliche Wirkung gehabt haben. Anders als herkömmliche Vulkanasche, die innerhalb weniger Monate zur Erde fällt, können hydrovulkanische Asche, hohe gefrorene Wasserkristallwolken und Schwefelsäure- und Kohlendioxid-Aerosole (winzige Tröpfchen) jahrelang in der Stratosphäre verbleiben und so das normale Sonnenlicht und die Sonnenwärme langfristig abhalten.

Wenige Stunden nach Beginn der zweiten Phase des Ausbruchs muß ein Teil der gewaltigen Pilzwolke so stark mit Asche angereichert worden sein, daß er zu schwer wurde und zurück zur Erde sank. Dort breitete er sich als sogenannter »pyroklastischer Strom« waagerecht in alle Richtungen über Land und Meer aus. Er war vieltausendfach größer als ähnliche Ströme, die 1997 bis 1998 die Insel Montserrat in der Karibik teilweise zerstörten.

Diese »Wolke« muß wie eine gewaltige, 300 bis 500 Meter hohe, kochendheiße Flutwelle aus Dampf, Schwefel, Luft, Kohlendioxid, Kohlenmonoxid, Asche und Gestein horizontal über Land und Meer gerollt sein, eine giftige Vernichtungswalze, die mit bis zu 400 Stundenkilometern im Umkreis von 65 Kilometern alles tötete, was sie erfaßte.

Dann begann die dritte, noch verheerendere Phase. Da die riesige Magmakammer unter der Oberfläche nun teilweise leer war, konnte ihr Dach das Gewicht des Gesteins über ihr nicht mehr tragen. Es stürzte ein, die Erde sackte 100 bis 300 Meter tief ab, so daß die Erdoberfläche unter das Niveau des Meeresspiegels sank. Sofort müssen Wassermassen eingeströmt sein, die erneut mit Resten des flüssigen Magmas in Berührung kamen. Das wiederum führte zu einer Serie von großen Explosionen, die noch größere pyroklastische Ströme auslösten.

Nach dem katastrophalen pyroklastischen Strom, der Eruption und dem Einbruch der Caldera muß die vierte und letzte Phase eingesetzt haben. Dabei gab es über mehrere Wochen, vielleicht sogar Monate hinweg immer wieder Explosionen, allerdings mit abnehmender Heftigkeit. Dazwischen herrschten wiederholt Ruhephasen von mehreren Tagen. Die Caldera hatte vermutlich kleine Inseln hinterlassen, aus denen in den Jahren danach regelmäßig Dampf und Asche mehrere Kilometer hoch in die Luft schossen, während das verbleibende Magma allmählich abkühlte.

Das gesamte Geschehen scheint einigermaßen zutreffend in dem längst verschollenen Originalmanuskript beschrieben worden zu sein, auf dem das *Buch der alten Könige* wahrscheinlich basiert: »Schließlich zerbarst der Berg mit einem fürchterlichen Krachen in zwei Teile und versank in den Tiefen der Erde. Das Wasser des Meeres erhob sich und verschlang das Land. Das Land wurde zu Meer und die Insel [Java/Sumatra] in zwei Teile geteilt.«

Heute kündet von diesem gewaltigen Einbruch nur noch eine größtenteils unter Wasser liegende Caldera mit einem Durchmesser von 40 Kilometern. An ihrer Peripherie erhebt sich ein Ring ehemaliger Vulkane, hauptsächlich kleine Vulkaninseln in der Sunda-Straße, die heute Java von Sumatra trennt.

In der Vergangenheit gingen praktisch alle Geologen davon aus, daß das Absinken des Landes nur auf langfristig wirkende tektonische Kräfte zurückzuführen sein konnte. Eine erneute Analyse der verfügbaren geologischen Daten, die Vulkanologen[2] im Rahmen der Forschungsarbeiten für dieses Buch vornahmen, zeigt jedoch, daß diese Annahme unrichtig ist. Wie sich herausgestellt hat, *könnte* das entscheidende Absinken des Landniveaus, das zur Entstehung der Sunda-Straße führte, durch einen Vulkanausbruch ausgelöst worden sein. Das geologische Belegmaterial, das zudem nachweist, daß es tatsächlich eine riesige Eruption gegeben hat, macht in Verbindung mit den historischen chinesischen Quellen, der quasi-historischen Quelle aus Java, den Erkenntnissen aus Eiskernproben und anderen wissenschaftlichen Untersuchungen die Caldera in der Sunda-Straße zum wahrscheinlichsten Schauplatz der gigantischen Eruption im Jahre 535.

KAPITEL 34

Das Nachspiel

Die Eruption von 535 war, soweit wir das feststellen können, einer der größten Vulkanausbrüche der letzten 50 000 Jahre. Ob man die kurz- und langfristigen Klimaauswirkungen betrachtet, die Größe der Caldera oder die Erkenntnisse aus den Eiskernproben, in jedem Fall handelt es sich um ein Ereignis von wahrhaft gigantischen Ausmaßen. Baumringchronologien belegen, daß es die schlimmste globale Klimakatastrophe auslöste, die anhand von Baumringuntersuchungen je festgestellt wurde. Eiskernproben lassen anhand der säurehaltigen Schichten erkennen, daß es sich wohl um das folgenreichste Geschehen der letzten 2000 Jahre handelte, das in der nördlichen und südlichen Eiskappe seinen Niederschlag fand.

Die mutmaßliche Caldera zählt zu den sechs größten bekannten Calderas weltweit. Bis zu 400 000 Kubikkilometer Gas, Wasserdampf, Magma und Gestein wurden in die Atmosphäre geschleudert. Das meiste schwerere Material – Steine und größere Aschefragmente – und Wasserdampf wird als schlammiger Regen gleich wieder auf die Erde niedergegangen sein. Aber ein Großteil des Wasserdampfes (möglicherweise 50 Prozent), sonstiger Gase und der hydrovulkanischen Asche drang wahrscheinlich in die Stratosphäre ein und war so leicht (oder wurde in so leichte Materialien umgewandelt), daß er jahrelang in der Luft verblieb.

Ein Teil des Wasserdampfes verband sich mit Schwefelgas und bildete winzige Schwefelsäure-Aerosole. Der Hauptteil des Wasserdampfes »kondensierte« jedoch zu kleinen Eiskristallen, die Millionen Kubikkilometer gefrorenen Nebels ergaben. Die hydrovulkanische Asche verteilte sich in der Stratosphäre und bildete einen Staubschleier, der möglicherweise Hunderttausende von Kubikkilometern groß war. Alle drei Materialien müssen einzelne oder vielfältige stratosphärische Schichten gebildet haben, die den größten Teil der Erdkugel umgaben; sie waren unterschiedlich geographisch verteilt, dürften sich aber gelegentlich überlappt haben.

Je nach Anzahl und Dicke der Schichten, ihrer stratosphärischen Verteilung und dem jeweiligen Material (Eis, Schwefel und/oder hydrovulkanische Asche) muß die Menge an Sonnenlicht und Sonnenwärme, die durch die Schichten hindurchdrang, in verschiedenen Teilen der Erde unterschiedlich stark reduziert gewesen sein.

In manchen Gebieten, wo das Sonnenlicht stark von dem jeweiligen Material verschluckt wurde, muß es so ausgesehen haben, als hätte die Sonne tatsächlich ihr Leuchten verloren. In den meisten Gebieten werden die Temperaturen sicherlich gesunken sein. Da eine kühlere Atmosphäre weniger Wasser bindet, hätte das bedeutet, daß der Wasserdampf in der kälteren Luft zu Wasser wurde und als Regen herabfiel. Zugleich muß aber auch weniger Wasser aus den Ozeanen und an Land verdunstet sein, so daß dem Himmel regelrecht das Wasser ausging – weltweit waren lange Dürreperioden die Folge.

Und genau das ist geschehen – in China, Japan, der Mongolei, in Teilen Europas, in Arabien, Ostafrika, Mexiko, Südamerika und vermutlich auch in vielen anderen Gebieten, über die uns keine Informationen vorliegen.

In der nördlichen Hemisphäre wurden die Sommermonsune schwächer und trockener und die Wintermonsune stärker, aber eben auch trockener. Besonders folgenreich muß das zwei- oder dreijährige Ausbleiben (zumindest was den Regen betrifft) des Nordostmonsuns gewesen sein, der von Indien nach Ostafrika weht. Dies verursachte wahrscheinlich das Übergreifen der Beulenpest von den wildlebenden Nagern auf den Menschen, so daß die Seuche sich bis in den Mittelmeerraum und nach Europa ausbreiten konnte mit den beschriebenen Auswirkungen für diese Regionen (vgl. Kapitel 1 und 2). Mit an Sicherheit grenzender Wahrscheinlichkeit waren die abgeschwächten Südwest- und Südost-Sommermonsune dafür verantwortlich, daß in der Mongolei zuwenig Regen fiel und sich das politische Gleichgewicht dort in der Folge so veränderte, daß die gesamte Weltgeschichte davon beeinflußt wurde (vgl. Kapitel 3).

Ein bis jetzt kaum erforschtes »Umschlagsphänomen« bewirkt, daß auf lange Dürrejahre häufig dramatisch heftige Unwetter und riesige Überschwemmungen folgen. Falls sich Unwetter und Überschwemmungen an die Dürrephase in Ostafrika anschlossen, muß der Pestausbruch noch dramatischer gewesen sein. Die explosionsartige Ausbreitung der Seuche läßt vermuten, daß diese Abfolge von Dürre und Überschwemmung tatsächlich eintrat.

Auf der Südhalbkugel löste die Abkühlung nicht nur Dürreperioden aus, sondern sie wirkte mit den größeren El-Niño-Stürmen zusammen, die Peru regelmäßig heimsuchten. Dieses Zusammenwirken muß den El Niño erheblich verstärkt haben – mit fatalen Konsequenzen (vgl. Kapitel 27).

Weltweit dürfte die Verschmutzung der unteren Atmosphäre (der Troposphäre) drastisch zugenommen haben, da gewaltige Staubstürme tobten und riesige Waldbrände ausbrachen. Beide Phänomene sind typisch für Dürreperioden. Der »gelbe Staub«, der in China wie Schnee fiel (vgl. Kapitel 19), und die Staubschichten, die man in Eiskernproben aus dem Quelccaya-Gletscher in Peru fand (vgl. Kapitel 30), zeugen von gigantischen Staubstürmen, die viele Gebiete der Erde überzogen haben müssen.

Die unmittelbaren Auswirkungen der Eruption im Jahr 535 – und die eines möglichen zweiten Ausbruchs eines noch unbekannten Vulkans um das Jahr 540 – hielten in der nördlichen Hemisphäre fünf bis sieben Jahre und auf der Südhalbkugel sogar noch länger an.

Allerdings waren mit an Sicherheit grenzender Wahrscheinlichkeit gewisse bis heute wenig erforschte klimatische Rückkoppelungen dafür verantwortlich, daß die Klimaprobleme (einschließlich weiterer Dürren) in der nördlichen Hemisphäre bis circa 560 und in der südlichen Hemisphäre bis circa 580 dauerten. Der Ausbruch (oder möglicherweise die beiden Eruptionen) veränderte das Weltklima somit über Jahrzehnte, in manchen Gegenden sogar bis zu einem halben Jahrhundert lang.

Die klimatischen Veränderungen destabilisierten direkt oder indirekt durch wirtschaftlichen Niedergang und Seuchen die geopolitische und kulturelle Lage. Und da der Vulkanausbruch sich derart auf die ganze Welt auswirkte, stellte er buchstäblich die Weichen der Weltgeschichte neu.

Für die Menschen der damaligen Zeit war es eine Katastrophe ungeahnten Ausmaßes. So schrieb denn auch Prokop, der zeitgenössische Historiker, daß »die Menschen von da an niemals mehr frei von Krieg, Pestilenz und anderen todbringenden Erscheinungen« waren.

Für uns Heutige werfen die Katastrophe und die Vielfalt der Entwicklungen, die sich aus ihr ergaben, ein neues Licht auf die Anfänge unserer neuzeitlichen Welt, auf die geschichtlichen Prozesse und – vielleicht das Beunruhigendste dabei – auf die Anfälligkeit der menschlichen Kultur und geopolitischen Struktur unseres Planeten.

TEIL X

Die Zukunft

KAPITEL 35

Ausblick

Etwa zehn Kilometer unter dem herrlichen Märchenland des Yellowstone Nationalparks tickt eine gigantische flüssige Zeitbombe von der Größe (volumenmäßig) des Michigansees. Dieser unterirdische Magmasee besteht aus geschmolzenem Gestein, ist 900 Grad Celsius heiß und wird mit hoher Wahrscheinlichkeit eines Tages hervorbrechen – und die Geschicke unseres Planeten so verändern, wie das der Vulkanausbruch vor 15 Jahrhunderten getan hat. Denn der Yellowstone beherbergt den größten untätigen Vulkan der Erde – einen gewaltigen Caldera-Krater, der rund 3800 Quadratkilometer bedeckt.

Allem Anschein nach bricht er nur alle 600 000 bis 700 000 Jahre aus – und die letzte Eruption fand vor 630 000 Jahren statt. Außerdem hat es in den letzten zehn Jahren einen enormen Anstieg potentiell präeruptiver Aktivitäten gegeben.

Seit 1988 hat der Aufwärtsdruck, den der Magmasee und der durch Magma aufgeheizte Wasserdampf ausüben, Hunderte von Quadratkilometern Boden um knapp einen Meter angehoben. Außerdem verändert sich nach und nach das Muster der Geysir-Aktivität im Park.

Man weiß, daß es in der Vergangenheit drei schwere Ausbrüche des Yellowstone gab: vor zwei Millionen Jahren, als er rund 2500 Kubikkilometer Magma ausspie; vor 1,3 Millionen Jahren, als er »nur« 300 Kubikkilometer Magma in die Luft schleuderte; und vor 630 000 Jahren, als es 1000 Kubikkilometer Magma waren.

Natürlich weiß niemand, wann der nächste Ausbruch kommt. Aber *daß* er kommt, ist so gut wie sicher.

Eine weitere potentielle Katastrophe in Nordamerika schlummert unter einem derzeit untätigen Super-Vulkan im kalifornischen Long Valley. Im Verlauf der letzten 20 Jahre scheint auch er zunehmend instabil geworden zu sein. Seit 1980 sind etwa 500 000 Kubikmeter Kohlendioxid aus vulkanischen Öffnungen entwichen und haben Dutzende Quadratkilometer Wald zum Absterben gebracht. Zudem wird die Erdbebentätigkeit immer intensiver, mit bis zu 1600 Erdstößen (jeweils mit einer Stärke von bis zu 3,5 auf der Richter-Skala) pro Beben. Auch das Verhalten der einheimischen heißen Quellen ändert sich. Der einzige bekannte Ausbruch dieser 16 mal 32 Kilometer großen Caldera in Long Valley ereignete sich vor 700 000 Jahren, und da erst seit 50 Jahren Aufzeichnungen über die vulkanischen Aktivitäten gemacht werden, weiß niemand, ob die derzeitige Unruhe des Vulkans eine gewaltige Eruption ankündigt oder nur die Rückkehr zu Ruhe und Frieden.

Als Long Valley das letzte Mal ausbrach, wurden 520 Kubikkilometer Magma freigesetzt und ein pyroklastischer Strom von gigantischen Ausmaßen entfesselt. Nachdem die Welle abgeklungen war, blieb eine gut 100 Meter hohe Bodenablagerung auf einem Gebiet von mehreren hundert Quadratkilometern zurück.

In Europa könnte ein weiterer großer Vulkan ausbrechen. Knapp fünf Kilometer unterhalb der westlichen Vororte von Neapel befindet sich ein riesiges Magmareservoir, das zwischen 300 und 1000 Kubikkilometer Gesteinsschmelze enthält. Seit 1969 hat der Druck der Magma das Land zweimal ansteigen und wieder absinken lassen – um fast zwei Meter. Anfang der achtziger Jahre löste es bis zu 300 kleinere Erdbeben pro Woche aus (jeweils mit einer Stärke von bis zu 4,2 auf der Richter-Skala). Es besteht kein Zweifel daran, daß diese Caldera – bekannt als der Campi-Flegrei-Komplex[1] – zunehmend unruhig wird.

Wie man weiß, ist sie bislang zweimal kataklystisch eruptiert – einmal vor 37 000 Jahren, wobei 80 Kubikkilometer Magma ausgespien wurden, und einmal vor 12 000 Jahren mit 10 Kubikkilometern Magma-Ausstoß. Beim ersten Ausbruch war der pyroklastische Strom – die Welle aus überhitztem Staub und Gas, die sich über die Erde ergießt – so stark, daß er 900 Meter hohe Bergkämme überwand, die 55 Kilometer von der Ausbruchsstelle entfernt waren.

Der Komplex der Campi Flegrei hat 14 Kilometer Durchmesser und bedeckt etwa 250 Quadratkilometer – das ist etwa hundertfünfzigmal größer als der Kraterbereich des berühmteren Vesuvs, der sich ganz in der Nähe erhebt und bei seinem Ausbruch im Jahre 79 lediglich einen Kubikkilometer Magma ausstieß.

Niemand weiß, wann die italienische Caldera erneut explodieren wird, doch wie im Yellowstone Park und im Long Valley gilt auch hier, daß es mit Sicherheit eines Tages passieren wird, vielleicht eher, als uns lieb ist.[2]

Die vierte wirklich große Caldera, die derzeit eine bedrohlich wachsende Unruhe zeigt, ist die von Rabaul in Papua-Neuguinea. Seit 1910 *scheinen* kleinere Eruptionen häufiger geworden zu sein (es könnte aber auch sein, daß in unserem Jahrhundert lediglich gründlichere Aufzeichnungen gemacht werden als im letzten). In 22 der letzten 90 Jahre ist es zu kleinen Eruptionen und Erdbeben gekommen. Im Vergleich dazu wurden in den vorangegangenen 90 Jahren nur zwei verzeichnet. Außerdem gab es seit den frühen achtziger Jahren bis zu 13 000 Erdstöße pro Jahr. Man weiß, daß Rabaul bislang zweimal kataklystisch ausgebrochen ist – vor 3500 und vor 1250 Jahren.[3] Bei der letzten Eruption stieß der vierzehn mal acht Kilometer große Krater 10,4 Kubikkilometer Magma aus.

Auf der Inselkette der Aleuten bei Alaska und in Mexiko gibt es fünf weitere, potentiell aktive Vulkane. Diese fünf und die vier bereits erwähnten stellen eine ernstzunehmende Bedrohung für das zukünftige wirtschaftliche und politische Leben der Welt dar. Falls einer von ihnen ausbrechen sollte, würde das Weltklima genau wie im 6. Jahrhundert ins Chaos stürzen. Aber da die Weltbevölkerung heute vierzigmal größer ist, würde die Anzahl der Menschenopfer gewiß mehrere hundert Millionen betragen. Und so wie die geschichtlichen Weichen vor 1450 Jahren neu gestellt wurden, so würde auch eine zukünftige Caldera-Eruption durch ihre klimatischen Auswirkungen den ökonomischen und geopolitischen Status quo destabilisieren.

Aufzuklären, was sich in der fernen Vergangenheit wirklich ereignet hat, ist schon schwierig genug – aber herauszufinden, was vielleicht in der Zukunft geschehen wird, ist eine noch größere Herausforderung. Dennoch sind die beiden Aufgaben untrennbar miteinander verbunden. Die Futurologie, die problematischste aller Wissenschaften, beruht fast ausschließlich darauf, aus der Vergangenheit zu lernen, um Vorhersagen für die Zukunft zu treffen – oder zumindest Optionen präsentieren zu können, was möglicherweise geschehen wird.

Angesichts der Entwicklungen nach der Eruption von 535 und unter gleichzeitiger Berücksichtigung des Umstands, daß die neuzeitliche Welt wesentlich stärker verzahnt ist, denke ich, daß eine ähnliche Katastrophe heute das geopolitische Machtverhältnis zugunsten der sogenannten Dritten Welt verschieben würde.

Mit Sicherheit würde jede Großeruption außerhalb der Tropen auf der Nordhalbkugel das Klima in ganz Nordamerika, Eurasien und Afrika aus dem Gleichgewicht bringen. Ein Ausbruch der Caldera Rabaul würde gewiß auch das Klima in Südamerika und Australien beeinträchtigen, da die Windzirkulation und die Systeme der ozeanischen Strömungen weltweit verzerrt würden.

In der Dritten Welt käme es aufgrund der bekannten Faktoren (vgl. Kapitel 30) möglicherweise zu Dürreperioden und Mißernten – genau wie im 6. Jahrhundert. China, Indien, Afrika und (je nach Breitengrad des Eruptionsortes) auch Brasilien würden am schwersten getroffen. Außerhalb der Dritten Welt hätte auch Rußland mit schlimmen Auswirkungen zu rechnen. Historisch betrachtet waren diese Gebiete stets besonders anfällig für Hungersnöte. Tatsächlich haben schon kleinere naturgegebene Klimaverschiebungen zu multi-regionalen Mißernten geführt, ohne daß Vulkanausbrüche dabei eine Rolle spielten.

Die letzte derartige Hungerkatastrophe – die in den Geschichtsbüchern nur selten erwähnt wird – ereignete sich 1876 bis 1878, als 15 bis 20 Millionen Menschen in China, Zentralindien, Marokko und Nordostbrasilien während einer Dürreperiode starben. In China verhungerten 9,5 Millionen Menschen in vier Provinzen. In der am schlimmsten betroffenen Provinz Shanxi starb etwas über ein Drittel der Bevölkerung (6 Millionen von 15 Millionen). Die Lage der Menschen war so verzweifelt, daß viele Leichen oder das Stroh von den Hausdächern aßen, um zu überleben. Notleidende Bauern mußten ihre Töchter als Prostituierte und ihre Söhne als Sklaven verkaufen, um dem Hungertod zu entgehen.

Zur gleichen Zeit starben in Indien mindestens fünf Millionen Menschen – in den Provinzen Madras, Bombay und Mysore war das Leiden besonders schlimm. Allein in Madras verhungerten 3,5 Millionen Menschen oder starben an der Cholera. Die Städte waren überfüllt mit Flüchtlingen aus den verdorrten Landstrichen. In Bombay starben Zehntausende durch Unterernährung geschwächte Einwohner an einer verheerenden Pockenepidemie.

Weiter westlich – in der Nordhälfte Afrikas – litten Marokko und Äthiopien unter der Hungersnot, und in Südamerika, genauer gesagt im Nordosten Brasiliens, starben eine halbe Million Menschen. Manche Gebiete verloren bis zu 50 Prozent ihrer Bewohner.

Eine ähnliche multi-regionale Hungersnot herrschte 1789 bis 1792 und scheint ursächlich zur Französischen Revolution beigetragen zu haben. In diesen Jahren gab es Mißernten in Frankreich, dem Norden der USA, in Nordostbrasilien und am schlimmsten in Indien, wo die resultierende Hungersnot – bekannt als die »Totenkopfhungersnot« so viele Tote forderte, daß man mit dem Zählen der Leichen nicht mehr nachkam. Bombay, Hyderabad, Gujarat, Orissa und Nordmadras waren am stärksten betroffen.

In keinem der beiden Fälle spielte ein Vulkanausbruch eine Rolle, aber die beiden Katastrophen im 18. und 19. Jahrhundert zeigen deutlich, welche Gebiete unseres Globus am ehesten von einer durch Vulkanausbruch ausgelösten Hungersnot heimgesucht würden.

Ein großer Caldera-Ausbruch könnte unser Klima so stark verändern, daß Abermillionen Menschen an den Folgen sterben würden. Sollte der Ausbruch gar zeitlich mit einer ohnehin schon schwierigen Klimasituation zusammenfallen (wie das um 1790 und nach 1870 der Fall war), könnte die Zahl der Menschen, die durch Hunger und damit einhergehende Epidemien ihr Leben verlieren, durchaus die Ein- oder sogar Zwei-Milliarden-Grenze überschreiten. Asien, Afrika, Rußland und möglicherweise auch Brasilien wären am stärksten betroffen.

Bei einem wirklich globalen Desaster dieser Größenordnung würden sich die politischen Strukturen in vielen Gebieten rasch auflösen. Straßenbanden würde ihr Unwesen treiben, riesige

Flüchtlingsströme würden sich bilden, Epidemien würden ausbrechen, und die medizinische Infrastruktur wäre restlos überfordert. Cholera, Masern, Typhus und Durchfallerkrankungen würden außer Kontrolle geraten. Und es wäre sogar denkbar, daß die Beulenpest erneut große Gebiete entvölkern würde.

Die Pest ist nämlich, was viele Menschen nicht wissen, auf vier Kontinenten noch an etlichen Stellen aktiv. In den letzten zehn Jahren haben sich mindestens 20 000 Menschen mit der Seuche infiziert. In Peru, Vietnam, China, Indien, Südafrika und Madagaskar sind immerhin viertausend Menschen daran gestorben.

Millionen wildlebender Nager in Zentralasien, Südwestchina, Ostafrika, den Zentralanden, dem Westen der Vereinigten Staaten, in Brasilien und Zentralindien tragen noch immer den Pestbazillus. Nach wie vor könnte ein Klimachaos dazu führen, daß die Krankheit bei einem Zusammenbruch der medizinischen Infrastruktur in Asien, Afrika oder Südamerika auf den Menschen übergreift.

Flüchtlingsströme würden die Seuche weiter verbreiten und für zusätzliche Konflikte sorgen. Manchenorts würden sie von der einheimischen Bevölkerung als Rivalen im Kampf um die wenigen Lebensmittel gesehen, und es könnte durchaus zu Massakern kommen. Die meisten Flüchtlingsströme würden zwar in der Dritten Welt verbleiben, manche jedoch könnten bis in die Erste Welt vordringen.

Der Druck der Flüchtlinge aus Mexiko entlang der 2400 Kilometer langen US-Grenze würde mit Sicherheit unkontrollierbar. Schon jetzt, bei normalen klimatischen Bedingungen, gibt es dort pro Jahr schätzungsweise 230 000 illegale Grenzübertritte. Und wahrscheinlich würde das Mittelmeer für verzweifelte Flüchtlingsgruppen aus Nordafrika, die versuchen, nach Europa zu gelangen, kein ernstzunehmendes Hindernis darstellen.

Während also die Dritte Welt unter Hungersnot, Epidemien und einem totalen Zusammenbruch der Infrastruktur leiden würde, käme es in Europa und Nordamerika vermutlich zu Lebensmittelknappheit, aber nicht zu echten Hungersnöten. Zum einen sind die hier angebauten Getreidesorten ertragreicher. Zum anderen könnten die komplexeren und effizienteren Verwaltungs- und Transportsysteme vermutlich die Grundversorgung der Bevölkerung sichern und auch die entsprechenden Notmaßnahmen treffen, um die Verteilung der Nahrungsmittel zu organisieren. Allerdings müßten Lebensmittel mit Sicherheit jahrelang rationiert werden.

Natürlich würden in unmittelbarer Nähe des Ausbruchsortes, wo immer er wäre, viele Menschen an den direkten Folgen der Explosion und der anschließenden Verwüstungen sterben. Eine Großeruption der italienischen Caldera würde innerhalb weniger Tage mehrere Millionen Menschen töten. Dutzende Ortschaften und Städte in Kampanien und den Nachbarregionen, darunter auch Neapel und Salerno, würden von dem durch die erste Druckwelle ausgelösten Feuer und durch den gewaltigen pyroklastischen Strom, der sich aus dem Krater ergießen würde, völlig zerstört werden. 2500 Quadratkilometer Süditaliens würden praktisch aufhören zu existieren. Die nahegelegenen römischen Städte Pompeji und Herculaneum (die 79 n. Chr. vom Vesuv begraben wurden) würden ein zweites Mal verschüttet und mit ihnen 2000 Jahre süditalienischer Geschichte. Wissenschaftler, die den Campi-Flegrei-Komplex beobachten, könnten vermutlich erst wenige Tage vor der Eruption entsprechende Warnungen herausgeben. Und es wäre so gut wie unmöglich, rund vier Millionen Menschen in so kurzer Zeit aus dem Gefahrengebiet zu evakuieren.

Für die USA gilt, daß weder die Yellowstone- noch die Long-Valley-Caldera in der Nähe größerer Ballungszentren liegt, so daß die Evakuierung vermutlich leichter vonstatten gehen könnte. Allerdings würden Las Vegas und Phoenix sicherlich vom Ascheregen erfaßt, der auf eine größere Eruption in Long Valley folgen würde. Beide Städte würden von einer knapp einen Meter dicken Schicht Vulkanstaub überzogen.

In den Industriestaaten wäre die unmittelbare Folge einer großen Caldera-Eruption irgendwo in der nördlichen Hemisphäre oder den Tropen wirtschaftlicher und politischer Art. Der Reichtum Westeuropas und Nordamerikas ist abhängig vom Welthandel und von internationalen Kapitalanlagen, auch in der Dritten Welt. Würden Asien und Afrika in ein demographisches, agrarwirtschaftliches und politisches Chaos gestürzt, bekäme der Westen die Folgen bald zu spüren. Mit Sicherheit würde die Wirtschaft, die schon unter Lebensmittel- und vermutlich auch Treibstoffrationierungen zu leiden hätte, einen Niedergang erleben, der natürlich die Arbeitslosenzahlen in die Höhe treiben würde.

Da nicht alle europäischen Länder gleichermaßen davon betroffen wären, würde das zu großen politischen Spannungen in der Europäischen Union führen.

Die Versuche der USA und der europäischen Staaten, ihren Reichtum dazu zu nutzen, kostbare Lebensmittel aus der hungergeplagten Dritten Welt zu importieren, die Unfähigkeit des Westens, der Dritten Welt effektive Hilfe zu leisten, und die Empörung über die Versuche der reichen Länder, Flüchtlinge abzuweisen, würden die Dritte Welt gegen den Westen aufbringen.

Langfristig würde die Macht des Westens über die Dritte Welt dadurch abnehmen. Europa, Nordamerika und möglicherweise auch Australien würden wahrscheinlich eine Festungsmentalität entwickeln und sich zunehmend isolieren.

Damit einhergehend, würde sich die Dritte Welt immer stärker vom westlichen Einfluß lösen, und ihre Schuldenlast würde ganz einfach in Vergessenheit geraten. Die Katastrophe würde einige Dritte-Welt-Länder in die Lage versetzen, andere auf eine Weise zu dominieren, wie das durch den wirtschaftlichen, politischen und militärischen Einfluß des Westens bis dato unmöglich war. Und außerdem könnten angesichts der Hungersnöte und Seuchen religiöse Fundamentalisten großen Zustrom erhalten.

Auf lange Sicht würde wohl durch eine solche Katastrophe das geopolitische Ungleichgewicht zwischen den Industriestaaten und der Dritten Welt reduziert. Obwohl Asien, Afrika und vielleicht auch Südamerika Abermillionen Tote zu beklagen hätten, würde ihre Position dem Westen gegenüber letztlich eher gestärkt als geschwächt. So wie der Vulkanausbruch des Jahres 535 den Lauf der Weltgeschichte veränderte und das Ende der Alten Welt einleitete, so könnte eine zukünftige Groß-Eruption unsere westlich dominierte Epoche beenden und bereits im Ansatz festlegen, wie sich die Geopolitik in ferner Zukunft gestalten wird.

Wie in diesem Buch nachgewiesen, kann das Klima die Geschichte verändern – und das nicht nur über einen kurzen Zeitraum hinweg. Vulkanische Aktivität ist nur einer der Auslöser, die eine Klimaveränderung herbeiführen und so gravierende Folgen haben können. Die globale Erwärmung, die Sonnenfleckenaktivität, ein Meteor- oder Kometeneinschlag, periodische kleine Verschiebungen der Umlaufbahn der Erde um die Sonne und geringfügige Verlagerungen der Erdrotationsachse: all das kann dramatische Veränderungen des Klimas auslösen – und damit der Menschheitsgeschichte.

Anhang

Danksagung

Ich habe vier Jahr an diesem Buch geforscht und geschrieben. Weil es so viele unterschiedliche Bereiche berührt – von Epidemiologie über Astrophysik bis Vulkanologie und Archäologie –, suchte ich Rat und Hilfe bei Dutzenden von Wissenschaftlern und Experten.

Ihnen allen danke ich für die Fülle von Informationen – und für ihre Geduld. Ich danke ihnen für ihre Ratschläge, die ich meistens befolgt habe, und ich bitte sie um Nachsicht für die geringe Anzahl der Fälle, in denen ich mich, verwirrt durch widersprüchliche Empfehlungen, für eine Lösung entschieden und eine andere verworfen habe.

Ganz besonderen Dank schulde ich den Byzantinisten Michael Whitby, Peter Llewellyn, Peter Sarris, Anna Leone und Stephen Hill; den Islamkundlern Hugh Kennedy und Patricia Crone; den Jemen-Experten Christian Robin, Ueli Brunner und Iwona Gajda; dem Experten für Türkvölker Peter Golden; dem Experten für jüdische Geschichte Norman Golb; dem Experten für afrikanische Archäologie Mark Horton; den Fernost- und Südostasienexperten Andreas Janousch, Scott Pearce, Richard Stephenson, Simon Kaner, Stanley Weinstein, Joan Piggot, Jonathan Best, Nancy Florida, Willem van der Molen, Roy E. Jordaan und Eric Zürcher; dem Indologen Michael Mitchiner; den Historikern, Archäologen und anderen Experten für Europa und/oder die britischen Inseln Ian Wood, David King, John Hines, Barbara Yorke, Roger White, Ewan Campbell, Charles Thomas, Heinrich Härke, Daniel McCarthy und Donnchadh O'Corrain; der Expertin für den Artus-Stoff Elspeth Kennedy; den Experten für die präkolumbianische Welt David Browne, Frank Meddens, Claude Chapdelaine, Bill Isbell, Alan Kolata, Paul Goldstein, John Topic, Steve Bourget, Linda Manzanilla, Michael Spence, George Cowgill, Esther Pasztory, Izumi Shimada, Simon Martin, Michael Moseley, AnnCorinne Fretter, Bob Birmingham und Rebecca Storey; den Dendrochronologen Mike Baillie, Keith Briffa, Jeffrey Dean, Pepe Boninsegna und Ricardo Villalba; den Spezialisten für Seeablagerungen Alex Chepstow-Lusty und Mark Brenner; den Vulkanologen Ken Wohletz, Alain Gourgaud, Clive Oppenheiter, Tom Simkin und Jerry Sukhyar; den Epidemiologen Ken Gage und Susan Young; den Eiskernspezialisten Claus Hammer, Henrik Clausen und Lonnie Thompson; dem Astronomen Alan Fitzsimmons; den Heuschreckenexperten Nick Jago und Jane Rosenberg; den Genetikern David Goldstein; dem Zoologen Frank Wheeler; John Milne, der sich mit den ökologischen Folgen der Viehzucht befaßt; den Experten für spätrömische Elfenbeinarbeiten Tony Cutler und David Whitehouse; und Rod Whitaker, der alles über die Übertragung von Niederfrequenzschallwellen weiß.

Sollte ich jemanden vergessen haben, entschuldige ich mich, und ich möchte betonen, daß die Verantwortung für alle in diesem Buch formulierten Gedanken allein bei mir liegt.

Es bleibt mir noch, die vier Wissenschaftler zu würdigen, die als erste zu der Erkenntnis gelangten, daß sich Mitte des 6. Jahrhunderts eine Klimakatastrophe ereignet hat: Richard Stothers und Michael Rampino, die 1983 ihre Erkenntnisse über die spätrömische Geschichte im *Journal of Geophysical Research* Nr. 88 veröffentlichten; Kevin Pang, über dessen Forschungen zur Widerspiegelung der Katastrophe in chinesischen Chroniken 1985 in *Science News* Nr. 127 berichtet wurde; und Mike Baillie, der als erster in Baumringuntersuchungen Hinweise auf die Katastrophe fand und seine Ergebnisse im März 1988 in *Nature* Nr. 332 mitteilte und – zusammen mit Belegen aus der römischen und chinesischen Geschichte – im Sommer 1988 in *Archaeology Ireland.* Ich habe von der Klimastörung Mitte des 6. Jahrhunderts erstmals durch einen Vortrag von Mike Baillie bei einer Archäologentagung in Bradford im April 1994 erfahren.

Besonderen Dank möchte ich weiterhin meinem Agenten Bill Hamilton, meinem Verleger Mark Booth, der Cheflektorin Liz Rowlinson und meinem Lektor Roderick Brown aussprechen. Meiner Frau Graça danke ich dafür, daß sie die organisatorische Arbeit übernommen hat, die mit der Recherche für ein solches Buch und schließlich mit dem Schreiben verbunden ist, und für ihre Hilfe beim Erstellen vieler Karten. Doch vor allem danke ich Graça und unseren beiden Kindern Michael und Camile für ihre grenzenlose Geduld und Nachsicht in den letzten vier Jahren – und ich danke meinen verstorbenen Eltern und meiner verstorbenen Großmutter, deren Einfluß über die Jahrzehnte hinweg mich dazu gebracht hat, ein besonderes Interesse für unsere Welt und ihre Geschichte zu entwickeln und zu bewahren.

Und schließlich danke ich noch einem unbekannten Menschen aus der viktorianischen Zeit, der auf einem Feld westlich von London vor rund

100 Jahren einen Penny verloren hat: Er oder sie, Mann, Frau oder Kind, hat meine Neugier für die menschlichen Geschichte geweckt. Von dem Augenblick an, da ich als Kind diesen Penny fand, hat mich die Frage beschäftigt, was in der Vergangenheit war, wie die Vergangenheit unsere Gegenwart geprägt hat und wie sie an der Gestaltung der Zukunft mitwirken wird.

David Keys
März 1999

Anmerkungen

Kapitel 1

1. Aus dem im 6. Jahrhundert verfaßten Bericht des Kirchenhistorikers Evagrius Scholasticus, nach einer unveröffentlichten englischen Übersetzung des griechischen Originals von Peter Harris von der Oxford University. Eine englische Neuübersetzung von Michael Whitby erscheint im Jahre 2000.
2. Die Schätzung »mindestens 50 Prozent« ist entnommen aus Cyril Mango, *Le Développement Urbain de Constantinople (IV-VII Siècles)*, Paris 1985, S. 51.
3. Aus dem Bericht über die Pest in Konstantinopel von Johannes von Ephesos, in: *Chronicle of Pseudo-Dionysius of Tel-Mahre*, Teil III, hrsg. und übersetzt von W. Wittakowski, Liverpool University Press 1996, S. 74–98. Die weiteren Zitate entstammen, sofern nichts anderes angegeben ist, ebenfalls dieser Quelle.
4. Vor allem Forscher wie P. Allen und Lawrence Conrad.
5. Daß die Menschen ihre Äcker und ihr Vieh im Stich ließen, wurde bereits zu Anfang des Kapitels erwähnt. Ich zitierte Johannes von Ephesos, einen Augenzeugen der Katastrophe, der von »Getreidefeldern in voller Reife« berichtete, die niemand aberntete, von »Herden von Schafen, Ziegen, Ochsen und Schweinen«, um die sich niemand kümmerte, so daß sie »die menschliche Stimme vergessen« hatten. Sicher brachte jeder Ausbruch der Pest ähnliche Verheerungen mit sich. Doch nur relativ wenige Augenzeugen beschreiben so genau die Folgen auf dem Land. Es gibt aber noch eine weitere Form von Belegen, allerdings nur für besonders schlimm betroffene Gebiete. Und zwar meine ich all die alten Chronisten und Historiker, die von schweren Heuschreckenplagen berichten. Besonders heftig (vor allem was die geographische Ausbreitung betrifft) wütete die Pestpandemie im spä-

ten 6. Jahrhundert – in den siebziger und achtziger Jahren des 6. Jahrhunderts –, und für diesen Zeitraum ist der erste große Heuschreckeneinfall im Mittelmeerraum und im Nahen Osten vor 670 überliefert. Nach J. Kunckel d'Herculais, *Invasions des Acridiens Sauterelles en Algérie,* 2 Bde., Algier 1893–1905, fielen im Jahr 576 Heuschrekkenschwärme über Syrien und den Irak (Mesopotamien) her. Und in genau demselben Zeitraum (im Jahr 578), berichtet Gregor von Tours in Buch VI seiner *Frankengeschichte,* tauchten Heuschreckenschwärme in Spanien auf und verwüsteten das Land rund um die Hauptstadt Toledo. »Nicht ein einziger Baum blieb übrig, nicht ein Weinstock, nicht das kleinste Fleckchen bewaldetes Gebiet. Es gab keine Früchte, keine grünen Flächen, welche die Insekten nicht vernichteten.« (Nach der englischen Übersetzung von L. Thorpe, *The History of the Franks,* London 1974, S. 364.) Die Verheerungen waren höchstwahrscheinlich noch schlimmer, doch aus entlegeneren Gebieten waren die Nachrichten wohl spärlicher als aus der Hauptstadt. Gregor (Buch VI) schreibt, daß die Heuschrecken Toledo fünf Jahre lang heimsuchten, sich dann entlang einer großen Straße weiter ausbreiteten und über eine andere Provinz »herfielen«. Der Schwarm sei über hundert Meilen lang und fünfzig Meilen breit gewesen. Meines Erachtens kann man eine Heuschreckenplage in einem Gebiet, das normalerweise nicht übermäßig von Heuschrecken heimgesucht wird, als Indiz dafür nehmen, daß das Ackerland aufgegeben wurde. Denn die Heuschrecken werden durch große brachliegende Flächen besonders angezogen. Die Anziehung wirkt nur, wenn weite Gebiete ungefähr zur selben Zeit aufgegeben wurden, und das ist bei einer schweren Epidemie der Fall. Die Heuschrecken lassen sich bevorzugt in Gebieten mit einer ungewöhnlich großen Pflanzenvielfalt nieder – und aufgegebenes Kulturland erfüllt diese Bedingung. Solange das Land kultiviert ist, wird die Zahl der Spezies absichtlich sehr klein gehalten – und in der freien Natur sorgt der Konkurrenzdruck der verschiedenen Spezies dafür, daß die Vielfalt relativ gering bleibt. Doch wenn Kulturland aufgegeben wird, gedeiht dort etwa fünf Jahre lang eine große Vielfalt von Wildpflanzen, bis der natürliche Konkurrenzdruck ihre Zahl wieder vermindert. In dieser Zeitspanne finden Heuschrecken ideale Bedingungen vor. Wenn große Flächen auf einmal brach gelassen werden, steigt die Zahl der Heuschrecken dramatisch an, weil sie sich angesichts des reichlichen Nahrungsangebots stark vermehren und sich infolgedessen auch rasch ausbreiten. Zwei andere Faktoren tragen zusätzlich zur starken Vermehrung bei: Erstens überleben Heuschreckeneier besser in brachliegendem Land als in Kulturland, weil sie beim Pflügen an die Oberfläche gelangen, dem Sonnenlicht ausgesetzt werden und absterben. Und zweitens ist ehemaliges Kulturland weitgehend von den Parasiten frei, die Heuschreckeneier befallen. Ein Heuschreckenschwarm, der, wie von Gregor von Tours beschrieben, eine Fläche von 5000 Quadratmeilen in Spanien bedeckte, hätte aus rund 770 Milliarden Insekten bestanden und pro Tag 1,5 Millionen Tonnen Pflanzen und Laub gefressen.

6. Während der Pestpandemie im 6. und 7. Jahrhundert müssen zahllose Städte und Dörfer ganz oder teilweise entvölkert worden sein. Johannes von Ephesos berichtete schon zu Beginn der Pestepidemie von »verlassenen« Dörfern, und später im 6. Jahrhundert schrieb Evagrius, einige Städte seien »vollkommen menschenleer« gewesen. Heute ist es für die Archäologen jedoch schwierig herauszufinden, welche Städte und Dörfer genau – ganz oder teilweise – wegen der Pest verlassen wurden und nicht infolge von kriegerischen Ereignissen oder einem allgemeinen wirtschaftlichen Niedergang. Wenn man jedoch klärt, wann bestimmte Städte oder Siedlungen einen besonders starken Bevölkerungsrückgang verzeichneten, kann man Rückschlüsse ziehen, welche archäologischen Fundstätten ganz oder zu wesentlichen Teilen als Folge der Pest aufgegeben wurden. Vermutlich vollständig aufgegeben wurden Anamur, Anavarza, Çanbazli, Corycus, Dagpazari und Kamlidivane (alle in der Südtürkei); El Bara, Sinhar, Deir Sim'an, Sergilla und Kfer (in Nordsyrien) sowie Dion am Fuße des Olymp in Griechenland. Vermutlich teilweise (und einige später wohl ganz) aufgeben wurden etliche Orte in Tunesien: Dougga, Sbeitla, Thurburbo Majus und der nördliche Teil von Karthago. Hinweise auf drastische Entvölkerung gibt es auch aus ländlichen Gebieten. Entsprechende Untersuchungen in Tunesien haben gezeigt, daß die Bevölkerungsdichte auf dem Land in der Gegend um Karthago im Zeitraum zwischen 550 und 650 um rund 50 Prozent zurückging und in der Gegend um Dougga im Zeitraum 550 bis 600 sogar um 70 Prozent.

Kapitel 2

1. Rhapta nannten die Griechen diese Stadt. Der Name bedeutet in Altgriechisch »geflochtene Boote« und rührt wahrscheinlich daher, daß die Einwohner vermutlich Boote benutzten, deren Planken von Strikken zusammengehalten wurden.
2. Claudius Ptolemäus, *Geographie,* zitiert nach: *The Geography,* über-

setzt und hrsg. von E. L. Stevenson, veröffentlicht von der New York Public Library, 1932, Neuauflage Mineola, New York 1991, S. 38.

3. *The Periplus Maris Erythraei*, Text mit Einleitung, Übersetzung und Kommentar von L. Casson, Princeton University Press 1989, S. 61.
4. Aus Ptolemäus.
5. Aus *Periplus Maris Erythraei.*
6. Nähere Einzelheiten über diese Umstellung finden sich an späterer Stelle in diesem Kapitel.
7. Der Pesterreger heißt *Yersinia pestis*, ehemals *Pasteurella pestis*.
8. Die Pest im 6. und 7. Jahrhundert war der erste eindeutig nachgewiesene Ausbruch der Krankheit. Freilich muß es schon vorher größere Pandemien gegeben haben, die historisch nicht belegt sind oder die heutige Historiker nicht eindeutig mit der Pest in Zusammenhang bringen. Die Pandemie im frühen Mittelalter ebbte um 750 ab, und die bekannte Welt wurde erst im 14. Jahrhundert wieder vom Schwarzen Tod heimgesucht. Vereinzelte Pestepidemien befielen verschiedene Teile Europas im 15. und 16. Jahrhundert und wüteten in der zweiten Hälfte des 17. Jahrhunderts auch in Großbritannien, auf dem europäischen Festland und im Nahen Osten. Mitte des 19. Jahrhunderts brach eine dritte große Pandemie aus, diesmal in China. Zwischen 1894 und 1923 breitete sich die Krankheit von China über die Welt aus – vor allem nach Indien – und hinterließ Millionen von Toten.
9. Der erste eindeutige Nachweis, daß die Pestpandemie im 6. und 7. Jahrhundert von Afrika und nicht von Asien ausging, findet sich in einem unveröffentlichten Aufsatz mit dem Titel *The Justiniac Plague – Probable Origins, Possible Effects*, den Peter Sarris für ein Seminar im Mai 1993 an der Oxford University verfaßte.
10. Nach einer jemenitischen Inschrift. Siehe auch Kapitel 8.
11. Es liegen keinerlei gesicherte Erkenntnisse vor, daß es vor der Mitte des 6. Jahrhunderts schon eine andere Pestepidemie im Mittleren Osten und im Mittelmeerraum gab, obwohl es eindeutig irgendwann in der Antike einen Pestausbruch gegeben haben muß.
12. Siehe hierzu auch die Einleitung und Kapitel 30.
13. Siehe auch Kapitel 8.
14. Nachdem sich ein Floh infiziert hat, dauert es bis zur Blockierung seines Darms 5–14 Tage.
15. Die Krankheit wird weitergegeben, weil der Floh wegen des verstopften Darms seine Nahrung, das heißt Blut, wieder ausspeit.
16. Praktisch alle Säugetiere können sich mit der Pest infizieren. Menschen, Katzen und einige Nager sind sogar in sehr hohem Maße gefährdet, während andere, zum Beispiel Hunde, eher resistent sind.

17. Die Bantu – heute Afrikas größte Sprachgruppe – kamen ursprünglich aus dem Zentralwestafrika und breiteten sich um 500 v. Chr. von dort über große Teile von Ostafrika und zwischen den Jahren 1 und 500 n. Chr. über andere Gebiete aus. Sie leben von jeher vom Ackerbau, vor allem von Hackfrüchten.
18. Die Kuschiten waren – und sind – eine große, überwiegend Viehzucht betreibende afrikanische Sprachengruppe, die in prähistorischer Zeit in Äthiopien ansässig war. Vor zirka 2000 Jahren, in ihrer Blütezeit, bewohnten sie große Gebiete im heutigen Tansania, Kenia, Uganda, Somalia, Äthiopien, Sudan und Ostägypten.
19. Ein Stoßzahn wiegt zwischen 5 und 10 Kilo, meistens wurden große, als Einzelgänger lebende ausgewachsene Elefantenbullen getötet. Heute gibt es 500 000 Elefanten in Afrika, noch vor 20 Jahren waren es 1,2 Millionen, und vor 1500 Jahren waren es wahrscheinlich mehrere Millionen – das Erlegen von bis zu 5000 pro Jahr dürfte die Populationen also nicht spürbar vermindert haben. An einer Ausgrabungsstätte auf der Insel Sansibar – Unguja-ukuu – fand man Hinweise auf Handel zwischen Ostafrika und dem Römischen Reich: Töpferwaren, die mittels der Radiokarbonmethode und nach stilistischen Merkmalen auf Mitte des 6. Jahrhunderts n. Chr. datiert werden konnten. Interessanterweise förderten die Ausgrabungen in derselben Schicht, in der die Töpferwaren gefunden wurden, auch Knochen von *Rattus rattus* und anderen großen Nagetieren zutage. Offensichtlich wurden die Tiere gefangen und gegessen – ein fatales Einfallstor für die Pest.

Kapitel 3

1. Vor allem die Geschichte der Zhou-Dynastie, das *Zhou shu*, das im frühen 7. Jahrhundert verfaßt wurde.
2. Bei den Chinesen bekannt als die »Rou ran« oder »Ruan ruan« – wörtlich die »Ringelwürmer«.
3. Die Uiguren, ursprünglich türkische Nomaden aus der nördlichen Mongolei und dem südlichen Sibirien, beherrschten die Mongolei über viele Generationen hinweg, bis sie, 840 von den Kirgisen besiegt, schließlich Bauern wurden. Heute gibt es sechs Millionen Uiguren in China und Kasachstan, und sie erleben seit 1921 eine nationale und kulturelle Erneuerung.
4. Die Kirgisen sind ein türksprachiges Volk altsibirischen Ursprungs aus der Jenissej-Region. Seit dem Spätmittelalter sind sie im heutigen Kirgisien ansässig.

5. Khatanga, Nordsibirien, Baumringdaten, zusammengestellt von Stepan Schijatow und Raschit Hantemirow von der Universiät Jekaterinburg.
6. Aus dem *Zhou shu* wissen wir, daß die Türken zu dieser Zeit in der Metallverarbeitung tätig waren und daß ihr Hauptstamm – das Asina-Volk – ursprünglich Landwirtschaft betrieben hatte, so wahrscheinlich auch Rinderzucht. Einige zentralasiatische Türkstämme halten noch heute große Rinderherden.
7. Voraussetzung für die Machtausübung der Awaren (das gilt für alle herrschenden Gruppen der nomadischen Steppenvölker), waren Beweglichkeit und militärische Stärke. Für beides brauchten sie Pferde – und zwar etliche Pferde für jeden männlichen Krieger. Aber die Abhängigkeit von Mobilität und Pferden schränkte ihre ökonomischen Möglichkeiten erheblich ein auf bewegliches Vieh (in erster Linie wiederum Pferde), und deshalb waren sie noch anfälliger für Klimastörungen (zumal die Pferde, wie wir wissen, unter klimatischen Problemen stark litten). Aber schwere Klimastörungen kamen selten vor. Die alltägliche und alljährliche Behauptung ihrer politischen und militärischen Macht – mit den damit verbundenen Anforderungen an Beweglichkeit und Pferdebestand – war deshalb wichtiger als ökonomische Diversifikation und die Fähigkeit, ungewöhnliche Klimabedingungen überstehen zu können.
8. Alternative Schreibweise: A-Na-Kuei.
9. Die Praxis der Türken, Sklaven zu nehmen, wird in Inschriften aus dem achten Jahrhundert, die sich auf frühere Zeiten beziehen, sowie in oströmischen Quellen erwähnt.
10. Dem *Bei shi* zufolge flohen einige auch nach China. Dort wurden sie gefangengenommen und den Türken übergeben. Alle männlichen Gefangenen über 16 Jahre – insgesamt rund 3000 – wurden enthauptet, die jüngeren in die Sklaverei geführt.
11. In dem Jahrzehnt nach dem Höhepunkt der Dürre kann sich der Pferdebestand wieder etwas erholt haben, aber nicht rasch genug und nicht so stark, daß die Awaren in ihre alte Machtposition zurückgelangen konnten.
12. Die Kutriguren wurden von den Awaren erstmals Mitte der fünfziger Jahre des 6. Jahrhunderts angegriffen. Sie flohen daraufhin nach Westen und drangen auf römisches Gebiet vor, wo sie große Verwüstungen anrichteten. Von dort zogen sie sich wieder zurück und wurden in den sechziger Jahren des 6. Jahrhunderts erneut von den Awaren angegriffen und endgültig besiegt.

Kapitel 4

1. Aus dem *Strategikon*, das Kaiser Maurikios um 590 verfaßte und vermutlich von Kaiser Herakleios um 620 überarbeitet wurde; nach einer englischen Übersetzung von George T. Dennis, University of Pennsylvania Press. Wie bereits gesagt, gehörten zu den Awarenhorden auch viele Angehörigen anderer Steppenvölker.
2. Prokop, *Über die Kriege,* nach einer englischen Übersetzung von H. B. Dewing, die in der Reihe Loeb Classical Library bei Harvard University Press erschien.
3. Ebenda.
4. Unveröffentlichte englische Übersetzung von Peter Llewellyn, ehemals University of Wales.
5. Michael Whitby, *The Emperor Maurice and his Historian*, OUP 1988.
6. Maurikios' Feldzug gegen die Awaren dauerte mit Unterbrechungen von 591 bis 602. Es war sein erster langer und vor allem sein erster Angriffskrieg gegen sie. Frühere militärische Operationen gegen die Awaren – 587 und 589 – dienten in erster Linie der Verteidigung und waren stets rasch abgeschlossen.

Kapitel 5

1. Sein jüngster Sohn, dessen Name vermutlich Justinian war.
2. Aus der *Chronik* des Theophanes, verfaßt ca. 813 und zum Teil basierend auf den heute größtenteils verschollenen Werken des im 7. Jahrhundert wirkenden Geschichtsschreibers Theophylakt; eigens für dieses Buch bearbeitet von Michael Whitby nach der Übersetzung von Harry Turtledove, University of Pennsylvania Press, 1982.
3. Theophanes.
4. Theophanes.
5. Die Anhänger einer der beiden wichtigsten Zirkusparteien des Kaisers, deren Farbe grün war.
6. Den Prätorianerpräfekten Konstantin Lardys.
7. Theophanes.
8. Tiberius, Peter, Paul, Justinus und Justinian – nicht jedoch sein ältester Sohn Theodosius, dessen Schicksal noch immer im Dunkeln liegt. Einigen Quellen zufolge wurde er gefangengenommen und hingerichtet. Andere besagen, daß er nach Persien geflohen und dort vom persischen Herrscher Chosrau II. zum »Kaiser im Exil« gekrönt wor-

den sei, doch viele Historiker sind der Ansicht, daß der »Exilkaiser« ein Schwindler war.

9. Anastasia, Theoktiste und Kleopatra.
10. Der kaiserliche Beamte, der für das Steuerwesen und die Finanzverwaltung zuständig war.
11. *Chronicon Paschale.* Zitiert nach einer unveröffentlichten Übersetzung von Peter Llewellyn, ehemals University of Wales. Das *Chronicon Paschale* wurde von anonymen Klerikern in der ersten Hälfte des 7. Jahrhunderts in Konstantinopel verfaßt. Eine Übersetzung von Michael und Mary Whitby erschien 1989 bei Liverpool University Press.
12. 591 hatte Maurikios Chosrau II., der mit seiner Familie durch einen Staatsstreich im Jahr zuvor entmachtet worden war, wieder auf den Thron geholfen.
13. Nach dem im späten 7. Jahrhundert wirkenden ägyptischen Bischof und Chronisten Johannes von Nikiu.
14. Theophanes.
15. R. H. Charles, *Johannes von Nikiu,* London 1916.
16. *Die Wunder des heiligen Demetrius.*
17. *Chronicon Paschale.*
18. Theophanes.

Kapitel 6

1. In der Spätantike und im Mittelalter trug das heutige Split auch die Namen Aspalathos, Spalaton, Palatium und Spalato.
2. Aus *Die Wunder des heiligen Demetrius.*
3. Vasmer führte seine Studien in den dreißiger Jahren durch und veröffentlichte sie 1941. Seine Arbeit ist vor allem in Griechenland umstritten, doch das von ihm ermittelte Ortsnamenmuster ist vermutlich recht genau. Es belegt einen bedeutenden slawischen Zustrom im 6. und 7. Jahrhundert und zweifelsohne noch mehrere nachfolgende Zuwanderungswellen.
4. In den letzten Jahrzehnten wurden viele dieser slawischen Ortsnamen in neue griechische umgewandelt.
5. *Die Wunder des heiligen Demetrius.* Das erste Wunder der zweiten Sammlung.
6. Vasmer, 1941.
7. *Die Wunder des heiligen Demetrius.* Das zweite Wunder der zweiten Sammlung.

8. Aus dem Buch *De Persica captivitate,* geschrieben ca. 620 von dem Mönch Antiochus Strategus, übersetzt von F. C. Conybeare, in: *English Historical Review,* Bd. 25, 1910, S. 502–517.
9. Antiochus Strategus.
10. Antiochus Strategus.
11. Aus dem *Chronicon Paschale.*
12. Aus dem *Chronicon Paschale.*

Kapitel 7

1. Städte verbrauchten das staatliche Vermögen eher, als daß sie es vermehrten, daher die Diskrepanz zwischen 33 Prozent Bevölkerungsrückgang und 10 bis 15 Prozent Verlust beim »Bruttosozialprodukt«.
2. Laut Prokop und Johannes Lydus durch Justinian.
3. Es gab einfach weniger Bürger, um die Stadtmauern zu bemannen.
4. Siehe Kapitel 4.
5. Islam bedeutet »unbedingte Ergebung« in den Willen Gottes.

Kapitel 8

1. Sure 34, Verse 16–19. Alle Koranzitate in diesem Buch sind der bei Reclam erschienenen Übersetzung von Max Henning entnommen.
2. Irgendwann zwischen 541 und 548, höchstwahrscheinlich 542 oder 547, je nach Interpretation des alten jemenitischen Datierungssystems. Der Bruch des Dammes (und spätere weitere Dammbrüche) wurde geomorphologisch von dem Schweizer Forscher Ueli Brunner nachgewiesen: *Die Erforschung der antiken Oase von Marib mit Hilfe von geomorphologischen Untersuchungsmethoden,* Bd. 2 der Reihe *Archäologische Berichte aus dem Yemen,* Mainz 1983. Andere Bewässerungssysteme im Jemen könnten ebenfalls etwa um dieselbe Zeit beschädigt oder aufgegeben worden sein. Brunner hat seit 1992 im Wadi Markhah ein halbes Dutzend Siedlungen gefunden, darunter vier kleine Städte, die anscheinend im 6. oder 7. Jahrhundert aufgegeben wurden. Dies ist sogar in der arabischen Überlieferung präsent. Es heißt, viele Menschen hätten Wadi Markhah verlassen und sich den Zügen der frühen Islam-Anhänger angeschlossen. Eine Gruppe, die nach der lokalen Überlieferung *nicht* wegging, heißt bis heute noch al-Nisiyin, das vergessene Volk. In einem anderen Gebiet, Wadi Jawf im Nordjemen, gibt es mindestens ein Dutzend verlassene Siedlun-

gen, die meisten wurden wahrscheinlich ebenfalls im 6. oder 7. Jahrhundert aufgegeben.

3. Der arabische Historiker Ibn Hisham, nach den Anmerkungen von *The Life of Muhammad – a Translation of Ishaq's Sirat rasul Allah*, Hrsg. A. Guillaume, 1955/1967/1996.
4. *The History of al-Tabari,* übersetzt und mit Anmerkungen versehen von W. Montgomery Watt und M. V. McDonald, State University New York Press 1998, Bd. VI, S. 17.
5. Ebenda S. 16.
6. A. Guillaume, *The Life of Muhammad – a Translation of Ibn Ishaq's Sirat Rasul Allah,* Oxford University Press, Karachi 1967.
7. Theophalact Simoccata. Der genaue Wortlaut nach der Übersetzung von Michael Whitby: »Der Tag ohne Abend wird unter den Sterblichen anbrechen und das erwartete Schicksal wird regieren, wenn die Kräfte der Zerstörung der Vernichtung anheimgegeben sind und jene des besseren Lebens ihre Herrschaft beginnen.« Der »Tag ohne Abend« und das »erwartete Schicksal« beziehen sich auf das Jahrtausend der göttlichen Herrschaft und des Friedens, das, wie die Christen glaubten, der Apokalypse vorangehen sollte. Es sollte eine Art tausendjähriger Sabbat sein, dem sechs Jahrtausende weltlicher Geschichte folgen würden, wie auf den geheiligten Sabbat, den christlichen Tag des Herrn, die sechs weltlichen Tage der Woche folgen. Die »Kräfte der Zerstörung« beziehen sich auf Satan.
8. Da die Juden Christus nicht als den Messias ansahen, warteten sie noch immer auf dessen Ankunft.
9. *Doctrina Iacobi Nuperbaptizati,* Die Lehre des neu getauften Jakob. A. H. M. Jones, *The Later Roman Empire 284–602. A Social Economic and Administrative Survey,* Oxford 1964, 1990, S. 317.
10. *Doctrina Iacobi Nuperbaptizati.*
11. Der Koran, das heilige Buch des Islam, wird von den Muslimen als Wort Gottes betrachtet, wie es Mohammed zwischen 600 und 632 in einer Reihe von Begegnungen mit dem Engel Gabriel offenbart wurde.
12. Sure 30, Vers 2 und 7.
13. Sure 30, Vers 10.
14. Sure 20, Vers 102.
15. Sure 20, Vers 124.
16. Sure 20, Vers 127.
17. Mughira Ibn Shu'ba im *Kitab al-Kharaj* von Abu Yusef Yaqub Ibn Ibrahim.
18. Sure 8, Vers 52.

19. Sure 8, Vers 55.
20. Sure 8, Vers 65.
21. Sure 8, Vers 12 und 13.
22. Sure 8, Vers 15.
23. Sure 8, Vers 16.
24. Sure 8, Vers 67.
25. Nach dem arabischen Historiker Ibn Hisham, zitiert in: P. Crone, *Meccan Trade and the Rise of Islam.* Princeton University Press 1987, S. 242.
26. Abid Ibn al-Abras IV, 14 : 17, in der Übersetzung von C. J. Lyall, *The Diwans of Abid Ibn al-Abras,* zitiert bei P. Crone, *Meccan Trade and the Rise of Islam.*
27. Die Etymologie von *mashrafi* ist unklar. Unterschiedliche Interpretationen gehen entweder von einem südsyrischen oder einem jemenitischen Ursprung der Waffe aus. Wieder andere vermuten, daß die Waffe von einem berühmten Schmied gleichen Namens gefertigt wurde.
28. Ibn Hisham, in der Übersetzung von Guillaume und zitiert in: P. Crone, *Meccan Trade and the Rise of Islam.* S. 244.
29. Aus: *Meccan Trade and the Rise of Islam.*

Kapitel 9

1. Dieses Bild ist in einer aus dem 15. Jahrhundert stammenden illuminierten Manuskriptedition eines islamischen Werkes aus dem 11. Jahrhundert enthalten, dem *Königsbuch* des persischen Dichters Firdausi, heute in der Oxforder Bodleian Library. Der früheste Verweis auf die Vorstellung, daß Alexander der Kaaba seine Reverenz erwies, findet sich jedoch in einem arabischen Werk aus dem 8. Jahrhundert: *Das Buch der Krone der Könige von Himjar*, von dem arabischen Autor Wahb Ibn Munabbih.
2. Die Kaaba, das heiligste Bauwerk in der muslimischen Welt, war schon in präislamischen Zeiten ein geheiligter Ort. Obwohl sie mehrfach wiederaufgebaut wurde, hat sie ihre alte Form bewahrt. Sie besteht aus einem 12 Meter langen, 10 Meter breiten und 15 Meter hohen Raum, mit einer würfelförmigen Ummauerung, die nur wenig größer ist. In der südöstlichen Ecke ist ein großer schwarzer Meteorit eingelassen, und der gesamte Bau ist mit schwarzer Seide bedeckt. Die Kaaba ist dem Islam heilig, seit Mohammed im Jahre 630 Mekka eroberte und heidnische Idole entfernen ließ.
3. Siehe hierzu auch Kapitel 7.

4. Es war das erste Mal, daß christliche Soldaten, die im Militärdienst gefallen waren, von der Kirche zu Märtyrern erklärt wurden (einige Jahrhunderte später wurde daraus die Heiligsprechung). Tatsächlich war die Kirche zunächst nicht bereit, sie zu Märtyrern zu erklären, wurde aber von Kaiser Herakleios dazu gezwungen. Bis zu diesem Zeitpunkt hatte sich die Kirche stets dagegen gewehrt, daß moralische Billigung für militärische Zwecke eingesetzt wurde.
5. Nach al-Tabari, einem islamischen Geschichtsschreiber und persischen Bürger Bagdads aus dem 9. bzw. frühen 10. Jahrhundert. Zitiert in *Meccan Trade and the Rise of Islam* von P. Crone, S. 245.

Kapitel 10

1. Theophanes.
2. Sayf Ibn Umar.
3. Eutychius, *Annalen*, Breydy 129 Text, 109, nach der englischen Übersetzung.
4. *Doctrina Iacobi Nuperbaptizati*.

Kapitel 11

1. Das *Zhou shu*.
2. Ebenda.
3. Die Samaniden waren Angehörige einer iranisch-islamischen Dynastie, die im Namen des Kalifats vom frühen 9. Jahrhundert bis 1005 im Gebiet des heutigen östlichen Iran, im westlichen Afghanistan und in Teilen Usbekistans und Turkmenistans herrschte.
4. Ghasnawiden war der Name der Dynastie.
5. Vermutlich die maßgebende ethnische Gruppe innerhalb des Ghasnawidenstaates.
6. Ein äußerst kriegerisches schiitisches Bergvolk, das seine Machtbasis im Iran hatte.
7. In der Nähe des Sees Van im Osten der heutigen Osttürkei.
8. Erst im 19. Jahrhundert bezeichneten viktorianische Historiker das Oströmische Reich des 7. bis 15. Jahrhunderts als »Byzantinisches Reich«. Bis zum 16. Jahrhundert existierte der Begriff nicht.
9. Die muslimischen Osmanen wurden in Byzanz als bezahlte Verbündete von einer der beteiligten Parteien im dynastischen Streit eingesetzt.

Kapitel 12

1. Arthur Koestler, *Der dreizehnte Stamm – das Reich der Khasaren und sein Erbe,* Wien, München, Zürich 1977, S. 80 f.; der gesamte Wortlaut der Korrespondenz ist veröffentlicht in *Jewish Letters through the Ages* von Adolf Kober.
2. Er stand dem Haushalt des Kalifen vor und regelte als oberster Minister die innen- und außenpolitischen Belange des Staates. Er war vermutlich noch bedeutender als der offizielle »Premierminister«, der Wesir des Kalifen.
3. Hasdai Ibn Schaprut hatte durch römische (byzantinische) Diplomaten von der Existenz eines jüdischen Königreiches erfahren.
4. Vgl. Kapitel 3 und 11.
5. Das Kalifat der Umajjiden und dann das der Abbasiden.
6. Der Khasarenhof befand sich in der Hauptstadt Itil (Atil – der türkische Name für die Wolga), im Delta des großen Flusses. Ihre genaue Lage ist bis heute nicht eindeutig gesichert. Manche Forscher vermuten, daß sie jetzt im Kaspischen Meer liegt, sozusagen ein Atlantis der Steppe, das vom steigenden Meeresspiegel verschlungen wurde. Andere glauben, daß sie noch immer an Land ihrer archäologischen Entdeckung harrt, irgendwo in der Nähe der modernen russischen Stadt Astrakhan.
7. *Buch der Königreiche und Straßen.*
8. Koestler, *Der dreizehnte Stamm*, S. 77.
9. Heute leben weltweit nur wenige Karaiten, vor allem in Israel, Rußland und den Vereinigten Staaten.
10. Aus einem Brief von König Joseph an Hasdai Ibn Schaprut in Spanien, in: Koestler, S. 83.
11. Die übrige Bevölkerung des Khasarenreiches setzte sich hauptsächlich aus Türkgruppen zusammen (Bulgaren etc.) sowie unter anderem aus Slawen und wahrscheinlich einigen Goten und Iranern.
12. Die Herrscher des präosmanischen Seldschukenreiches der Türkei.
13. Qazwini.
14. Vermutung von D. M. Dunlop; vgl. Koestler, S. 156.
15. Vgl. Koestler, S. 156/7.
16. Das Steppenvolk der Petschenegen lebte als Nomaden zwischen dem Ural und der Wolga. Im späten 8. und im 9. Jahrhundert wurde es von anderen Stämmen Richtung Westen vertrieben. Dabei geriet es in Konflikt mit den Magyaren und zwang diese, nach Westen in das Gebiet des heutigen Ungarn zu ziehen.
17. Kirchenkonzil von Preßburg, 1309.

18. Die Briefe sind erschienen in: N. Golb und O. Pritsak, *Khazarian Hebrew Documents of the 10th Century*, Ithaca 1982.
19. Im ausgehenden Mittelalter zogen diese Zentren zahlreiche Karaiten an.
20. Ibn al-Faqih schrieb im frühen 10. Jahrhundert, »alle Khasaren sind Juden, aber sie sind erst kürzlich übergetreten«. Ibn Fadlan, der das Khasarenreich 921 bereiste, berichtete: »Die Khasaren und ihr König sind allesamt Juden.«
21. Ein heidnisch gebliebenes Khasarenreich wäre irgendwann einmal sicher islamisch geworden, doch nachdem es eine andere Form des Monotheismus übernommen hatte, wurde der Übertritt zum Islam weniger wahrscheinlich.
22. Dieses DNA-Material wurde veröffentlicht in *Nature,* Bd. 394, 9. Juli 1998, S. 138 f., und zwar im Rahmen des Aufsatzes von M. G. Thomas et al. »Origins of Old Testament Priests«.
23. Der Text dieses Briefes aus dem 10. Jahrhundert findet sich bei Golb und Pritsak, a. a. O.
24. Die Aschkenasim machen heute rund 80 Prozent der Juden weltweit aus – d. h. etwa 11,5 Millionen von 14 Millionen, vor allem in der Diaspora. Die gesamte sephardische Weltbevölkerung beträgt 2,5 Millionen, sie leben hauptsächlich in Israel.

Kapitel 13

1. Siehe dazu auch Kapitel 15.
2. Ich beziehe mich auf meine Untersuchung aller 60 Einträge über das Wetter in Großbritannien und dem nahen kontinentalen Festland in der Zeit von 480 bis 650, in: Meteorological Office, Geophysical Memoirs, Nummer 70, *Meteorological Chronology to AD 1450* von C. E. Britton, HMSO, 1937. C. E. Britton kompilierte seine Chronologie anhand von Informationen aus zahlreichen mittelalterlichen und späteren Chroniken und Erhebungen. Seine Hauptquelle für diesen Zeitraum ist eine Untersuchung von Dr. Thomas Short aus dem 18. Jahrhundert (1749 in zwei Bänden unter dem Titel *A General Chronological History of the Air, Weather, Seasons, Meteors, etc.* in London erschienen). Die Arbeit beruft sich offenbar auf viele mittelalterliche Quellen, von denen wahrscheinlich einige heute nicht mehr erhalten sind. Ich nehme an, daß die auf Shorts Arbeit zurückgehenden Einträge für das 6. Jahrhundert alles in allem verläßlich sind, weil sich viele davon auf die Zeit von ca. 535 bis 555 konzentrieren – also genau auf

den Zeitraum, als das Weltklima in einem instabilen Zustand war. Britton dagegen, der von den umfassenderen internationalen Belegen keine Kenntnis hatte, mußte sie natürlich für erfunden halten. In der Einleitung zu seiner Chronologie stellte er fest, daß Short fünfzehn Jahre lang forschte und daß »er eine ungeheure Mühe darauf verwandte, unbekannte Quellen aufzuspüren«. Die wichtigsten auf Short zurückgehenden Einträge für den betreffenden Zeitraum (erwähnt auf den Seiten 112 und 114) aus Brittons *Meteorological Chronology* beziehen sich auf die Jahre 536, 540, 548, 550 und 555. Der Eintrag für 545 in Brittons Arbeit stammt aus *Natural Phenomena: A Chronology of the Seasons* von Edward J. Lowe (erschienen in London 1870). Der Eintrag für 554 stammt von Rogerus de Winde. Ein weiterer wichtiger Eintrag, aus der Regierungszeit des Königs Ochte von Kent, auf den in Anmerkung 6 näher eingegangen wird, stammt aus *The History of England* von John Seller (London 1696), der vermutlich aus einer heute verschollenen mittelalterlichen Quelle zitiert.

3. Vgl. Einführung und Kapitel 30.
4. Mit Ausnahme derjenigen in England, die sich weniger als ein Jahrzehnt vor seiner Geburt ereignete.
5. Short, zitiert in *A Meteorological Chronology up to 1450*. Meteorolocical Office/HMSO, 1937.
6. Short kam dem wahren Datum vermutlich näher. Es gibt zwei britische Quellen, die sich wahrscheinlich auf die klimatischen Ereignisse von 535/536 beziehen. Zunächst einmal besagt eine mittelalterliche Quelle, die in *A Meteorological Chronology up to 1450*, HMSO, 1937, unter Berufung auf *The History of England* von John Seller, London 1696, zitiert wird, daß unter der Herrschaft von Octha (vermutlich ein König von Kent, ca. 525 – ca. 550) »seltsame Erscheinungen« gesichtet wurden, »nämlich Drachen und Löwen und andere wilde Tiere, die in der Luft miteinander kämpften« und daß »es im Westen von Kent Weizen regnete und bald darauf große Tropfen Blut, worauf eine schreckliche Not [Hungersnot] folgte«. Rogerus de Wilde beschreibt offenbar dasselbe Ereignis, wenn er nicht nur von dem Blut aus den Wolken und dem schrecklichen Sterben spricht, sondern auch festhält, daß »in Gallien [Frankreich] ein Komet auftauchte, so gewaltig, als stünde der ganze Himmel in Flammen«. De Wilde datiert das von ihm geschilderte Ereignis auf das Jahr 541, doch Short ist der Auffassung, daß der Blutregen – und somit auch die anderen Ereignisse – im Jahre 535 stattfand. Bezeichnenderweise sind diese Berichte die einzigen Schilderungen ihrer Art aus britischen Quellen für das gesamte 6. Jahrhundert, und ich halte es für un-

wahrscheinlich, daß aufgrund eines vorbeifliegenden Kometen der Himmel aussieht, »als stünde er in Flammen«. Kometen leuchten hauptsächlich weiß vor dem schwarzen Nachthimmel. Das Wort »Flammen« deutet aber auf eine rote oder rötliche Farbe hin. Es ist daher wahrscheinlicher, daß Staub in der Atmosphäre – der gleiche Staub, der die Sonne trübte (Prokop etc.) – auch den roten Regen verursachte, die Blutstropfen, und einen äußerst düsteren, rotgefärbten und ungewöhnlichen Himmel mit bizarren Wolkenbildern, die die Menschen im 6. Jahrhundert durchaus als miteinander kämpfende wilde Tiere gedeutet haben könnten. Ebenso ist denkbar, daß ein gewaltiger roter Staubstreifen in großer Höhe in jener Zeit als eine Art »großer Komet« beschrieben wurde.

7. Siehe dazu auch Kapitel 16.
8. In den *Annales Cambriae* wird Artus' Tod auf das Jahr 537 datiert. Im selben Jahr soll laut den *Annales* »die Schlacht bei Camlan« stattgefunden haben, in der »Artus und Mordred (angeblich Artus' Neffe) fielen«; außerdem soll es in Britannien und Irland eine *mortalitas* (»ein großes Sterben«) gegeben haben (nach: Nennius, *Arthurian Period Sources*, Band 8, hrsg. und übersetzt von J. Morris, Chicester 1980). Die *mortalitas* bezieht sich möglicherweise auf die Hungersnot und/oder auf eventuelle nachfolgende Epidemien, die sowohl Britannien als auch Irland (der Brotmangel) in den Jahren 537 und 538 heimsuchten.
9. Siehe hierzu auch Kapitel 16.
10. Verfaßt von walisischen Mönchen im 10. Jahrhundert auf der Grundlage älterer, heute unbekannter Quellen.
11. Unter Leitung von Jacqueline Nowakowski von der Archaeological Unit in Cornwall.
12. Im irischen Königtum Raithliu.
13. 1966 bis 1990 ausgegraben von Philip Barker, University of Birmingham.
14. Bis um das Jahr 300 herum befand sich an dieser Stelle die Gymnastikhalle der öffentlichen Bäder.
15. Die Deutung der Ereignisse in Wroxeter basiert auf archäologischen Belegen von Roger White von der University of Birmingham und auf Gesprächen mit ihm. White hat eine gründliche Studie über die Baugeschichte des Ortes vorgelegt.
16. Die Nordmauer dieser alten Kapelle ist heute als das *Old Work* bekannt, die einzige größere in Wroxeter erhaltene Steinmetzarbeit.
17. Die einzige recht ausführlich dokumentierte Pestepidemie in England ist der Schwarze Tod. Die höchste Mortalitätsrate erreichte diese Seu-

che Ende der vierziger Jahre des 14. Jahrhunderts, als innerhalb von achtzehn Monaten 47 oder 48 Prozent der Bevölkerung starben (laut Schätzung in *The Black Death*, übersetzt und herausgegeben von Rosemary Horrox). Diese Zahlen geben jedoch nur den Durchschnitt an, und in manchen Gegenden starben weitaus mehr Menschen. So stellt Horrox fest, daß nach der häufigsten zeitgenössischen Schätzung – vermutlich aufgrund dramatischer Eindrücke in unterschiedlichen Gebieten – nur knapp ein Zehntel der Bevölkerung die Epidemie überlebte.

Kapitel 14

1. Bis heute herrscht praktisch ausnahmslos die Ansicht, daß das »wüste Land« der Artus-Epen rein fiktiv oder allenfalls von Mythen inspiriert ist.
2. Mitunter irrtümlicherweise als *Mabinogion* bezeichnet.
3. Der Titel *Annals of Ulster* ist die englische Übersetzung des lateinischen Titels *Annales Ultoniensis* – ein willkürlicher Titel, den die Engländer im 17. Jahrhundert der im späten 16. Jahrhundert verfaßten Chronik *Annale Senait* gaben. Die Chronik besteht aus Material, das aus wenigstens zwei früheren Manuskripten kopiert wurde: dem vermutlich im 10. Jahrhundert entstandenen *Liber Cuanach* und einer wahrscheinlich im 8. oder 9. Jahrhundert verfaßten Chronik unbekannten Namens, beide sind nicht erhalten geblieben. Diese Manuskripte wiederum gehen auf inzwischen längst verlorene Annalen zurück, die irische Mönche zwischen 550 und 740 auf der schottischen Insel Iona und spätere Mönche zwischen 740 und 1000 im irischen Kells schrieben.
4. Vierter Teil des *Lancelot-Graal-Zyklus*.
5. *The Old French Arthurian Vulgate and Post-Vulgate in Translation*, hrsg. von Norris J. Lacy, Nottingham 1993/96, Bd. 4, S. 65.
6. Das Wort *Mabinogi* könnte ursprünglich »Jugendtaten« oder »göttliche Jugend« bedeuten.
7. Aus *The Mabinogion*, übersetzt von Jeffrey Gantz, London 1976.
8. Wie in *Die Geschichte vom Graal* von Chrétien de Troyes aus dem 12. Jahrhundert angedeutet.
9. Dyfed in den *Mabinogi*.
10. Wird erstmals in *The History of the Kings of Britain* (*Die Geschichte der Könige Britanniens*) erwähnt und bezog sich ursprünglich vielleicht auf den Westen der Midlands.

11. *The History of the Kings of Britain* von Geoffrey of Monmouth, übersetzt von Lewis Thorpe, London 1996.
12. Aus: *Die Geschichte vom Gral* von Chrétien de Troyes.
13. Nach einem Zitat aus *The High Book of the Grail: A translation of the 13th Century Romance of Perlesvaus*, übersetzt von Nigel Bryant, hrsg. von D. S. Brewer, Lanham 1978, S. 90.
14. Nach einem Zitat aus *The Elucidation*, übersetzt von Sebastian Evans in *Sources of the Grail*, ausgewählt und mit einem Vorwort von John Matthews.
15. Nach *The Lancelot-Grail in Translation*, übersetzt von E. Jane-Burns, Nottingham 1995. Bd. 4, S. 65.
16. Nach *The Post-Vulgate in Translation*, übersetzt von Martha Asher, Nottingham 1995, Bd. 4, S. 212 ff.
17. Das Material zum Thema »wüstes Land« in den in diesem Kapitel behandelten Artus-Erzählungen wurde zusammengetragen von Elspeth Kennedy, Expertin für die mittelalterliche Artus-Epik an der Oxford University.

Kapitel 15

1. Nach einer englischen Übersetzung, erschienen in *The Age of Arthur* von John Morris, 1973. Der Name »Cynddylan« wird »Kintallen« ausgesprochen.
2. Das Phänomen der Siedlungsunterbrechung, das für den Südwesten Mitte des 6. Jahrhunderts festzustellen ist, findet sich im angelsächsischen Osten erst irgendwann in der ersten Hälfte des 7. Jahrhunderts.
3. Aus *Gildas: Arthurian Period Sources*, übersetzt von M. Winterbottom, Chicester 1978, Bd. 8.
4. Siehe Kapitel 13.
5. Siehe ebenfalls Kapitel 13.
6. Der Text im *Anglo-Saxon Chronicle* über diesen Zeitraum entstand im 9. Jahrhundert unter Verwendung heute verschollener früherer Quellen.
7. Nach einer englischen Übersetzung, erschienen in *The Age of Arthur* von John Morris. Die Aussprache des Flußnamen Dwyryw ist Dwirioo.
8. Nach einer englischen Übersetzung, erschienen in *The Age of Arthur* von John Morris. Der Ortsname Catræth wird Katrithe ausgesprochen. Die Aussprache von Mynydawc ist Minoothog.

9. Nach einer englischen Übersetzung, erschienen in *The Age of Arthur* von John Morris.
10. Entgegen der verbreiteten Annahme hat das Wort Bretwalda nichts mit dem Wort Britannien zu tun. Es leitet sich von dem Titel Brytenwalda ab, was »Großer Herrscher« bedeutet. Aufgrund einer späteren falschen Schreibweise wurde das Wort als Bretwalda mißgedeutet, was »Herrscher der Briten« bedeutet. Doch als »Großer Herrscher« war Brytenwalda tatsächlich »Herrscher von Britannien«!

Kapitel 16

1. Aus den *Annals of Ulster*, herausgegeben von Seán Mac Airt und Gearóid Mac Niocaill und veröffentlicht vom Dublin Institute for Advanced Studies, 1983.
2. Die irische Baumringchronologie für diesen Zeitraum erläutert Mike Baillie auf den Seiten 212 bis 217 der Zeitschrift *Holocene*, Bd. 4, 1994.
3. Die irische Chronik *Cronicum Scotorum* ist eine im 17. Jahrhundert entstandene Abschrift eines Originals mit unbekanntem Titel, das irgendwann zwischen dem 11. und 14. Jahrhundert verfaßt wurde. Dieses Original wiederum geht auf Annalen zurück, die irische Mönche zwischen 550 und 740 auf der schottischen Insel Iona und spätere Mönche dann zwischen 740 und 1000 in Kells in Irland schrieben.
4. Da sich die Datierungen in den diversen irischen Annalen oftmals widersprechen und in manchen Annalen Ereignisse sogar unter verschiedenen Datierungen zwei- oder dreimal auftauchen, habe ich die auf Annalen gestützte synchronisierte Chronologie herangezogen, die unlängst von dem irischen Chronologen Dan McCarthy vom Trinity College in Dublin erstellt und im Internet veröffentlicht wurde: http://www.cs.tcd.ie/Dan.McCarthy/Chronology/synchronisms/annals-chron.htm. Seine Analyse von irischen chronologischen Daten erschien in einem Artikel mit dem Titel »The Chronology of the Irish Annals« in den *Proceedings of the Royal Irish Academy*, Sektion C (1998), S. 203–255.
5. Schätzung von Matthew Stout in seinem Buch *The Irish Ringfort*, Four Courts Press, Dublin. Ringfestungen waren nicht die einzigen Verteidigungsanlagen, die damals errichtet wurden. Viele Gemeinden bauten befestigte künstliche Inseln in der Mitte von Seen. Diese als Pfahlbauten bekannten, selbstgemachten Inselfestungen müssen prak-

tisch uneinnehmbar gewesen sein. Von den Hunderten heute noch erhaltenen irischen Pfahlbauten sind nur etwa vierzehn eindeutig datiert (mit Hilfe der Dendrochronologie) – und neun wurden in der Zeit von 550 bis 620 gebaut. Die Datierungen von sieben dieser Pfahlbauten finden sich in *Tree Ring Dating und Archaeology* von M. Baillie, London 1982.

Kapitel 17

1. Aus der *Frankengeschichte* von Gregor von Tours, nach einer englischen Übersetzung, *The History of the Franks*, von Lewis Thorpe, London 1974.
2. Siehe Kapitel 2.
3. Siehe Kapitel 13 und 19.

Kapitel 18

1. Die Römer hatten die gesamte Iberische Halbinsel lange Zeit als Hispania bezeichnet, doch das war ein rein geographischer Begriff. Es ist dies das erste Mal, daß die Bezeichnung für ein politisch definiertes Gebiet, eine oströmische Provinz, von dem Wort Hispania abgeleitet wurde.
2. Das Königreich der Sweben blieb nach dem Übertritt vom Katholizismus zum häretischen Arianismus in den siebziger Jahren des 5. Jahrhunderts rund 80 Jahre arianisch.
3. Reccopolis, heute nur noch eine Ruinenstadt, liegt unweit des Dorfes Zorita de Los Canes, rund 50 Kilometer südöstlich von Guadalajara.
4. Victoriacum haben die Archäologen bis heute nicht gefunden, doch es lag in Nordspanien unweit der Grenze zum Baskenland.
5. Häufig auch als Hispanier bezeichnet.
6. Nach einer anderen Darstellung konvertierte Hermenegild erst zum Katholizismus, nachdem er sich bereits gegen seinen Vater aufgelehnt hatte; außerdem heißt es dort, er habe den katholischen Glauben nur angenommen, damit das Oströmische Reich ihm militärische Unterstützung gewährte. Welche Version auch immer zutrifft, der Übertritt veranschaulicht jedenfalls, welche Auswirkungen die oströmische Eroberung des spanischen Südens hatte.
7. Zitiert bei E. A. Thompson, *The Goths in Spain,* Oxford University Press, 1969.

8. Aus historischen Quellen ist bekannt, daß Spanien mindestens dreimal von der Pest heimgesucht wurde – 542/543 (laut *Chronik von Saragossa*) sowie 580 und 588 (laut *Frankengeschichte* von Gregor von Tours).

Kapitel 19

1. Vgl. hierzu auch Kapitel 30.
2. Das *Bei shi* sagt explizit, daß der Erlaß im »3. Monat« des chinesischen Kalenders für das Jahr 535 erging, was im abendländischen Kalender dem 18. April bis 17. Mai entspricht.
3. Aus dem *Bei shi*.
4. Kaiser Wu aus der Liang-Dynastie.
5. Es hatte schon früher Bauernaufstände gegeben, doch durch das Klimachaos und die Hungersnöte Mitte des 6. Jahrhunderts scheinen sich Häufigkeit und Intensität der Aufstände erhöht zu haben.
6. Yu Xin, *Die Klage um den Süden,* nach der Übersetzung *The Lament for the South* von William T. Graham, Cambridge University Press 1980.
7. Kaiser Jianwen, wörtlich »der Genügsame und Kultivierte«.
8. Zweifellos hatte auch der Norden entsetzlich unter den Klimastörungen Mitte des 6. Jahrhunderts zu leiden. Politisch jedoch schädigte die Katastrophe den Süden mehr als den Norden. 534 hatte sich der nordchinesische Staat (der zuvor 94 Jahre vereint gewesen war) in einen westlichen und einen östlichen Teil gespalten, beide Teile waren miteinander verfeindet. Entsprechend der Tradition im Norden üblich entwickelten die beiden nördlichen Staaten (Nordwesten und Nordosten) trotz der Klimaprobleme stark zentralisierte Verwaltungssysteme. Dies war im Norden aus zweierlei Gründen wesentlich einfacher als im Süden: Erstens war das Wirtschafts- und Sozialsystem im Norden weitaus weniger komplex als im Süden und konnte daher leichter zentralisiert werden. Und zweitens waren die im Norden herrschenden Dynastien nicht chinesischer, sondern mongolischer Abstammung und stützten ihre Macht auf die Soldaten der militärischen Kaste mongolischen Ursprungs. Diese war nicht von der Landwirtschaft abhängig und mußte auch nicht mit Steuergeldern unterhalten werden. Im Gegensatz dazu war der Süden auf Söldnertruppen angewiesen, die einen vergleichsweise niedrigen gesellschaftlichen Status hatten und mit Steuergeldern bezahlt wurden. Im Norden wurde die zentralisierte Regierungsmacht gefestigt, indem man Innovationen

bei der Bekämpfung der Hungersnot und beim Erheben von Steuern entwickelte, eine Landreform durchführte und sich der Treue des Militärs versicherte. Dann eroberte der nordwestliche chinesische Staat 557 seinen nordöstlichen Rivalen, so daß ein vereintes nordchinesisches Reich entstand, das schon bald den durch die Auswirkungen der Klimastörung stärker verwundbaren Süden angreifen und besiegen sollte.

Kapitel 20

1. Gekürzte Version des ausführlichen, 20 Punkte umfassenden Anklageschreibens, das der Kaiser von Nordchina seinem südlichen Widerpart sandte.
2. Die Einzelheiten des Kriegszuges sind den Annalen der Sui-Dynastie entnommen, dem *Sui shu*.
3. Der Tai-See.
4. Das *Sui shu*.
5. Zitiert nach Arthur Wright, *The Sui Dynasty,* New York.

Kapitel 21

1. Das *Samguk sagi – die Geschichten der drei Reiche* wurde Mitte des 12. Jahrhunderts verfaßt und basiert hauptsächlich auf heute verlorenem Quellenmaterial.
2. Zu Japan vgl. Kapitel 22.
3. Das Jahr 535 wird von dem renommierten koreanischen Historiker Ki-Baik Lee auf S. 59 seines Buches *New History of Korea* angenommen.

Kapitel 22

1. Nach *Nihongi – Chronicles of Japan from the Earliest Times to AD 697*, ins Englische übersetzt von W. G. Aston, Rutland/Vermont, 1972, S. 34.
2. Mitunter auch *Nihongi* betitelt. Das *Nihon shoki* wurde im 8. Jahrhundert zusammengestellt und basiert auf früheren, heute untergegangenen und schon damals vermutlich unvollständigen Quellen. Vielleicht sind diese Worte dem König von den Kompilatoren im

8. Jahrhundert in den Mund gelegt worden, oder sie wurden aus chinesischen Texten »geborgt«, die sich auf Ereignisse in China beziehen, oder sie nähern sich wirklich dem an, was tatsächlich gesagt wurde. Man kann jedoch in Anbetracht des behandelten Zeitraums und angesichts der hohen Wahrscheinlichkeit, daß Japan ebenso wie China, Korea und andere Gebiete in diesem Jahrzehnt von Dürreperioden und Hungersnöten betroffen wurde, davon ausgehen, daß sich der Eintrag für das Jahr 536 im *Nihon shoki* auf reale Ereignisse bezieht und daß die Menschen in Japan damals tatsächlich hungerten und froren. Die historische Glaubwürdigkeit des *Nihon shoki* für diese frühe Periode wird von Forschern häufig angezweifelt, doch die augenscheinliche Richtigkeit des Eintrags für das Jahr 536 erhöht implizit die Glaubwürdigkeit der anderen Einträge für die Mitte des 6. Jahrhunderts.

3. Hier gelten die gleichen Einschränkungen wie in Anmerkung 2.
4. Höchstwahrscheinlich traf die Gesandtschaft, durch die der Buddhismus in Japan Fuß faßte, 538 ein. Diese Jahreszahl wird jedenfalls in drei bedeutenden Quellen angegeben: *Hoo teisets*; einer Tempelhandschrift aus der ersten Hälfte des 8. Jahrhunderts, *Daianji Shinjo Daitoku ki*; und einer Denkschrift aus dem frühen 9. Jahrhundert. Das einzige schriftliche Zeugnis, das eine andere Jahreszahl nennt, nämlich 552, ist das *Nihon shoki*, was vielleicht darauf zurückzuführen ist, daß das Jahr 552 nach dem japanischen und chinesischen Sechzigerzyklus die tausendfünfhundertste Wiederkehr des Parinirvana Buddhas markiert und damit den Beginn einer neuen buddhistischen Ära. Es wäre demnach aus der Perspektive der frommen buddhistischen Autoren des *Nihon shoki* nur angemessen gewesen, sich für das Jahr 552 als Ankunftsjahr des Buddhismus in Japan zu entscheiden. Die beste Analyse der Datierungsfrage – eine Untersuchung, die sich im übrigen für das Jahr 538 ausspricht und der ich verpflichtet bin – hat Stanley Weinstein vorgelegt (Yale University Seminar Paper 2, 1991, Jordan Lectures in Comparative Religion).
5. Der Buddhismus war zwar ein zentraler Konfliktpunkt, aber vermutlich nur repräsentativ für wesentlich weitreichendere Mißstimmungen und Streitigkeiten, bei denen es um Möglichkeiten des Handels, um Bodenschätze, Macht und die Wahrung alter Traditionen ging.
6. Große Pockenepidemien treten meist alle 30 bis 50 Jahre auf, in der Zwischenzeit sind immer wieder kleinere Ausbrüche zu verzeichnen. Die Größe eines Ausbruchs ist davon abhängig, wieviel Prozent der Bevölkerung zuvor noch nicht infiziert waren.
7. Aus dem *Nihon shoki*.

8. Dieser Mord wird im *Nihon shoki*, Bd. 2, xxi, 5 und 6, beschrieben.
9. Das war in der Tat äußerst ungewöhnlich, denn nur sehr wenige Frauen saßen je auf dem japanischen Thron.

Kapitel 23

1. Ein Großteil dieses Datenmaterials erschien in *The Basin of Mexico* von W. Sanders, J. Parsons und R. Santley, Academic Press, 1979.
2. Viele Kulturen in aller Welt brachten den Mond mit Göttinnen in Verbindung, weil er als der passive Partner der aktiveren Sonne gesehen wurde und weil er einen monatlichen Zyklus und die offensichtliche Fähigkeit zu Erneuerung und Wiedergeburt hat. In vielen Sprachen ist das Wort für Mond ein Femininum.
3. Die Forschung ist sich nicht einig, ob die Gefiederte Schlange eine regelrechte Gottheit war oder nur ein göttliches Symbol für Fruchtbarkeit, Unsterblichkeit, Wohlstand und Macht.
4. Zitat aus Michael Coe, *Mexico*, London 1962, S. 90.
5. Artikel von Curtis et al. in der Zeitschrift *Quarternary Research*, Bd. 46, S. 37–47.
6. Hodell et al., *Nature*, Bd. 375, 1995, S. 391–394.
7. Die neuen Rio-Cisne-Daten wurden in den letzten zwei Jahren vom Baumringlabor im argentinischen Mendoza gesammelt. Das Lenca-Material veröffentlichten A. Lara und R. Villalba in einem Artikel in *Science*, Band 260, S. 1104–1106.
8. Heutiger Name Byrd Polar Research Center.
9. *Bulletin of the Gold Museum*, Bogotá, 1988, Artikel von Plazas et al.
10. *Erdkunde*, Bd. 46, 1992, S. 252–256. Artikel von T. van der Hamman und A. M. Cleef.
11. Diese Neudatierung wurde aufgrund jüngerer Erkenntnisse vorgenommen, die durch Keramikuntersuchungen mit der Radiokarbonmethode (Genauigkeit plus/minus 50 Jahre) gewonnen wurden sowie teilweise mit dem sogenannten Obsidian-Hydrations-Verfahren, das noch ungenauer ist. Die Ergebnisse der C-14-Datierung (Radiokarbonmethode) und des Obsidian-Hydrations-Verfahrens haben Linda Manzanilla, Claudia Lopez und AnnCorinne Freter in einem Artikel mit dem Titel »Dating Results from Excavations in Quarry Tunnels behind the Pyramid of the Sun at Teotihuacán« in der Zeitschrift *Ancient Mesoamerica,* Nummer 7, Herbst 1996, veröffentlicht. Nach dem von George Cowgill vorgelegten Datenmaterial fand der Untergang von Teotihuacán um 600 statt, plus/minus einige Jahrzehnte. Die

wichtigsten Informationen enthält eine Zeittabelle in einem Artikel in *The Annual Review of Anthropology*, 1997.

12. Bislang wurden in Teotihuacán mehrere Dutzend hieroglyphische Symbole entdeckt – doch keine ergeben einen zusammenhängenden Satz. In einer Gruppe wurden maximal drei Zeichen gefunden. Die Zeichen beziehen sich fast ausnahmslos auf religiöse Dinge und »beschreiben« knapp die Eigenschaften von Gottheiten oder den Charakter eines bestimmten Rituals.
13. Die durch die Untersuchung von 150 Skeletten gewonnenen Erkenntnisse veröffentlichte Rebecca Storey in ihrem Buch *Life and Death in the Ancient City of Teotihuacán*, erschienen bei University of Alabama Press 1992.
14. Aus einem Areal Teotihuacáns, das als »Tlajinga 33« bezeichnet wird.
15. Diese These stellte erstmals Rene Millon auf in »The Last Years of Teotihuacán«, einem Kapitel in *The Collapse of Ancient States and Civilisations*, hrsg. von Norman Yoffe und George Cowgill, 1988. Es ist die bei weitem beste Schilderung des gewaltsamen Endes von Teotihuacán, sie war mir bei der Arbeit an diesem Buch sehr hilfreich. Der Fall Teotihuacáns ist in erster Linie auf durch Dürre und Hungersnot ausgelöste interne Probleme zurückzuführen. Andere Volksgruppen in klimatisch anfälligen Teilen Mesoamerikas waren ebenfalls von der Dürre betroffen, so beispielsweise sehr wahrscheinlich ein Nomadenstamm, der von Archäologen als die Coyatlatelco bezeichnet wird. Sie lebten 80 bis 160 Kilometer nördlich von Teotihuacán und zogen vermutlich als Folge der Dürre in Richtung der Metropole. Zwar waren sie für den Untergang von Teotihuacán nicht verantwortlich, doch ihre Anwesenheit in der Region komplizierte sicherlich die politische und kulturelle Situation noch mehr und trug zur Destabilisierung des Status quo bei.
16. Die Ausgrabungen wurden 1980 bis 1982 von der mexikanischen Archäologin Anna Maria Jaraquin und ihrem Kollegen Enrique Martinez vorgenommen.
17. Bei Coatlinchan unweit der Stadt Texcoco.
18. Die Statue befindet sich heute im Anthropologischen Museum von Mexico City.

Kapitel 24

1. »Himmelszeuge« haben moderne Forscher den Herrscher von Calakmul genannt, weil sein Name mit den Maya-Zeichen für »Himmel« und »Auge« wiedergegeben wird. Es ist daher durchaus möglich, daß er im 6. Jahrhundert »Himmelsauge« oder »Hüter des Himmels« genannt wurde.
2. »Tierschädel« ist ebenfalls ein von modernen Forschern verliehener Name. Die hieroglyphischen Zeichen für seinen Namen konnten nur zum Teil entschlüsselt werden. Das erste Zeichen wurde als »Große Sonne« gelesen, in dem anderen erkannte man den Kopf eines Reptils. Sein richtiger Name lautete demnach möglicherweise »Große-Sonne-Reptil-Kopf«.
3. »Doppelvogel« ist wiederum ein von modernen Forschern verliehener Name. Von seinem richtigen Namen ist nur der erste Teil bekannt, da die Hieroglyphe für den zweiten Teil unvollständig ist. Jedenfalls scheint sein Name mit den Worten »Große Sonne« begonnen zu haben.
4. Für fachliche Beratung bei den in diesem Kapitel enthaltenen Maya-Datierungen bin ich dem britischen Experten für Maya-Inschriften Simon Martin zu Dank verpflichtet.

Kapitel 26

1. Diese zeitliche Eingrenzung ermittelten Archäologen durch Untersuchungen von Keramikgefäßen, durch ikonographische Vergleiche und anhand von verschiedenen wissenschaftlichen Verfahren zur Altersbestimmung.
2. Eine These des britischen Experten für die präkolumbianische Zeit, David Browne.
3. David Browne.
4. Beschrieben in *Nueva Cronica y Buen Gobierno*, verfaßt um 1600 von Felipe Guaman Poma de Ayala und veröffentlicht in *Historia 16*, *Cronicas de America*, Bd. 29, Madrid 1987.
5. Einschließlich der Expedition von David Browne 1989.
6. Zu weiteren Einzelheiten über diese Eiskernbohrung siehe Kapitel 23 und 30.
7. Unter Leitung von David Browne.
8. Durchgeführt von dem amerikanischen Anthropologen John Verano.

Kapitel 27

1. Unter Leitung von Steve Bourget, University of East Anglia, England.
2. Zu weiteren Einzelheiten über diese Eiskernbohrung siehe Kapitel 23 und 30.
3. Auf diesen Prozeß – von der Überschwemmung bis zu den Sanddünen – als mögliche Erklärung für bestimmte Aspekte des Untergangs von Moche hat erstmals der Archäologe Michael Moseley in seinem Buch *The Incas and their Ancestors* hingewiesen, London 1992.
4. Traditionellerweise beruhte die Wirtschaft der Küstenebene auf bewässertem Ackerbau und Fischfang, was mit dem Bau urbaner Zentren und monumentaler Gebäude einherging. Im Gegensatz dazu lebte die Bevölkerung in den Bergen überwiegend von Alpaka- und Lamazucht.
5. Die politische Zersplitterung der Mochica-Kultur war offenbar eine Folge der Klimakrise. Irgendwann – vielleicht viele Jahrzehnte nach Beginn der Zersplitterung – nutzten Hochlandvölker, besonders die Huari, anscheinend die Lage aus, um ihren Einfluß in der Küstenebene zu verstärken, und schlossen damit den Prozeß des geopolitischen Wandels ab.
6. In einigen späteren Mochica-Ansiedlungen in der Provinz (jedoch nicht in Moche selbst) veränderte sich schließlich die Keramikkunst und wurde erheblich farbenfroher. Auch die Motive änderten sich, und es wurde beispielsweise eine Gottheit mit einem Stab in der Hand und mit einem strahlenförmigen Kopfschmuck dargestellt. Die Siedlungsmuster wandelten sich, und die Bestattungspraktiken änderten sich dramatisch (die Leichname lagen nicht mehr ausgestreckt, sondern stark gekrümmt in Embryonalhaltung). Die farbenprächtigeren Keramikbemalungen und die Einführung der Gottheit mit dem Stab lassen auf den Einfluß durch die andine Hochlandkultur der Huari schließen. Die Veränderung der Bestattungspraxis könnte ebenfalls auf Huari-Einfluß zurückzuführen sein, denkbar ist aber auch, daß die Mochica ihre traditionellen Bestattungsbräuche einfach aufgaben und durch eine Tradition ersetzten, die seit vielen Jahrhunderten überall in Peru (auch bei den Huari) verbreitet war.
7. Galindo und Pampa Grande scheinen beide während der großen Dürre im 6. Jahrhundert gegründet worden zu sein – vermutlich als Reaktion auf die Dürre. Beide Städte wurden an Orten mit leichtem Zugang zu guter Wasserversorgung erbaut, was darauf schließen läßt, daß ganze Einwohnerschaften wegen der Dürre gezwungen waren, an solche Standorte umzuziehen.

Kapitel 28

1. Archäologen sind geteilter Meinung, um was für ein politisches Gebilde es sich bei dem Huari-Staat handelte. Manche sehen ihn als ein Reich oder zumindest als einen Staat, der politische Macht über ein größeres Gebiet jenseits seiner Grenzen hatte. Andere sehen ihn als ein bedeutendes, aber kleineres Staatswesen, das auf das betreffende größere Gebiet kulturellen und vermutlich einen gewissen politischen Einfluß ausübte.
2. Oder ein Gebiet, in dem sie die Kontrolle oder die Hegemonie hatten oder auf das sie Einfluß ausübten.

Kapitel 29

1. So der Name vor der Eroberung durch die Inka, nach einer Schrift des spanischen Geistlichen Bernabe Cobo aus dem Jahre 1653. Obwohl der Name in der einheimischen Aymara-Sprache »Stein im Zentrum« bedeutet, ist nach wie vor ungewiß, wie die Tiahuanaco selbst ihre Stadt nannten, da es erstens keine schriftlichen Zeugnisse gibt und zweitens nicht bekannt ist, ob sie Aymara sprachen. Den Begriff »Stein im Zentrum« erörtert die mexikanische Archäologin Linda Manzanilla in *Akapana: Una Piramide en el Centro del Mundo*, UNAM, Mexiko 1992.
2. San Pedro de Atacama in Chile um ca. 300 und Nino Corin an den Osthängen der Anden in der bolivianischen Provinz Charasani um ca. 375 laut *Ethnological Studies* 32, Göteborg 1972.
3. Diese Beschreibungen geben die mexikanische Archäologin Linda Manzanilla in *Akapana: Una Piramide en el Centro del Mundo* sowie Alan Kolata in seinem Buch *The Tiwanuka – Portrait of an Andean Civilization*.
4. Laut Alan Kolata in *The Tiwanuka – Portrait of an Andean Civilization*.
5. H. J. Carney et al., *Nature* 364/6433, 1993, S. 131 ff.
6. D. D. Biesboers unveröffentlichtes Material, erwähnt in *Quaternary Research*, 47, 1997, S. 237; vgl. auch einen Artikel von D. D. Biesboer et al. in *Bio Tropica*, 1998.
7. Dissertation von Sanchez de Lozada, Cornell University, Ithaca, New York, 1996.
8. Alan Kolata, *The Tiwanuka – Portrait of an Andean Civilization*, S. 185.

9. Ebenda S. 187.
10. Ebenda S. 194.
11. Ebenda S. 189 f.
12. Heute unter dem Namen Kalasasaya bekannt – in diesem Komplex befinden sich das berühmte große »Tor der Sonne« und die eindrucksvolle Ponce-Stela-Statue.
13. These von Alan Kolata, *The Tiwanuka – Portrait of an Andean Civilization.*
14. Nach Ansicht von Alan Kolata, ebenda.
15. Die Täler der Flüsse Tambo, Moquegua, Locumba, Sama, Caplina, Azapa, Lluta, Camarones und Loa.
16. Dissertation von Martin Giesso, University of Chicago, 1999.
17. Der Kalasasaya.
18. Im Jahre 1988.

Kapitel 30

1. Text von Johannes von Ephesos aus der *Beschreibung der Zeiten von Michael I., genannt Michael der Syrer. 9.296.* Chabot in englischer Übersetzung zitiert in dem Aufsatz von R. B. Stothers und M. R. Rampino, »Volcanic Eruptions in the Mediterranean Before AD 630 from Written and Archaeological Sources«, in: *Journal of Geophysical Research 88*, S. 6357–6371, 1983.
2. Aus Prokop, *Über die Kriege.*
3. Nach der *Chronik des Zacharias Scholastikos (Zacharias von Mytilene)* in der englischen Ausgabe von F. J. Hamilton und E. W. Brooks, London 1899, zitiert in dem Aufsatz: »Volcanic Eruptions in the Mediterranean Before AD 630 from Written and Archaeological Sources« von R. B. Stothers und M. R. Rampino, a. a. O.
4. *De Ostentis* von Johannes Lydus, hrsg. von C. Wachsmuth, Leipzig 1897, hier zitiert nach dem Aufsatz »Volcanic Eruptions in the Mediterranean Before AD 630 from Written and Archaeological Sources« von R. B. Stothers und M. R. Rampino, a. a. O.
5. Die einzige umfassende Darstellung der Werke von Cassiodorus Senator wurde im späteren 19. Jahrhundert als *Cassiodorus, Variae XII* von Mommsen herausgegeben. Die vorliegende Passage stammt aus dem Aufsatz »Volcanic Winter« von M. R. Rampino, S. Self und R. B. Stothers, in: *Annual Review of Planet Earth Science* 16, S. 73–99, 1988.
6. K. Briffa et al., »Fennoscandian Summers from AD 500. Temperature

Changes on Short and Long Timescales«, in: *Climatic Dynamics 7*, S. 111–119, 1992.

7. Nach einer Mitteilung von Don Graybill, früher an der University of Arizona, an Mike Baillie, Queen's University, Belfast. Graybill stützte sich auf Datenmaterial, das von Valmore C. La Marche und Wes Ferguson gesammelt wurde.
8. L. A. Scuderi, »A 2000-Year Tree-Ring Record of Annual Temperatures in the Sierra Nevada Mountains«, in: *Science 259*, S. 1433–1436, 1993. Dreieinhalbtausend Kilometer weiter östlich, im Osten der Vereinigten Staaten, haben Dendrochronologen eine 1600 Jahre umfassende Chronologie für Zypressen erstellt, veröffentlicht in *Science 240*, S. 1517 ff. (»North Carolina Climate Changes Reconstructed from Tree Rings: AD 372 to 1985« von D. W. Stahle et al.). Aus ihrer Untersuchung geht hervor, daß es zwischen 539 und 544 die schlimmste Dürreperiode des 6. Jahrhunderts in North Carolina gab.
9. A. Lara und R. Villalba, »A 3620-Year Temperature Record from *Fitzroya cupressoides* Tree Rings in Southern South America«, in: *Science 260*, S. 1104 ff., 1993.
10. Nach bislang unveröffentlichtem Material, das 1997 und 1998 in Südargentinien im Gebiet des Rio Cisne von Dendrochronologen des Laboratorio de Dendrocronologia in Mendoza, Argentinien, zusammengetragen wurde.
11. Material gesammelt von Ed Cook von der Columbia University, New York.
12. Material von Stepan Schijatow et al. vom Institut für Pflanzen- und Tierökologie in Jekaterinburg.
13. Nach Auskunft des Dendrochronologen Mike Baillie von der Queen's University, Belfast. Baillie zufolge ergibt eine Überprüfung des Durchschnittswertes von acht Eichenbaumringchronologien, die das Gebiet von Irland bis Polen abdecken, daß der Wachstumswert für das Jahr 540 zu den drei niedrigsten seit 1500 Jahren zählt. Bei einer ausgewählten Untergruppe von vier dieser Eichenbaumringchronologien ist der Wert für das Jahr 539 der niedrigste seit 1500 Jahren.
14. Das Rekordkältejahr 540 ist das erste einer ganzen Serie extrem kalter Jahre im südlichen Südamerika Mitte des 6. Jahrhunderts. Zwei weitere extrem kalte Jahre waren 557 und 561, sie zählen zu den kältesten der letzten 1600 Jahre. Zudem lagen von den 43 Jahren zwischen 540 und 583 immerhin 27 (also 62 Prozent) unter dem Durchschnitt. Zum Vergleich: In den vorangegangenen vier Dekaden lagen nur 14 von 40 (35 Prozent) unter dem Durchschnitt. Diese Zahlen basieren auf Baumringchronologien aus Lenca in Chile, die mir vom Laboratorio

de Dendrocronologia in Mendoza, Argentinien, zur Verfügung gestellt wurden.

15. Plazas et al., *Bulletin of the Gold Museum*, Bogotá 1988.
16. Ausführlichere Informationen zur Expedition der Forscher von der Ohio University finden sich in Kapitel 23. Das Datenmaterial zu der Zeitspanne 563–594 sowie anderes relevantes Material wurde veröffentlicht in »A 1500 Year Record of Tropical Precipitation Recorded in Ice Cores from the Quelccaya Ice Cap, Peru«, *Science 229* (4717), S. 971 ff., sowie in »Pre-Incan Agricultural Activity Recorded in Dust Layers in Two Tropical Ice Cores«, *Nature* 336, S. 763–765. Es gibt noch eine weitere Informationsquelle in den Anden, die höchst interessante Aufschlüsse über die Dürre im 6. Jahrhundert liefert. Die Arbeit von Alex Chepstow-Lusty et al., in: *Mountain Research and Development* 18/2, 1998, belegt für die Mitte des 6. Jahrhunderts einen massiven und jähen Anstieg des Riedgraswachstums am Rande des Marcacocha-Sees in den peruanischen Anden. Das Belegmaterial deutet darauf hin, daß der Wasserstand des Sees zurückging und das Riedgras auf den so freigewordenen Bodenflächen gedeihen konnte. Es war der stärkste Anstieg in dem Zeitraum von 100 bis 1600.
17. Fitzroya-Koniferen.

Kapitel 31

1. Sämtliche in diesem Kapitel aufgeführten Berechnungen zu Asteroiden und Kometen wurden eigens für das vorliegende Buch von dem Astronomen Alan Fitzsimmons von der Queen's University, Belfast, erstellt.
2. Aufgrund ihrer unregelmäßigen Form bezieht sich das Maß von etwa 800 Metern Durchmesser auf den gedachten Durchmesser eines runden Objektes mit der gleiche Masse und Dichte.
3. Das Datenmaterial zu diesem Forschungsunternehmen – die Byrd-Eiskernprobe – wurde von C. U. Hammer, H. B. Clausen und C. C. Langway veröffentlicht in dem Artikel »50,000 Years of Recorded Global Volcanism«, in: *Climatic Change,* Bd. 35, 1997.
4. Obwohl die klimatischen Probleme in der Mitte des 6. Jahrhunderts mit hoher Wahrscheinlichkeit durch einen Vulkanausbruch (möglicherweise auch durch zwei) ausgelöst wurden, lassen Hinweise aus Baumringchronologien und Eiskernbohrungen vermuten, daß es zusätzliche Gründe gab, warum die Krise so schlimm und so langwierig war. Erstens ereignete sich die Eruption in einer längeren Kälteperi-

ode – zumindest was die höheren Breiten der nördlichen Hemisphäre betrifft. Baumringbelege aus Skandinavien und Rußland deuten darauf hin, daß dort die zweitlängste Kälteperiode der letzten zwei Jahrtausende herrschte (vgl. Grafik im vorangehenden Kapitel). Es hat also den Anschein, als wäre durch den Ausbruch aus einer ohnehin schon schlechten Klimalage eine katastrophale geworden. Doch damit nicht genug, der Ausbruch könnte auch die Kälteperiode verlängert haben. In diesem Zusammenhang möchte ich darauf hinweisen, daß die beiden längsten Kälteperioden in den höheren Breiten der Nordhalbkugel während der vergangenen 2000 Jahre zwei der drei stärksten Perioden vulkanischer Aktivitäten in diesem Zeitraum einschließen. Das 6. Jahrhundert ist das einzige, für das sowohl die GRIP-Eiskernprobe als auch die Dye-3-Probe eine Rekordzahl an Vulkanausbrüchen verzeichnen. Die GRIP-Probe zeigt für diese Phase 4 Eruptionen an (insgesamt 5,8 Jahre mit säurehaltigen Niederschlägen). Das Jahrhundert mit der zweithöchsten Vulkanaktivität ist in der GRIP-Probe das 17. mit 5,6 Jahren säurehaltiger Niederschläge. In der Dye-3-Probe sind fünf Vulkanausbrüche nachweisbar (insgesamt 6,5 Jahre säurehaltiger Niederschläge). Nach dieser Eiskernprobe ist das 15. Jahrhundert das mit der zweithöchsten vulkanischen Aktivität (insgesamt 5,9 Jahre mit stark säurehaltigem Regen). Diese Informationen sind dem Material entnommen, das in einem Artikel von H. Clausen et al. im *Journal of Geophysical Research* veröffentlicht wurde (Bd. 102, Nr. C 12, S. 26 707–26 723, 30. November 1997).

Kapitel 32

1. Das Manuskript wird in der Sasana Pustaka Bibliothek des Karaton (Königspalast) in Surakarta in Zentraljava aufbewahrt. Die Zitate wurden von Nancy Florida, einer Spezialistin für javanische Literatur an der University of Michigan, für dieses Buch aus dem Javanischen ins Englische übersetzt.
2. Aus dem javanischen Original übersetzt von dem Holländer C. Baumgarten aus Batavia (dem heutigen Jakarta). Dessen Arbeit wurde anschließend in einem Brief von Professor Judd, einem Mitglied der Londoner Royal Society, an die Zeitschrift *Nature* zitiert und dort am 15. August 1889 veröffentlicht.
3. Der Name Ranggawarsita bedeutet frei übersetzt »Lehrer mit hohem höfischem Rang«. Er lebte von 1802 bis 1873.

4. Ich beziehe mich dabei auf Gespräche mit dem Vulkanologen Ken Wohletz von der University of California, Los Alamos National Laboratory.

Kapitel 33

1. Vgl. vorangehendes Kapitel.
2. Bislang nahmen die meisten Geologen an, daß die Sunda-Straße zwischen Java und Sumatra ausschließlich durch tektonische Bewegungen entstand, das heißt durch äußerst langsame Veränderungen des Landniveaus über Millionen von Jahren hinweg. Forschungen, die für vorliegendes Buch von dem Vulkanologen Alain Gourgaud von der Université Blaise Pascal im französischen Clermont Ferrand durchgeführt wurden, haben jedoch die theoretische Möglichkeit bestätigt, daß die Meerstraße durch einen großen Vulkankratereinbruch entstanden sein könnte. Gourgaud untersuchte die Spuren der Krakatoa-Eruption von 1883 sowie die Unterwasserkarten der Sunda-Straße und kam zu dem Schluß, daß es dort gewaltige Caldera-Einbrüche gab. Für ihn kommen drei Stellen in der Sunda-Straße in Frage, die jeweils einen Durchmesser von rund 56, 32 und 48 Kilometern haben.

Kapitel 34

1. Bei Pozzuoli in der Nähe von Neapel.
2. Ganz abgesehen von den Großeruptionen, mit denen bei den genannten Calderas irgendwann in der Zukunft ganz sicher zu rechnen ist, wird es auch kleinere Ausbrüche geben – aber mit wesentlich größerer Häufigkeit.
3. Die letztgenannte Jahreszahl ist neuem, hochpräzisem Datenmaterial entnommen, das durch Radiokarbontests gewonnen wurde. Die Tests wurden an der Queen's University in Belfast durchgeführt, aber noch nicht veröffentlicht.
4. Einschließlich derjenigen, die es mehrfach versuchten.

Weiterführende Lektüre

Die spätrömische Welt

The Oxford Dictionary of Byzantium, hrsg. von A. P. Kazhdan, Oxford University Press 1991.

A Biographical Dictionary of the Byzantine Empire, von D. M. Nicol, London 1991.

The Early Byzantine Churches of Cilicia and Isauria, von S. Hill, Aldershot 1996.

Die »Toten Städte«, Stadt und Land in Nordsyrien während der Spätantike, von C. Strube, Mainz 1996.

The Sixth Century, End or Beginning, hrsg. von P. Allen und E. Jeffreys, Australian Association for Byzantine Studies, University of Sydney 1996.

Prokop. Geschichte der Kriege, in: *Werke*, hrsg. von O. Veh, 5 Bde., 1961–1977, Bd. 2–4.

Prokop. Die Anekdota. Geheimgeschichte einer Tyrannis, hrsg. von E. Fuchs, Wien 1946.

The Emperor Maurice and his Historian, von Michael Whitby, Oxford University Press 1988.

Les Hommes et la peste en France et dans les pays européens et méditerranéens, Bd. 1, von Jean-Noël Biraben, Ecole des Hautes Etudes en Sciences Sociales, Centre de Recherches Historiques, Mouton 1975.

Arabische Welt

The Life of Muhammad, engl. Übersetzung von Ibn Ishaqs *Sirat Rasul Allah*, übersetzt von A. Guillaume, Oxford University Press, Karachi 1967, 1996.

The History of al-Tabari, von al-Tabari, Bd. 7, ins Englische übersetzt und kommentiert von W. M. Watt und M. V. McDonald, State University of New York 1988.

Der Islam, von W. M. Watt, Stuttgart o. J.

Muhammad at Mecca, von W. M. Watt, Oxford University Press, Karachi 1979, 1993.

Muhammad Prophet and Statesman, von W. M. Watt, Oxford University Press 1961.

A Chronology of Islamic History 570–1000 CE, von H. U. Rahman, London 1995.

Der Koran, übers. von Max Henning, Stuttgart 1991.

Meccan Trade and the Rise of Islam, von P. Crone, Princeton University Press 1987.

Hagarism, the Making of the Islamic World, von P. Crone und M. Cook, Cambridge University Press 1977.

Byzantium and the Early Islamic Conquests, von W. E. Kaegi, Cambridge University Press 1992.

The Early Islamic Conquests, von F. M. Donner, Princeton University Press 1981.

The Prophet and the Age of the Caliphates, von H. Kennedy, London 1986.

Lexikon des Islam, von Th. P. Hughes, Wiesbaden 1995.

History of the Jews of Arabia from Ancient Times to their Eclipse under Islam, von G. D. Newby, University of South Carolina Press 1988.

Awaren und Türkvölker

Der dreizehnte Stamm – Das Reich der Khasaren und sein Erbe, von Arthur Koestler, Wien, München, Zürich 1977.

Khazarian Hebrew Documents of the 10th Century, von Golb und Pritsak, Cornell University Press 1982.

Geschichte und Kultur eines völkerwanderungszeitlichen Nomadenvolkes (2 Bde.), Klagenfurt 1970.

Großbritannien

Civitas to Kingdom: British Political Continuity 300–800, von K. R. Dark, Leicester University Press 1994.

Lords of Battle: Image and Reality of the Comitatus in Dark-Age Britain, von S. S. Evans, Woodbridge 1997.
An English Empire: Bede and the Early Anglo-Saxon Kings, von N. Higham, Manchester University Press 1995.
The Anglo-Saxons from the Migration Period to the Eighth Century, hrsg. von J. Hines, Woodbridge 1997.
An Age of Tyrants: Britain and the Britons AD 400–600, von C. A. Snyder, Stroud 1998.
Anglo-Saxon England, von M. Welch, London 1992.
Wroxeter: The Life and Death of a Roman City, von R. White and P. Barker, Stroud 1998.
The Archaeology of Early Medieval Ireland, von N. Edwards, London 1990.
The Irish Ringfort, von M. Stout, Dublin 1997.
The Annals of Ulster, hrsg. von S. Mac Airt und G. Mac Niocaill, Institute for Advanced Studies, Dublin 1983.
Wales in the Early Middle Ages, von W. Davies, Leicester University Press 1982.
A Biography Dictionary of Dark Age Britain, England, Scotland and Wales c. 500 – c. 1050, von A. Williams, A. P. Smyth and D. P. Kirby, London 1991.
The Age of Arthur. A History of the British Isles from 350 to 650, von J. Morris, Chichester 1977.
Nennius. British History and the Welsh Annals, hrsg. und übersetzt von J. Morris, Chichester 1980.
Mabinogion, in: *Keltische Erzählungen vom Kaiser Arthur (aus dem Mittelkymrischen übertragen)*, hrsg. von H. Birhhan, Essen 1989.
The History of the Kings of Britain, von Geoffrey of Monmouth, übersetzt von L. Thorpe, Penguin, London 1966.
Kirchengeschichte des englischen Volkes von Beda Venerabilis, 2 Bde., übersetzt von G. Spitzbart, Darmstadt 1982.
Sources of the Grail. An Anthology, ausgewählt und mit einer Einleitung versehen von J. Matthews, Edinburgh 1996.
Celtic Britain, von C. Thomas, London 1986.
The Origins of Anglo-Saxon Kingdoms, hrsg. von S. Bassett, Leicester University Press 1989.

Europa

The Early Slavs von P. M. Dolukhanov, London 1996.
The Merovingian Kingdoms 450–751, von I. Wood, London 1994.
Fränkische Geschichte, von Gregor von Tours, übersetzt von W. Giesebrecht, neu bearbeitet von M. Gebauer, 3 Bde., Essen 1988.
The Goths in Spain, von E. A. Thompson, Oxford University Press 1969.
Law and Society in the Visigothic Kingdom, von D. King, Cambridge University Press 1972.
The New Penguin Atlas of Medieval History, von C. McEvedy, London 1998.

Ferner Osten und Südostasien

A New History of Korea, von Ki-baik Lee, ins Engl. übersetzt von E. W. Wagner mit E. J. Shultz, Harvard University Press 1984.
The Emergence of Japanese Kingship, von J. R. Piggott, Stanford University Press 1997.
Nihongi. Chronicles of Japan from the Earliest Times to AD 697, ins Engl. übersetzt von W. G. Aston, Rutland, Tokio 1972, 1993.
The Sui Dynasty, von A. Wright, New York 1978.
The Indianized States of Southeast Asia, von G. Coedés, The University Press of Hawaii 1968.

Nord-, Mittel- und Südamerika

Teotihuacan. An Experiment in Living, von E. Pasztory, University of Oklahoma Press 1997.
The Collapse of Ancient States and Civilizations, hrsg. von N. Yoffe und G. L. Cowgill, The University of Arizona Press 1988.
Life and Death in the Ancient City of Teotihuacan, von R. Storey, University of Alabama Press 1992.
Die Maya: Aufstieg, Glanz und Untergang einer indianischen Kultur, von M. D. Coe, Bergisch Gladbach 1968.
Das Geheimnis der Maya-Schrift: Ein Code wird entschlüsselt, von M. D. Coe, Reinbek bei Hamburg 1995.
Ancient North America. The Archaeology of a Continent, von B. M. Fagan, London 1991.

The Incas and their Ancestors. The Archaeology of Peru, von M. E. Moseley, London 1992.
The Tiwanaku. Portrait of an Andean Civilization, von A. L. Kolata, Cambridge, USA.
Akapana: Una Piramide en el Centro del Mundo, von Linda Manzanilla, Mexiko 1992.
Huari Administrative Structure. Prehistoric Monumental Architecture and State Government, hrsg. von W. H. Isbell und G. F. McEwan, Dumbarton Oaks, Washington 1991.
A L'ombre du Cerro Blanco, hrsg. von Claude Chapdelaine, Department of Anthropology, University of Montreal 1997.
The Lines of Nasca, hrsg. von A. Aveni, The American Philosophical Society, Philadelphia 1990.
Lines to the Mountain Gods: Nazca and the Mysteries of Peru, von E. Hadingham, New York 1987.
Das Geheimnis der Linien von Nazca, von Tony Morrison, Basel 1988.

Baumringchronologien, Vulkanologie und Archäologie

A Slice through Time: Dendrochronology and Precision Dating, von M. G. L. Baillie, London 1995.
Exodus to Arthur: Catastrophic Encounters with Comets, von M. G. L. Baillie, London 1999.
The Year Without a Summer: World Climate in 1816, hrsg. von C. R. Harrington, Canadian Museum of Nature, Ottawa 1992.
Krakatau 1883. The Volcanic Eruption and its Effects, von T. Simkin und R. Fiske, Smithsonian Institution Press, Washington D.C. 1983.
Krakatau: The Destruction and Reassambly of an Island Ecosystem, von I. Thornton, Harvard University Press 1996.
Volcanoes of the World, 2. Aufl., von T. Simkin und L. Siebert, Smithsonian Institution Press, Washington D.C. 1994.
Science-based Dating in Archaeology, von M. J. Aitken, London 1990.

Register